图书馆、情报与文献学研究的新视野(5)

中国社会科学情报学会2011年学术年会论文集

New Horizons in Library & Information Science Research No.5

中国社会科学情报学会/编

中国书籍出版社
China Book Press

序　言

2011年，中国社会科学情报学会走过了自己25个春秋的发展历程。是年9月，学会在宁夏召开了七次全国会员代表大会暨2011年学术年会。这次大会的召开以及新一届理事会的成立，恰逢国家“十二五”规划启动之年，也是国家实施哲学社会科学创新工程启动之年，预示着中国社会科学情报学会将迎来一个全新的发展机遇。因此这次大会不仅仅是总结过去四年来的发展情况，更重要的是通过相互交流，学习借鉴，开拓思路，共同提高，抓住难得的发展机遇，创造一个更加美好的未来。

中国社科院副院长武寅同志和宁夏回族自治区政府副主席屈冬玉同志出席大会并做了重要讲话。他们站在时代发展的高度，把中央提出的哲学社会科学创新工程与学会工作紧密结合，与社会科学情报工作紧密结合，就如何以创新的精神做好学会工作和开创社会科学文献情报服务的新局面提出了要求和建议。学会第六届理事会工作报告和各个系统代表的发言分别就学会整体工作和各个系统的工作做了总结和汇报。既看到了成绩和发展机遇，又分析了存在的各种困难和问题，更加明确了今后的努力方向和目标。本次大会顺利完成了换届工作，产生了新一届常务理事会和负责人。一批新鲜血液输入到学会和学会领导层中，为学会的可持续的发展创造了条件。新一届学会领导和常务理事会绝不会辜负广大会员的期望，一定会为学会工作贡献出他们的智慧，把学会工作推向一个新的高度，取得更大的成绩。

回顾过去25年的发展过程，学会在联合全国广大会员单位，引领和推动会员单位开展学术活动方面发挥了积极作用并得到会员单位的一致肯定。特别是从2006年开始，学会在经费十分紧张的情况下，克服困难，坚持把学术年会的征文结集出版，调动了广大会员参加征文活动的积极性，征文数量逐年增加，充分反映出征文活动的影响力在不断扩大。与此同时，我们也深刻认识到了提高征文质量和水平的紧迫性和必要性。要充分发挥征文活动的导向作用，引导各个会员单位的科研业务人员重视学术研究的规范性，使整体研究水平不断得到提高。从2011年学术征文开始，学会学术委员会决定委托《情报资料工作》编辑部用中国学术期刊（光盘版）杂志社提供的“学术不端文献检测系统”对所有论文进行内容复制比检测。从实际情况来看，复制比较高并不等同于学术不端，需要认真分析，区别对待。因此我们并没有对具有内容复制现象的论文一概否定，而是通知作者，请作者进行认真修改补充，防止出现学风问题和知识产权方面的纠纷。此举得到了广大会员单位和论文作者的充分理解和支持。我们将不断总结经验，继续通过学术征文活动这个交流平台，提高研究水平，加强学风建设。截至目前，“图书馆、情报与文献学研究的新视野”系列文集已经出到第五辑。五本文集如同一个展示平台，从中可以看到学会作为一个整体在过去几年里的探索轨迹，也可以看到各会员单位开展学术研究的专长和特色。学会将继续努力，不断提高文集的稿件质量和编辑出版质量，使之成为我国图书情报界的一个品牌，为我国图书馆、情报与文献学的学科发展做出贡献。

本书作为中国社会科学情报学会2011年学术年会的论文集，从征文选题策划，到征文评审，以及到正式出版，黄长著理事长亲自指导，学术委员会的各位委员、学会秘书处的各位同志，不辞辛劳，做了大量工作。在此谨表衷心感谢。

学会秘书长：刘振喜

2012年8月9日

目　录

第一部分

理论研究

探析情报本质、社科情报特点及其意义

刁乃莉*

摘　要　从情报的起源和发展看，情报的本质主要包含特定需求性、定向传递性、有限利用性和竞争性等属性。社科文献的主要功能决定了社科情报的特点，这些特点主要体现在社科文献与社科情报的辩证统一关系中，即特定需求与普遍需求、定向传递与普遍传播、有限利用与无限利用以及隐性竞争与显性竞争的同一性中。探索情报基本理论问题在理论和实践两方面均具有现实意义。

关键词　情报学　情报本质　社科情报　社科文献

“与图书馆学和科技情报学相比，社会科学情报学是一个相当年轻的学科。理论研究起步晚，研究队伍力量薄弱，刊物数量少，其国家级学会也是直到1986年才成立，较其它学科晚了很多年。而学会成立后，还没有来得及更多地组织学科理论建设方面的工作，就因社科情报事业发展的困难，使理论探索停了下来。时至今日，在图书情报学科发展趋势非常好的大背景下，社科情报的研究成果已经极难得见到了。”伴随着科学技术的高速发展，网络环境使图书情报工作面临挑战的同时，也面临新的发展机遇。为此，当前探索情报学的基本理论问题具有现实的理论和实践意义。

一、从情报的起源与发展看情报的本质

情报的本质是指情报本身所固有的根本的性质特征，是区别于其他事物的质的规定性。对于这一情报学的基本问题，许多学者都曾经从不同角度作过研

*　刁乃莉，女，1963年生，黑龙江省社会科学院文献信息中心，部主任、研究馆员。

究。尽管认识还不一致，但各种观点对推动情报学的理论探索具有启发意义。考察情报的起源和发展，通过分析情报的“特定需求性”、“定向传递性”、“有限利用性”和“固有竞争性”来全面把握情报的本质，是本文写作要达到的目标之一。

对信息的特定需求是产生情报的动因。情报不同于信息。自然界存在大量的自然信息，如风雨雷电等。生物界存在着大量生物信息，如春华秋实以及蜜蜂在出发采蜜前的“舞蹈”等。情报却只存在于人类社会。情报活动是人类社会的普遍现象。它起源于人类祖先的信息交流。情报实质上是属于认识活动，它涉及人的认识的基本来源。马克思主义观点认为，人类的生产活动是最基本的实践活动，是决定其他一切活动包括人的认识活动的东西。为了解决人类物质生活需求问题，人们以各种不同方式结成一定生产关系，从事生产活动，这是人的认识发展的基本来源。正如恩格斯在谈到形成中的原始人时所指出的那样，“劳动的发展必然促使社会成员更紧密地互相结合起来，因为它使互相帮助和共同协作的场合增多了，并且使每个人都清楚地意识到这种共同协作的好处。一句话，这些正在形成中的人，已经到了彼此间有些什么非说不可的地步了”。正是在人类共同生产劳动中，特别是在共同协作的劳动中，人类才开始了信息交流。漫长的原始社会是一个公有制社会，生产力极其低下，没有剩余产品，没有剥削和压迫，信息交流是为满足全体社会成员的劳动和生存需要的，信息是公用的、共享的，还谈不上对信息有特定的需求。只是在原始社会走向解体的时候，社会产生贫富分化，出现了氏族贵族和贫民，出现了奴隶和奴隶主，人类信息交流才随之发生了变化，信息开始分化了，出现了代表和反映不同利益的信息，产生了对信息的某种“特定需求”。也只有在这个时候人类社会最早的情报活动才产生了。因此可以说，情报是从人类信息分化而来的，没有人类对信息的特定需求，就没有人类社会普遍存在的情报现象。

在人类社会的情报起源之后，情报并不是单线条地发展的。而是在不同地域、不同领域多线条地发展着的。在不同的历史时期和在一定的领域，情报活动显得异常突出和活跃。因此，对其中几个重要领域的情报特点的把握有助于对情报本质的深入理解。

1. 军事情报的发展。毛泽东指出：“阶级斗争，一些阶级胜利了，一些阶级消灭了。这就是历史，几千年的文明史。”战争是阶级斗争的最高形式。从奴隶社会到封建社会几千年的历史中，战争连绵不断贯穿其间。即使到了世界资本主义阶段，情况也是如此，世界发生了由资本主义引起的两次世界大战。第二次世界大战结束之后，世界范围内局部战争就从来没有停止过。战争是一种复杂的、有着严密组织的活动，它对情报的依赖性非常强。战争中的军事情报活动主要是为了了解敌情，掌握交战方的军事动向等情况。情报工作是否得力，往往决定战争的胜负，古今中外这样例子不胜枚举。只有高效的情报工作才能保证及时了解敌情，掌握敌人动向，做到知己知彼，把握取得战争胜利的主动权。军事情报的“特定需求性”和“竞争性”甚至是“对抗性”尤其能反映情报的本质。

2. 经济情报的发展。经济情报是伴随商品经济活动而发展的。据考证，奴隶社会就已经出现商贸活动，只是极其分散和不发达。即使在中世纪的封建社会，出现众所周知的“丝绸之路”以及商人足迹遍及欧、亚、非洲等大规模的商贸活动，也只是对封建社会自给自足自然经济的补充。真正成为规模化的商品经济主要发生在近现代，即世界进入资本主义时代后。商品经济随着世界市场的开拓而取得突破性进展。特别是第二次世界大战之后，国际间的现代市场经济的发展突显了经济情报的重要性。“商场如战场”形象地说明哪里有商贸活动，哪里就有经济情报活动。在经济全球化的今天，经济情报在经贸往来中发挥着重要作用，直接影响经贸往来双方的经济利益。在这个过程中经济情报的“特定需求性”和“固有竞争性”使情报的本质得到充分体现。

3. 科学技术情报的发展。科学技术不仅是生产劳动的必然产物，而且也是生产劳动的必要条件。自从有了人类劳动也就有了科学技术的萌芽，自从有了人类历史，也就开始了科学技术发生和发展的历史。科学和技术最初是分离的，在人类社会的初始阶段上只有技术而没有科学。把技术经验上升为技术理论、统一为系统化的知识却经历了漫长的历史阶段。科学技术是人类长期的生产劳动中和科学实验中积累和创造的共同财富。在人类的生产活动中，人们为了提高生产率、发展生产，总要伴随着相互间的生产和技术交流，这就导致了科学技术知识、技能和经验在不断发生着转移。这种转移意味着科学技术内容在向着特定需求者的方向运动和传递。尽管近现代科学技术在世界范围内取得快速发展，但让科学技术真正成为情报重要内容的时期主要在第二次大战以后。马克思指出“科学技术是生产力”，邓小平强调“科学技术是第一生产力”，都是说科学技术在现代经济发展中的重要地位和作用的。如果一个企业离开先进的科学技术，产品就难以更新换代，企业就不会维持持续发展。军队离开先进科学技术，军力就难以提升。第二次世界大战后科学技术在一个国家、地区，在相关部门受到前所未有的重视并得到飞速发展。然而，科学技术的发展是以科技情报为先导的。伴随着二战后科学技术的迅猛发展，科学技术情报也取得了前所未有的大发展。

情报是为满足特定需求而产生的。情报作为人类社会的普遍现象，其“特定需求性”也是多样化的，是在许多不同地域和领域中多线条地发展的。从情报的起源和发展看，上述几个领域的情报发展更有代表性，更能反映情报的本质特征，概括起来主要有如下几点：

1. 情报产生上的“特定需求性”。没有特定需求就没有情报，这一表述很好地说明了情报在起源上的本质特征。从前述情报起源上可见情报是从人类信息交流中分化出来的，分化的条件就是出现了对信息的特定需求。这一点区别于人类社会普遍存在的信息交流。“特定需求性”是情报本质的首要的、根本特征，它决定着情报的产生，也决定着情报的其他本质特征。

2. 情报传播上的“定向传递性”。特定需求的主体是人或由人组成的团体机构。这决定了具有意义内容的情报是朝着特定需求用户方向运动的，是一种定向传递。这种传递上的明确针对性与面向社会广泛传播的信息传播有着本质上的不同。

3. 情报功能上的“有限利用性”。情报源于对信息的特定需求。一定的情报只对特定需求的用户有价值并能为其所用。因此，这种利用是一种有限的利用。这也与人类社会的信息共享不同。不同的特定需求代表不同的情报用户，对用户甲是有价值、有用的情报，对用户乙则不是。情报永远为相应的特定需求者所有限利用。

4. 或隐或显的“竞争性”。竞争性是情报本质的重要特征之一。情报的竞争性在不同历史时期和在不同的领域表现是不一样的，通常有隐性和显性的区别。二战后在世界经济、科学技术以及军事等领域情报的竞争性表现得十分明显，特别在冷战时期的军事情报甚至表现为对抗性。情报竞争性是隐性还是显性取决于特定需求条件下情报内容涉及的领域，而如何认识情报竞争性的隐性和显性的差别，应该具体情况具体分析。尽管如此，竞争性却是情报与生俱来的、固有的本质特征，这一点并不因为竞争性的隐性或显性而改变。

综上，从情报的起源发展看，“特定需求性”、“定向传递性”、“有限利用性”和“竞争性”是情报本质包含的几个重要的特征。其中特定需求性是最根本的特征，由此而派生出其他特征。因此，把握了“特定需求性”就把握了情报本质的根本，而深入理解情报的“定向传递性”、“有限利用性”和“竞争性”则有助于全面把握情报的本质。

二、从社科文献的功能看社科情报的特点

社科文献是记录和反映社会现象及其规律的文献系统，它涉及众多学科内容，是一个“科学群”，是涵盖了丰富的、多领域的知识宝库。社科情报有其独特的自身特点，而这些特点又恰恰是作为社科情报的情报源的社科文献的功能决定的。因此，在考察社科情报特点的时候，应首先了解社科文献的如下功能：

1. 社科文献具有知识的存储功能。知识最初本来只存在于人的大脑中，文献的产生使得人类积累和存储知识的形式发生了根本性变化。“一切知识都是从直接经验发源的。但人不能事事直接经验，事实上多数的知识都是间接经验的东西，这就是一切古代的和外域的知识。”“一个人的知识，不外直接经验的和间接经验的两部分。而且在我为间接经验者，在人则仍为直接经验。”一个人在社会实践中产生的直接经验还只是一种潜在的存储在大脑中的知识。一旦这些潜在的知识在特定条件下被深度思考、提炼，并将其符号化和形成文献之后，知识就可以被长期保存，广泛交流和普遍利用了。知识的存储功能是社科文献的最基本功能，文献的其他功能均以存储功能为基础。

2. 社科文献具有科学交流功能。社科文献是一种科学文献。科学的发展离不开广泛的传播与交流，这是科学发展的必要条件。社科文献在广泛的传播中打破了知识的时间和空间的界限，促进了科学知识的创新和发展。

3. 社科文献具有认识功能。社科文献记录了社会科学诸多学科知识，是社会科学理论工作者对经济、政治、社会和文化等社会现象进行研究、考察的理性思维的产物，是宝贵的认识成果和精神财富，而且具有积累性和连续性。人们通过学习、理解和吸收相关的社科知识可以扩大自己的知识面和深化对相关历史的和现实的社会现象的认识。如果把相关的社会科学知识同自身工作实际经验结合起来，则有助于创造性地开展工作。可见，学习社会科学知识能够提

高我们的理论水平和认识能力。因此，作为社科知识的物质载体，文献就成为帮助人们认识客观世界的工具。

4. 社科文献具有社会教化功能。法制国家的社会成员，其行为一方面要受到法律的强制限制，一方面还要受道德规范的约束，这样，社会才能秩序井然。道德约束必须通过社会成员的后天学习和社会教化才得以实现。在这方面，社科文献在社会上广泛传播可以发挥其独特的社会教化作用。

5. 社科文献具有社会舆论导向的功能。互联网上信息传递的快捷使社会舆论的作用日益明显。来自境外的包括反马克思主义、反社会主义的错误思潮和国内出现的一些模糊认识和错误思想可以在互联网上轻易传播。如何坚持正确的舆论导向已经成为关系到国家发展和长治久安的重大课题。社科文献的认识功能决定了以马克思主义为指导的我国哲学社会科学在各类媒体上把握正确的舆论导向方面可以发挥不可替代的作用。

了解社科文献的主要功能，对认识社科情报的特点帮助极大。社科文献不等于社科情报，前者是情报源，并非情报本身，但两者关系是密不可分的。在一定条件下社科文献作为情报源是可以转化为情报的。这种转化说明两者具有同一性或称统一性。正是在这种同一性或统一性中，我们看到了社科情报的主要特点，概括起来主要有：

1. 特定需求与普遍需求的同一性。社科文献的知识内容作为社会文化的组成部分是面向整个社会的，是为满足社会成员广泛和普遍的文化需求的。社科情报是为满足特定需求的。在服务对象方面两者是不相同的。但在特定需求的条件下，原本面对社会普遍需求的社科文献的知识内容中有一部分被提取、整理加工并转化为特定的社科情报内容，从而使社科文献的“普遍需求性”与社科情报的“特定需求性”实现了统一，具有了同一性。社科情报的特点就体现在社科文献和社科情报相反相成的同一性中。“特定需求性”是社科情报的本质特征，“普遍需求性”则是一种现象，是社科情报特点的曲折反映。

2. 定向传递与多向传播的同一性。社科文献的“普遍需求性”决定了社科文献通过书报杂志等多种载体在社会上多向传播。但在特定需求的条件下，这种多向传播转向了定向传递，从而实现特定的社科文献内容向特定的情报用户运动以达到满足特定需求的目的。于是定向传递与多向传播在特定需求条件下实现了统一，拥有了同一性。在这里，社科情报的又一个特点就体现在这种同一性中。定向传递反映了社科情报的本质，而多向传播则是一种现象，这仍然是社科情报特点的曲折反映。

3. 有限利用和无限利用的同一性。社科文献的知识内容是为满足整个社会普遍需求的，不断为广泛的社会成员服务，达到知识内容利用的最大化是被普遍赋予的追求目标，因此，在某种意义上是被无限利用的。但在特定需求出现的时候，社科文献的相关知识内容首先被改造成为社科情报内容并朝着特定的情报用户定向传递以满足特定的、针对性极强的情报需求。因此，这种社科文献知识的利用是有限的。在这里特定需求使有限利用和无限利用实现了同一性。有限利用反映了情报的本质，无限利用反映的则是现象，这又是情报本质的曲折反映。

4. 隐性竞争与显性竞争的同一性。竞争性是情报的又一个本质属性，但在社科情报领域竞争性表现得并不明显。这或许同社科文献在功能上的公开性、普遍性特点有关。随着经济全球化深入发展和政治多极化趋势日益明显，国家竞争已经不仅仅是经济、军事和科技方面的竞争，而更是包括政治制度、意识形态、价值观念、文化传统、国民素质等在内的综合国力的竞争。这种同经济、军事和科技相对应的文化“软实力”作为国家核心竞争力的重要因素甚至决定着一个国家在国际竞争是否能够赢得主动权。社科文献在认识世界、传承文明、创新理论、咨政育人、服务社会等方面发挥着不可替代的作用，在提高国家文化软实力方面具有独特的功能。通常被人们视而不见的社科文献的这种隐性竞争性在特定需求出现的时候就转化为显性的社科情报竞争性了，从而社科文献隐性竞争与社科情报显性竞争性取得了同一性。

综上，社科情报的特点表明，它拥有情报的本质，又具有自身的情报特征，这与科技情报有所不同。也许正是社科文献作为情报源的非机密的公开性和普遍性的传播方式影响到了对社科情报本质属性的认识和把握，从而成为考察探索情报本质的障碍，并造成社科情报基本理论研究的滞后。

三、探索情报基本理论问题的现实意义

本质与现象不可分割，现象的丰富性决定于本质的复杂性。这一点在情报本质与情报现象的关系方面有时体现得很充分。在军事领域，人们对情报现象及其本质似乎容易理解，即使在科学技术领域，人们对这一问题的认识也不感

到困难，而恰恰在社会科学领域，人们对这一问题的认识遇到了困难。这是因为在社会科学领域，情报的本质与现象有时表现为一种曲折反映的关系，即本质有时是隐藏在现象之中的，本质通过现象表现出来，但往往不是简单地、直接地表现出来，甚至有时表现出来的现象与本质并不一致。这正好证明了马克思主义的一个观点："如果事物的表现形式和事物的本质会直接合而为一，一切科学就成为多余的了。"所以，毛泽东强调，"要完全地反映整个的事物，反映事物的本质，反映事物的内部规律，就必须经过思考作用，将丰富的感觉材料加以去粗取精，去伪存真、由此及彼、由表及里的改造制作工夫，造成概念和理论的系统，就必须从感性认识跃进到理性认识。"探讨情报的本质，把握社科情报的特点正需要毛泽东强调的这种"改造制作工夫"。当前这项情报基本理论问题的研讨在理论和实践两方面都具有现实意义。

1. 这项工作有助于推动社科情报学科建设。学科是一个概念体系，情报作为情报学的基本概念是构建情报学理论体系的基石。把握社科情报的特点，对构建作为情报学分支的社科情报理论至关重要。长期以来，社科情报界通常认为，以往我国社科情报工作主要受科技情报学理论指导，社科情报工作缺乏自身的情报理论。其实，科技情报与社科情报的只是两个不同的领域，但情报的本质在两个领域中都是共同的。科技情报理论对于社科情报理论的建设具有重要的参考价值，但从社科情报工作自身的特点出发，加强科技情报与社科情报对比研究，对于构建社科情报理论体系更有必要。

2. 这项工作有助于促进社科情报工作实践的发展。我国社科情报工作事业经历了上世纪 80 年代的发展高峰，却很快出现了发展危机。一时间社科情报实体机构出现了找不到自身组织的准确定位，社科情报工作主体方向不明，工作内容模糊不清以及人才培养缺少实际目标等诸多问题，直至导致我国社科院系统大批社科情报部门"关停并转"，标志着我国社科情报事业走进低谷。当前，在网络环境下，强大的计算机检索系统的兴起，更使原本薄弱的社科情报工作"雪上加霜"。出现这种局面，原因是多方面的，但其中一个重要原因是社科情报基本理论研究的滞后，社科情报工作没有及时得到符合社科情报工作实际的理论指导。理论源于实践而又高于实践。只有在符合我国社科情报工作特点的社科情报理论的指导下，我国社科情报工作才能减少被动性和盲目性，而增加主动性和目的性。因此，加强社科情报基本理论的研究，努力在社科情报理论上有创新，在社科情报工作实践上有突破，这是当前我国社科情报界既必要又紧迫的工作。

参考文献

[1] 范并思．推动社科情报的学科建设 [J]．情报资料工作，2006 (5).
[2] 马克思恩格斯选集（第 3 卷）[M]．北京：人民出版社，1972. 511.
[3] 毛泽东选集（第 4 卷）[M]．北京：人民出版社，1960. 1491.
[4] 毛泽东著作选读（上册）[M]．北京：人民出版社，1986. 126.
[5] 马克思恩格斯全集（第 25 卷）[M]．北京；人民出版社，1980. 923.
[6] 毛泽东选集（第 1 卷）[M]．北京：人民出版社，1960. 280.

基于 SNA 的国内计量学学科热点研究

邱均平 [*]　伍　超 [**]

摘　要　选取 2000—2010 年论文数据，利用社会网络分析方法（SNA），对我国计量学领域学科热点进行研究。通过确定高频关键词及构建高频关键词共现关系网，从整体上把握计量学近十年的研究热点。为了进一步了解计量学研究热点的相互关系，按照论文关键词所代表研究领域、涉及理论、采用方法、研究对象，对关键词进行分类。并通过分析各类关键词的中心性，进一步评价关键词的重要程度和关系紧密度，探讨计量学热点问题。

关键词　社会网络分析　信息计量学　关键词共现　学科热点

1　前言

自 1964 年大陆最早的有关文献计量的相关论文出现，经过三十多年的发展，计量学已经演变成一门系统性的科学，经历了从经验到科学，从理论到实践，从文献计量到知识计量的发展过程。计量学的关注重点也在其发展过程中发生着变化，形成了其研究的核心热点。本文利用社会网络分析方法，对 2000 年到 2011 年计量学方面的相关论文的关键词进行了分析，以期对计量学研究热点有客观的把握。

---

*　邱均平，男，1947 年生，武汉大学科学评价研究中心，主任、教授、博士生导师。

**　伍超，女，1988 年生，武汉大学科学评价研究中心，硕士研究生。

2 数据来源与研究方法

2.1 数据来源

本文数据来源于CNKI学术期刊网络出版总库，为保证检全率，以“文献计量or信息计量or情报计量or科学计量or网络计量or知识计量”为主题进行检索，同时，为保证数据足够且充分，及避免因数据量过大影响分析，通过多次试验，选取2000年初到2010年底这一时间段，共检索到2636条数据。选择这些数据的题名、作者、单位、关键词、年进行统计分析。去掉无作者和以编辑部名义发布的非论文类数据，有效数据2296条。

2.2 研究方法

本文采取的是社会网络分析方法（Social Network Analysis，SNA），该方法是对社会网络中各种关系结构及其属性加以分析的一套理论和方法。最初应用于社会科学领域，现已被自然科学和其他领域所认同，并得到广泛应用。在情报学领域，主要利用该方法分析作者合作关系，以此揭示研究人员合作的紧密程度，发现合作团队的稳定性及变化，发现潜在关系网络，以及评价学者的学术成果和学术水平。本文依据该方法，借鉴前人的研究成果和经验方法，对计量学领域的热点进行研究，从而得到计量学学科发展的演化过程和变化趋势，对学者了解该学科的发展，并进行深入研究提供参考。

本文选择从关键词共现这一角度来研究计量学热点，是基于以下事实：第一，关键词作为论文内容的提示符，是作者学术思想及学术观点的凝炼；第二，两个或更多关键词在同一篇文献中同时出现，可以揭示某一领域作者学术研究内容的内在相关性和学科领域微观结构的发展动态和趋势。由此可见，通过对关键词的研究可以从整体上把握计量学的研究热点；通过对关键词共现关系的研究可以了解到计量学重要知识群。

3 计量学总体研究状况——论文、作者、关键词分布

将2296条有效数据导入excel进行初步处理，对论文数及作者数进行统计，其中，作者数统计合著作者数，去掉同名作者。得出结果如表1所示。可以看出，计量学领域发表论文数总体呈上升趋势，2010是2000年发表论文数的6倍

以上，发展态势良好。该领域作者数，也呈现上升趋势，且比论文数增长更快。2010 年达到 947 人，是 2000 年的 7.6 倍，新的研究者不断涌现。

表 1　论文、作者分布

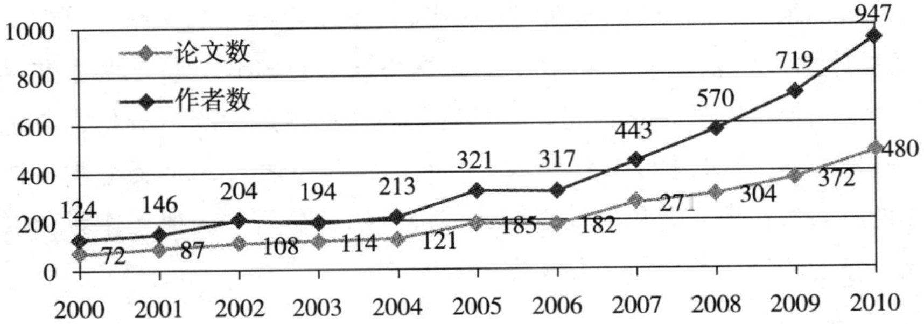

提取数据中的关键词，共有关键词 8068 个，篇均关键词 3.5 个；汇总含义完全相同的关键词，共有 797 个不同关键词。关键词个数在论文中分布如表 2 所示。由表 2 可以看出，关键词个数最多的为 13 个，有 1 篇论文。论文关键词的数量主要集中在 3—4 个，占 73.13%。按照国际标准化、规范化要求，每篇论文应选取 3—8 个关键词，计量学论文关键词的标引是相对规范的。

表 2　关键词分布

关键词个数	论文篇数	比例（%）	关键词个数	论文篇数	比例（%）
13	1	0.04	5	269	11.72
10	1	0.04	4	712	31.01
9	4	0.17	3	967	42.12
8	6	0.26	2	70	3.05
7	21	0.92	1	178	7.75
6	67	2.92			

通过论文、作者年度分布，可以看出计量学研究正处于上升阶段，论文数量增长迅速，且不断有新的研究者进入。通过关键词分布统计，可以看出计量学领域论文关键词标引相对规范，能够反映该学科特点。以上数据也反映了计量学蓬勃发展的现状，构建以关键词共现为基础的关系网，能够反映实际情况，

具有良好的说服力，可行性及结果的可信度大。

4 计量学研究热点初步分析

4.1 确定高频关键词

利用SNA方法分析关键词共现情况，视关键词及其相互关系为一张网。由于构建所有关键词共现网络结构复杂，且不便于分析，也无法突出重点。为了更直观的观察计量学领域的热点，需要对797个关键词做进一步限定，本文选取频次15次以上的关键词，共86个，如表3所示。通过表3，可以明显的看到文献计量、引文分析、载文分析、被引分析、核心期刊、科学计量学、作者分析、期刊评价、影响因子均居前列，是计量学研究较多的方面，是计量学关注的热点。

表3 高频关键词

序号	关键词	频次	序号	关键词	频次	序号	关键词	频次
1	文献计量	629	30	研究进展	36	59	统计	22
2	文献计量学	348	31	引文分布	34	60	教育	22
3	引文分析	203	32	载文量	34	61	Web	22
4	统计分析	189	33	图书情报	33	62	医学论文	21
5	文献计量分析	119	34	研究现状	32	63	文献研究	21
6	计量分析	113	35	综述	31	64	计量指标	21
7	载文分析	92	36	中医药	30	65	专利	20
8	被引分析	80	37	体育	29	66	现状	20
9	核心期刊	78	38	图书馆学	29	67	数据库	20
10	文献	74	39	基金论文	29	68	比较分析	20
11	科学计量学	72	40	知识管理	27	69	学术影响	19
12	作者分析	66	41	网络信息计量	27	70	信息资源	19
13	期刊	66	42	研究热点	26	71	数字图书馆	19
14	期刊评价	63	43	文献计量指标	26	72	CSSCI	19
15	分析	62	44	核心作者	26	73	词频分析	19
16	影响因子	57	45	科技期刊	26	74	机构	18

续表

序号	关键词	频次	序号	关键词	频次	序号	关键词	频次
17	定量分析	55	46	共词分析	26	75	竞争情报	18
18	SCI	54	47	科技论文	25	76	研究	17
19	评价研究	52	48	人力资本	25	77	知识图谱	17
20	发展趋势	51	49	管理	25	78	指标	17
21	情报学	49	50	计量方法	24	79	主题分布	17
22	科研评价	48	51	国际	24	80	学术期刊	16
23	论文分析	47	52	著者分析	23	81	会计	16
24	图书馆	46	53	信息计量	23	82	计量学	16
25	文献分析	46	54	护理	23	83	聚类分析	16
26	网络计量	44	55	生物	23	84	学术评价	15
27	内容分析	40	56	h 指数	23	85	科学引文索引	15
28	中国	39	57	学报	22	86	普赖斯定律	15
29	文献计量法	39	58	学术论文	22			

4.2　构建高频关键词共现关系网

对上述 86 个高频关键词，使用 UCINET 绘制共现矩阵。首先利用 VBA 程序，构建 86 个高频关键词共现矩阵，将生成的矩阵导入 UCINET，图 1 列举了部分高频关键词共词矩阵。

	文献计量	文献计量学	引文分析	统计分析	文献计量分析	计量分析
文献计量学	1	332	32	36	1	1
引文分析	65	32	222	7	2	1
统计分析	63	36	7	176	3	5
文献计量分析	0	1	2	3	119	0
计量分析	5	1	1	5	0	131
载文分析	27	14	24	21	2	4
被引分析	51	6	8	0	2	0
核心期刊	20	8	6	5	3	21
文献	0	1	2	4	1	48
科学计量学	1	3	0	0	0	0
作者分析	20	4	9	11	2	0
期刊	27	18	8	6	2	2
期刊评价	13	1	8	1	0	1

图 1　关键词共现矩阵（部分）

其次，利用绘图工具 NetDraw 绘制出高频关键词共现关系网络图，见图 2。图中节点表示关键词，节点间连线表示关键词共现关系，即两个关键词同时出现在同一篇文章中。该网络图有 5 个节点是孤立的，分别是生物、机构、指标、计量方法、会计。其他关键词均有共现关系，由图 2，可以直观看出各关键词的相对重要程度，居于中心的关键词，比四周关键词更为重要，如核心期刊，计量分析、统计分析、引文分析、影响因子、作者分析、文献计量等，是计量学研究的热点，且这几个关键词共现频率高，联系十分紧密。网络整体连通性很好。经过 UCINET 计算得出，该网络密度为 0.5948，整体结构紧密，关键词间关联度高。

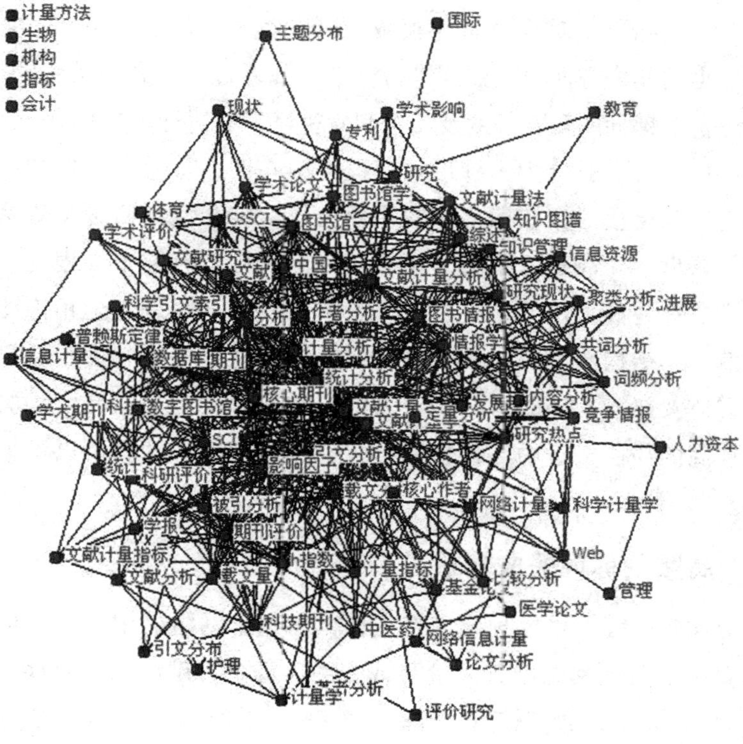

图 2　高频关键词共现关系网

5　计量学研究热点知识群分析

5.1　高频关键词分类及分析方法

通过确定高频关键词以及构建高频关键词共现关系网，已经可以从整体上把握计量学近十年的研究热点，即得出文献计量、引文分析、载文分析、被引分析、核心期刊、科学计量学、作者分析、期刊评价、影响因子为计量学研究热点。但论文中有些关键词概念宽泛，比如“文献计量”，由于其使用范围也广，往往成为高频关键词，在统计时所占比重大，而我们却无法通过这类关键词深入了解计量学的研究热点，故需进一步限定关键词。考虑到作者在标注论文关键词时，实际上是对论文研究领域、涉及理论、采用方法、研究对象的总结，我们依据这几个方面对关键词进行分类。并通过分析各类关键词的中心性，来进一步评价关键词的重要程度及相互间紧密度，探讨计量学热点问题。

对中心性分析一般分为三种形式：程度中心性、亲近中心性和中介性。程度中心性是用来衡量对象在网络中的主要位置。中介性则衡量了对象作为媒介者的能力。亲近中介性是以距离为概念来计算一个节点的中心程度，与其他对象愈近者中心性越高。由于亲近中心性要求严格，必须是完全相连图形，计算结果才有效。本结构图不满足该条件，故以下仅从程度中心性、中介性分析计量学知识群体及热点。同时，由于亲近中心性与程度中心性高度相关，即一般程度中心性高的往往亲近中心性也高。故通过程度中心性也可以了解相应的亲近中心性。

5.2　高频关键词关联分析

为了对比各关键词重要程度，首先计算出整个网络的中心性，得出程度中心性为2.25%，说明网络中有大量共现关系，每个关键词的重要性都较高。网络中介性为16.93%，数值较高，表示各关键词沟通良好。表4到表6给出了各类关键词程度中心性排名Rank-D、程度中心性值Degree、中介性排名Rank-B及中介性值Betweenness这四个数值。这里的排名，指的是在86个高频关键词的排位状况。

表4左边列出了论文所涉及的研究领域，主要在情报学、图书馆学，两者程度中心性和中介性均位居前列，且数值占绝对优势，根据关键词的具体分析，

有关图情学的研究主要集中在知识管理、数字图书馆、竞争情报方面，见附表4。除图情学科外，医药护理类也是计量学研究较多的领域，另外计量学对人力资本及管理类以及教育体育类也均有涉及。表4右边列出了在对这些领域研究中，学者不仅关注国内也关注国际，但主要研究的是国内。在现状、趋势、进展、热点、综述这些总结性的常规研究中，计量学对趋势的研究相对多。

表4　研究领域

key word	Rank-D	Degree	Rank-B	Betweenness	key word	Rank-D	Degree	Rank-B	Betweenness
情报学	15	119	6	91.934	中国	18	95	12	44.346
图书馆	16	113	23	23.449	国际	78	2	82	0
人力资本	61	27	59	1.926					
中医药	62	27	61	1.887	发展趋势	20	91	22	24.198
体育	66	24	51	3.828	研究现状	32	61	45	5.81
护理	72	10	64	1.622	研究热点	33	59	39	8.574
管理	74	7	66	1.094	综述	34	57	40	7.811
教育	76	3	85	0	研究进展	57	29	62	1.843

附表4

key word	Rank-D	Degree	Rank-B	Betweenness
知识管理	38	52	30	18.098
数字图书馆	40	48	27	22.536
竞争情报	49	38	35	13.018

除了上述大的学科领域，就计量学本身而言（具体见表5），对文献计量的研究仍然占据主要位置，且中心位置明显。网络或WEB计量位居第二，科学计量及信息计量相对靠后。这和网络环境带来文献电子化、网络化有关，同时也说明，文献计量的基本原理和方法仍然很重要，且可以应用于现阶段的网络环境。从表5右边可以看出，在对计量学的研究中，重在借助计量学方法进行评价工作，如对期刊评价、对科研等学术评价及对专利的评价研究。

表5　计量学及应用

key word	Rank-D	Degree	Rank-B	Betweenness	key word	Rank-D	Degree	Rank-B	Betweenness
文献计量	1	1274	1	630.188	期刊评价	19	62	19	29.833
网络计量	27	69	32	17.253	科研评价	29	32	31	18.062
科学计量学	44	43	49	4.355	学术评价	54	92	50	4.293
信息计量	58	28	55	2.646	专利	55	31	68	0.776
Web	67	24	60	1.92	评价研究	69	16	83	0
					学术影响	71	10	67	0.92

计量学领域有许多典型的研究方法，表6左边列出了常用的研究方法，如引文分析、载文分析、作者分析、共词分析等等，这些方法在不同环境下，对其研究和应用各不相同。但基本思想是一致的，比如引文分析，在网络环境下，主要是链接引用分析；在文献中，主要是参考引用分析。但两者研究的思路和方法并没有太大差别，只是对象发生了变化。从表中给出的程度中心性和中介性可以进一步看出这些方法应用及研究的重要程度，引文分析仍然是计量学研究的热点和重点，被引分析也占据重要位置，而作者分析、著者分析，也是得到了广泛关注。通过表6右半部分，可以看出在研究中，数据主要来源于文献、期刊或数据库。文献方面主要是科技、学术、基金、医学类论文；期刊方面则主要是核心期刊，其次是学报、学术期刊等；数据库方面主要是SCI、CSSCI这类引文库。

表6　研究方法及对象

key word	Rank-D	Degree	Rank-B	Betweenness	key word	Rank-D	Degree	Rank-B	Betweenness
引文分析	3	481	4	110.712	文献	9	189	17	36.172
统计分析	4	406	7	91.426	期刊	11	175	10	49.409
计量分析	5	288	5	97.021	数据库	39	49	36	11.675
载文分析	6	247	21	27.117	核心期刊	7	213	9	56.078
被引分析	8	194	16	36.803	SCI	14	121	11	44.716
文献计量分析	10	188	3	211.989	学报	30	62	43	6.516
作者分析	12	170	20	28.361	科技期刊	31	61	26	22.664

续表

key word	Rank-D	Degree	Rank-B	Betweenness	key word	Rank-D	Degree	Rank-B	Betweenness
定量分析	17	108	29	21.447	科技论文	37	55	34	14.37
内容分析	21	91	28	22.426	文献研究	41	48	18	30.158
文献分析	25	75	48	4.558	CSSCI	42	45	37	11.221
共词分析	28	64	44	5.952	学术论文	43	45	53	3.257
词频分析	47	40	54	2.846	基金论文	60	28	72	0.576
聚类分析	50	38	63	1.726	学术期刊	64	26	77	0.067
著者分析	56	31	79	0	医学论文	65	26	75	0.335

除表6列出的研究内容外，对影响因子的研究也是计量学的热点之一，该关键词的程度中心性、中介性分别排在第13位、第8位，见附表6。同时，核心作者、计量学方法、H指数、知识图谱、计量指标、普赖斯定律也是本领域重要研究内容。

附表6

key word	Rank-D	Degree	Rank-B	Betweenness
影响因子	13	151	8	66.375
核心作者	22	89	42	6.602
（文献）计量法	26	71	25	23.34
h指数	35	57	24	23.435
知识图谱	46	40	41	7.498
（文献）计量指标	52	36	46	5.699
普赖斯定律	53	36	69	0.77

5.3 分析结论

综上所述，可以得出：①近十年对计量学的研究主要集中在图情领域，尤其是情报学领域，在情报学领域，竞争情报和知识管理是热点；在图书馆领域，数字图书馆是热点。另外，计量学在医学方面的应用也是不可忽略的，护理、中医药是医学研究的热点。②和大多数人文科学一样，计量学对国内的研究偏多。同时，作为一门学科，计量学有其特殊性，其具有明显的工具和方法特点，借助计量学从定量的角度分析某一学科的趋势、现状、热点，有其本身的优势，可以比较直观的揭示现象之后的规律。对趋势、现状、热点的分析也是计量学研究的热点。③就计量学本身而言，文献计量仍然是其研究的重点和热点，网络计量的研究超过信息计量，成为计量学研究新的增长点。对知识计量的研究，由于知识的复杂性，目前并没有得到广泛关注。④对计量学的应用中，评价某一期刊或者科研、学科发展，仍然是其应用的主流方向。⑤就计量学研究方法而言，典型的三大分析——引文、载文、被引分析仍然是其研究的热点。对作者、词频、聚类、共词分析也比较多。⑥计量学分析的对象或者利用的数据来源，主要是文献期刊类资料，参考引证其他类型的资料不多。文献主要是科技论文、学术论文、基金论文、医学论文；期刊则主要是核心期刊，其次是学报、学术期刊，以及 SCI、CSSCI 引文数据库。⑦在对这些研究中，影响因子、核心作者、H 指数、知识图谱、普赖斯定律也是研究的关注热点。

6　总结

本文利用社会网络分析方法，借助 UCINET 工具，对我国计量学学科热点进行了研究。选取的是 2000—2010 年 11 年的论文数据，主要研究对象为该领域高频关键词。

通过初步分析，得出计量学研究正处于上升阶段，论文数量增长迅速，且不断有新的研究者进入。通过确定高频关键词，构建高频关键词共现矩阵，绘制高频关键词共现关系网，得出文献计量、引文分析、载文分析、被引分析、核心期刊、科学计量学、作者分析、期刊评价、影响因子为计量学研究热点。为了对各高频关键词重要性有更准确的把握，进一步分析该网络的中心性，从研究领域、涉及理论、采用方法、研究对象对关键词进行分类，并通过分析各类关键词的中心性，来进一步评价关键词的重要程度和关联度。得出了上述七点结论。通过本研究，希望能对新进入该领域的研究人员，提供学习方面的指导；另一方面为该领域研究者客观把握本领域研究热点，提供参考。

参考文献

[1] 邱均平，段宇锋，陈敬全，宋恩梅，嵇丽．我国文献计量学发展的回顾与

展望 [J]. 科学学研究, 2003, 2 (12): 143 - 148.
[2] 邱均平, 王菲菲. 基于 SNA 的国内竞争情报领域作者合作关系研究 [J]. 图书馆论坛, 2010, 30 (6): 34 - 40.
[3] 刘蓓, 袁毅, BOUTIN Eric. 社会网络分析法在论文合作网中的应用研究 [J]. 情报学报, 2008 (3): 407 - 417.
[4] 谢彩霞, 梁立明, 王文辉. 我国纳米科技论文关键词共现分析 [J]. 情报杂志, 2005 (3): 69 - 73.
[5] 马世杰.《图书馆工作与研究》(1991—2006) 论文关键词统计分析 [J]. 图书馆工作与研究, 2008 (1): 101 - 105.
[6] 罗家德. 社会网络分析讲义 [M]. 北京: 社会科学文献出版社, 2005, 26 (11): 134 - 139, 150 - 160.

基于国际竞争情报合作的产业竞争情报研究
——以湖南省竞争情报中心与法国工商联合作为例

乔姗姗 *

摘　要　本文通过对湖南省竞争情报中心与法国工商联竞争情报合作的实践研究，包括竞争情报资源提供利用合作、分析合作及人员培养合作三方面，进而提出产业竞争情报的概念、研究范畴、理论体系及制定产业跟踪路线图。通过制定产业跟踪路线图来制定情报规划，指导信息采集，推送情报产品，为产业竞争情报服务及其合作发展提供理论与实践依据。

关键词　竞争情报合作　法国工商联　湖南省竞争情报中心　产业竞争情报　产业跟踪路线图

1　中法竞争情报合作

1.1　湖南省竞争情报中心概况

湖南省竞争情报中心是以服务省委省政府科学决策和提升产业企业竞争力为目标，以竞争情报网络协作平台为工作平台，以建设省级、产业和企业三个层面的竞争情报中心为重点，构建的省竞争情报研究与应用体系。并且建立了多方参与的网络协作平台，形成了自有情报的工作方法，以系列数据库为基础开展多种服务，为政府有关机构透视湖南产业发展提供依据。如图 1.1 所示。

*　乔姗姗，女，1984 年生，国防科学技术大学图书馆。

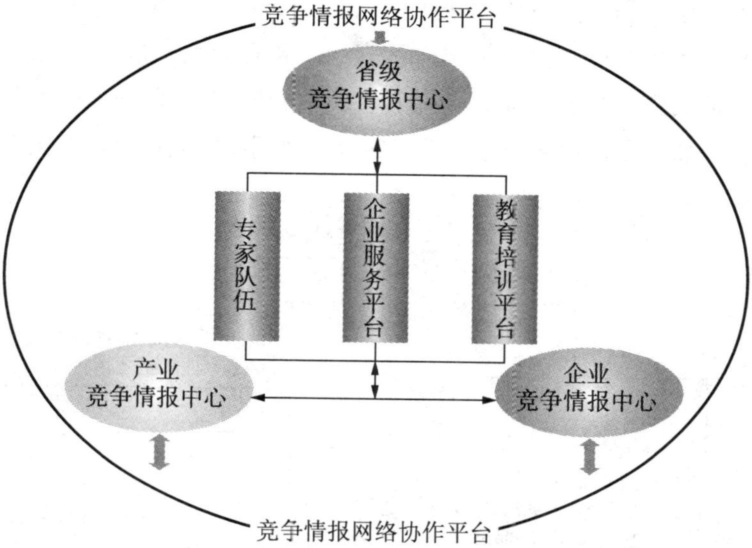

图 1.1 湖南省竞争情报中心总体框架图

省级竞争情报中心、产业竞争情报中心和企业竞争情报中心根据各自的权限通过竞争情报网络协作平台提供的人机交换界面进行信息采集，分析和情报共享。省级竞争情报中心、产业竞争情报中心直接利用竞争情报网络协作平台进行信息采集，企业竞争情报中心利用企业自身的竞争情报系统进行信息采集，并将可共享的信息上传至竞争情报网络协作平台，这些信息共同构成竞争情报网络协作平台的基础信息。省级竞争情报中心、产业竞争情报中心和企业竞争情报中心对基础信息进行研究分析产生竞争情报，通过多种途径为各级政府和企业决策提供有参考价值的建议。运行系统和机制概括如下：一是竞争情报网络协作平台，集基础网络平台、竞争情报应用软件系统、标准体系和协作机制建设于一体，是湖南省竞争情报中心与外界进行信息交流、信息收集和内部最大限度地实现信息资源和智力资源共享的基础平台。二是企业服务平台，包括为大中型企业竞争情报中心提供技术支持和构建中小型企业 ASP 竞争情报服务平台两个部分。

1.2 法国工商联合会概况

在法国，知识经济、竞争情报是国家战略，其重点是对信息的控制，战略信息也是欧洲竞争力的新亮点。法国经济情报体系是总理任命一名竞争情报高级官员，作为中央和地方竞争情报工作的总负责人，协调中央各部委、各省竞争情报工作。各部委设立竞争情报协调官，而各省的竞争情报最高负责人是省长，地区工商局负责协调企业、研究所、大学和咨询公司。地区竞争情报网络则由区议会、联合会、雇主协会、省长的专家顾问团共同构成。如图 1.2 所示。

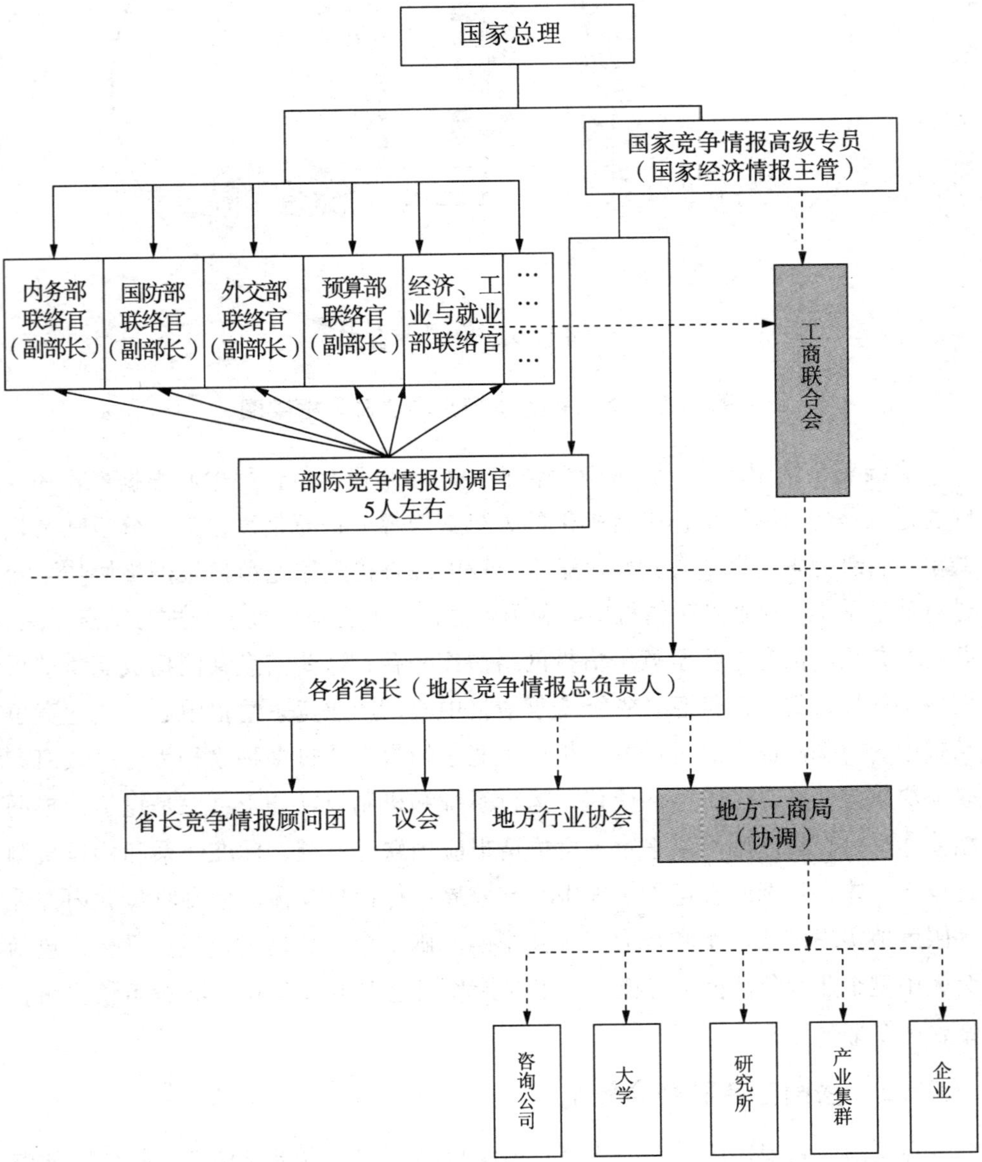

图 1.2　法国国家竞争情报体系结构图

在法国竞争情报体系中，最重要的角色是法国工商联合会，它是政府资助的非盈利组织，是由法国众多中小企业联合组成。其主要职能包括强化企业开展竞争情报的能力，组织信息网络并获取信息，生产对企业有用的知识，确保企业资产的安全，保护创新成果（知识产权保护），扩大企业在经济、文化等领域的影响。工商联合会的具体工作包括国家级竞争情报的培训及组织信息网络。培训主要包括培训信息监测人员和对经济情报方法和相关工具的使用进行培训。工商联合会的职责是让法国企业在业务所在地有代表机构，帮助法国企业找到生产合作伙伴，工商联合会根据企业的具体要求，来协助企业确定开展合作的地点和合作伙伴。

1.3 湖南省竞争情报中心与法国工商联合会的竞争情报合作

湖南省竞争情报中心与法国工商联合会搭建中法竞争情报资源共建共享平台，通过政府竞争情报部门合作及企业竞争情报合作来提升产业竞争情报服务水平。首先通过互相交流，可以明确企业的具体要求，积极发现问题，解决问题，从而提供帮助。其次，可以通过互相借鉴，更好的为各自企业提供监测报告，包括政策、法律、环境等方面的预警报告。再次，可以通过调动双方的专家协会，使企业获得专家的帮助，从而推动企业不断向前发展。法国的竞争情报协会与企业、政府结成合作联盟，面向企业服务。竞争情报协会主席也是从加盟企业管理层中选举产生，所以竞争情报主席通常同时也是企业领导。最后，可以通过链接政府竞争情报网站，充分共享情报资源，并且提供专业咨询。

对于企业竞争情报部门合作，可以通过政府间讨论更实际更深入的问题，真诚分享优势与经验。在信息机构及政府部门合作的基础上，首先要确定合作领域，其次要在政府竞争情报部门的帮助下制定详细的合作计划，包括合作目标、合作规模、合作方式等等。最后要不定期地组织专家评审，中法双方专家协会可以共同探讨企业的发展对策等。

合作体系中的两方面合作是相辅相成、互相渗透的。政府竞争情报部门通过合作服务于企业，企业竞争情报部门在政府的帮助下通过合作谋发展。

1.3.1 中法竞争情报资源提供利用合作

双方通过竞争情报专家互通往来进行学术交流，充分利用对方的精品资源，为服务企业打下基础。具体合作模式如图 1.3 所示。

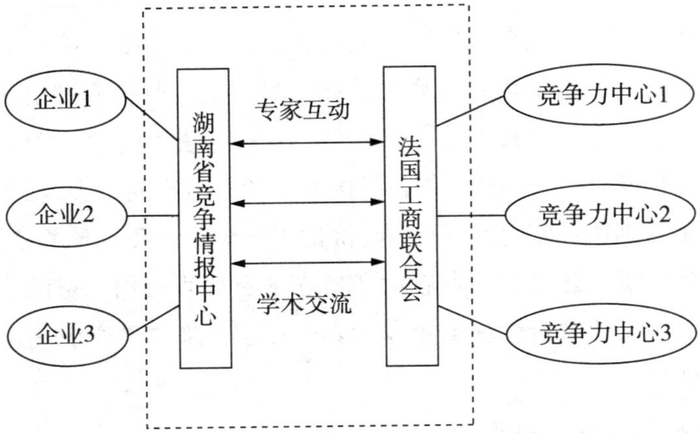

图 1.3　中法竞争情报资源共建共享中情报资源利用合作模式

1.3.2　竞争情报资源分析合作

双方共同为两地企业之间的合作提供咨询服务。这样，情报机构就可以作为当地企业与外部合作的探照灯，通过借鉴国外经验以及具体解决问题的方法，引导企业掌握良好的竞争情报手段，提高竞争情报素质，获得最新的动态信息和研究成果。具体合作模式如图 1.4 所示。

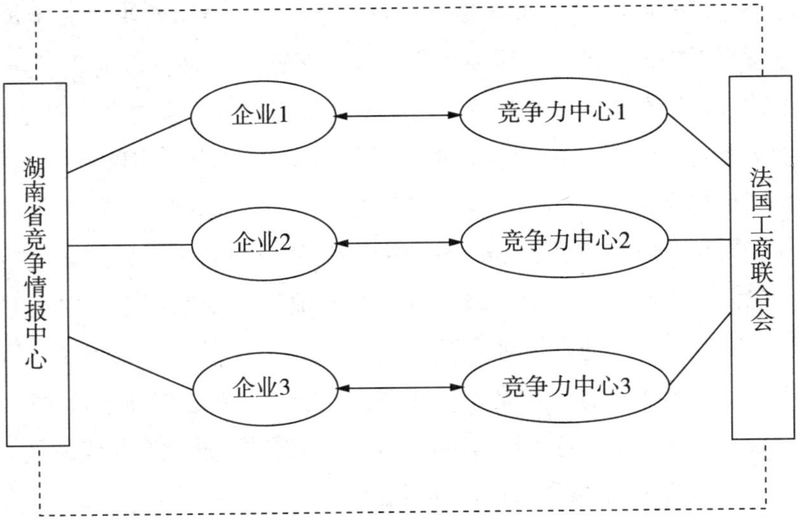

图 1.4　中法竞争情报资源共建共享中情报资源分析合作模式

1.3.3　竞争情报人员培养合作

情报资源共建共享是硬道理，人才的培养是钢道理，这就需要培养一批高素质的人才队伍来做情报工作。湖南省竞争情报中心可以组织湖南竞争情报从业人员到法国进行培训、组织湖南省学生在法国公立大学攻读竞争情报硕士学位。企业所需的服务就是共建共享团队化共同努力的成果。具体合作模式如图1.5所示。

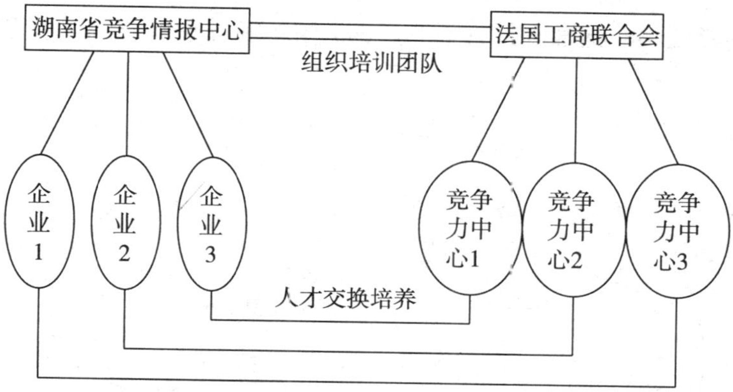

图1.5　中法竞争情报资源共建共享中情报人员培养合作模式

通过对中法竞争情报资源共建共享合作实践研究，对产业竞争情报的概念界定、定性、定位及其所涉及的各方面内容都有了深入理解，为今后更好的竞争情报资源共建共享合作打下理论基础。

2　产业竞争情报基本概念

2.1　产业竞争情报的定义

对于产业竞争情报的定义至今尚未明确，陈峰博士提出，“产业竞争情报是以提升一个国家或地区某特定产业整体竞争优势为目的，关于产业竞争环境的动态性、应对性情报。其主要特点是以产业链条中的群体企业为主要服务对象，由行业协会、科技情报机构、专业咨询机构等第三方机构所开展的一系列满足产业群体企业内需求的竞争情报活动。”张立超同志在吸收了陈峰博士观点以后提出，“产业竞争情报（Industrial Competitive Intelligence，ICI）主要是指采用全球产业竞争视角，从产业全局的角度出发，通过对不同国家或者地区间的相同或相似产业所处的产业竞争环境的实时监测，及其对影响该产业领域发展的相关情报要素进行搜集、整理、加工、分析，在此基础上制定出相应的产业竞争战略，从而最终为该国或地区整体产业竞争力的提升而服务。”

2.2 产业竞争情报的定位

如图2.1所示，产业竞争情报与企业竞争情报都属于国家竞争情报范畴，但随着地域及产业环境的不同，各自有着不同的竞争战略服务选择。同时，二者又有“重叠交错”的部分，只是产业竞争情报服务于产业，属于宏观方面的情报服务。

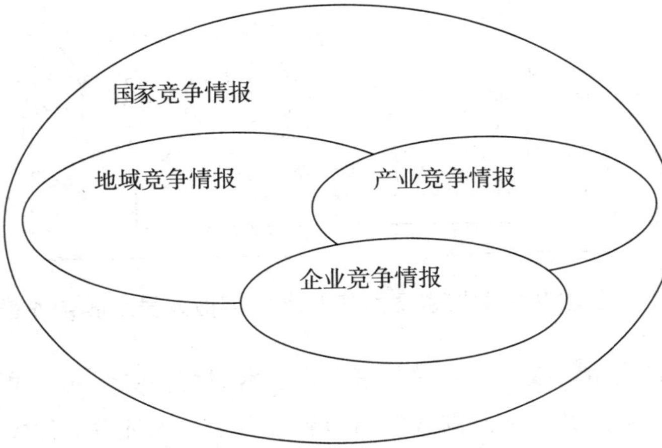

图2.1 产业竞争情报的定位图

2.3 产业竞争情报的定性

在《产业竞争情报的解析》中讲到，“产业竞争情报是介于公共产品和私人产品之间的准公共品。”如图2.2所示。可以理解为产业竞争情报的目的和其所服务的竞争决策主体、所服务的决策层次、其关注的竞争范围、竞争情报实施主体等，均与单体企业层次的竞争情报有明显的不同。具体来说，产业竞争情报的目的是为了使该产业整体最大程度获取竞争优势，其所服务的竞争决策主体是影响本产业竞争优势的全体决策者群体，包括该产业中所有企业顶层决策者及国家主管部门决策者、地方政府部门决策者、行业社团决策者、产业战略与政策研究者等。产业竞争情报所关注的是全产业链中的所有角色和要素。

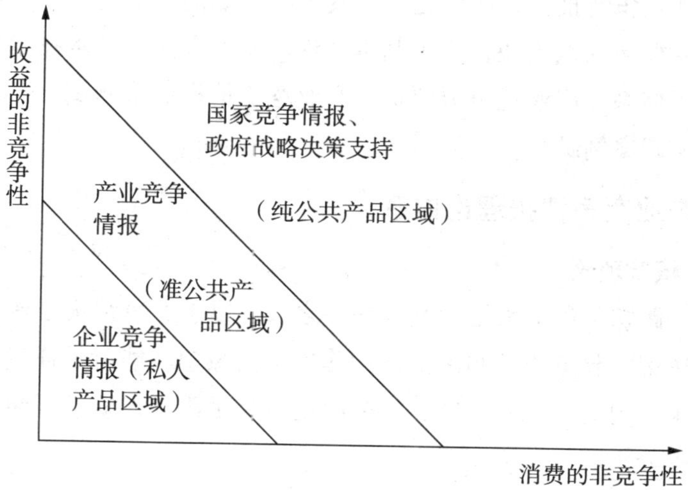

图 2.2　产业竞争情报定性图

3　产业竞争情报研究主题

3.1　产业竞争情报的研究范畴

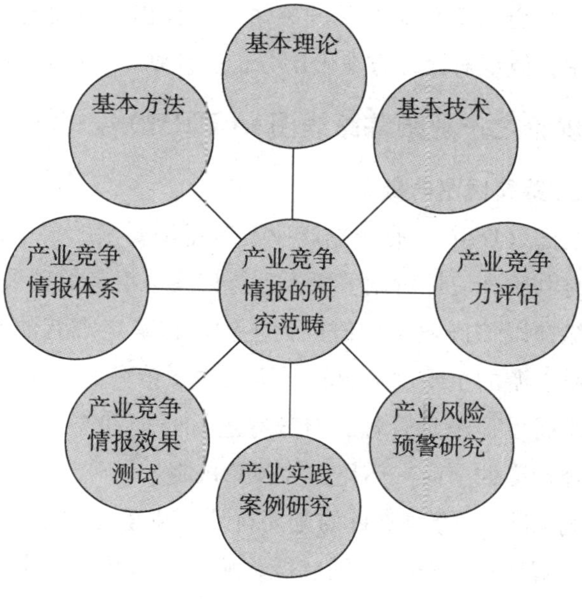

图 3.1　产业竞争情报的研究范畴

研究产业竞争情报，必然会先研究其范畴。如图 3.1 所示，产业竞争情报的研究范畴主要包括八大块，除了基本理论、基本方法、基本技术外，还包括产业竞争情报体系、产业竞争力评估、产业竞争情报效果测试、产业风险预警研究及产业实践案例研究。

3.2 产业竞争情报理论体系

3.2.1 跟踪理论

竞争对手跟踪是竞争情报的基本任务之一。鉴于竞争情报工作在企业经营管理和战略决策中起瞭望哨和参谋部的作用，而瞭望功能就是通过对环境监视和对手跟踪来实现的。没有连续、持久的竞争对手跟踪，就不可能有可靠和高效的竞争对手分析。

3.2.2 分析理论

产业竞争情报实施过程中，组织要对收集来的信息进行整理、分析。分析理论是指用情报分析方法，包括 SWOT、定标比超等方法，对产业竞争情报进行分析，为决策提供依据。

3.2.3 营销理论

营销理念来源于营销实践，它是营销者对企业存在的理由、经营的目的以及对企业、顾客、社会三者利益关系的感悟而后作出的一种理性判断。产业竞争情报实施过程中，组织对设计方案做出分析、计划、实施及控制。

3.3 跟踪理论之产业跟踪路线图（ITRM）

3.3.1 产业跟踪路线图的概念

产业跟踪路线图（ITRM）是根据产业发展竞争要素的要求，结合竞争情报分析方法，制定有利于开展针对竞争要素进行持续、精确信息采集的方法。

跟踪路线图纵向以该产业的价值链为主轴，在确定现有的主要竞争对手的同时，明确产业链上游的主要供货商和下流的主要销售商，对竞争对手的生产、销售、采购、技术研发、经营管理、财务等进行长期动态监测，建立供货商后向一体化趋势和经销商的前向一体化趋势预警机制。

制定产业跟踪路线图的主要目的是要确定产业竞争情报研究的工作思路，明确服务对象，了解产业的整体发展状况，确定服务内容、监测对象，确定信息源和搜集手段，确定产业竞争情报研究的成果形式。

3.3.2 产业跟踪路线图内容

产业跟踪路线图包括三个部分：产业跟踪导引图、产业跟踪基本要素表、产业跟踪路线图集。

产业跟踪导引图从市场、产业、重点企业、主导产品及技术方面分类罗列产业链的各个环节内容，并简要找出他们之间的联系，具体如图3.2所示。

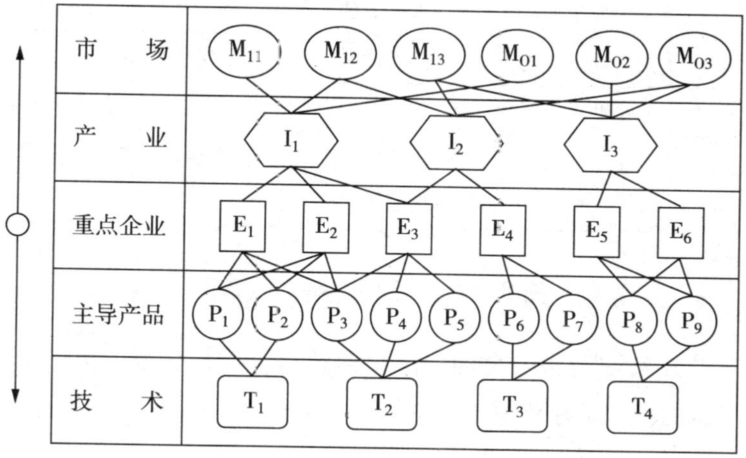

图3.2 产业跟踪导引图

产业跟踪基本要素表罗列出了产业基本要素及其子要素的监测要点。基本要素包括宏观环境、市场环境、竞争环境、技术环境及企业自身。

基本要素	子要素	监测要点
宏观环境	国际环境	国际经济形势、产业政策和发展态势
	国内环境	国内经济形势、产业政策和发展态势
市场环境	主要出口国	贸易政策、关税、市场容量、出口国的同类型企业
	主要进口国	技术壁垒、进口国企业的研发特点和合作伙伴
	国内目标市场	地方政策、市场容量、目标市场同类企业
竞争环境	国际竞争企业	企业运营情况、供货商、销售渠道、研发团队、战略合作者
	国内竞争企业	企业运营情况、供货商、销售渠道、研发团队、战略合作者

续表

基本要素	子要素	监测要点
	潜在竞争对手	企业利润、新工艺、新技术、新产品
技术环境	技术革命	美国、欧盟和日本政府制定的科技政策
	产业升级	产业链下游发展对技术的需求
	技术发展	本产业的最新论文和专利的发表情况
企业自身	供货商	供货商经营状况、供给的其他企业、价格和份额
	分销商	分销商经营状况、供给的其他企业、价格和份额
	企业内部	高层管理人员、组织结构、管理制度、研发团队、信息渠道

图 3.3　产业跟踪基本要素表

产业跟踪路线图图集形象的描绘出跟踪目标与信息源的之间的对应关系，可以一目了然的确定跟踪范围。图集如图 3.4 所示。

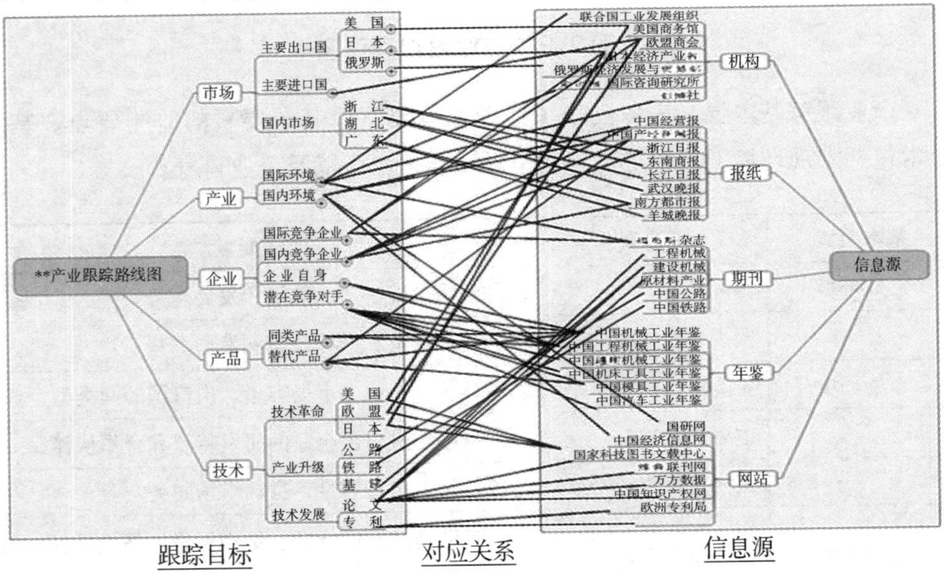

图 3.4　产业跟踪路线图图集

4 小结

总之，通过竞争情报合作实践，进一步明确了产业竞争情报的基本概念，从而研究出产业跟踪路线图的制定，产业跟踪路线图的作用包括制定情报规划、指导信息采集、推送情报产品，为产业竞争情报服务及其合作发展提供理论与实践依据。

参考文献

[1] 乔姗姗．中法竞争情报资源共建共享研究［D］．湖南：湘潭大学，2010
[2] 沈金波，王磊．企业情报资源共享研究［J］．科技情报开发与经济，2006（19）：83－85

结构化视角下的情报研究设计
——以社科情报研究为例

朱震远 [*]　张　骏 [**]

摘　要　情报研究设计是研究方法论重要问题之一，是决定情报质量和成效的关键工作。但它在情报研究领域却一直未受到应有的重视。社科情报研究中的研究设计，必须贯彻结构化的重要原则，对研究设计中的研究目的、问题和内容领域、方法和成果形式和研究效度等各个要素的互相关联、互相制约和作用进行综合分析，并充分考虑研究者的经历、经验和研究积累，社会背景和环境，问题领域的现状和范式，可获得的资源等背景因素的制约和作用。

关键词　研究设计，情报研究，社科情报研究，结构化

在国内外社会科学领域，研究设计（Research Design）通常被认为是研究方法论的核心问题，是研究过程中的重要环节。在“研究设计”领域可说成果颇丰，其发展已相当成熟。而在国内，情报研究的研究设计问题至今尚未引起人们的关注，虽然人们一直强调情报研究是一种重要的研究活动。笔者认为，在情报研究领域，研究设计同样是研究方法论的重要问题之一。尤其对于一定规模的情报研究，其研究设计更是决定其质量和成效的无法回避的重要问题。本文主要从知识结构化的视角，对社科情报研究中的研究设计略作探讨。

---

* 朱震远，男，1953 年生，上海卢湾区教师进修学院，副研究馆员。

** 张骏，男，1959 年生，上海卢湾区教师进修学院，馆员。

1 情报研究中的研究设计

1.1 研究设计及情报研究设计：基本功能和特征

所谓设计，其渊源可以追述到伴随“制造工具的人”的产生而产生。古往今来，我们身边的万物都具有设计的痕迹，我们生活的世界即是一个设计的社会。设计是有意识的活动，它运用科学技术与艺术的结合，设计和创造出为人们生活、工作所需要的物，设计的最终目的是为人。

人类的科学研究活动（包括情报研究活动）从某个侧面说也是一种设计活动，它需要对整个研究工作目标、过程、内容和方法等进行精心设计，以尽可能避免从研究中得出错误的结论，确保研究结果能使我们尽可能清晰地回答和解决面临的问题，使研究结论具有充分的说服力。

作为一种研究活动的科学情报研究，尤其是作为重大决策咨询课题或社科研究课题组成部分的情报研究，精心设计是非常必要的。一定规模的情报研究本身是一个系统工程。研究设计是整个情报研究过程中的重要一环，是整个研究工作的施工蓝图。研究设计是否充分完善，决定了整个研究的准确性、有效性和合理性。一般认为，研究设计是对整个情报研究工作进行规划，明确研究的目标和基本内容，确定研究的最佳途径，制定出有针对性的有效策略，选择恰当的研究方法，最后制定详细的操作步骤及研究方案等的一系列活动。在整个研究过程中，研究设计阶段的任务是通过认真、周密的规划和设计，确定如何去实现研究课题的目标。研究设计的目的可以从对研究的怀疑取向来理解，即减少诸多研究证据的模糊性，排除有关证据的竞争性解释，或寻找能够证伪理论的证据。研究设计涉及的是情报研究的框架结构：是原理性而非执行性的。情报研究人员必须根据研究的目的，选题的内容领域、发展阶段、时空背景和用户需求等多方面因素的影响和要求，对资料搜集和研究的全过程、信息源选择、研究分析方法的选择组合、成果形式的选择和组合等进行精心设计，确保整个研究中指导思想和基本原理对全局的统领，保证研究成果的较高的内在整体性和效度。

任何一个选题的情报研究，其方法和成果形式的选择设计都具有很大的可选空间，不存在唯一正确的研究方法和成果形式。客观地说，不同研究人员在不同的环境条件支持下，最终完成的情报研究成果也必定会有很大不同。情报研究各个方面要素及其组合的广泛的可选择性，提供了巨大的设计空间，也决定了研究设计的必要性。

国内关于情报研究的论著在描述情报研究的过程步骤时，都没有直接将研究设计作为独立的步骤列出，只是将有关内容如课题分析、制定研究计划、撰写开题报告等分散于其他步骤。同时，对研究设计中最重要的关于确保方法和成果同原理及指导思想等保持一致等，国内研究者都缺乏必要的重视。而研究设计正是研究中的这样一种重要步骤：它通过将研究目的和问题领域具体化、明晰化，确保将研究的基本要求、指导思想和支持性原理等贯彻到其后的所有步骤和操作中去，保证研究的一致性和内部效度。

1.2 情报研究设计的类型、要素和内容

根据研究本身类型的不同，研究设计类型是多种多样的。国内外社会科学领域中有关论著通常根据研究性质、层次或方法论的不同，提出了许多研究设计类型模式，它们包括同基础研究、应用研究或评价研究相对应，同定量研究、定性研究或混合研究相对应，同描述性研究、探索性研究或解释性研究相对应，或同实验研究、纵向研究、截面研究、个案研究、调查研究、文献研究、实地研究等相对应的各种研究设计类型模式。

同样，情报研究设计可以按不同的标准和视角，分为许多不同的类型，如可以分为科技情报研究设计、社科情报研究设计、经济情报研究设计、军事情报研究设计、战略情报研究设计、学科情报研究设计、竞争情报研究设计等；也可分为基于数据的情报研究设计、基于文献的情报研究设计、基于人的情报研究设计、基于组织的情报研究设计、基于认知的情报研究设计等；或可分为综述类情报研究设计、辞书手册（数据库）类情报研究设计、计量类情报研究设计、调研类情报研究设计、预测类情报研究设计，及对策方案类情报研究设计等。应强调的是，上述分类尤其是后两种分类中，各类型设计之间往往有很广泛而深刻的互相渗透和交叉。因此，实践中的情报研究尤其是具有一定规模的情报研究，在整体上通常都表现为一种不同程度的混合型情报研究。下文许多部分的展开，主要是从社科情报研究实践中比较普遍的，以综述类研究为主体的混合型情报研究的视角。

关于研究设计的要素和内容有许多各不相同论述。国外有学者认为研究设计包含三要素：知识观的哲学假设、研究策略和研究方法。还有学者认为研究

设计包含目的、概念框架、研究问题、方法和效度等。有学者概括为：研究目的、性质、方式、分析单位、时间维度和方案等。

笔者以为，可将情报研究中研究设计的要素内容概括为：研究目的、问题和内容领域、方法和成果形式和研究效度，最后呈现为设计成果即研究计划书或方案。各个要素之间是紧密关联，互相制约和作用的。成功的研究设计，其中各个要素会协调发挥作用，从而确保研究的质量并提高成效。

2 情报研究设计和社科情报研究设计的具体实施

2.1 社科知识的结构性和社科情报研究的结构化原则

从结构化的视角看，社科领域的知识是一个网状和动态发展的结构体，其中学科交叉和知识语义结构的复杂程度等远远高于科技领域。对于社科领域的一些问题准确完整的认识，往往要求从多种语境对其进行多维度的考察。同时，社科领域知识的关系、状态和发展又受到社会文化环境的结构化作用的制约。社科知识的这一重要特征对社科情报研究的目的和问题领域及其他要素具有重要的制约作用。由此决定了社科情报研究本身是一个具有极强结构化特征的研究活动。

社科情报研究的一般目标则在于根据研究目的揭示问题领域知识结构体的结构形态和发展，并以一种特殊的文本结构体尽可能准确、清晰、完整地呈现出来。正是为了确保情报研究目标的实现，需要进行认真周密的研究设计。由于作为社科情报研究对象和内容的社科知识具有显著而复杂的知识结构性，也由于社科情报研究成果的高度结构化特征，在其情报研究设计中，应将结构化作为相应的研究设计模式的基本原则并贯彻到情报研究的全过程。

研究设计的结构化的最高层，是对研究设计各要素的选择确定，以及要素之间的紧密关联和互相制约所构成的结构关系和结构体的构建。以下（图1）为研究要素相互作用及所受到各种背景因素制约的图示：

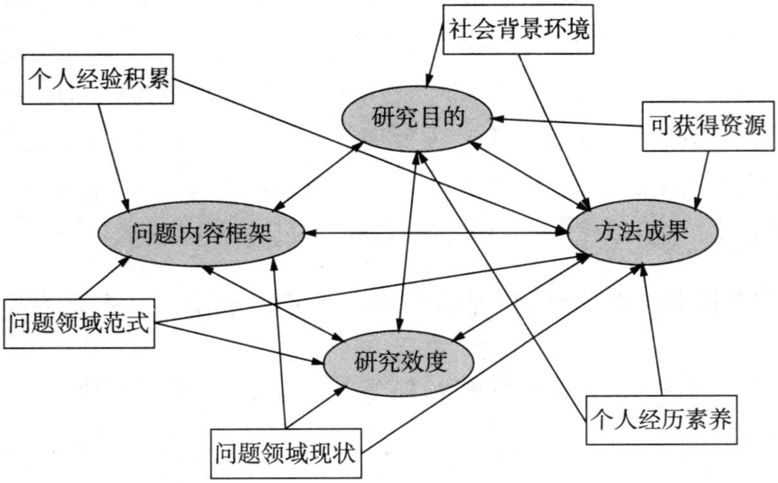

图1　研究要素之间相互作用，及所受到的各种背景因素的制约

2.2　情报研究目的的设计及其结构化意义

情报研究的目的设计，是整个情报研究也是研究设计的最基本要素，它对研究设计其他要素具有决定性作用。研究目的的设计要明确为什么开展此研究，确定研究的深度和广度，及采用哪一种或哪几种类型的情报研究等。

研究目的的设计通常是在其他要素设计的过程中逐步清晰化的过程。除了同研究设计的其他要素互相作用外，研究目的还受到研究者个人经历和素养、可获得的资源、社会背景和环境等的制约和作用。

作为实践活动的情报研究目的，可分为两大类，一类是作为某一领域或问题的纯粹的总结回顾等的情报研究；另一类是为某一课题或学位论文等服务，可作为其中组成部分的情报研究。这一类情报研究具体目的还包括为服务对象主题提供研究背景、参考框架和评价基准等。具体研究目的设计包括确定所要求的情报研究的类型、规模和深广度等。

作为研究活动的情报研究目的，同社会科学研究一样，也具有描述或解释等的区别。具体如调查类、综述类、辞书手册类、文献计量类等情报研究，其主要目的多侧重于描述；而预测类、策略方案类、内容分析类等情报研究，其主要目的多侧重于解释。

作为研究取向的研究目的设计可分别从两方面进行结构化分析。在解释性情报研究中，研究的多维度结构性越强，就越有助于强化因果关系，有助于研究目的的达成；在描述性情报研究（如综述类）中，经常由于缺少内部知识结构应有的强化，退化为遭人诟病的数据或观点堆砌。其实描述性情报研究不仅极为必要而且可能产生新的价值。当我们充分贯彻结构化原则，将广泛分布的大量知识信息汇聚于某个合适的紧密多维的结构框架中，这样它们不仅将为研究提供极为丰富全面的关于社会形态和本质的知识，甚至可能直接催生重要的启示和创新。

作为实践取向的研究目的设计，首先要充分考虑研究的背景环境等外在结构因素及其同内部因素的共同的结构化作用，其次如是规模较大的情报研究，除了考虑成果内部的结构化之外，多种方法的综合运用，多种成果形式的有机组合或互相补充融合，形成某种方法和成果形式的综合结构体，能最有效地达成研究目的。

2.3　情报研究的内容框架的设计及其结构化

在情报研究课题确定之后，研究设计的重要任务之一就是确定研究的问题领域的范围、核心和内容结构，并将其转换为范围明确，内部结构关系清晰的总体内容框架。

内容框架从问题和内容领域方面，对研究设计发挥决定性制约作用。内容框架除了与研究设计的其他要素的互相作用外，还受到研究者的经验和相关研究、该领域的已有研究和成果、该领域的总体发展和成熟程度、该领域的主流研究范式等的制约和作用。

研究设计的内容框架通常以成果目录、内容概述、内容提纲或概念—信息源（概念—文献）图等形式展现。其中概念—信息源图是内容框架设计的有效工具，有些论著称之为文献图，这是针对文献综述类情报研究而言的。它将情报研究内容的一组基本概念同相关的一组信息源之间的网络结构关系以可视化图示方式展示，是对研究的主题概念同已有信息源（文献）之间的结构关系的可视化概述。概念—信息源图对于规模较大的或综述类、辞书手册类情报研究比较重要。一般还应为概念—信息源图写一段文字说明，用语言捕捉和激活体现在图中的思想。以下（图2）即以本文为例所作的概念—文献图，此为概念—信息源图的一种。

内容框架的设计是结构化要求最高的设计部分。结构化视野下的内容框架设计，要求内容框架充分体现问题领域的知识网络结构。尤其是综述类或以综述类为主体的综合型社科情报研究，其研究深入到了问题领域的知识层面，因此对内容框架的要求更高，要求框架以更为复杂多维的结构去适当反映知识的网络结构，构建一个能尽可能全面覆盖和包容各种范式、流派和观点的知识框架体系。对应用性社科问题的情报研究，在内容框架中对学术原则和现实世界行为之间进行结构化处理，是重要而往往很艰难的任务。

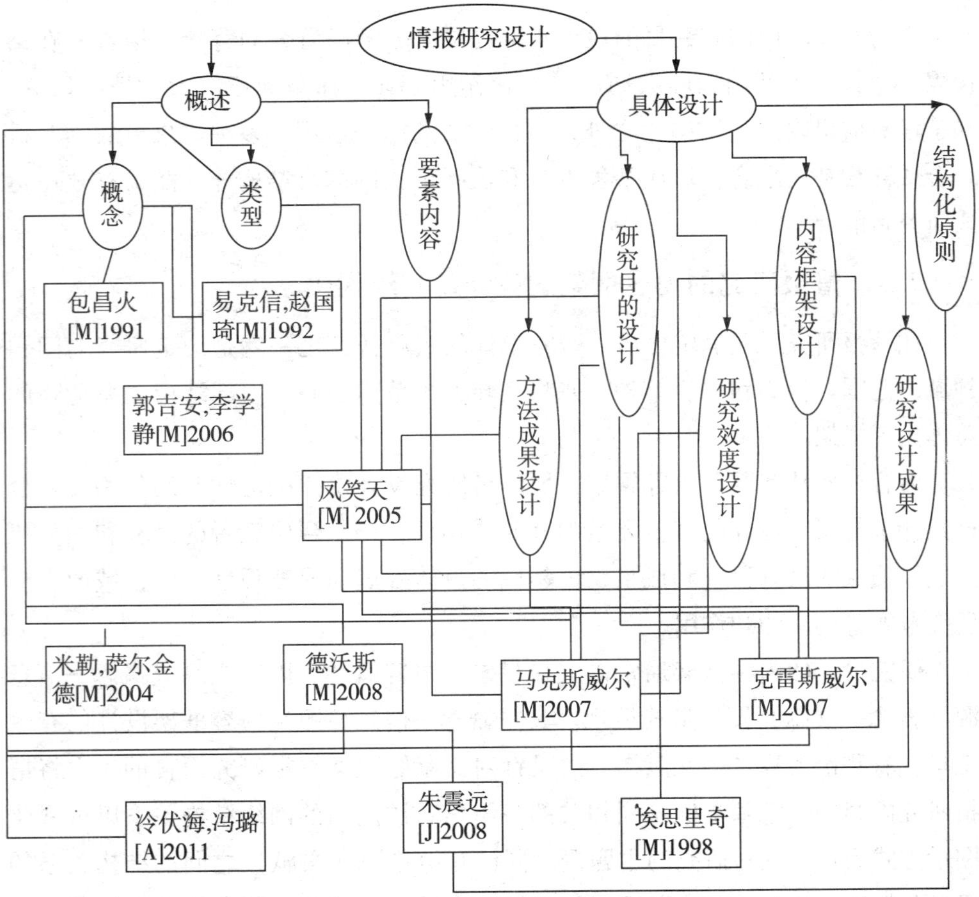

图2　本文的研究设计的概念—文献图

2.4 情报研究的方法和成果形式的设计及其结构化

研究方法和成果形式的设计，是情报研究目的和内容框架的进一步具体化。各种研究方法成果的内在逻辑、适用问题的类型，及优点和局限性各不相同。研究设计应根据方便、经济、科学、可行的原则，选择恰当的研究方法和成果形式。方法成果的设计要根据研究目的和内容框架的要求，选择确定搜集资料、分析研究和结果结论呈现等的途径、方式方法，及如何将它们具体组合和运用。

研究方法和成果形式的设计，除了同研究设计其他要素的互相作用之外，还受到研究者个人经历和经验、社会背景和环境、问题领域的研究背景和主流范式、可获得的资源等的制约和作用。

研究设计的结构化原则最终必须贯彻落实到研究方法成果的设计上。研究方法和成果设计的结构化要求包括几个层面，其一，各种方法或成果形式的运用，应注意围绕研究目的和主题，充分发掘其各自结构化描述揭示知识信息的功能，如文献计量方法，应尽可能对主题分布、时间分布、地域分布、机构分布、作者年龄分布、学历分布、职业分布等等进行多维度的描述；而如综述成果，可尽量从时代发展、社会背景、现状分析、概念结构、问题结构等等多种维度展开。其二，可在各种方法或成果形式之间，灵活运用互相渗透和融合的结构化策略，如在综述文本中融入文献计量的图表；又如兼具有调查类和对策方案类特征的情报研究报告等，都是实践中常见的有效策略方式。其三，对于一定规模的情报研究，通常采用若干不同形式的成果，互相补充，构成组合型成果结构体。

2.5 情报研究的效度与结构化

在国内情报研究领域，效度（Validity）概念一般都被忽视。而作为一种研究活动，效度要求必须贯穿于研究设计的各个要素和全过程。效度也称有效度或准确度，是指能够真实、准确地度量事物属性的程度。与之密切相关的信度（Reliability）即可靠性，即采取同样的方法对同一对象重复进行测量时，其所得的结果相一致的程度。即指测量结果的一致性和稳定性。效度和信度相互联系又相互制约。缺乏信度必然无效度，而信度很高未必有较高效度。追求信度时往往损害和降低效度，努力提高效度时同样会影响信度。实践中可以常识化的方法来应用效度的概念，用它来指一个描述、结论、说明、解释等的准确性或可信度。或从效度威胁（一种你会犯错误的方式）的角度认识效度，即效度作为研究设计的一个要素，是由一组用以尽量消除效度威胁的策略和方法所组成。

效度不仅同研究设计的各个要素密切相关，还受到问题领域的研究背景和主流范式的制约和作用。

在社科情报研究领域，效度同结构化的关联非常密切，可说结构化原则本身就是该领域的效度准则。所以要强调结构化，正是因为社科知识的极强的结构性，决定了必须依靠加强结构化来确保研究的效度。忽视了结构化原则，就违背了社科知识的基本规律，就必然无法有效开展情报研究。因此，在各个要素和环节中充分关注效度，就必须始终强调贯彻结构化原则。

2.6　情报研究设计的可操作成果形式与结构化

除了上述思路性、策略性的方面，研究设计还包括一些具体的方面，即对研究工作的步骤、手段、工具、对象、人员、经费、时间等进行规划、选择和安排，形成一份完整、周密和可操作的实施方案。

研究设计的这一具体成果形式，同样应充分注意贯彻结构化原则。注意各具体方面的统筹协调，并注重将各具体实施部分同研究设计的思路策略性要素全面整合，确保情报研究全过程的准确和高效。

参考文献

[1] 风笑天．社会学研究方法（第二版）[M]．北京：中国人民大学出版社，2005：65.

[2] 德沃斯．社会研究中的研究设计 [M]．郝大海等，译．北京：中国人民大学出版社，2008：10－15.

[3] 米勒，萨尔金德．研究设计与社会测量导引（第6版）[M]．风笑天，邹宇春，邓希泉等，译．重庆：重庆大学出版社，2004：49－50.

[4] 马克斯威尔．质的研究设计：一种互动的取向 [M]．朱光明，译．重庆：重庆大学出版社，2007：3－9.

[5] 包昌火．情报研究方法论 [M]．北京：科学技术文献出版社，1991：27－136.

[6] 易克信，赵国琦．社会科学情报理论与方法 [M]．北京：社会科学文献出

版社，1992：293－301.

［7］郭吉安，李学静．情报研究与创新［M］．北京：科学出版社，2006：185－186.

［8］克雷斯威尔．研究设计与写作指导：定性、定量与混合研究的路径［M］．崔延强，译．重庆：重庆大学出版社，2007：2－18.

［9］冷伏海，冯璐．情报研究方法现状与发展趋势［A］．《图书情报工作》杂志社．情报学研究与情报工作进展［C］．北京：海洋出版社，2011：111－122.

［10］朱震远．综述类社科情报研究的“强结构化”原则刍议［J］．情报资料工作，2008（增刊）：9－11.

［11］埃思里奇．应用经济学研究方法论［M］．朱钢，译．北京：经济科学出版社，1998：127－129.

论网络环境下的信息伦理影响与对策

胡小文*

摘　要　文章介绍了信息技术发展对伦理的影响，分析了网络环境下伦理失范行为产生的原因，并且提出了重建伦理标准，加强立法执法，树立公民责任心等对策建议，希望创造出一个健康、和谐、友好、有序的网络空间，促进人类网络社会的良性运行和协调发展。

关键词　网络环境　信息伦理　影响　对策

自1946年美国宾夕法尼亚大学诞生第一台电脑ENIAC，人类迈入了信息化时代；70年代个人电脑进入普通家庭；80年代，随着互联网的逐渐普及，世界经济加快了发展的速度。然而，网络的普及不仅影响了世界的经济发展，也改变了人们的工作方式、生活方式，甚至思维方式。信息网络化使得原有的传统伦理观念遭受了冲击和侵袭，而新的成型的伦理道德规范暂时还未形成，社会与道德方面很难跟得上信息技术的迅猛发展，因此很多网络行为处于无法可依的真空状态。当前各国都出现了不同程度的伦理失范行为，有的甚至是灾难性影响，因而引起了世界对信息伦理的关注。一般来说，信息伦理是指涉及信息开发、信息传播、信息管理和利用等方面的伦理要求、伦理准则、伦理规约以及在此基础上形成的新的伦理关系。信息伦理的研究对象很广，本文主要分析网络环境下的信息伦理及其对一些重大社会问题的影响。

---

*　胡小文，女，1982年生，四川省社会科学院文献信息中心，馆员。

1 信息技术发展对伦理的影响

1.1 积极影响

网络不仅作为一项技术给人们带来了便利，而且还让人们在赛博空间中形成了新的人际关系和道德关系，重建了诸如自由与共享、互助与奉献、自主与平权、开放与兼容等伦理精神，带来了积极的影响。

共享和自由。创建互联网的最初动因，是为了使计算机能够相互通信，从而实现共享信息资源的目的。没有共享精神，网络就不可能存在。但是，共享并不等于免费，共享是指通信的可能性，是相互获知信息的可能。因此，共享与开放、自由密切相关，网络从一开始就是一个自由、自治的世界，为人的个性化发展提供了广阔的舞台。但这并不意味着共享就可以忽视知识产权，网络世界仍然存在知识产权，需要网民共同维护。

互助和奉献精神。互联网之所以能够实现资源共享，除了技术手段的贡献外，更大程度上是依赖于网民之间互相帮助，自愿奉献自己的资源。不论是即时通信软件，如腾迅 QQ，还是各大论坛 BBS 上，一方有求，八方支援，免费提供答案，免费提供自己的资源以供下载等。

自主与平权意识。当今互联网的构架是分布式的，而不是集中式的。人们能够比较容易地从网上获取足够丰富的信息和资源，人们在这样一种构架中，会少一些对权威的盲从，多一份自主意识。人们在网络上都有权利表达自己思想，现实生活中表征身份地位的标识，在网上不再具有特殊意义，人与人之间更趋于平等。这些无疑有助于人们树立平权和参与意识。

开放与宽容精神。生长于不同文化背景下的网民都能平等地在互联网上获取信息、展现自我风采。曾获得艾美奖的著名电视新闻记者詹姆斯·摩尔（James Moor）认为，计算机技术的逻辑延展性为人类行为创造了无限的“新的可能性”，人类在网络中能够以更开放的眼光放眼世界，同时心胸更加宽广，宽容对方。

1.2 消极影响

网络环境也对伦理问题带来相关方面的负面影响，亟需重视。下面从几个影响重大且比较典型的信息论理问题进行分析。

——对信息隐私权的侵犯。

对于每一个网民，不管是计算机专业人员，还是普通用户，都不可避免地会遇到隐私信息被侵犯的问题。在现今这样一个网络发达的时代，尤其是“人肉搜索”的出现，个人的隐私信息几乎消失殆尽。还有多少信息是我们的隐私信息？政府部门和商业组织有多大的权力来保留和处理个人信息？毫无疑问，将客户的私人信息出卖给其他人是不道德的行为，购买那些非法获得的个人信息也是对道德的直接冲击，出现了因为个人信息泄露造成的严重后果。

——对知识产权的侵犯。

信息的公用性和开放性，使知识产权的保护面临种种困惑。当前信息技术手段可以轻而易举地对知识和信息产品进行复制，对其进行监控和约束已变得十分困难和几乎不可能，目前由知识产权保护而引发的法律和道德问题越来越复杂，主要原因是知识产权的保护界线？当前处于较模糊的状态。传统作品被数字化，实际是将该作品以数字代码形式固定在磁盘或光盘等有形载体上，改变的只是作品的表现形式，对作品的“独创性”和“可复制性”不产生任何影响。因此，作品的表现形式应当包括数字形式，被数字化后的作品著作权仍应由原著作权人享有。

——信息安全问题与计算机犯罪。

网络中对信息安全构成威胁的因素中，黑客（hacking）是一个主要来源。有调查显示，世界上每20秒就有一次黑客入侵案件发生。黑客行为的最显著特征是未经同意进入他人电脑的数据库与操作系统。黑客从早期对技术的终极追求到近年来对利益的追求，已经将一个道德问题升级为犯罪问题。黑客伦理也受到了很多学者的关注。黑客伦理在拓展人们道德视野，引发道德反思的同时，也构成了对传统伦理道德的多重冲击。

信息技术一方面可以用来侵犯个人信息隐私，一方面也可用来监视犯罪行为。网络从形式上改变了个体和组织之间的关系，引起了新类型的责任和义务等问题。最后，信息技术的不可靠性产生了新的不确定性，并给那些控制着复杂系统的人以及设计和生产这些系统的人带来一系列的伦理选择问题。计算机生产商和销售商往往顾不上认真考虑其产品的最终使用者，但是他们不应该逃避为其产品所带来的后果负责。

——信息污染和信息滥用。

由于信息系统的共享性和开放性，使信息系统成为一个鱼目混珠的地方，无用信息、过时信息、虚假信息铺天盖地。有人说近代工业文明带来了无数的环境污染，当代网络文明带来了无尽的信息污染。它不仅严重污染了网络环境，而且占用了网络空间，降低了网络运行效率。而且网络信息的真伪与时效难辨，信息污染对用户最大限度地开发利用信息构成了莫大障碍，已是信息开发利用的最大绊脚石。

新的存储设备让我们能够存储大量的信息，但在获取那些信息以及使用或滥用那些信息上，又产生了新的道德选择。因此关于隐私、信任和保密方面的问题就走到了前台。像电子邮件、电子公告 BBS、传真、移动电话和电子数据交换等新的传媒手段产生了新的伦理和法律问题，涉及使用者的身份、真实性和这种交流的法律地位，还有保护言论自由和关于诽谤的法律是否适用于它们等内容。

——道德失范与青少年道德教育问题。

据中国社会科学院信息化研究中心 2008 年关于《中国互联网网民报告》，在中国现有的 13.2 亿人口中，有 2.5 亿网民，这个数字超过德国、英国、法国的总人口。历次调查结果都显示，网民中 18 – 24 岁最多，2005 年占总数的 38.4%，2006 年占 38.8%；18 岁以下的网民 2005 年占总数的 6.7%，2006 年占 7.3%。青少年群体在网络社会中占主导地位。并且，这个比例还在逐年增大。

当今，网络人际关系的开放性、虚拟性使得主体的道德认知、道德失范。青少年是计算机网络技术使用的主体，但是，由于他们年龄小，道德观和价值观尚未成熟，又具有好奇、喜欢探索冒险的心理特点，使得他们成为网络伦理失范的高危群体。在网上，道德对人的约束越来越依赖于内心的道德信念，外在的社会舆论和传统习惯制约越来越少。多元文化、价值观念的充斥使得主体的价值选择趋向盲点，这些都使得网络中的人际关系以及形成的人群，缺乏基于道德、价值共识所具有的在情感、责任、信念和理想等心理机制上的内在张力。这很容易使人们忘掉自己的社会角色、社会地位和社会责任，发生一些不道德的行为。

2　信息技术前沿引起的伦理问题的成因分析

网络技术与历史上曾多次出现的技术转变一样，不仅涉及到技术本身的进步，而且还会在多方面引起社会结构和人们生活方式、思维方式的变化。信息网络直接进入千家万户，对社会的影响力在广度和深度上将超过以往任何一次技术革命，鉴于工业文明以来人类对科技的某些错误运用曾经带来的一系列伦理问题，例如生态伦理，英国的泰晤士河在遭到破坏后整整150年才得以恢复，那么对网络的不合理使用也有可能对人类造成类似的危害，如目前由网络所引起的隐私权等等社会伦理问题，我们不得不冷静思考网络伦理问题的成因，及早寻找解决方案。

2.1　网络中虚拟世界的特性与伦理标准

网络中的虚拟世界与现实世界相比，具有以下几个特征：一是虚拟性，虚拟世界的场景、人物、关系都是虚构的，是依靠数字化技术对现实世界的想象性建构或仿真性模拟，如虚拟世界中的面包，可以让活动在赛博空间的人产生吃面包的感觉，但它毕竟不具备现实面包的营养成分和充饥功能。二是理想性，虚拟世界中的事物是制作者对现实事物的理想化，完善人们所期望的一面，消除人们不希望保留的一面，它因此比现实事物更典型、更纯粹、更完善，好的东西可以至善至美，坏的东西能够一无是处。三是匿名性，在虚拟世界中，网民可以隐匿身份，以完全不同的虚拟形象出现，他在实名制条件下不愿做、不敢做的事情都可能出现在虚拟世界里。四是开放性，网络空间没有地理、社会和政治疆界的限制，只要遵守网络游戏规则，人人都可以在虚拟世界中自由出入、自由活动、自由交往。虚拟世界已经成了人们生活世界的补充，虚拟生存是人们生活方式的一部分，虚拟技术对于科学研究起到了不可替代的作用。

正因为虚拟网络世界具有如上几个特点，网络环境下信息伦理表现出与传统伦理不同的特点。

伦理标准不同。网民的伦理标准与现实生活中的传统伦理标准差异很大。有学者归纳了网络与现实生活中伦理道德标准差异最为明显的三个方面：第一，黑客与窃贼——不同的道德伦理观；第二，网页和书籍——不同的知识产权观；第三，BBS和大字报——不同的言论自由观。在某种意义上，黑客如同现实生活中的窃贼，他们往往在网民不知道的时候进入网民的“家”——电脑中，或大肆破坏，或攫取隐私。但公众对二者的态度迥异，对于窃贼，社会上是一片喊打之声；而对于黑客，人们却表现出了过多的宽容，甚至是崇拜。这就是双重标准的直接体现。

网络环境下的伦理道德标准较之于现实生活中的伦理道德标准较为宽松，并且内容也发生了改变，形成与现实生活有所不同、或交织或并行的伦理。但这种伦理尚在肇始时期，许多道德标准价值观念都处于萌动、试探阶段，有些伦理标准甚至与传统社会的伦理标准背道而驰，需要进一步补充与规范。

约束力量不同。传统伦理，大多为面对面的直接关系，对个体行为起重大作用的往往是舆论压力、传统习俗和个体内心信念；而信息伦理，由于是人机交流，人与人的之间交往往往变得越来越需要借助数字化符号这一新的信息中介，因此人与人之间形成了一种新的互动模式，人与人之间的关系也便凸现出间接的性质，现有法律和公开的舆论对个体行为的监管已不像原来那么容易，要完全靠个体的道德自律来对自己的行为进行规范和约束，故对个体起重大作用的主要是个体的内心信念，所以说以“慎独”为特征的道德自律是信息伦理的主要特性。

2.2 网络环境下信息伦理问题产生的原因

静心思考网络环境下信息伦理问题产生的原因，挖掘其中隐含的根源，我们认识到造成这种现象，一部分是由于互联网自身的特性所致，另一方面也是因为人类自身的某些欲望没有得到合理约束所致。总之，网络社会伦理危机产生的根源在于技术与理智没有平衡发展。具体来说，可分为两类，即外在原因和内在原因。

外在原因：制度跟不上技术发展。这主要表现在以下几个方面。

——技术保护措施的滞后和失灵。互联网的发展有赖于计算机和通信技术的共同发展。因而有人认为，互联网所引发的伦理问题的解决也最终取决于技术的进步，人们对网络调控的效果深信不疑。然而事实上，技术常常难以克服自身带来的问题。例如，针对网络中著作权被侵犯的这一现象。在侵权主体必然存在的情况下，问题就在于能否通过相应的证据手段予以确认。网络用户真实身份的确定，依靠用户注册是不可行的，因为无人能控制注册信息的真实性，依照当前的技术手段，甚至确定侵权人所使用的计算机都是不容易的。网络过滤软件也有类似的问题，通过过滤某些关键词，虽然能够限制网络上的不良信息的传输，但是也可能影响到人们的正常利用。例如，美国在线曾对所有包含乳房、性器官的文字进行过滤，但是，这也使得妇产科医生和这方面的病人失去了信息来源。

此外，网络上正统技术的发展往往不及黑客、病毒编制技术。我国著名的反病毒专家王江民就承认，反病毒专家没有病毒炮制者的技术高，查杀病毒、防病毒技术本身的特点使它们常常处于被动的状态。而且，无论是杀毒软件，还是防火墙，都无法阻止内部的进攻。美国一互联网安全公司在其出版的《信息安全》杂志中公布了“2000 年的信息安全调查”结果：内部网络犯罪的损失比外部入侵更大。技术至上论者企图完全通过技术来实现调控是不可行的。

——网络立法的滞后和失灵。不论将互联网拉入现行法律是否恰当，现在人们都深信网络活动必须通过法律来加以约束了。然而，互联网的飞速发展注定了与现行法律的常规立法机制是不可能完全融合的。在现实生活中，立法程序很严格。只有当问题显现足够，并对该问题调研充分的时候，才会论及立法。这样，立法的过程相对来说比较缓慢。并且，法律具有相当大的稳定性，这种稳定性保证了法律的权威性。但是这种稳定性又导致了它和互联网的不协调。互联网的发展日新月异，新问题层出不穷，变化多端，这也加大了立法的难度，从而造成了法律的滞后。

内在原因，主要表现在以下几个方面。

——网络主体的身份标识的缺失。网络主体的匿名性使得网络交流更加自由，但另一方面却又使得人们由于身份标识的缺失而变得没有责任感。现实社会中人与人之间的交往形式主要是面对面的直接交往，道德活动范围受物理空间限制。而网络主体的交往是“虚拟”环境下的交往，网络主体的社会标识常常缺失：不知道网络中另一方的姓名、形象、年龄，不知道对方的信用、可靠，更不知道对方的档案，甚至连对方是否是人也不能完全确定。交往对方完全依赖自律和对他人的直觉而建立交往信任。因此，网络伦理的正确构建对维护网络社会的正常秩序显得十分重要。

——网络主体伦理道德标准缺失。

网络评判标准比较模糊，导致错误的伦理道德标准趁虚而入。软件复制是网络上再平常不过的事情了，以至于人们忽视了其所带来的伦理问题。人们能够坦然接受诸如文学作品和机械发明之类的知识产权有版权和专利权保护，但是软件是一种新的、独有的混合体，网络主体如果能够从互联网上只需点击鼠标即可免费获得，那么让他们仅靠内心道德的监督就中止这件事情并不容易。需要我们深思的是，应该怎样保护软件开发者的权利以保证产业创新的持续?

一个负责任的计算机专业人员该怎样做？是所有的软件复制行为都是错的，还是只是其中的一些是错的？当法律没有明确规定，并且整个行业在伦理规范方面还没有共识的时候，每个计算机使用者又该怎么做？

3 信息技术的伦理对策

依据伦理所要求的对象的不同，伦理学观念和理论大致可分为自律型和他律型。本文所要构建的网络环境下的信息伦理，是希望有结合自律和他律，以信息伦理标准作为构建信息伦理的基本原则，其中最重要的是权利和责任并重。网络社会是由无数用户和各种各样的网络组织组成的，每一个主体都处于与自我、他人、集体、社会的种种复杂关系之中。他们既担负着责任与义务、职责与功能，同时也相互拥有相应的权利。

3.1 重建信息伦理标准，明确信息伦理构建原则

本文通过前文对信息伦理问题成因的分析，得出网络主体伦理道德标准缺失是造成信息伦理道德失范的一个重要原因。因此，重新构建网络环境下的信息伦理，首要问题就是重建伦理标准，使得网络主体具有规范和约束自己行为的参照标准。这不仅是网络主体自律的道德准则，而且也是社会调控的依据。经过调查和研究，本文将信息伦理标准定位为无害、公正、自律和知情同意四大原则。

无害原则。无害原则要求人们在网络社会中，要把人类共同利益作为最终目的，并将此作为评价网络行为选择的最高道德标准。这条原则是网络伦理学的最根本原则。对于“无害原则’，美国学者理查德 · A. 斯皮内洛的理解是：“根据这条最基本的道德原则，人们应当尽可能地避免给他人造成不必要的伤害。之所以把这一条作为网络伦理的基本原则，是因为它通常被称为最低的道德标准，不管选择什么样的道德准则都应该包括这条原则。就网络伦理问题来讲，无害原则更有重要的意义。因为网络不道德行为的最直接后果就是这些行为给其他的网络主体造成了伤害，而且由于网络连接的广泛性和快捷性，这些行为的不利影响会非常迅速地使很多主体受到影响。同时，无害原则之所以应该成为网络伦理的基本原则，是因为很多被指责实施了不道德行为的网络主体以自己行动动机“是无恶意的”为自己辩护。网络信息的无国界传播，使得信息伦理的承受对象成为全球公民，这样也有利于促成信息伦理的基本准则达成

全球性共识。

公正原则。公正与平等是紧密相关的。公正是每一个社会组织的内在要求，每一个社会成员都希望在社会组织中能够获得平等的地位，能够公正地获得相关的权利。在网络这个社会中，网络的无中心性、无权威性、人际关系的非直接性，似乎也使得无偏见的公正的实现成为更切近的现实。但是理想不等于现实，面对网络权利结构下主体权利实现的不平等，必须依靠公正原则对之加以规范。这种规范不仅是网络主体权利和责任的保障，而且还应该是某种一致的、相互认同的，这样才能保证个人的网络行为被他人及整个网络社会所接受，最终实现人们网际交往的规范化、语言可理解化和信息交流的无障碍化。

自律性原则。自律性是伦理学的目的。在网络社会中，由于个人具有充分的自由，缺少约束，要达成一致同意，或完全享有整个自由，显然是不现实的。这就要求每个网络人都遵循自觉性，遵守一般道义原则，才能达到自己的目的。所以，自律性原则可以看作一种最终的道德诉求，和其他原则共同构成网络伦理学的基本原则。

知情同意原则。知情同意原则要求，为了确保自主原则的真正实施，行使网络信息权利的主体应该使受到影响的相关群体尽可能充分地知晓过程、潜在的风险和可能后果，并自主地做出抉择。对于“知情同意”，斯皮内洛的解释是，“‘知情’是某人对某事自愿表示出意见一致的意思。要使得同意有意义，前提必须是某人对某事‘知情’，即他知道即将发生的事件的准确信息并了解其后果”。知情同意是网络主体的行为应该遵循的一条基本原则。

3.2 加强信息立法执法及政策软环境建设

随着人们法律意识的增强，法律已经成为人们规范个人行为的重要根源，遵守法律成为现代公民的重要品质。利用法律的手段来解决网络环境下的信息伦理失范行为，显然是最有成效的办法之一。然而网络立法常常滞后于网络问题的产生。这就需要我们在立法上投入更大的关注和调查，使得网络立法能够尽量跟上问题的产生；此外，有了法律依据后，要严格执法，并根据执法过程中遇到的新问题进行总结，便于修订已有法律。由于网络技术发展极快，因此网络法律的修订周期较之其他法律，应该缩小，以便尽快适应变化后的网络社会。

体制上，发展网络技术与监管技术并重。毫无疑问，为了在未来的网络竞争中获得制网权，我们应该将发展网络技术放在十分重要的地位。与此同时，我们还必须同时对网络技术进行监管。倘若这些技术被黑客不恰当使用，将威胁到网络安全。因此，对那些提供黑客程序下载的黑客网站一经发现就应关闭，避免很多涉世未深的青少年利用这些程序去尝试黑客行为。对于不懂技术的假“黑客”，让他们接触不到黑客程序，就能有效地防止他们破坏网络安全；对于那些掌握高超网络技术的黑客，就需要网络监管部门加强监视和反击。当然，监管不仅包括在技术上对黑客攻击的监控，还包括对监控人员通过职业道德教育等方式来进行内部监控，避免堡垒从内部攻破，防止监守自盗。

3.3 树立责任心，增强自律与他律

法国社会学家迪尔克姆指出：“道德是一个命令的体系，而个人良心只不过是这些集体命令内化的结果。”由此可见外在的社会约束在道德建设中的作用。然而在网络社会中，人与人之间关系通过网络为中介来联系，便凸现出间接的性质。在这种情况下，直面的道德舆论抨击难以进行，外在的道德约束被弱化，特别是在互联网中，由于网络行为主体的匿名性、面具化，道德舆论的承受对象就变得极为模糊。在网络空间中，社会约束的力量是有限的，必须依靠内在自我心理调适，来达到自律的目的。

第一，加强网络从业人员的职业道德建设。

在他律中，首先应加强网络科技人员的职业道德建设，掌握网络技术的科学家、技术人员更要承担起相应的社会责任。网络技术构筑了一种知识权力结构，掌握网络技术的知识精英阶层在信息权利的占有方面具有优势地位，因而他们有必要承担其社会责任。因此，政府要对计算机和网络研究和使用的有关人员进行职业道德教育，增强其对社会应有的责任感和道德观念。

第二，社会公众应该努力提高自己的信息素养。

社会公众应该提高自己信息技术素养。一方面，社会公众应尽量掌握一定的网络知识和信息资源，从而获得自己的信息权利，改变自己在信息技术权利结构中的不利地位；另一方面，社会公众在赛博空间畅游时也要理解“能”与“不能”的辩证关系。互联网给人们提供了一个扩大交往面、提高交际能力、展示个性能力的广阔舞台，公众除了享受带来的好处之外，更应该明白其享有的权利与他应负有的责任是对等的。在网际交际的过程中，要树立起公平、正义的责任意识，合理使用、发布、访问信息，缺乏责任意识的网络交往必然会产生冲突。

4　结语

总之，网络伦理问题是一个多环节、多层次的社会链，每一个环节都存在着伦理责任问题。只有网络社会中的各行为主体自觉依照各种制度来规范自己，各司其职，各尽其责，齐心协力，共同参与，才能创造出一个健康、和谐、友好、有序的网络空间，促进人类网络社会的良性运行和协调发展。

参考文献

[1] 李伦. 鼠标下的德性［J］. 江西：江西人民出版社，2002：12－14.

[2] 戴黍. 黑客、黑客行为与黑客伦理［J］. 自然辩证法研究，2003，19（4）：82.

[3] 刘秀华. 试析网络环境下的信息伦理［J］. 情报科学，2003（2）：170－172.

[4] 斯皮内洛. 史记道德——信息技术的伦理方面［J］. 刘钢，译. 北京：中央编译出版社，1999。

[5] 胡艳. 网络伦理的理性思考与对策研究［D］. 武汉：武汉理工大学.

[6] Scott J. Vitell，Donald L. Davis. Ethical beliefs of MIS professionals：The frequency and opportunity for unethical behavior［J］. Journal of Business Ethics，1990，9（1）.

[7] Margaret Anne Pierce，John W. Henry. Computer ethics：The role of personal，informal，and formal codes［J］. Journal of Business Ethics，1996，15（4）.

农村及弱势群体信息行为研究

李桂荣*

摘　要　本文分析了信息行为、信息条件差异和我国农村信息弱势群体的构成及成因，认为信息行为对推动人类社会的发展起很大作用，对构建我国和谐社会具有重要意义。提出人类的信息行为受社会生产条件和经济社会发展制约，分析了我国现代化进程中的农村及弱势群体的信息行为成因和多个层面的特征表现，提出了信息行为差异扩大的危害性，提出了宏观调控、城乡统筹，加强农村信息化建设和发展乡村图书馆来改善目前农村及弱势群体信息行为现状的政策建议。

关键词　信息行为　农村信息弱势群体　构成　成因　统筹治理

1　信息行为、信息条件差异和农村弱势群体

人类社会的发展是一个持续不断的知识生成、知识创新和知识发展的历史过程。在这一过程中信息的认知、获取和利用起着很大的作用。信息行为（Information Behavior）是人类行为中最重要的社会性行为之一，是在认知思维支配下对外部条件做出的反映，是人们在不同环境中需要、寻求、给予和使用信息的行为，是人们响应和满足自身信息需求的行动和历程，是在需求动机支配下为了达到某一特定目标的行动过程，包括信息询问、查询、认知、理解、利用、交流和传播等各种活动。弱势群体是指一个国家或地区，在一定的历史时期内所形成的社会结构中，参与社会生产和分配的能力较弱，经济收入较少的社会阶层。弱势群体是一个相对的概念，在一定的社会结构中与高收入群体相比较而存在。农村弱势群体是低收入农户或农民的集合，其中包括大量尚未解决温

---

*　李桂荣，女，1966 年生，青海省委党校图书馆，副研究馆员。

饱问题的绝对贫困人口。在我国经济收入差距巨大、层次分明的社会结构中，最明显且最大的一个弱势群体就是相对于城市居民而存在的农村居民；而农村居民中为温饱问题所困扰的人口是社会结构中最底层的弱势群体。

受社会发展条件、生产方式及生活环境制约，人类的信息行为在不同社会历史条件、环境下形态不同，如马克思在《路易·波拿巴的雾月十八日》中说："小农人数众多，他们的生活条件相同，但是彼此间并没有发生多种多样的关系。他们的生产方式不是使他们互相交往，而是使他们互相隔离"。"由于各个小农彼此间只存在有地域的联系，由于他们利益的同一性并不使他们彼此间形成任何的共同关系"，形成任何的全国性的联系。因此，人们的信息需求、认知能力和获取总是受到现实生产生活条件制约的。生产力是决定因素，技术的发展与进步又是生产力的决定因素。自然条件和技术要素起决定作用的生产力区域差异造成人类生存、发展条件和环境的差异，影响人们的信息认知需求和获取能力的差异。

2000 年，8 国首脑会议发表的《全球信息社会冲绳宪章》指出："信息技术是塑造 21 世纪最有效的一种力量"，"信息技术正在迅速地成为推动经济增长的一个主要发动机"，"它的革命性影响涵盖世人的生活、学习和工作各个方面"。的确如此，以我国为例，目前现代科技已经在中国日益普及。电视、电话、手机、家用电脑等现代信息技术已经日常生活化。资料显示，我国 2008 年，每百户城镇居民彩电拥有量已达到 133 台，农村居民彩电拥有量已达到 99. 2 台；每百户城镇居民拥有家用电脑 59. 3 台，农村居民家用计算机 5. 4 台。截至 2010 年 2 月，全国电话用户总数达到 107623 万户，其中固定电话用户达到 31025. 9 万户，城市固定电话用户达到 20593. 6 万户，农村固定电话用户达到 10432. 3 万户，固定电话普及率达到 23. 6 部/百人。移动电话用户达到 76597. 2 万户，移动电话普及率达到 56. 3 部/百人。全国网民的规模和结构也在不断扩大。截至 2009 年 12 月 30 日，中国网民规模达到 3. 84 亿人，普及率达到 28. 9%。宽带网民规模达到 3. 46 亿人，较 2008 年增长 7600 万。中国手机网民规模年增加 1. 2 亿，达到 2. 33 亿人，占整体网民的 60. 8%。农村网民规模达到 10681 万，占整体网民的 27. 8%。工信部、发改委、科技部、财政部、国土资源部、住建部、国税总局七部委联合发布了《关于推进光纤宽带网络建设的意见》，提出在未来 3 年之内，我国光纤宽带网络建设投资规模要超过 1500 亿元，新增宽带用户超过5000万。可见，在我国，总体上，人们的生产、生活方式各个方面正在走向信息化，人们的信息行为正在逐步由传统向现代化转变。

我国的现代化起步于农业大国向工业化城市化的转型。发展中国家在迈向现代化过程中总会出现城乡差异和形成城乡二元结构。在这一转型过程中，工业和城市是发展强势，农业和农村是发展弱势，这是发达国家从农业社会发展为工业社会也都经历过的路程。在城乡二元经济结构下为了提高投资效率的需要，国家集中有限力量，投资主要集中在城市，农村社会经济的发展相对城市来说自然缓慢。结果是，农村居民不能与城市居民享有均等的就业机会，收入较低的农村居民更不能与城市居民享有均等的教育、医疗、养老等社会补贴，家庭拖累沉重的农村弱势群体难以集中有限的人力和财力去自力更生，更好地发展自己。如果社会分配制度长期不能完善，农村中经济、文化弱势群体的弱势程度就会加深，信息认知能力和信息获取行为产生严重差异，形成信息鸿沟。在信息技能成网络环境和市场经济必要劳动技能的时代，生产资源在很大程度上的优势表现为信息资源，财富的占有形式由有形资产转变为增加了无形资产。信息占有的落差导致新的贫富分化。由于长期的城乡二元体制制约，在农村的社区机制中，还没有能够形成足够完善、畅通的社会信息表达与反馈机制。在市场经济发展的初步阶段，我国农民成为经济发展上相对弱势的群体，加之生活在飞速发展的大众传播时代，农村信息的相对匮乏使得农民更加成为精神上和文化上的弱势群体。

2 当前我国农村信息弱势群体的构成、成因及信息行为特征

当前农村弱势群体的构成，在经济欠发达农区，一部分是因为学历文化层次太低，思想观念陈旧，思维方式和行为方式落后，导致其不愿意或者难以接受新生事物，缺乏自我发展的能力和信息获取动力，成为主观原因造成的信息贫困群体，如乡村留守成员中受教育程度低的青壮年文盲劳动者；另一部分人就是老弱病残、失去劳动能力或没有条件再接受良好教育去发展自身信息能力的乡村老人、妇女、儿童。三是虽有一定文化和信息获取能力，但因为遇到家庭贫困拖累或因为自然灾害致贫，面临发展生产、改善生活困境等困难，在客观上不能够改变生存现状，获得新的发展的群体。在市场经济体制下，农村、

牧区弱势群体自力更生，自我发展的能力弱，难以适应激烈的市场竞争，外出务工难，家庭经营开展难，只能从事效益低下的种植业和零星养殖业，使其弱势程度不断加深；同时，由于资金和思想观念等方面的原因，弱势群体家庭子女受教育的机会大大降低，形成贫困——辍学——再贫困的恶性循环，个人和家庭总是难以摆脱弱势地位。四是在边远山村的农业区和牧业区，自然环境恶劣，影响了生存信息环境的改善，造成了农牧民信息贫困。

笔者在长期观察和调研中发现，在地域辽阔的中国，人们的信息行为除了存在明显的城乡、地区差别外，就是在单一的农村地区，信息能力和行为也是分层的，区域性差异特别明显。

在城市的周边，山区乡镇附近或者农业机械化发展较快的平原农业区，经济发展条件好，农民能够普遍获得良好教育，具有一定的文化素质，大众信息媒体可以普及到乡村和家庭，农民们拥有虽然比不上城市，但条件也还较好的信息环境，工作场所和日常生活都能够跟上信息化步伐，电视、电话、手机、家用电脑等现代信息技术进入日常生活，大部分地区的农民可以根据生产、生活需要运用自己的智慧，以信息为劳动对象而展开的各种信息活动，即查询、采集、处理、使用、交流各种与生产生活相关的信息，获取科技信息改变生产现状，获得政策信息参与公共事务。复印机、录音机、照相机、摄相机、网络日常生活化，不仅丰富了人们的文化生活，还使农民维权能力增强，很多农民可以学习利用各种信息媒体工具维护自己的权益，改善生产、生活处境。

相对而言，受经济、交通等条件的制约，偏远地区农户获取外界信息的媒介途径极其有限。在信息的传播渠道不畅通，信息传递速度相当缓慢的山区农村，信息接收者的受教育程度低，没有较大的阅读量和较强的理解力，不利于他们对公共事务或科学知识信息的获取，信息资源的区域拥有和存储与其他地区相比天壤之别。同时，就是在对于相同信息的处理和利用上，也表现出不同经济发展条件、不同文化基础环境和不同受教育程度差异的不同。“西部乡村的传播体制仍然是以自上而下的行政命令的形式为主，农民的信息来源渠道十分单一，所接受的信息基本属于上级政策的宣传与传达。”“山区农户的整体信息行为仍然长期处于贫瘠与淡寞的困境。”

受到大众传播媒介工具发展和使用的制约，虽然互联网推动了第三次信息革命的风起云涌，但电脑的使用率在西部农村几乎为零，电视虽然在西部农村家庭中有一定的拥有量，但多为收购或是二手的，音画质量普遍很差，一般仅能收到央视一套或地方的一两个台，而且由于电视节目的娱乐化，有价值的信息和新闻与庞杂无用甚至负面信息鱼龙混杂，容易混淆这些弱势群体因为信息匮乏而缺乏分辨能力的视听，至于印刷媒介在西部农民中还缺乏主动订阅的意识，县级以下的报刊杂志的订阅渠道也不畅通，一般为一个村订阅的报纸期刊只在村长家中有一份。并且由于都市报的兴起，报纸的受众群多为城市和社会地位较高的人，而印刷媒介为迎合这一群体的兴趣和口味，生活中的弱势群体在人们的视线里更容易被有意无意的忽视。与当今的广告不同，科学信息和公共事务新闻一般重复较少，而重复有利于文化程度较低的人群对话题的学习与熟悉。

在一些少数民族聚居的偏远山区，我们还发现，由于生存的自然条件恶劣及其语言文化的差异，人们的信息获取渠道上显得更为单一，信息媒介的使用能力更差。基础设施条件稍好的地方，电视主要给农牧民们提供远离自己生活的外部世界的一些信息，网络可以提供给一些年轻人游戏和歌舞娱乐，但他们还是很难从中获取有利于当地生产发展的实用性信息，不能改变在市场机会中的弱势地位；而条件较差的地方，连电视都是奢谈，更谈不上网络拥有和利用。一些山区经常断电，雷电天气和大山阻隔，使电信和交通时常受阻，一些农牧民仍然处于与外界隔绝或半隔绝状态，只能与大自然相依，信息及其媒介十分贫瘠。手机、电话的确为山区农牧民的交流提供了便捷性，但是仅仅局限于通话。语言和技能障碍限制了他们使用手机媒体的读、写、拍、录、播、传等多种信息功能，他们的通话对象更多的集中在本地人，单一的本民族语言。谈论的事情也更多局限于本地、家族事务，口口相传信息的原始人际传播形式没有因为手机等现代媒介进入生活而发生大的改变。交通不便及自给自足的生产生活方式对信息需求的淡漠，使得长期生活在山区和草原深处的农牧民很少去主动获取更多的外界信息，他们的信息交流和获取长期处于消极的淡漠状态。

3 信息行为差异的危害及城乡统筹治理

为克服现代化过程中城乡二元结构的发展弊端，我国采取了以信息化带动工业化的新型发展战略，以发展社会主义市场经济为主导，实现城乡、区域统筹发展，进行新农村建设，为国力的强盛和国民素质的提高创造了信息福祉条件。在人类已进入信息化时代的今天，信息正成为一种比物质和能源更为重要的资源，谁能掌握更多的信息，谁就能在社会竞争中占据优势地位。信息也因此成了财富的代名词，换句话说就是，谁能拥有更多的信息，谁就能拥有更多的财富。在国际上，发达国家之所以富有，一个重要的原因就是他们控制了世界上绝大部分信息；在国内，边远地区农村牧区经济之所以落后于全国平均水平，更落后于东部沿海地区，一个重要原因就是这些地区信息贫困，缺乏信息，不能够把信息及时转化为财富。所以，在现代化进程中，发展中国家农村信息贫困问题的解决，对构建和谐社会具有重要意义。如果在信息经济社会发展的过程中，长期放任信息资源分布不均衡及不同信息活动主体之间对信息资源占有的差异太大，就会产生现代信息不平等并不断扩大的趋势，造成弱势群体的某些生存权利被剥夺和被边缘化，影响发展速度和质量。所以面对信息经济社会发展进程中出现的信息贫富差距，一方面需要我们努力缩短我国信息发展同发达国家之间的距离，另一方面还需要弥补我国不同地区社会群体之间的信息贫富差距。

其一，网络时代，作为人类社会发展基础资源的信息资源，借助于互联网的全球化通信功能，可以实现全球性信息资源的网络化、全球化再配置，但在信息资源的全球网络化配置过程中，由于存在区域信息基础设施建设、信息主体信息素质和设备拥有及信息需求与意识的差别，就会形成信息资源网络化配置环境下的区域及人群的信息网络的“接入”不足问题，乡村需求开发不足，形成过大信息差异，城市发展也会受到很大影响，所以需要城乡统筹信息基础建设和信息资源配置。其二，大众传播领域，由于选择性接触、接受和记忆的信息才能够真正被人们所掌握和利用，信息占有量越少的群体往往难以接触到他们所需要的信息，也就是说具有一定信息储备量的人才能够较快注意到新的信息，容易理解有关内容，并认识利用到它的有用性，增加获取欲望。如果缺乏经济上的支持和必要的信息技术的教育与培训，信息技术的发展对农村信息弱势群体信息行为的影响是很小的，势必又会造成信息的“使用不足”或浪费。因此在统筹城乡信息发展中必须同时考虑城乡信息的同步利用问题，即必须同步解决“接入”与“使用”的问题。

接入不足是经济发展问题，是基础设施问题，可以通过国家对发展的宏观调控加以解决，进行城乡统筹，实现协调发展。信息的使用不足问题，则是阅读问题、教育问题，是信息技术的学习掌握问题，是信息素养的教育和养成问题，需要个人努力和社会的积极引导与服务。阅读能力的高低，实质上是知识获取能力的高低，直接影响国家和民族的信息化水平和社会发展质量。随着国家提出进入21世纪全面提升国民素质，构建学习型、知识型社会战略，我国农村信息发展问题受到国家的高度重视和社会的积极响应，社会阅读受到政府和社会的高度关注，各种规模、各种层次的阅读活动在全国各地如火如荼地展开，政府机构、学术团体、图书馆、出版社及民间组织都积极开展社会阅读活动，这些阅读活动的开展对引导、推动、指导社会阅读起到了积极的作用，而其中，图书馆作为全民终身学习和继续教育的文化阵地，作为缩小数字鸿沟、切实保障公民基本文化权益的重要途径，在建设和谐社会、学习型社会、创新型社会中引导阅读的职能显得更为不可或缺。影响阅读、指导阅读，是图书馆员的天职，数字图书馆的建设和使用是网络时代推动知识普及和建设信息社会的重要力量。坚实的农村信息化建设和乡村图书馆发展能够为改善农村及弱势群体信息行为现状提供最大给力。

参考文献

[1] 灰信网. 网络用户信息行为研究概述[EB/OL]. [2011-7-1]. www.freesion.com.

[2] 岳剑波. 信息管理基础 [M]. 北京：清华大学出版社，1999：262.

[3] 肖明，李思琼. 数字资源用户需求分析十法 [J]. 中国教育网络，2008(11).

[4] 邵云华. 用户信息行为研究的现状、进展和发展趋势 [M/OL]. 全国高校社科信息资料研究会第13次理论研讨会论文选登. [2011-7-1]. http//acsssirhei.org/.

[5] MBA智库百科. [2011-7-1]. http//wiki.mbalib.com/wiki.

[6] 马克思. 路易·波拿巴的雾月十八日（1851-1852年）[M]//马克思恩格斯选集：第1卷. 北京：人民出版社，1972：693.

[7] 胡鞍钢. 不可忽视缩小信息差距[EB/OL]. [2011-1]. www.56-china.com.cn.

[8] 于建嵘. 寻找重构中国政治的力量[EB/OL]. [2011-10-08]. www.

21ccom. net.
[9] 汪霞．信息时代西部农村“知沟”现象及对策[EB/OL].[2011-7-1]. www. xwj. scol. com. cn/llzy/20040316/200403161047. htm.
[10] 林夏竹等．贫瘠与淡寞：山区农户的信息评估——基于西双版纳曼加村的实证调查［J］．农业图书情报学刊，2010，22（2）：8-11.
[11] 陈艳红．国外二级鸿沟研究综述［J］．情报理论与实践，2009（6）：126-128.
[12] 谈大军、梁丽君．国外数字不平等理论研究综述［J］．图书情报资料，2009（10）：21-26.

社会科学情报成果向知识创新转换的过程研究

罗繁明[*]　陈　娜[**]

摘　要　在中国，情报工作者的产品供给服务与日益增长的社会创新对信息情报的需求得不到满足的矛盾，正在上升为当今自主创新的主要矛盾。由于受传统思维研究方式的影响，中国的社会科学情报工作一直处于一次文献资料的查新和二次文献资料的加工服务，追求的是量的查全率和查准率，与知识创新链条普遍存在分工脱节，（特殊除外）情报职业的独立人格化得不到确立，情报工作从属于辅助地位，未能发挥情报人员将成果主动向知识创新转换的本质作用。对此，本文从知识创新应具备形成的链条为研究起点，将情报价值实现重新定位；以情报元素聚合向知识靠拢为着力点，通过假设树模型设计，描述了情报集中向知识创新转换应具备的条件和情报订制者与提供者各自的任务分工，揭示了情报是如何解决不确定性矛盾的命题，即情报成果是如何为科学研究提供在知识转换环节中必不可少的确定性情报支持的过程。

关键词　情报转换　知识创新　假设树　路径实现

一、情报研究与知识转换的研究现状

互联网时代的到来，信息呈现几何级次的增长，知识创新生命周期的短期化、信息传播的分子化，使得社会科学研究应接不暇，对情报的依赖性更紧密。于是，情报决定知识创新速度和未来趋势的时代已经到来。一方面通过互联网

*　罗繁明，男，1955 年生，广东省社会科学院信息中心，主任、研究员。

**　陈娜，女，1986 年生，广东省社会科学院信息中心，实习研究员。

的情报搜集或传递技术就能从四面八方的全球各地网站远程订制或搜索到最新知识创造的发布或远远大于任何一个实体超级图书馆内容的情报资料，这是纸质时代不可想象的；另一方面是由于互联网引发的知识爆炸使得情报工作信息超载形成孤岛，对情报的搜索、过滤或监控带来了前所未有的困难和挑战。

信息如何向情报转化，情报如何向知识转化的需求有三个基本特征：一是快速响应一定的用户需求，并提供解决问题的方式和方法；二是搜集有价值的数据和信息，加之情报人员的隐性知识综合集成情报和知识；三是深度挖掘已有信息和幅度发现潜在信息，能揭示问题深层次的矛盾。对于数据、信息、情报和知识的关系，作者已经在《知识管理——引领知识形态的创新实现》一书做过阐述，本文不再赘述。

（一）情报成果与创新需求的关系

情报需求获取一直以来就是一种挑战，然而该采取什么方式获取到准确的需求，就更加难了。情报成果能否发挥效用就必须与需求紧密切合。无论是在知识经济时代、后工业时代，还是互联网的时代，情报是探索社会进步的先驱，社会对情报的需求是情报成果形成的基础，而组织情报创新的核心意义也已经从技术和制度创新领域拓展到知识创新。创新链理论认为，创新源自基础研究（知识创新），贯穿基础研究、应用研究、新技术及新产品开发、生产、销售（市场化）等全过程，即是从知识创新到技术创新以至形成市场竞争力的一种链式过程。创新的价值已经不再局限于“利润之源”，而是贯穿于整个组织经济和生产活动中，可能是一种颠覆原来生产生活方式的革命，不管是模仿创新还是原创的对标学习，但它都是从情报收集开始，最终体现在情报成果的市场转化程度和效果，其是否能给企业或社会带来显著的经济效益，关系到企业未来能否可持续发展和保持竞争优势或社会的延续。也反映了一个情报专业组织或成员的职业人格化是否被社会认同或选择。

（二）情报成果研究与知识创新转换的理论发展趋势

1. 情报学研究方法的概述

情报学本身发展得并不完善，它的研究方法主要从社会科学、自然科学、技术科学的研究方法中移植而来。目前常用的情报学研究方法有哲学的方法、引文分析法、文献计量法、数学的方法、系统方法、分析和综合的方法、归纳方法、调查统计方法等。结合计算机网络技术，情报学新兴的研究方法有空白点分析法、等级排序法、聚类映像法、知识基因法、混合法、反求工程法、知识图谱法、质的研究方法、三角互证、定标比超等方法。

传统的情报学主要的服务工作是以印刷型纸质文献及检索工具为主的下单提取式的情报服务模式，进行联合编目、研究情报处理自动化，以有限的经费来尽可能多、尽可能合理地满足组织对于文献资料的需求，这种方式无论如何统筹安排都达不到需求。1977 年 M. Demey 提出情报学认知观之后，情报学的研究方向开始注重对情报消费主体的研究，重点开发联机情报系统、区域网络化、现代情报分析研究与决策支持。20 世纪 90 年代开始，要求信息以“知识”的形态出现，要求情报能解决更活跃、更具针对性的“问题”，人与知识和情报的关系是一种互动的复杂关系，此时重点发展的是互联网环境下的数据挖掘、导航引擎、数字文档处理、电子信息系统、竞争情报和知识共享。

2. 知识转换与创新的方法概述

在知识管理领域，现有研究中有两个著名的知识转化模式理论，一个由波尼拉提出，他认为通过模仿、识别和边干边学三种方式可实现隐性知识与显性知识以及隐性知识与隐性知识之间的转换；另一个是由日本一桥大学的野中郁次郎教授在其 1994 年完成的《智力经营》以及 1995 年与竹内广孝合著的《知识创造企业》等一系列成果中提出的著名的显性知识和隐性知识转化模型（SECI 模型），即知识螺旋理论。他们认为企业的知识是通过 4 个知识转化模式所形成的，包括：社会化（隐性知识转化为隐性知识）、外部化（隐性知识转化为显性知识）、整合化（显性知识转化为显性知识）与内部化（显性知识转化为隐性知识），1998 年他们还对 SECI 模型进行了改造，融入了“场”的理念，即后来的“场模型（Ba 模型）”。还有 Peter Murray 提出面向结果的知识管理 DIKAR 模型（Data，数据；Information，信息；Knowledge，知识；Action，行为；Result，结果），这个模型帮助企业构建包裹化知识，并对企业框架中的知识进行整合的模型。美国培训与发展协会（ASTD）研究 & 事业部的高级顾问 Van Buren 发布了一个由 ASTD 知识管理高级工作组（一个由来自不同行业的知识管理人员组成的虚拟组织）创立的模型，被称为智力资本管理模型，将智力资本的投入与公司的业绩和商业效率的转化结合起来。

3. 情报成果向知识创新转换的研究

综上所述两个领域的研究状况，在情报成果向创新成果转换的研究上并没有一个理论雏形，都是在各自的研究领域纵向发展。情报学由于有“知识经济”热潮的推动，在其外延上延伸到了知识领域，移植了相关的方法，如“知识基因”、“知识图谱”等方法，但是研究的深度却仅仅停留在是否能生产出情报成果，没有深入到“如何将成果转换为知识创新”，或转换为生产力。即使在情报学领域的“竞争情报”的研究中，也只有为数不多的人提及到知识管理与企业竞争情报的关系密切，如倪冬梅论述的《企业知识型竞争情报管理体系的构建研究》，其重点论述了如何将知识管理的理念、方法与技术应用到竞争情报工作实践当中；秦铁辉论述的《试论竞争情报工作对知识转化的促进作用——基于经典知识转化模型SECI的分析》，其文重点阐述了如何将竞争情报的思想和方法融入到SECI模型中。在知识管理的研究领域里，情报一般被划为与信息同一个层次，仅限于为知识创新提供条件，未能将情报聚集合成为知识创新的雏形；在社会科学研究中，提供文献情报资料作为参考材料即算完成了历史使命，没有走上向知识创新转换的正轨。

（三）目前需要转换的思维惯性与方式

互联网对于情报成果转换的影响有：信息采集、传播速度和规模达到空前的水平，实现了全球的信息共享与交互，成为情报来源的主要依靠。远程访问、移动办公、无线上网给信息情报收集提供了前所未有的便利。传统文献时代习惯的用于描述信息及其内容的语词已经很难表达互联网信息的数量与广度；数以千计的信息机构都在发布数不胜数的信息，纸质文献信息的提供速度已经远远赶不上电子信息；但是互联网本身是在缺乏统一组织、没有统筹协调的情况下迅速发展起来的，信息流向无数条奔腾的河流涌入知识的海洋，要从浩如烟海的信息海洋中找到需要的知识却并不容易，这需要新的工具和方法。

在互联网出现之前，情报学还是以纸质文献的提供和研究为主，主要依赖报刊杂志书籍的集中管理和使用。那时，绝大部分的资源只有图书馆和情报研究机构拥有，其他组织和个人不易获取，情报成果生产周期效率远不及网络时代。而在网络时代，新的信息或知识发布每天N次方地增长，并分散在不同区域的网站服务器里，如要查找如同大海捞针，给专业情报人员的在线搜集技术提出了新的挑战。云计算、计算机搜索引擎、数据挖掘、机器学习等技术出现对远程信息搜集和利用提供了新的研究空间，又如百度文库的知识共享概念，为知识在线共享的利用开辟了新的捷径。由于互联网超载的特征，往往使需求者造成信息孤岛，只有经过受过情报专业和计算机专门训练的人员才能较自如地在互联网上搜集所需要的情报资料，这就是情报专业职业化的未来定位。在互联网时代，外行在线查找情报资料所获取的资源往往仅是表象的，所获得的某个信息，可能是只言片语，或是获取情报付出的劳动成本远远大过购买。于是，新的社会分工，情报订制和购买服务正在应运而生。情报专业工作者应重新定位，从现有体制中的科辅从属地位的束缚中脱颖而出。所谓情报专家，一般是指从事从公开信息中窃取秘密的职业工作者。目前在中国，一方面情报专业工作者的地位普遍未能引起足够的重视或被尊重，往往被划为科辅人员，在科研中是从属被动的地位，他们的价值贡献往往被剥夺或被贬值；另一方面虽然现在已经拥有的很多新方法和技术可用来帮助情报人员获得情报成果，但是现状却是情报的服务工作还是停留在搜集文献和组织文献的层面上，情报成果仅限于是资料成分为大多数，深加工的难题过早转移给需求者或课题研究者。这说明情报工作者自身的默会知识与静态存在的明确知识库互联产生知识的过程未能得到充分发挥作用，基本上没有意向将情报成果向知识创新转换的行为，这也说明情报人员的价值贡献还存在可挖掘的空间，同时也表明目前的现状还不能体现情报工作者专业化人格化的价值奉献精神。存在问题的客观原因是由于情报需求者或订制者对所需要的外部世界信息的了解是不对称的，情报订制提出的需求难免是不清晰或不准确的，这使情报贡献者的成果在满足要求方面难免会有差距；另外，需求者与提供者的分工不明确，对产品加工的转移交接点会上下移动，往往会影响情报转化新知识的质量。

综上所述，情报成果的创新转换不是将搜集的信息重组后交给用户，而是情报人员将从外部收集观察到的信息与自身的隐性知识（经验、智慧等）合成新的结构化知识，为需求者提供加工过的产品显性化后产生持续生产能力的过程；情报成果的本质是市场博弈环境下具有确定性价值的稀有资源，能为拥有者减少冲突中的不确定性，增加成功的把握，它是激活了的活化知识，是能带来未来利益的知识。对此，本文从社会科学研究的角度上，对情报如何转换成知识的定义、环境、条件及实现的方式等进行了如下探索性研究。

二、情报成果转换知识的重新定义

（一）情报成果的定义

所谓情报是指信息不对称造成的有利可图的机会资本信息。是有利用价值的信息，或是“特定对象所需要的信息”；也有定义为“是人们解决问题所需要的，能使人们原有的知识结构发生变化的那一份知识”。因此，情报据有社会性、专业性、知识性、传递性、时效性、新颖性等属性。所谓社会性是指通过人际关系或其它手段在社会上获取的情报；专业性是指对某个行业生产的指标数据的准确性要求；知识性是指情报内容含有大量的隐性知识。传递性、时效性、新颖性是对于获取情报来源在镜像时空过程中的规定。情报的价值关键取决于情报来源的准确性和手段的正确性。隐性情报是指从人的大脑储存的隐性知识转化提取后储存在人体外的物质上的机要文件。显性情报可在市场调查和查找文献资料中获取，现在最流行的是在因特网上或数字图书馆等数据库中获取。

为了满足情报转换知识的条件，我们对情报成果重新给予定义，即所谓情报成果是指通过信息搜集、过滤、整合，能够给予矛盾明确性回答是什么的一组相互产生内在联系、相互作用的概念，可以形成一种新的认知模式的基本元素单位。

情报的研究对象是新近发生或正在发生的对社会产生重要影响的事情以及怎样获取情报成果和情报交流的过程。情报研究的目标和核心任务是解决“信息爆炸”引发的“情报爆炸”，从中找出解决问题的线索，解决其带来的情报积累与利用之间的尖锐矛盾。其中的主要任务是需要利用情报学特有的方法和借助其他学科的方法组合信息，使之有序化和结构化，成为便于利用的“形式”，然后以最快的速度向用户提供所需的知识。

情报转化知识的创新方法第一步就是积累经验（即默会知识的产生），从总结经验的结果中产生明确知识。在默会知识向明确知识的转换过程中，不是简单地把一次信息资源“搬运”成二次信息的过程，而是用户需求关键词与数据库关键词的检索匹配过程，也是基于已有的对象创建新对象的过程，其中含有情报专家的新发现或大脑加工、重新组合利用的过程，这就是创新的过程。钱学深对情报如此下定义："情报是激活了，活化了的知识"，他还说，"情报就是为了解决一个特定的问题所需要的知识，这里头包含两个概念，一个就是它是知识，不是虚的、乱猜；再有一个，它是为了特定的要求，也就是为了特定的问题，所以即时性和针对性是非常重要的。"将情报激活成可利用的知识的过程是情报人员通过从数据、信息存放的数据库、资料库里将静态的，也就是"休眠状态"的知识，根据需要，经过查找、组合、分解、转化、利用等一切手段，以弄清真相为目标，不断对其进行调整，为达到真实信仰的动态人文过程；是为了解释新观点、新现象，将默会的、不明显的、隐藏的东西变得突出的过程；是启发未曾想到的相互关联的知识，了解其历史发展过程，不断的强化或重新构建的增值过程，这就是情报成果向知识创新转换的实际过程。

（二）情报成果转化的研究方向

在"大情报"兴盛的时代，一些人提出了信息与情报无区别、彼此等同、可互相替代的观念，也有一些人认为情报管理研究就是信息管理研究，情报学的外延扩展得非常广泛，乃至偏离了情报学本身的研究对象。本文认为，信息管理以研究管理信息系统（MIS）为主要对象，利用计算机技术控制组织内部的信息流，而非一般意义上对于"信息"的管理，其研究的广度超过了情报学，而情报学研究的深度却胜于信息管理，二者不是谁取代谁、谁包含谁的关系，而是一种横向互动、纵向衔接的关系。同时，在此时代，过分强调技术的作用会忽略情报学的知识根基及人文特征。

而在知识经济热潮中，虽然情报有向知识发展的趋势，但是知识和情报二者并不一定是结构化的种属关系。知识普遍被大家分为显性和隐性知识，不论知识是否被使用，知识都是以某种形态存在。而情报不一样，根据钱学深对情报的定义可以很明确知道，情报是活知识，不是死知识，他具有动态性和目的性，主要是起着发现或将某个知识点激活的作用；情报为了一定的目的而存在，它具有使命性和生命性；情报能带来潜在的预期效用，具有增值性；情报与知识的另一个区别是自身不能直接投入生产服务，而是通过向知识转化为科研和生产服务，他作为一种新"配方"，具有重生性。情报的这些特性就像稀有元素，说明了情报的重要性和独立性，也说明了情报与知识的区别与关联的关系及存在的价值。

数据不会自动变成信息，信息也不会自动变成情报，情报也不会自动转换为知识，实现几者之间转换的关键要素是人。如果说信息是将各种零散无序孤立的数据片段根据需要有序化，起到告知的消息作用，那么情报成果则是将不同的信息片段提炼出至关重要的“知识基因”，将其多角度全方面的重组与再利用，起到的是知识放大和增值的作用。根据 SECI 模型的知识转化，显性与隐性知识之间的互相转化过程虽然有利于实现组织的知识升级，但是它并没有扩展组织的知识储备，无法提升企业的情报成果转化能力。因此要实现情报成果向知识创新的转换，一方面要运用技术将默会知识转换为明确知识得以快速传播，还有一方面要用默会知识打破已有的明确知识，重生新的默会知识，再转换为明确知识，完成创新过程，而这个过程就需要情报人员的脑力劳动。

三、情报成果转换知识的环境分析

（一）情报成果获取的局限性

学科的发展主要看其能否提供成熟而系统的研究方法，能否解决大量的实际问题，能否靠其外延去发挥影响。恰恰情报学在这三个方面都没有得到很好的发展。情报学的发展要防止不适当和不科学的研究方法直接影响到学科的研究质量，产生错误的结论，甚至使整个学科研究失败。情报学在发展的过程中，形成了各家的立论角度和分类标准，组建了各种不同的专门性方法体系结构，近而形成了当前多种体系并存的格局。这种百家争鸣的局面说明情报学已经突破了单向性思维的传统框架，积极进行发散，但是这种状况也表现了情报认知理论中的个人主义方法，导致情报学根基不稳，缺乏规律性的系统认识。王崇德教授指出：“社会成员对情报的看法即为情报观，历来情报观都极富时代感。”情报学所具有的历史特征就是每个时代特征的集中反映，而此现象就集中映射在了情报学所使用的研究方法和工具上。

（二）获取情报成果的方法和工具

情报学是多学科的综合研究，包含数学、语言学、心理学、社会学、工程学、计算机科学、复制技术、控制论、人体工程学、经济学等，对这些学科有多重依赖和兼容，证明其是一个开放的知识综合体系。情报成果的生命过程简单概括为：收集到研究，再到检验。在上文中也介绍了一些贯穿其生命过程的方法和工具，每个方法都各有优劣，使用时要取长补短。主要归纳如下：

1. 从文献综述提取情报

文献综述指的是基于某一时期、某一研究专题，对大量的原始文献中学术观点、争论焦点、存在问题、新的学术动态等方面归纳整理、分析提炼形成的三次文献，它专题性强，涉及范围小，有时间限制，代表了一定的理论前沿。但是综述质量的优劣一是基于收集的原始文献是否具有代表性、是否全而新，这依赖于一定的检索技术，而检索技术本身也存在查全率与查准率方面的问题；二是基于综述作者的知识状态和研究目的，因此文献综述虽然是基于客观信息的提取，但是其又是主观思想的产物。针对文献综述的利弊，现代情报学研究提出了“三角互证”的方法。三角互证属于“质的研究方法”中的一个方面，它的特点是研究同一经验性问题时，采用两种或两种以上的策略搜集信息，比较不同来源的信息来相互证实，评价资料的真实性，它可以检验同一课题相关文献综述的有效度和价值量。

2. 二次文献资料提取情报

二次文献是对一次文献进行序化加工后，按照一定的学科和专业形成的产物，是文献检索的基础。它能比较全面系统地反映某学科、专业或专题在一定时空范围内的文献线索，是一种密集型浓缩的科研资料。对于二次文献主要从其转化程度和标引语词来评估其价值，它同样也存在着检索策略的制约。因此情报学的发展要以一定的技术为支撑并带动情报学的发展。在人工检索时代，图情人员依赖各种分类法来分类查找文献，但是对于现在的电子文献，必须要依靠数据挖掘和数据仓库、搜索引擎、MIS、ERP 等计算机技术，而很多情报人员却缺乏这样的技术背景，导致了对于二次文献情报的提取停留在美好的设想上，研究内容空泛化，这也使得情报人员的价值没有被正确的估量或受到技术制约。同样针对其优劣，现代情报学采用“空白点分析法”、“知识图谱法”来缓解检索策略的短板。空白点分析法是基于新旧知识的逻辑与认知的连贯性，其实质为信息知识的深度集成、分析与综合，并具有预测功能；

重点在于挖掘“空白点”，勾划和填补空白点的方案。而知识图谱就是利用信息可视化技术，根据共引分析、共现分析等理论基础，构建的一种知识之间关系的网络图，常见的网络有时序网络、共引网络、共词网络、耦合网络、合作网络等。

对于文献的分析和利用是情报学最主要的方法，上述两个方面的成果并不能完全等同于情报成果，只是情报成果产生的基础活动。情报成果一定要包含动态性、使命性、生命性、增值性和重生性，前文对这几大特性已有详细阐述，在此不赘述。至于现代情报学的其他方法和工具，也大致是从科学范式、实物范式、认知范式、行为范式、传播范式和协同范式等角度来研究，譬如人机结合和交互、定量与定性结合、综合集成研讨（头脑风暴之类）。情报学本身需要广泛的知识基础和深层次的知识架构，既然情报是“激活了的活化知识”，那么实际上需要做的就是寻找如何激活信息或知识的工具和方法。

（三）情报转换知识的条件

1. 社会对情报的需求是情报生产知识的动力前提条件。任何哲学社会科学技术经济理论等的发展，都离不开自由的人和人格。情报经济学领域曾给出了三点情报消费的原则：“一是生产情报主要靠人脑，这种劳动价值无法计量；二是等价交换的原则不适用与情报交换和流通；三是情报学的消费过程不遵循物质守恒定律。”按马克斯·布瓦索的说法，目前传统经济学即牛顿经济学的研究起点和核心是“信息是完全的对称的”，并以此产生了等价交换和资源配置等经济理论，但现实世界与理论是相悖的，尤其是情报活动，它的产生本身就是因为信息的不对称。而本文所提到的情报成果的转化一是要满足于情报的根本特定，即动态性、使命性、生命性、增值性和重生性，只有以此产生的情报成果才具有转换为知识创新的资格；二是一定要包含情报人员默会知识向明确知识转化的过程，需要有情报人员的外力作用来激活信息和知识；三是并非所有的情报成果都能转换为知识创新和生产技术，这种转换除了情报人员的外力作用，它还取决于科学技术的发展、社会经济、人文情报观念的发展制约。其中，情报人员的专业素养是情报转化知识的关键，利益驱动是情报转化知识可持续发展的动力源泉。

2. 一个新的知识诞生，需要多个层次的情报作为条件支撑。所谓知识“是人类通过信息对自然界、人类社会以及思维方式与运动规律的认识，是人的大脑通过思维重新组合的、系统化的、信息的集合。因此，人类不仅要通过信息感知世界、认识和改造世界，而且要根据所获得的信息组成知识。”这里指的信息即包括情报。知识的形成又是“一组相互产生内在联系、相互作用的概念，可以形成一种新的认知模式，这种模式一般能够从知识是什么进而回答为什么，怎么做，谁来做的系列问题”。

从上所述，情报转换知识应具备如下条件：一是情报研究的始终要与需求者有明确的目的性、规定性分工和互动，这是决定情报价值和知识转换的前提；二是单个情报研究不能满足知识创新的多个条件，需要多维度或多层次的情报资料作为材料提供论证；三是情报研究完成的知识转换成果终点仅是需求者研究的基础原点（起点），即仅具有新知识的基本特征。二者分工是由情报提供者交付的成果变成需求者研究的开端。

四、情报成果转换知识创新的流程设计和实现

（一）情报成果转换知识的假设树模型

所谓情报转换就是将信息中的客观知识与人的认知经验和社会历史因素交流，形成人的主观认知（情报），并将其显化传播利用，以此提升人的情报创新能力，推动人类认识世界和社会实践活动的动态过程。根据新知识形成应具备的条件要求，经过收集研究积累的经验资料，通过整理和分析，便会有产生新知识的冲动，继而产生假设问题，本文便是据此提出情报成果向知识创新转换的假设树模型。情报成果是经实践或理论证实的客观明确知识，是经过情报工作者主观默会知识的加工转换和重组，进而逐个满足新知识的条件，产生脱胎换骨的预期效用。所谓假设树，是指一个新的知识点的发现或知识标杆的发现，需要不同视角、多维度的情报去证实他的存在，假设树提供了一个证实新知识存在的路径或知识分布地图。假设树模型的构造如图 1 所示。

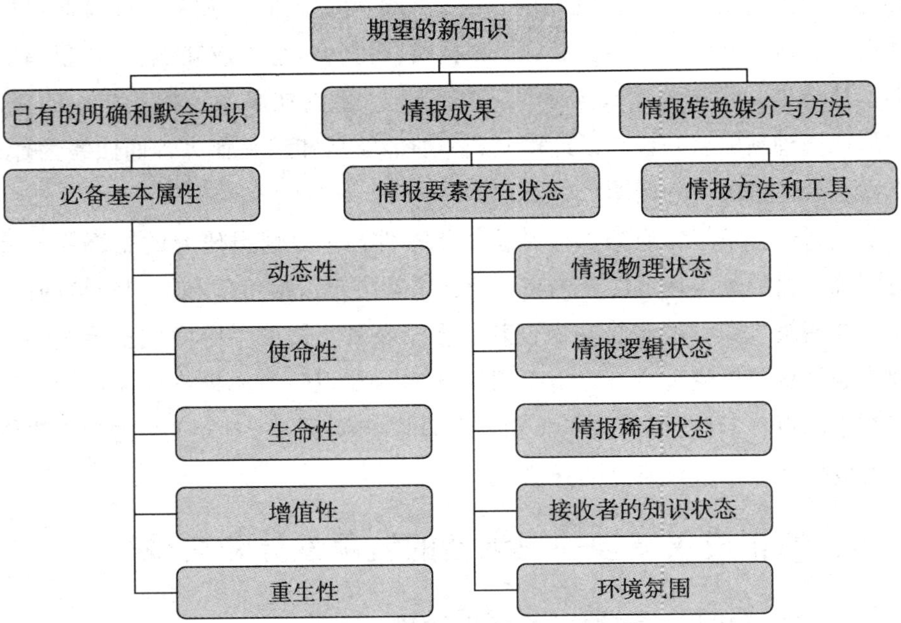

图 1　情报成果转换假设树

对于此假设树，其研究的方法为从上至下，从左到右。情报成果的产生要通过必备属性的判断，只有满足于基本属性的情报成果才具有转换为创新知识的资格。然后根据情报成果的主客方存在和活动的行为状态来选择恰当的方法和工具。如果对于行为状态表述不明，那么选择的研究方法得到的研究结果也是无法反应实际情况的。

根据国际经济合作发展组织（OECD）对新知识形成的界定需要满足 4 个层次的基本条件的规定，又根据图 1 的原理，情报成果形成知识要满足所应具备的多个条件。对此，本文提出了多个情报聚合转换知识的成长过程的假设树原理模型。（见图 2 所示）

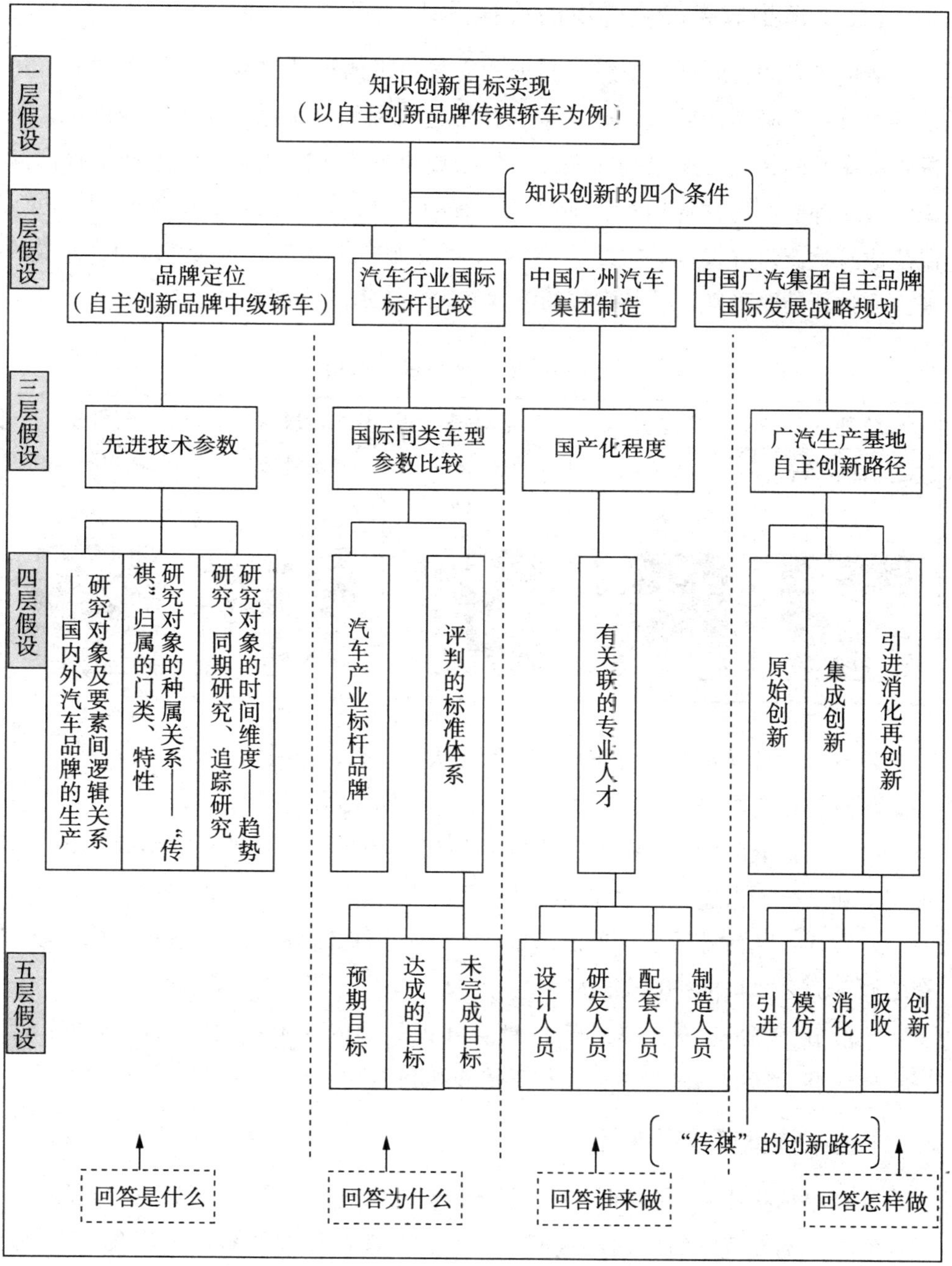

图2　多个情报聚合转换知识的成长过程的假设树模型

（二）情报成果转换知识的流程设计

情报成果的获取是一个综合与分化交替前进的运动过程。任何事物的进化发展都有一个必然的路线，即从常规状态进入到危机状态，如果突破危机，则进入革命性的转变，反之则被淘汰。情报成果的产生、知识的产生和情报向知识的转换都要经历这样历程，即打破原有的规则，走出已有的明确知识，进入混沌危机状态，寻找解决的方式和方法，形成新的默会知识（隐性知识），最后建立一种新的明确知识，其大致的流程如表 1 所示。

表 1　情报成果转换的流程

阶段一	阶段二	阶段三	阶段四	阶段五
初始常规状态	危机引入	混乱状态	革命性转变	新的明确知识
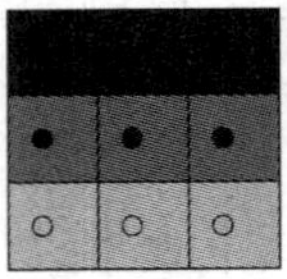	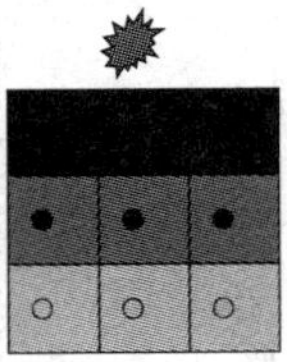	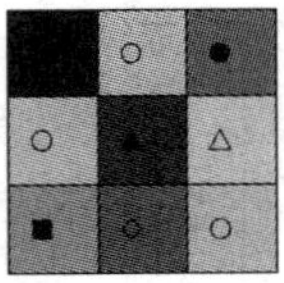	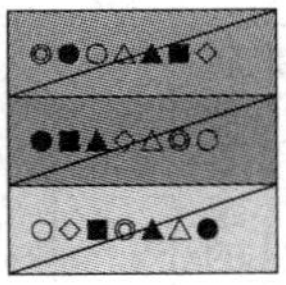	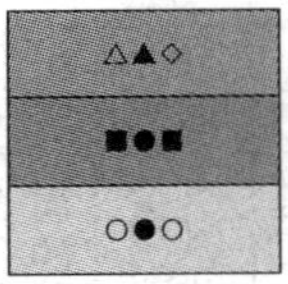

阶段一：常规状态。目前知识处于公认的状态，即明确的知识。

阶段二：危机引入。出现了知识的缺口或知识需求。

阶段三：混乱状态。打乱原有的知识架构和形态，对已有的明确知识、情报成果和默会知识进行重组和整合的过程。

阶段四：革命性转变。形成新的默会知识，此时知识的形态和架构可能完全不同于原来、可能是局部的转变。

阶段五：新的明确知识。新的默会知识的形成并不代表知识创新的完成，一定要转变为新的明确知识，才利于传播和利用。

（三）辅助工具的使用

无论是情报成果的获得，还是向知识创新的转化，其本身就是一个合作过程，它首先需要建立组织内部良好的人际关系和对外的长期合作关系。这些关系就像“河床”，知识之水在此上流过，当河床没有障碍（不信任）和认为堤坝（人工干扰）的阻塞，那么就有可能实现利益的最大化。因此在任何情报和知识转化活动开始之前，要利用相关的管理工具和不断改进的激励机制促成和维系上述两种关系的建立，只有形成了这样的“河床”，才能实现后续活动的顺利开展。

后续活动的开展过程中，首先可以借助于情报领域的商情分析，它作为一种实践性很强的信息活动，与组织决策本质是一致的。它是利用各种信息资源（经济方针政策、行业统计资料、媒体信息等），并以统计分析技术、数据库技术和网络技术等多种情报收集分析方法，对当前状态分析评估以及进行预期预测，产生智力产品的过程。其次，可以利用数据包络分析法（Data Envelopment Analysis，简称 DEA）对情报成果和转化过程进行“相对效益评价”。此方法是从运筹学中衍生发展起来的一种系统分析方法，它是用来评价多投入和多产出的决策单元是否有效的非参数统计方法，它在避免主观因素，简化运算，减少误差等方面有着不可低估的优越性。最后，可以利用空白点分析法和知识图谱的方法来检测转换的完整性，利用定标比超的方法和投放市场中运作来检测其增值效用。

目前对于知识的转化、情报成果的转化研发了较多的新方法和新工具，如情报网络监控系统、数据挖掘、利用云计算的数据整合的运用，但是一直没有达到预期目标，原因就在于在人机智能与人机交互的过程中，过多的期望通过投资计算机网络技术和软件及其他工具来实现知识创新。技术工具确实带来了捷径，但他自身不会创新知识，创新知识是人的智慧设计。本文不是否认上述技术工具，而是强调知识创新是人的能力的体现过程，技术的实现是情报向知识过渡的工具。因此，情报成果的创新转化首先要生成创造新对象的某种思维方式，具体表现为实现创新的思路和想法，然后再利用技术把它们转化为潜在成果的开发，使之具体化使用。

参考文献

[1] 杨文明，韩文秀．论知识创新和技术创新的互动关系与作用机制［J］．科学管理研究，2003，21（6）：42－44.

[2] 员巧云，程刚．基于管理控制和组织支持的知识转化理论研究［J］．图书情报工作，2009，53（2）：113－116，128.

[3] 奉继承．知识转化业务流程的模型体系与运营方法研究［D］．天津：天津

大学管理学院，2007.
[4] 罗繁明．知识管理——引领知识形态的创新实现［M］．广州：广东经济出版社，2008：89.
[5] 徐久龄，李新峰．21世纪情报学研究的一些探讨［J］．理论与探索，2003（4）：300－302.
[6] 刘植惠．空白点分析法——情报学的独特研究方法［J］．重庆图情研究，2009（1）：8－12.
[7] 秦长江，侯汉清．知识图谱——信息管理与知识管理的新领域［J］．大学图书馆报，2009（1）：30－37，96.
[8] 罗繁明．知识管理——引领知识形态的创新实现［M］．广州：广东经济出版社，2008：37.
[9] 罗繁明．知识管理——引领知识形态的创新实现［M］．广州：广东经济出版社，2008：33.
[10] 钟积奎，朱文涛，杨小华．情报转化研究［J］．现代情报，2009，29（4）：45－50.
[11] 邓全勇．将商情分析引入情报学研究范畴的思考［J］．情报科学，2007，25（4）：498－501.

十年来我国农民信息需求特征及其影响因素研究：回顾与反思

施　静[*]　肖友国[**]　魏太亮[***]　龚雪艳[****]

摘　要　十年来学界关于农民信息需求特征、农民信息需求满足状况和农民信息需求影响因素的研究成果日益丰富，越来越多的研究者已深入田野，以第一手资料进行研究，研究的规范性增强，学术累积意识已大步提升；但多数人做的是个案研究，尚未延伸为多个案例的比较研究；研究缺乏明确的分析框架和讨论标准，对资料收集和分析的视角也不够多样化。

关键词　农民　信息需求　田野调查

近些年，由于新农村建设的开展及对弱势群体的信息权利保护等若干因素，关于农民的信息需求的研究呈蓬勃发展态势，科研院所与农业实务部门均有相当数量的研究成果，涉及农村社会学、发展社会学、传播学、图书馆学等多个学科领域，所发表的高质量论文逐年增加，呈现出多样化、深层次、多角度的研究格局。在把握农民信息需求特点、信息需求类别、信息的来源和获得手段、信息获取现状及信息满足程度的基础上，更进一步把农民信息需求与特定地域、特定信息类别、某些相关理论所勾连，在工作研究与经验研究之外，研究的实证色彩越发浓厚，大大提升了研究的准确性和可靠性。本文的分析将从“农民信息需求特征”、“农民信息需求满足状况”和“农民信息需求影响因素”三个方面逐一展开，以此为基础，还将讨论有待努力的研究方向。

*　施静，女，1982 年生，中共四川省委党校图书馆，馆员。
**　肖友国，男，1976 年生，中共四川省委党校图书馆，馆员。
***　魏太亮，男，1981 年生，中共四川省委党校图书馆，馆员。
****　龚雪艳，女，1982 年生，第三军医大学人文社科学院，助理研究员。

1 农民信息需求特征

按照学界的公认说法，农民的身份属性及所处经济、社会环境在某种程度上决定了农民的信息需求特征。

1.1 信息需求意愿

信息需求量大小是信息需求意愿高低最直观的表现。从宏观的角度着眼，随着农业综合生产能力的提高，农村改革的进一步深化，农民生活持续改善，农业经济稳定发展，农业现代化、市场化和国际化的发展步伐加快，农民对准确、及时、可靠、权威的信息获得存在巨大需求。同时，对某一特定类别的信息存在有效需求不足的问题，彭光芒调研发现，农民缺乏对农业科技的热情，对通过媒介学习和使用农业科技显得相当被动、淡漠，原因在于许多农民的务农积极性不高，尤其是青年农民，有强烈的职业流动愿望。

学者们更进一步对影响农民信息需求意愿的主客观因素进行了研究。王国晖通过对杨凌示范区的实证研究发现，性别、文化程度、收入来源对农民的农业科技知识需求意愿有显著影响，而年龄与家庭人均年收入则对此没有显著影响。徐世艳与李仕宝通过对13个粮食主产省份，411个县市，973个行政村万户农民的调查发现，农业技术指导与培训讲座显著影响农民的技术需求；土地禀赋是诱导农民选择技术的主要因素之一，此外，户主的年龄对不同的农业技术需求有不同的影响。

1.2 信息需求类别

近10年的研究结果表明，目前农民的信息需求类型主要集中在政策法规信息、农资供应信息、生产经营信息、实用技术信息、产品加工信息、预防虫害信息、天气变化信息、农用化肥信息等类别上；何其义与徐德明的调研发现，农民迫切地想了解农产品结构调整信息、农副产品销售信息、外出务工信息、科学种田信息与政策信息。

此外，信息需求类型选择性明显。因地域差异性和经济发展水平，农民群体呈现出不同的信息需求偏好，人口学因素（如年龄、性别、经济收入等）相同或相似的农民群体在传媒的选择、内容的接触甚至对信息的反应上都会有很多统一的地方。

黄水清等的研究发现，排在发达地区农村居民信息需求类型前五位的依次为国内外新闻、休闲娱乐信息、气象信息、政策信息以及农业技术信息，表现出与传统农民信息需求类型的差异，究其原因，与其职业背景有一定的相关性：发达地区农村居民多从事现代工业、旅游业、服务业、建筑业及个体户等。

方允璋分析认为，以农业为主、兼业经营、专业化农户、非农性质的农户等若干种农户经济组织结构的差异使得农民个体知识信息需求在经济层面不尽相同。

1.3 信息需求特点

洪秋兰通过文献调研总结了农民信息需求的主要特征：就近性，农民会在其生存空间范围内或是情感距离范围内寻求最便利的帮助对象；多样性，农民信息需求行为会随着时间、地域等的变化和个体差异而有所不同；实用性，信息用以满足生存或发展需要。张博认为，在市场经济条件下，农民对农业科技成果信息需求日益高涨，突出表现为综合性、地域性、时效性、实用性、层次性、多样化、风险性等特点，研究结论同样值得参考。

方允璋分析认为，受思维方式和行为模式巨大惯性作用以及快速的经济转轨和社会转型的影响，农民知识信息需求存在自主性与被动性，逐利性、适用性和系列化，潜在性与自主性等多样化和多层次的表现形式。

王虹等调研发现不同类型（具体包括忠实型和游离型两大类）的少数民族地区农民呈现出不同的信息需求特点，对信息提供者有针对性地调整服务思路和构建服务体系有较高的指导价值。

2 农民信息需求满足状况

2.1 信息的来源与获得手段

有学者分析，相较于公共性信息服务较高的可信度，非公共性信息服务的局限在于它们首先服务于自身利益而不是信息接受者的利益，因此，较难赢得农民的信任。

还有学者的研究说明，不管是农业信息需求，还是商业、服务业等非农信息需求，农民都较为依赖非正式渠道。调研结果显示，农民喜欢口头传播，正是因为这种方式有效地提供了信息之间的互动，农民在信息的交流与共享中提高了对信息的信任度和利用率，方允璋的研究发现，在信息的来源与获得手段方面，传统路径依赖仍在。这也是当今乡村血缘关系、亚血缘关系、社缘关系在传统手工业经营、农户经济组织结构调整乃至出国打工、移民活动运营中具有趋同性的重要因素。研究者分析认为，对识字率还不高、生活地域性强的大部分农民，这种通过语言、感官、表情以及各种实践、示范，直观的传、帮、带进行知识交流的习惯模式在今后相当长时期内仍是有效的方式之一，相似的结论也为彭光芒所认同，他分析认为需要重视农村意见领袖的作用，他们多半是农村社会精英，一般有较高的文化程度，有较强的创新精神和学习精神，社会地位较高、经济比较富裕，活动范围比较大，人际关系比较好等。当他们从外界获取信息时，他们是受众；当他们向农民传播这些信息时，他们又是传播者和传播渠道，通过自身的威信、经验等对农民信息的选择和接受产生重要影响。

还有学者研究发现，由于农业信息市场发育不完善，电视等大众传播媒介普及率高，对信息搜寻的成本考虑及农民生活环境和情感体验等因素，农民的主要市场信息来源为电视、邻居和集市，包括了公共信息服务与非公共信息服务两大类。

更有学者从农村传媒普及和认知现状的角度出发调研，结论认为：农民的报纸持有率低，传阅率高；收音机持有率高，广播收听率低，农民对广播的期望值高；网络在农村的普及率、认知度均较低；电视媒体的普及率虽高，可信度却相对较低；于良芝等学者也认为，电视信息发布受控，稍纵即逝，无法保留，无法备查，比较适合用来了解一般情况，而不适合用来解决具体问题。同时，信息获取渠道与农民所在区域经济发展水平等有一定程度的正相关。

2.2 信息获取现状及信息满足程度

在信息获取状况及信息满足农民需求方面，信息获取困难和信息利用率低并存，学者研究认为，这主要源于“自上而下式”的传播形式，如有的学者所总结的，我国现有的农村信息服务固然是面向农村的，但很多服务事实上并没有面向农民——它们缺乏“面向用户”服务的基本特征：以用户需求为主要驱动力，以用户利用和反馈为主要评估依据，自始自终强调用户参与。这使得信息相对来讲缺乏时效性、针对性。

此外，农民视野中的官民利益区分、基层政府的形式主义问题、信息控制问题、某些服务领域的官商合作问题在更大程度上解释了农民对政府提供的服务漠然的原因。转型时期的农村社会关系一方面破坏了农民对公共信息服务的兴趣和信任；另一方面也可能削弱了基层政府体恤民情、了解农民需求的能力。

谭英等学者通过对全国15个省份，41个村庄的1144户农民的问卷调查证实了农民市场信息获取与发布的不对称性悖论。张博研究认为科技体制结构的不合理使科研成果在结题之后被大量沉积在档案室与学术期刊之中，未被农业生产推广运用，导致农业科技成果信息供求双方的信息严重不对称。邱新有等学者重点研究了国家农村政策传播过程中的信息缺失现象（包括失真、流失、截留）。此外，农民的收入状况和购买力对信息消费存在直接影响，现阶段，农民缺乏可供选择的经济实用的信息发布渠道，这种状况也在一定程度上影响了信息的利用率。

3 农民信息需求影响因素

影响农民信息需求的因素很多，除了某些不确定随机因素外，学者们多从主体性障碍和客体性障碍两个方面对其进行列举。

3.1 主体性障碍

农民较低的文化水平和科技素质直接影响农民的信息素养：一是直接限制了农民对信息技术和网络知识的学习能力；二是限制了农民理解信息的能力，导致了信息运用水平低下。

3.2 客体性障碍

一是信息质量问题，信息的发布者对农民的信息需求了解不足，服务定位不准，有效供给不足；信息短缺、内容过时，服务深度不够，增值量太小。

二是信息基础设施薄弱，面临建设与发展的资金“瓶颈”，在农村，作为公共产品的信息基础设施的供给严重缺乏，一些涉农信息服务网站在县或乡与农民之间出现断层，信息传递面临“最后一公里”的困境。

三是农村信息人才队伍和农技人才，无论数量还是信息传播的能力都远远不能满足农村信息服务的需求。

四是媒体报道片面，农村受众在媒介资源的享受和利用、信息接收工具的拥有量、接受信息和自我表达声音的能力等方面均处于弱势地位。

3.3 满足农民信息需求的保障措施

对于前述主客两方面的障碍，研究者们探寻了若干解决之道，归纳起来，主要有下述两方面。

3.3.1 提高主体能力保障措施

依据蒂奇纳等人著名的“知识沟”假说，即随着大众媒介对社会传播的信息日益增多，社会经济地位较高的人将比社会经济地位较低的人获取更多的信息，受众要接受信息必须具备一定的“解码”能力，比如对信息符号的识别能力，对信息的理解能力，对信息背景知识的储备能力和探寻能力，否则信息难以传播或传播效果低，提高农民的文化水平显得异常迫切。需要在巩固农村九年制义务教育的基础上，构建结构合理的、农村义务教育和职业教育相互补充的、运行高效的农村教育体系；王众等也探讨了提高农民信息接受能力的可行措施，认为重点应放在市县级以下的基层单位，可采取分步走的培训方式，可通过与当地教育部门的合作扩大培训对象的范围，更可以采用面对面、卫星通讯和有线电视等多种培训方式。

3.3.2 改善客体环境措施

首先，信息服务模式重构。当前的问题是，信息服务供给模式单一，信息提供者经常把服务设施（网络或组织）的建设当成目的本身，而未把农民置于信息服务的主体地位，因此，急需建立以农民为核心受众群的传播机制，以农民的信息需要、信息利用习惯、信息价值取向为依据，吸收农民参与信息服务的规划和设计过程，关注服务的长效机制和利用情况。具体而言，信息产品应同时具备简单易用、寓教于用、综合系统性等若干条件；在实现农民市场信息获取和发布的对接方面，具体可发展村级公益性信息服务点、当地龙头企业或公司信息服务点、农村民间信息中介服务点，以建立起有效的“自下而上”的双向传播模式。

其次，加大政府作为力度。万忠等在《国内外农村信息化比较分析》一文中指出，当前阶段，政府在农村作为不足，体现为信息化法律法规不健全以及政府主导作用不够。农民所需信息具有公共品性质，信息服务是公共服务的内容之一。因此，政府加大人、财、物方面的投入殊为必要。

再次，重视传媒作用。媒体的传播方式要喜闻乐见，重视人际传播效应，因地制宜，充分利用农村当地的传播媒介（黑板报、宣传栏等农村公共话语空间）。电视媒介服务三农需建立“准公益”性质的真正对农专门频道，即国家和社会为其承担一部分运行费用，并打破收视瓶颈，建立科学的服务质量监督评价机制。

最后，重视发挥乡镇图书馆、农业图书馆、农业院校图书馆各自的优势，形成农村信息服务的合力。

4 评论及建议

洪秋兰曾专门评论了学界对农民信息行为的研究成果。认为研究方法上立足调查研究，赋予了理论研究更大的实践价值；杨沅瑗、茆意宏、黄水清也对近十年国内农民信息行为进行了回顾和梳理，认为研究的主要成绩为重视研究农民信息需求与信息行为以及立足实际调查研究，同时现阶段研究存在一些不足：缺乏对农民信息行为的系统的理论阐释；对农民信息行为，特别是农民信息利用行为的研究成果相对不足；没有诞生逻辑上严密、实践上有指导价值的理论体系或模型；缺乏有代表性的论文和作者，还不能完全满足农村信息化建设实践的需要。笔者基本同意他们的意见。

此外，笔者还以为，与2001年前的同类研究相比，近年来研究方法上的转变尤其值得肯定。比如，于良芝等对三角形研究设计的选用，课题研究融入对农民的调研、对县级信息组织的调研和对一个案例地区的实地考察三部分内容，使得研究过程本身更具科学性，研究结论更具可靠性。这些成果无疑是后续研究的良好基础。

但从总体上看，目前研究中的局限与不足也是显见的。其一，尽管有越来越多的研究者在做田野研究，但多属个案研究，尚未延展为多个案例之间的比较研究，更未有较大面积的抽样调查，因此，难以得到对全局情况的准确把握和了解。其二，缺乏深入细致的专题研究，常见的还是较为笼统的研究，细化和展开不够。其三，缺乏明确的分析框架和讨论标准，如对农民信息需求意愿的研究，究竟应从哪些方面来进行测度和评估，绝大多数研究者并未作出必要的设定。其四，资料分析的视角不够多样化，要么注重的是政府立场，要么注重的是农民立场或研究者自身的立场，而未能将多重立场和视角统合起来，进行多个侧面的综合分析。正是由于这些缺陷的延续，至今我们尚未能得到有关农民信息需求特征及其影响因素的清晰图像与理解，更缺乏有深度的学理分析。

笔者以为，要进一步推进对当今农民信息需求特征及其影响因素的研究，除了理论准备方面应当继续努力提升外，还应当注意田野调查和研究方法与手段的改进。比如，对农民信息需求满足状况的把握，务必应有立足于全国总样本的抽样调查方能有准确的结论；而对各省或部分区域内的状况，也应当在其总样本中进行抽样调查。

参考文献

[1] 彭光芒．大众媒介在农业科技传播中的作用［J］．科技进步与对策，2008(8)：84－85.

[2] 王国晖．杨凌示范区农民科技知识需求的实证研究［D］．杨陵：西北农林科技大学，2010.

[3] 徐世艳，李仕宝．现阶段我国农民的农业技术需求影响因素分析［J］．农业技术经济，2009（4)：42－47.

[4] 何其义，徐德明．当前农民需求信息调查［J］．安徽农学通报，2007（6)：5－6.

[5] 黄水清，沈洁洁，茆意宏．发达地区农村社区信息化现状［J］．中国图书馆学报，2011（1)：64－72.

[6] 方允璋．乡村知识需求与社会知识援助［J］．东南学术，2007（4)：111－119.

[7] 洪秋兰．国内外农民信息行为研究综述［J］．情报资料工作，2007（6)：27－30.

[8] 张博．面向农民的农业科技成果信息服务模式研究［D］．北京：中国农业科学院，2007.

[9] 王虹，李京芬，王春梅．少数民族地区农民信息需求差异探析［J］．图书馆学刊，2010（7)：66－67.

[10] 于良芝，俞传正，樊振佳，张瑶．农村信息服务效果及其制约因素研究：农民视角［J］．图书馆杂志，2007（9)：14－21.

[11] 彭光芒．农村社区意见领袖在科技传播中的作用［J］．科技进步与对策，2002（7)：104－105.

[12] 谭英，张铮，王悠悠，杨小兰，凌莲莲．农民市场信息获取与发布的不对

称性分析与对策［J］. 农业经济问题，2008（6）：68－72.
［13］蔺桃，梁媛，汪阳，王书华. 农民对传媒涉农信息的需求及其满足［J］. 中国国情国力，2008（5）：37－39.
［14］陈崇山. 谁为农民说话——农村受众地位分析现代传播［J］. 2003（3）：35－37.
［15］胡凯. 发展农村职业教育. 培养“新型”农民［J］. 当代教育论坛，2006（12）：9－11.
［16］王众，郑业鲁. 农村信息传播渠道和传播机制的构建［J］. 农业图书情报学刊，2004（2）：5－10.
［17］万忠，郑业鲁，望勇. 国内外农村信息化比较分析［J］. 南方农村，2008（1）：21－24.
［18］邱新有，肖荣春，熊芳芳. 国家农村政策传播过程中信息缺失现象的探析［J］. 江西社会科学，2005（10）：203－208.
［19］薛涛，方晓红. 电视媒介服务三农的途径及对策［J］. 新闻与传播评论，2007（Z1）：120－124.
［20］杨沅瑗，茆意宏，黄水清. 近十年国内农民信息行为研究述评［J］. 图书情报工作，2010（9）：132－135.

网上信息行为的性别差异研究

蔡　屏*

摘　要　性别差异是影响网上信息行为的重要因素之一，将其作为独立对象加以研究具有必要性和重要意义。本文以促使开展信息行为的动力（信息需求）——信息行为的进行（信息查寻）——信息行为的结束（信息使用）为研究内容，详述了信息行为在不同阶段所呈现出的性别差异，以期促进用户研究理论在网络环境下的拓展与深化，为改进因特网信息组织、管理与服务提供参考与借鉴。

关键词　性别差异　信息行为　信息查寻行为

性别是透过经年累月的成长、发展及社会历程而形成的一个心理学、文化学词汇。由于生理、社会基础、心理特征等方面存在着差异，因此，在很多方面如接受他人影响、情绪性、道德推理、领导能力、成就动机等方面，均被发现存在着性别差异。国内外在研究人类网上信息行为时，同样发现性别成为影响信息行为的一个重要因素，但遗憾的是，在国内图书情报界很少有人将其作为一个独立的研究对象进行深入地研究。笔者认为，将性别作为一个独立的研究对象具有必要性和重要意义。首先，随着网络化的普及、网络社会的抽象性以及女性社会地位、文化程度的提高，网民数量在短短几年翻了10倍，据中国互联网络中心2010年1月的调查报告显示，中国网民规模达到3.84亿人，普及率达到28.9%，男女性别比例为54.2∶45.8。女性与男性在网络用户数上几乎平分秋色，女网民的数量不仅在急剧增加且阵容庞大，因此以性别作为研究对象具有重要意义；其次，人类日常获取信息的渠道逐渐从现实转向虚拟，对网上信息行为所呈现出的性别差异特点及规律的掌握，不仅可以为信息用户研究

*　蔡屏，女，1976年生，华东政法大学图书馆，馆员。

理论注入新的血液，促进用户研究理论在网络环境下的拓展与深化，而且也能够为改进因特网信息组织、管理与服务提供参考与借鉴，从而有利于因特网信息服务系统在用户导向下得到自我完善与顺利发展。因此，深入细致地研究性别在网上信息行为上所呈现出的不同特征具有必要性。

网上信息行为研究内容主要包括：信息需求、信息搜寻行为、信息查询行为和信息使用行为。本文依据该研究主线即促使开展信息行为的动力（信息需求）——信息行为的进行（信息查寻）——信息行为的结束（信息使用）为研究内容依次探讨性别在网上信息行为所体现出的差异。

1 性别差异在信息需求上的体现

网络需求一般可归纳为六种：实用需求、展示需求、情趣需求、虚拟需求、合群需求和代偿需求。据陈午晴等调查发现，网民的性别特征在上述六种信息需求中，存在明显差异的为实用需求，展示需求和情趣需求。实用需求包括：拓宽新闻来源，广泛接受信息，便利对外联络，获取实用信息等，其中获取信息在网络需求中名列第一位，53.1%的人将其作为上网最主要的目的；展示需求包括：自由展示自我，结交各种朋友，发布个人观点，匿名感情交流等，其中交友成为信息需求排名中名列第三位（7%）；情趣需求包括：满足好奇心理，参与休闲娱乐等，休闲娱乐占信息需求的24.6%。实用需求的性别差异主要表现在男性在网上购买、消费等方面的积极性要明显高于女性；展示需求的性别差异主要表现在男性在网上诉诸于纯粹自我表达、自我展示或真心交流等方面的心理需求明显要高于女性，比例为33：17；在情趣需求上，美国统计数据表明，女性网民往往倾向于有目的的使用互联网，而不是漫无目标的娱乐，而男性则倾向于娱乐，如玩游戏。

2 性别差异在信息查寻行为上的体现

Wilson将信息查寻行为定义为为了满足一定需求而有目的地查找信息的行为。在查找过程中，个体可能会同手工信息系统（如报纸或图书馆）或基于计算机的系统（如WWW）发生交互作用。笔者在此主要是基于网络来探讨人类与计算机系统进行交互时所呈现出的性别差异。该差异主要体现在：信息查寻行为本身的差异；信息查寻内容的差异和使用网上信息的差异等。

2.1 信息查寻行为本身的差异

2.1.1 信息查寻形式的差异

信息查寻行为主要有两种表现形式，即检索和浏览。检索是一种有明确目标、有计划、能清楚表达信息需求的信息查寻行为；浏览是没有具体信息需求目标或难以清楚表达信息需求的相对较随意的信息查寻行为。也就是说，浏览行为相对于检索行为而言，前者相对缺乏明确目标，计划性不强，但它能为信息查寻者提供更加广泛的已知或未知的信息需求。根据中国互联网络信息中心最新调研发现，在查寻相关信息初期，男性习惯通过站内搜索为自己做信息导航；而女性则习惯浏览首页。相较于男性而言，女性在开始信息查寻行为时所表现出的目的性和计划性不强；但是随着查寻的深入，由于女性通过浏览所获取的信息面较男性广，使得女性在查寻中后期，能相应地调整最初的检索策略，建立较为科学的检索方式，而男性很少变更最初创建起的检索方式，很少使用高级检索语句结构，在布尔逻辑组配的使用中，经常错误的使用逻辑“和”的操作等，从而在信息内容挖掘能力上，女性要明显高于男性，在网上针对某一特定问题的信息搜寻时，信息搜集得更为全面和有深度。

2.2 检索行为的差异

由于女性天生具有的丰富语言天分和男性极强的逻辑思维能力，导致他们在信息检索构建方式上存在着明显的差异。加拿大麦吉尔大学（McGill University）对男性与女性的网络行为做了对比测试，发现了网络检索行为所存在的性别差异。例如：男性输入检索式时使用更少的检索词（男性平均为2.09个词，女性平均为2.75个词）；男性喜欢使用一个词检索（男性使用一个词的频率为0.044，女性则为0.019）；女性更多地使用自然语言（女性为0.056，男性为0.029）；男性比女性更多地使用图像，对没有图像的页面缺乏耐心，喜欢动画和色彩丰富的页面；男性喜欢独立操作，女性在网上更喜欢合作，要求得到家人和朋友的帮助。

2.3 信息查寻过程心理变化的差异

智利学者巴伊赞·耶茨在其享有盛名的《现代信息检索》一书中提到，用户才是信息检索的最终目的。网络检索行为即网民从需求动机的产生，到发出检索命令，再到接受信息后反馈与满足的——实现过程中，网民个人心理因素作用于过程的始终。因此，在研究信息查寻行为时，必须要考察影响网络查寻行为的心理因素，也就是信息查寻心理变化是否受到性别差异的影响。

a. 信息查寻过程的耐心程度

在进行信息查寻过程中，女性更具有耐心。男性认为在网上的信息查寻行为所花的时间要比其预期时间要长；在是否认为缺少足够查寻时间的问题调研中，得到了30%女性的肯定，而男性只有20%。在翻看检索结果页数上，男性一般只愿意翻看1－3页，而女性则愿意为达到自己的搜索目的付出更多的时间。

b. 对查寻结果的乐观度

由于女性的乐观倾向主要表现在更强的适应性和更低的消极预期等特征上，这种乐观特征带有防御的性质，而男性比女性具有更强的冒险倾向。高乐观与高冒险相关，由于男性的冒险性强，导致其对结果的乐观预期高于女性。在信息查寻中，男性同样如此，其对搜索结果的满意值要高于女性。女性在查寻过程中则更多的表现出担心与不安，在独立性上明显弱于男性，爱求教于身边的人，自信度不够，从而影响了其对结果的乐观度。

c. 查寻过程中的情绪变化

在搜索的整个过程中，两者的情绪变化也是不同的。在查寻行为起始阶段，男性所表现出的情感一般为信任、失望和放松，而女性则为担心、失望和迷茫。在结束阶段，男性对其搜索结果一般为满意，而女性则是如释重负，害怕对其搜索结果加以评价。

2.2 查寻信息内容的差异

在笔者检索出的相关文献中，几乎都是从技术、查寻行为等方面来寻找性别差异，均未将女性和男性作为社会人来考察，由于男性与女性在社会中所承担的角色不同，导致他们在网上的信息行为也存在差异。笔者认为，应该将角色差异作为单独的影响因素加以研究。女性在现今的社会中，其所承担的角色与过往相比较，被赋予了更多的责任。女性的多重角色，即从家庭角色向社会角色的转变也势必影响到其信息行为，特别是在我国较浓厚的传统观念（男主外，女主内），现有的事实不平等与女性素质的不理想，家政更多地与女性相关等多种因素相互作用下，女性在信息查寻内容上与男性有着相当大的差异。

2.2.1　查寻信息目的差异

由于女性承担的角色要多于男性，特别是过多地承担家庭角色，如需要照顾家庭成员等，使得女性在网上搜索信息内容上与男性有着很大的不同，如Lorence 和 Park 于 2007 年就女性在网上的信息查寻行为进行了研究，发现女性查询健康方面的信息积极性要远高于男性，对服装、化妆品、食品和保健品等信息给予的关注度更高；另外，由于中国传统观念的束缚，男性往往被塑造成家庭的“顶梁柱”，家庭经济的主要创造者，因此其所承担的经济角色要多于家庭角色，正因如此，男性所承受的外部压力如工作压力、经济压力要多于女性。男性借助网络查寻信息的目的除了工作需要，解决工作和现实问题以外，更多地是为了释放压力，满足其情趣需求，即娱乐和玩游戏等。

2.2.2　评估信息查寻结果差异

a. 信息相关性评估能力差异

女性对所搜集到的信息相关性评估能力要高于男性，这主要是由于性别在阅读能力上所体现出的差异导致了女性与男性在信息相关性评估能力上的差异。根据世界经济与合作组织（OECD）2010 年年底公布的 PISA（国际学生评估项目）测试结果中显示，OECD 平均值男性比女性低 39 分，男女在阅读能力上存在的差距是一个世界性的普遍问题。究其原因，主要是女性更多地依赖一般的语言处理机制，能够处理任何接收到的阅读信息，而男性在处理阅读信息时则主要依靠具体的感官模式，使得女性比男性更有意识地使用有效的策略理解信息。由于在阅读能力上，男性明显弱于女性，因此男性对其所查寻出的信息资源与其信息需求的相关性的判断上要明显弱于女性。

b. 获取信息的价值取向差异

根据 Jela 的调研发现，在是否愿意支付费用获取电子信息上，男性与女性存在着很大的差异。男性对信息获取渠道的判定主要是依据信息是否可以自由、免费地获取；而女性更倾向于使用自己经常使用的、具有许可协议的、由其所在机构购买的信息资源。

另外，女性使用某信息时，对该信息的评价主要从信息的“传统”要素入手，例如，承载该信息的媒介稳定性、用户规模、版权等；而男性一般从“经济”角度来考虑，如使用成本等。

2.3 使用网上信息的差异

使用网上信息资源的目的一般可分为两种：一是阅读信息；二是发布信息。根据Susol2005年的调研发现，女性使用网上信息资源的主要目的是为了学习而阅读信息，而男性则偏向于发布信息。由于阅读信息所存在的性别差异在上文中已做探讨，因此笔者在此仅对发布信息所存在的性别差异进行阐述。

在网上发布信息所呈现出的性别差异主要体现在三个方面：一、对用于信息发布新兴技术的接受程度；二、信息发布途径的偏爱；三、信息发布内容的倾向。

2.3.1 对用于信息发布新兴技术的接受程度

Fallows在其How women and men use the Internet中指出，在接受新兴网络技术程度上，性别差异很明显。男性较易于接受新兴网络技术，运用先进技术的目的是为了工作和交流更加便利和完美，增强其竞争力；更愿意使用新生网络技术流行语；更愿意使用一些新近出现的软件；在技术使用上较女性更为自信。女性在使用网络技术上，主要考虑的是技术安全性，例如：对一个新出现的聊天软件，女性参与比例远低于男性，女性往往基于其较强的公众意识以及对非法行为的较高防范意识，导致其倾向于使用原有的网络技术，而不易接受自己不太熟悉的技术。

2.3.2 信息发布途径的偏爱

发布信息的途径有多种，主要包括电子会议、网页和电子期刊。对此三种途径，经调查发现，女性使用电子会议方式发布信息的人数仅占男性的1/3，借助网页发布信息的人数占男性的1/2；对这三种途径的喜爱程度相比较，女性最不愿意通过电子会议形式发布信息，最愿意接受电子期刊的方式，而男性恰恰相反。

造成女性不愿意通过电子会议等互动形式发布信息的原因有多种，如：互联网本身的构建哲学和隐蔽的趋势是以男性为中心的；男性气质与技术之间的文化联系较之女性更为紧密；在社会化过程中，男性逐渐比女性更感兴趣于计算机科学并较女性更早使用该技术等。在现实存在技术基础差距的情况下，当他们在线讨论问题时，只要男性使用具有挑衅性的言辞，女性就会或是沉默，或是退出，女性难以控制讨论的主题，除非在这场讨论中的参与者主要是妇女。男性控制公共话语而女性更多地在私人环境中交流。因此，女性更愿意使用

“独白”的形式，如电子期刊来表达自己的观点。

2.3.3 信息发布使用语言的差异

Herring 曾以网络讨论群为研究对象调研发现，两性在语言沟通上存在差异。她发现，尽管新科技拥有民主的潜力，但实际情况却是一小部分的男性主宰了整个讨论。男性使用的语言倾向于敌对（adversarial），从不必要地展示知识，强烈主张自己的观点，到反驳、轻蔑不同意自己意见的人。两性使用的语言修辞有着明显的差异。男性在语言修辞上采用自我推销和敌对的策略，在沟通的过程中，女性受到男性的检查；男性的反应不是忽略女性的发言，就是试图显示她们的参与讨论不合法（delegitimize）。这种语言沟通的方式使女性感到不舒服，导致女性较少参与讨论。

3 综述

将性别单独作为一个重要变量来研究人类信息行为，是性别在生理、社会刻板印象、社会心理等多种要素的作用下而产生的差异。从性别差异的视角来研究人类网上信息行为，可以帮助我们更好地理解信息行为是一种社会、认知行为，有利于因特网信息服务系统在用户导向下得到自我完善与顺利发展，有利于各类信息素养教育机构，如高校图书馆，根据现实存在的性别差异而采取有效的、具有针对性的措施进行培训工作等。当然，性别差异只是人类信息行为复杂构图中的一部分，它还受到很多因素的影响，如年龄、所受教育、工作、技能、外语水平等。在信息行为中所体现出的性别差异也不仅止于上述的几个方面，还有很多有待于我们去深入研究的要素，此文仅是该类研究的探路石。

参考文献

[1] 性别定义[EB/OL]. [2011 -6 -11]. http://asp.mhsh.ptc.edu.tw/Stuweb2/96spring/%E9%AB%98%E4%BA%8C%E6%84%9B-%E5%85%A9%E6%80%A7/gender.htm.

[2] 杨宜音，王甘，陈午晴等．性别认同与建构的心理空间：性别社会心理学视角下的互联网[EB/OL]. [2011 -6 -11]. http://www.sociology.cass.cn/shxw/xstl/xstl7/P020041103337613590408.pdf.

[3] 中国互联网络中心．中国互联网络发展状况统计报告[EB/OL]. [2011 -6 -

12]http://www.cnnic.net.cn/uploadfiles/pdf/2010/1/18/141029.pdf.

[4] 杨向明. 网络时代用户信息需求与分析 [J] 情报资料工作, 2003 (5): 26-27, 21.

[5] 美国女网民数量超过男网民[EB/OL].[2011-6-12]. http://www.cqvip.com/Read/Read.aspx?id=26152202.

[6] Wilson, T. D. Human information behavior [J]. Information Science, 2000 (2): 49-55.

[7] 邓小昭. 因特网用户信息检索与浏览行为研究 [J]. 情报学报, 2003 (12): 653-658.

[8] 中国互联网络中心. 网购: 男性偏爱站内搜索, 女性青睐网站首页浏览 [EB/OL].[2011-6-12]. http://www.20ju.com/content/V34209.htm.

[9] 严慧英. 络信息检索行为的主体因素 [J]. 情报杂志, 2004 (4): 94-95.

[10] Fallows, D. How women and men use the Internet[EB/OL].[2011-6-12]. http://www.webcitation.org/5KoU9pik4.

[11] Andrew Large, Jamshid Beheshti, Tarjin Rahman. Gender differences in collaborative Web Searching Behavior: an Elementary School Study[J]Information Processing and Management, 2002(3):427-443.

[12] 甘泉. 影响网民网络检索行为的心理学因素分析[EB/OL].[2011-6-5]. http://media.people.com.cn/GB/22114/52789/185496/11865749.html.

[13] Jela Steinerova. Users' information behavior: a gender perspective[EB/OL].[2011-6-5]. http://informationr.net/ir/12-3/paper320.html.

[14] 大学生搜索引擎使用行为研究[EB/OL].[2011-6-5]. http://wenku.baidu.com/view/8bea1b48c850ad02de804148.html.

[15] 谢晓非. 乐观与冒险中的性别差异分析 [J]. 北京大学学报 (自然科学版), 2003 (2): 270-276.

[16] 翟淑君. 现代知识女性的角色冲突[EB/OL].[2011-6-13]. http://www.bbtpress.gxnu.edu.cn/homepagebook/2466/a03.htm.

[17] Case, D. O. Looking for Information: A Survey of Research on Information Seeking, Needs and Behavior, 2nd edition[M]. London: Academic Press.

［18］ Weiser, E. B. Gender differences in internet use patterns and internet application preferences: a two-sample comparison［J］. Cyberpsychology and Behavior, 2000(2): 167－178.

［19］ Marcella, R. The need for European Union information amongst women in the United Kingdom: Results of a Survey［J］. Journal of Documentation, 2001(4): 492－518.

［20］ 男女生阅读素养存在差距是世界性难题［EB/OL］.［2011－6－15］. http://paper.jyb.cn/zgjyb/html/2011－03/17/content_ 43646.htm.

［21］ Santoshi Halder, Anjali Ray, P. K. Chakrabarty. Gender differences in information seeking behavior in three universities in West Bengal, India［J］. The International Information & Library Review, 2010(42): 242－251.

［22］ 李伟娜. 中国女性在网络传播中的三重缺席［EB/OL］.［2011－6－25］. http://www.gg22.net/media/guancha/200701/media_ 20070111171216.html.

［23］ 陈羿茨. 网络空间两性沟通差异研究之初探［EB/OL］.［2011－6－5］. http://www.modlinguistics.com/Sociolinguistics/gender/Differences%20between%20men%20and%20women%20in%20communication%20on%20the%20internet.htm.

我国咨询业现状与对策分析
——基于 SWOT 的分析

董 伟*

摘 要 中国的咨询业尽管起步较晚，但随着社会和经济的不断进步，其发展速度不断加快，然而在其发展过程中也存在着不少有待解决的问题。本文借助 SWOT 的分析方法，对国内咨询业的现状进行了分析。最后根据我国咨询业发展过程中的优势、劣势、机会、威胁四个方面，提出了相应的战略对策的选择。

关键词 咨询业 现状 对策 SWOT

1 前言

咨询业是一种以高智力密集为显著特征的智力型产业，它以专门的知识、信息技术和经验为资源，经过分析和论证，为咨询者提供方案和建议，降低风险，提高收益水平。从广义上讲，咨询业包括政策咨询、综合咨询、科技咨询、工程咨询、管理咨询、信息咨询、法律咨询、财务咨询和其他专业咨询。

全球信息化浪潮和我国改革开放宏观经济环境，给我国信息咨询业带来了良好的发展机遇。自 20 世纪 80 年代以来，我国信息咨询业的发展已取得长足进步，但与西方发达国家比较起来，由于起步晚，受外部环境与自身条件等多方面的影响，我国从事信息咨询的企业数量多，但规模小，整体实力差，具有国际竞争力的大集团公司数量太少。因此深入研究本国咨询业的发展现状并采取积极的策略解决发展过程中所遇到的问题，才能够更好地分析和得出如何促进

* 董伟，男，1983 年生，中国人民大学信息资源管理学院。

我国咨询业更好发展的对策和建议。

SWOT 分析法可以对某个行业的外部环境和内部条件进行分析，从而寻找二者最佳可行战略组合的一种分析模型。最早是由美国哈佛商学院的教授安德鲁斯在 60 年代提出来的。所谓 SWOT 分析，就是将外部战略环境中的机遇（O）和威胁（T）与内部战略环境中的优势（S）和劣势（W），通过调查一一罗列出来，并依照一定的次序，按矩阵形式排列起来，然后运用系统分析的思想，把各种因素相互匹配起来加以综合比较分析，以便在分析所得结论的基础上，提出针对研究对象的发展战略、计划和措施。

本文将借助 SWOT 分析方法，对国内咨询业的现状进行分析，并根据我国咨询业发展过程中的优势、劣势、机会、威胁四个方面，进行相应的对策研究。

2　我国咨询业现状的 SWOT 分析

2.1　优势

国内的咨询机构由于具有先天的地理和资源优势，这就使得其具有与生俱来的一些优势，另外，随着市场经济和行业的整体发展，也使其所具有的优势在不断地增加。

（1）服务费用相对低廉

相对于国外信息咨询机构而言，我国咨询企业提供服务时，服务费用相对较低。原因主要包括：一是本土的咨询业可以凭借先天的地理优势和资源优势，运作成本相对较低，运行过程简约便捷，因而服务费用大大降低。另外，和发达国家的咨询业不同的是，国内咨询业目前的进入壁垒相对较低，这必然会造成国内咨询业同行之间的竞争加剧，在一定程度上会导致竞争性地降低费用。

（2）多方合作，共同发展

我国咨询业发展到目前的阶段，越来越多的咨询企业对于智力资本的重视逐步提高，不少企业在引进大量高素质人才的同时，也全面开展与高校以及科研院所的合作，借助其丰富的智力和人力资源共同开发服务产品，提高其自身的行业竞争力。如由中国人民大学舆论研究所和嘉伯蓝咨询公司合作开发的国内最具权威的品牌诊断和发展建议的测评工具，品级指数就是很好的例证。另外，北大纵横管理咨询公司也是一所由北京大学进行控股，北大光华管理学院兴办的咨询公司，并在2005年和新中大软件股份有限公司结成战略联盟，开始涉足IT咨询业务。这也充分体现了中国咨询业产学研多方合作共同发展的趋势。

（3）可以便捷的获取公共信息资源和市场需求信息

首先，政府所公开的信息资源是咨询业所需要的重要的信息资源，随着政府信息资源的逐步全面公开，以及本土咨询业对于获取信息资源途径的熟悉，相对于国外信息咨询机构而言，我国咨询业中一些较有实力的公司能够更加便捷的获取政府信息资源或公共信息从而降低相应成本，提升自身的竞争力。其次本土咨询机构凭借其天时地利，而获得的更具优势的沟通策略和技巧，也是帮助其有效获得更多的有价值的信息资源和市场需求信息的优势之一。

（4）协会制度的逐步完善

随着国内越来越多不同地区，不同类型的咨询业协会的建立，协会制度作用日益突出，咨询服务网络逐步完善，咨询业的各种规范也开始得到不断地完善，同时也在一定程度从整体上提升地区甚至我国的咨询行业的竞争力度。行业协会的具体作用应包括：组织咨询人才培训，开展咨询从业资质审查，谋求行业自我保护，以协会名义同政府合作或与国际咨询业进行交流，开展咨询机构之间的交流合作。2003年12月12日—13日，中国科技咨询协会“2003年中国咨询业发展论坛暨中国科技咨询协会第一届年会”在北京召开，这标志着我国全国范围内的统一的行业协会在履行职责方面迈出了第一步。另外一些地方性的协会也在不断发展，其中较有代表性的如北京科技咨询协会，上海咨询协会等，相应的咨询机构可以从本协会获取相应的政策和市场信息，以及规范化的指导，从而提升咨询服务的水平。

2.2　劣势

国内的咨询业发展起步较晚，尽管发展速度较快，其本身也存在着一些不足之处，严重制约着本土咨询机构又快又好的发展。

（1）行业政策还不够完善

尽管国家对信息咨询业给予了相当的重视，并且在《关于加快发展第三产业的决定》中把信息咨询服务业作为加快发展的重点，但缺少总体结构设计和产业化发展的运行机制，产业政策研究薄弱，组织协调机构不健全，归口管理部门不明确。同发达国家相比，我国尚缺乏切合实际的、可操作的信息咨询产业鼓励政策与措施。此外，我国咨询业政策还存在以下不足：咨询业政策体系不完善，许多政策缺位，如开发政策、优惠政策、投入政策；国家咨询业政策不突出，有些甚至不统一。

（2）行业业务规范的缺失

规范化运作是咨询业发展的基础，是未来咨询业进一步发展的关键，但是目前我国的咨询行业在业务规范方面还是存在一些问题。具体表现：缺乏行业规范导致咨询机构审查、咨询从业人员资格认证等问题缺乏统一标准，咨询队伍水平参差不齐；缺乏规范的委托程序，用君子协议代替咨询合同；缺乏市场管理导致咨询价格、收费问题无统一标准；咨询双方权责不明；咨询服务和产品缺少相应的评价指标等。这些问题都会在无形中影响了用户的咨询需求，最终导致国内咨询业发展受阻。

（3）所提供产品的知识含量低

由于我国目前的咨询行业业务规范缺失，专业程度较低，另外由于我国目前的咨询服务机构规模都很小，这就使得我国的咨询机构队伍提供的信息咨询服务大多停留在低层次水平上，仅能从事一些单一的常规性咨询，更多的是提供一些较为粗浅表面的信息，缺少对信息资源的增值加工服务，缺乏一定的知识含量，导致不能够有效地提供咨询决策等服务。这也严重影响了我国咨询机构在国内外市场的竞争实力，影响了我国咨询行业的形象。

（4）专业程度化低

由于国内给咨询企业所设置的门槛较低，导致中国行业咨询从业者良莠不齐，咨询人员方面也没有形成完善的制度和体系，另外，在从业队伍中兼职居多，专职的少，大多数没有接受过咨询专业训练与教育，更缺少专家、学者，导致整个市场专业程度低。

此外，国内的咨询业发展不均衡也是制约咨询业发展的重要因素之一，如北京、上海、广东的信息咨询业相对发达，而整个西部地区则相对滞后，整体呈现不平衡状态。

2.3　机会

随着中国市场经济体制的逐步完善，以及国际化水平的逐步深化，国家对于作为第三产业，即服务产业的政策也是逐步完善和细化，这也给作为第三产业的我国咨询业来说带来了难得的发展的机会，主要可以从国家政策，市场国际化趋势，以及日益扩大的市场需求这三个方面可以看出。

（1）国家政策的扶持

尽管关于咨询业的国家政策目前还不够完善，但国家政策对于咨询业的发展具有至关重要的影响，为咨询业的规范发展提供了机会。自1980年国务院领导在中国科协《关于组织专家赴安徽考察的报告》上批示要开展科技咨询服务工作以来，我国与咨询业相关的政策不断推陈出新。主要从产业政策、税收政策等方面来对咨询业的发展进行影响。具体如下，产业政策方面主要包括《关于加快发展第三产业的决定》、《关于‘十五’期间加快发展服务业若干政策措施意见》等。税收方面主要包括：《关于企业所得税若干优惠政策的通知》、《关于贯彻落实〈中共中央国务院关于加强技术创新，发展高科技，实现产业化的决定〉有关税收问题的通知》等。此外还有一些具有标准性意义的政策也对于咨询业的发展带来了积极的影响，如《工程咨询业管理暂行办法》、《工程咨询成果质量评价办法》、《注册咨询工程师（投资）就业资格制度暂行规定》等，这些政策的实施，为国内咨询业的发展提供了较为良好的环境和机会，也为咨询业的进一步规范运作带来了一定的保证。

（2）国内市场的国际化趋势

随着国内市场的逐步开放，国际化程度越来越高，大批国外咨询公司涌入国内市场，在进行激烈竞争的同时，国内的咨询业可以更多借鉴吸收国外对服务行业管理的有益经验和做法，从而尽快适应国际通行规则，缩小我国咨询业与国外咨询业的差距。另外，在国内市场的国际化趋势下，我国各行各业都将面临更为激烈的市场竞争，企业在战略规划、管理方式、优化组织结构方面必然会面临新的问题，需要咨询以获取建议和支持，这也为国内咨询业带来了市场需求。

（3）市场需求的不断扩大

咨询业是市场经济的产物，市场经济的完善与发展以及国内市场的开放程度越来越高，必然带来对咨询业的需求不断扩大，这主要体现在两个方面：第一，日益激烈的市场竞争，使得企业迫切需要提高自身的竞争力，那么对企业管理水平就会有更高的要求，对咨询业的需求也就越大。第二，随着咨询业的社会地位的提高以及服务水平的不断提升，政府也越来越多地与咨询公司进行合作，如委托咨询公司进行培训，委托咨询公司进行会议筹划，或者招标活动的举办等等。

2.4 威胁

（1）来自国外的竞争威胁

随着国民经济的发展，国外咨询企业瞄准中国市场空白，都纷纷进驻中国市场，如麦肯锡、科尔尼、德勒、贝思等一些跨国公司不仅在北京、上海、广州设立分支机构，有的甚至进驻西部。他们充分发挥自己本身的人才资源、技术优势为抢占中国市场进行激烈的竞争，但这些大型公司大多定位明确，在某一方面具有核心能力，如麦肯锡，波士顿的战略咨询，埃森哲的 IT 咨询，盖浦洛的品牌价值检测与品牌忠诚度管理等。他们根据本公司拥有的竞争力特长定位，拥有不同的客户群。虽然竞争激烈，但他们依然拥有市场客户群，业务范围依然比较广泛。国内外的大批的客户很多都被国外咨询机构所占有，例如：麦当劳公司在中国的市场调查是委托荷兰的荷商国际顾问有限公司完成的；天津开发区未来十年发展的评估与预测是委托日本村野研究所来完成的等等。

（2）国内的恶性竞争

中国咨询行业进入门槛低，造成咨询业泛滥、集中度低的行业结构，大量的咨询企业没有明确定位，业务范围非常广泛。国内本土咨询企业同行竞争最为激烈，为争夺客户采取恶性压价，或者欺骗性宣传等手段，而其并没有自己的核心竞争力，严重影响了本行业的声誉。另外，竞争也表现在人才的争夺上，国内咨询企业相互压制、互相挖人来充实自己的人才储备。

3 基于 SWOT 分析的对策选择

根据安德鲁斯的分析方法，行业应该根据所面临的机会和威胁，结合本行业自身的优势和劣势，以充分利用机会、回避威胁、发挥优势、克服弱点为对策的制定原则，来采取相应的对策方案。通过运用 SWOT 分步分析，得出了国内咨询业所具有的优势与劣势、面临的机会与威胁，在此基础上对其进行匹配，得出我国咨询业的 SWOT 分析矩阵，如表 1 所示。

表 1 我国咨询业 SWOT 分析矩阵

	优势（S） 1. 服务费用相对低廉 2. 多方合作，共同发展 3. 便捷的获取公共信息资源和市场需求信息 4. 协会制度的逐步完善	劣势（W） 1. 行业政策还不够完善 2. 行业业务规范的缺失 3. 所提供产品的知识含量低 4. 专业程度化低
机会（O） 1. 国家政策的扶持 2. 国内市场的国际化趋势 3. 市场需求的不断扩大	SO 对策 1. 利用国家政策扶持和服务费用的低廉的优势，进一步开拓国内和国外市场需求。 2. 利用市场的国际化趋势，努力寻找更多的国际合作伙伴。 3. 参考国际先进经验，不断完善协会制度的建设	WO 对策 1. 在国家政策和法律的指导下，完善行业业务的规范 2. 吸收国际先进经验，引进人才，提升业务的专业水平和产品的知识含量
威胁（T） 1. 来自国外的竞争威胁 2. 国内的恶性竞争	ST 对策 1. 加强各方合作，进行资源整合，形成战略联盟，增强国际竞争力 2. 完善协会制度的监管作用，减少国内的恶性竞争	WT 对策 1. 加快咨询业的立法和政策完善工作，规范咨询业市场行为和自身业务规范。 2. 建立咨询产品的质量评估机制，提高产品质量，提高国际竞争力。

该矩阵能够把国内咨询业所面临的外部机会和威胁与公司内部优势和劣势相匹配，得出四类可能的对策选择：

①SO（优势 - 机会）战略对策：即依靠内部优势去抓住外部机会的战略对策。这是一种理想的组合，任何行业或企业都希望凭借自身的长处和资源，最大限度地利用外部环境提供的发展机会，实施扩展战略对策，扩大自身规模，拓展业务范围和开拓市场。

在 SO 战略对策下，国内咨询业应该充分发挥自身优势，巩固已有优势，弥补不足之处，逐步扩大自己的优势领域。面对外部环境的大好机遇，应充分利用国家政策扶持和服务费用相对低廉的优势，进一步开拓国内和国外市场需求；在已有合作的基础上，在开放深入的条件下，挖掘更多的与国内和国际多方面合作的机会，提升自身的竞争力，迎接国际化的挑战。

②WO（劣势－机会）战略对策：即为抓住当前的机会而改进内部劣势的战略对策。行业或企业已鉴别出外部环境所提供的发展机会，但同时其本身又存在着限制利用这些机会的组织弱点。在这种情况下，行业或企业应通过自身的改革或外在的方式克服或弥补自身的弱点，然后最大限度地利用外部环境中的机会。

在WO战略对策下，国内咨询业应深入研究自身的不足，在对自身弱势进行系统分析的情况下，找准方向利用外部环境良好的有力时机。加快弥补自身不足，在国家政策和相关法律的监督下，加快提高本行业的业务规范性，通过国际市场进一步发现挖掘人才，提高自身产品的竞争力，从而进一步占领国内和国外更多的市场份额。

③ST（优势－威胁）战略对策：即利用行业或企业的优势去避免或减轻外部威胁的战略对策。在这种情况下，行业或企业应巧妙地利用自身的长处来对付外部环境的威胁，其目的是发挥优势而降低威胁。

在ST战略对策下，国内咨询业应该充分利用自身优势，以日趋完善的协会制度对国内市场中的恶意竞争环境进行监管和规范，并在已有各方合作的基础上，进一步进行资源整合，逐渐建立战略联盟，提高国际竞争力。

④WT（劣势－威胁）战略对策：即克服劣势、避免威胁的战略对策。行业或企业应尽量避免处于这种状态。事实上，在这种情况下行业或企业必须要借助自身优势或者外部机会来克服自身的不足，努力应对外在威胁，才能够保证自身的生存和竞争资格。

在WT战略对策下，国内咨询业应以采取保守策略为主，巩固自身现有优势，尽量避免劣势的发展，回避风险，稳健发展。一方面，加快咨询业的立法和政策完善工作，提高本行业内各个咨询机构的业务和市场行为规范；另一方面，建立相应的产品质量控制机制，提高咨询产品的质量。

总之，通过对国内咨询业的SWOT分析，国内咨询业应优先采用WT战略对策，从自身做起，不断完善本行业的市场行为和业务规范，创造良好的竞争环境，另外还要不断提高咨询产品的质量水平，从而扎扎实实地提高自身的核心竞争力。其次在SO，WO以及ST战略对策的辅助下，不断吸取国际经验和加强各方合作，完善自身的国际竞争力，努力扩大所占有的市场份额，建设中国咨询业的国际名牌。

参考文献

[1] 我国咨询业现状、问题及对策[EB/OL].[2011-06-12].http://www.unirule.org.cn/SecondWeb/Article.asp?ArticleID=2228.

[2] 朱庆华.信息分析—基础、方法及应用[M].北京:科学出版社.2004.

[3] 百度百科.北大纵横管理咨询公司[EB/OL].[2011-06-12].http://baike.baidu.com/view/1853844.htm.

[4] 中国科技咨询协会第一届年会在北京举行[EB/OL].[2011-06-12].http://tech.sina.com.cn/roll/2003-12-17/1535269693.shtml.

[5] 万玲玲.我国信息咨询业发展分析[J].农业图书情报学刊,2010(3):138-140.

[6] 高汝熹,周波.管理咨询业的行业特征研究[J].研究与发展管理,2005,4(5):45-48.

[7] 陶丽,王淑华.我国信息咨询业发展述评[J].图书馆学研究,2007(11):60-63.

[8] 中国咨询企业的发展现状与对策[EB/OL].[2011-06-12].http://library.3see.com/items/2007/08/07/8189.html.

[9] 詹姆斯·R.麦圭根.管理经济学[M].北京:机械工业出版社,2003:79-91.

对“十二五”期间军队院校图书馆情报研究的理性思考

楼　钧*

摘　要　信息时代军队院校图书馆情报研究呈现出不同的特点和规律。着眼特点和规律，科学分析制约军队院校图书馆情报研究的主要矛盾和问题，并以科学的发展思路、科学的发展模式，破解情报研究过程中遇到的新情况、新问题，不断提高情报研究产品的质量，是图书馆情报研究人员义不容辞的责任。

关键词　“十二五”期间　信息化　军队院校　图书馆　情报研究

军队院校图书馆情报研究是履行情报职能的前提和基础，是为总部、院校机关决策和教学科研提供参考的重要工作，也是提高图书馆情报服务质量的基本途径。2011 年是“十二五”开局之年，也是我们党成立 90 周年。如何在信息化条件下以及传统图书馆和数字图书馆协调发展的新时期，认真研究信息时代军队院校图书馆情报研究的特点和规律、深入分析其中的主要矛盾并思考相关对策、应对好诸多新的挑战，对于做好图书馆情报研究工作具有重要的理论意义和实践价值。

1　对信息时代军队院校图书馆情报研究特点与规律的理性认识

军队院校图书馆情报研究是着眼教学科研对信息的需求，对文献进行搜集、分析、加工整理的科学思维活动，目的是为总部、院校机关决策和教学科研提供情报服务。军队院校图书馆情报研究与其他领域情报研究，甚至同一领域中的国家和地方图书馆情报研究，既具有相同的共性，也有不同的个性。即使在

* 楼钧，女，1984 年生，国防大学图书馆，助理馆员。

不同的发展阶段，军队院校图书馆情报研究也会表现出不同的特点和规律。只有充分认识信息时代军队院校图书馆情报研究的特点和规律，才会使情报研究的目的更加明确，情报服务的针对性更强。

1.1 军队院校图书馆情报研究具有政治性特点，情报研究应适应教学科研指导方针的发展变化

任何学术研究都具有阶级属性，军队院校图书馆情报研究也不例外，它是为军队院校教学科研服务的，是为培养联合作战指挥人才而存在的。因此，其情报研究具有明显的政治属性，由此决定了情报研究的发展方向。不同时期，军队院校教学科研指导方针不同，情报研究应适应教学科研指导方针的发展变化。“十二五”时期是全面建设小康社会的关键时期，是深化改革开放、加快转变经济发展方式的攻坚时期，必须深刻认识并准确把握国内外形势变化的新特点，科学制定“十二五”规划。而国防和军队建设则必须着眼于国家经济社会发展全局，胡主席在会见国防大学第五次党代会全体代表时指出，在新的形势下，要牢牢把握办学治校的正确方向，进一步加大高素质联合作战指挥人才培养力度，加大军事理论创新发展工作力度，加大从严治校力度，全面推进学校建设和改革各项工作，为有效履行新世纪新阶段我军历史使命，提供更加有力的智力支持和人才保证。新世纪新阶段，在信息化条件下，军队院校应高举中国特色社会主义伟大旗帜，以邓小平理论和“三个代表”重要思想为指导，深入贯彻落实科学发展观，坚持以党的三代领导集体和以胡锦涛为总书记的党中央有关军事教育思想作为教学科研的指导方针。军队院校图书馆的情报研究应努力适应教学科研指导方针的发展变化，牢牢把握情报研究的政治方向。

1.2 军队院校图书馆情报研究具有军事教育性特点，情报研究应适应培养目标的发展变化

军队院校图书馆情报研究与国家、地方图书馆情报研究的最大不同之处就在于其军事教育性特点。军队院校是培养军事人才的主渠道，这里所谓的军事教育性不是指情报研究的所有内容都是军事方面的，而是指情报研究的目的主要是为军事人才培养目标服务的。不同时期，军事人才培养目标具有不同的特点，要求情报研究应始终适应培养目标的发展变化。按照军委［2004］6号文件

和胡锦涛主席关于加强军队院校建设与发展的指示精神及《中国人民解放军院校图书馆工作条例》，图书馆作为院校的文献信息中心以及教学和科学研究服务的学术性机构，是院校教育信息化建设的重要基地。学习贯彻党的十七届五中全会精神，以聚焦联合作战指挥人才培养的信息需求为牵引，以人为本，坚持整体联合、资源共享、服务至上的建设方针，走特色发展、效益发展、开放建馆的道路，当前，培养和造就一大批建设信息化军队、打赢信息化战争所需要的初中高级联合作战指挥人才，是军队各院校总的培养目标和任务，这对军队院校图书馆的情报研究提出了新的挑战。无论是指挥院校、技术院校、指技合一的院校，还是军（兵）种院校，也无论是军队初级院校、中级院校，还是军队高级院校等所有情报研究，都要着眼本院校培养目标的发展变化，采集、分析、加工、整理与本单位培养目标需求相适应的情报研究成果，使之进入决策、进入教材、进入课堂。

1.3　军队院校图书馆情报研究具有综合性特点，情报研究应适应学科和文献载体形式的发展变化

军队院校图书馆情报研究的依据主要是各种文献资料，不仅要对图书馆学、情报学、教育学有专门研究，还要对本校的教学科研所涉及的政治、经济、军事、文化、科技等各学科领域的问题进行研究，因此情报研究具有综合性特点。信息时代，与上述情报研究相关的边缘学科、交叉学科、新兴学科不断涌现。与此同时，军队院校情报研究的文献载体形式也发生了根本性变化，既包括传统的各种版本的纸质文献，也包括各种格式的电子文献，还包括各种光盘、缩微胶片、声像资料。要求军队院校图书馆情报研究应着眼学科和文献载体形式的发展变化，不断拓展情报研究的学科领域和文献范围。集传统型和数字化于一体的图书馆就是军队院校复合式图书馆的主要模式。如何利用信息技术手段，尽可能多地整合各种信息资源，为读者提供更为便捷、有用的服务，也是图书情报建设工作的主要任务。

1.4　军队院校图书馆情报研究具有适用性特点，情报研究应适应特定用户不同时间的需求变化

军队院校图书馆情报研究是为满足教学科研对情报需求而进行的，不同的用户在不同的时间，对情报研究的需求是不同的，因此，它具有明显的适用性

特点，要求情报研究应适应特定用户和特定时间的发展变化。目前我军院校已经形成了陆、海、空、二炮等各军种院校齐、初中高级院校层次分明的院校体系。如此众多性质不同的院校决定了用户对情报需求的重点、方向不同。要求图书馆情报研究人员要着眼于特定的用户需求开展情报研究。同时，我们还要看到，军队院校图书馆情报研究有明显的时效性。不同的发展阶段，情报研究的重点不同。当前，培养联合作战指挥人才是全军各类院校共同的中心任务，图书馆情报研究应着眼需求变化，适时将研究成果提供给有关部门领导和个人。此外，军队院校图书馆情报研究是一项长期的工作，要对事物的产生、发展有一个明确的认识，必须进行长期跟踪研究，才能了解事物的全貌。要求情报研究人员提供系列性、动态性和时效性强的情报产品。

1.5 军队院校图书馆情报研究具有科学性特点，情报研究方法和手段应适应教学科研信息化的发展变化

军队院校图书馆情报研究是一项科学研究活动，它必须运用科学的思维方法和手段对零星、分散的图书文献和网络信息资源等情报素材进行系统化搜集、分析、加工和整理，从中提炼出有序化、高价值的信息，其研究方法和手段具有科学性的特点。不同时期，研究方法和手段不同。信息时代，各种文献资料呈海量速度递增，系统论、控制论、信息论、突变论、耗散结构论、协同论、混沌论等新的研究方法不断涌现，网络化、远程化、模拟化、智能化等新的研究手段层出不穷，要求军队院校图书馆情报研究方法和手段应与时俱进，适应教学科研信息化的发展变化。在海量的信息中，充分运用信息技术手段，通过各种渠道获取情报资料。在此基础上，运用现代科学的思维方法对收集的信息加以去粗取精、去伪存真的辨识，提供真实、客观、可靠、详实的情报研究成果。

2 对信息时代军队院校图书馆情报研究主要矛盾的理性分析

经过多年探索，军队院校图书馆情报研究取得许多成绩，为满足各院校教学科研的需求做出了积极贡献。但是，随着“十二五”信息时代的来临，军队院校图书馆情报研究还存在着许多矛盾和问题，集中表现为情报研究的质量与教学科研的情报需求不相适应的矛盾，具体体现在以下几个方面：

2.1 研究目的与培养目标不相适应

军队院校图书馆情报研究的目的就是为军事人才培养目标服务的，但是，目前情报研究目的与培养目标之间存在着矛盾。主要表现为对培养目标的认识还不够清晰，方向还不够明确。由于院校几经调整，特别是院校教育由学历教育向任职教育转型以后，有些军队院校图书馆没有充分考虑本校办学性质、教学内容、教学方式的转变，情报研究工作仍然停留在学历教育的轨道上。没有把任职教育，特别是联合作战指挥人才培养，作为情报研究的主攻方向，情报研究目的与培养目标在不同程度上有脱节的现象。情报研究的成果具有一定的盲目性，缺乏针对性，导致在为总部、院校机关决策和教学科研提供情报成果的价值较低，降低了军队院校图书馆情报服务的质量。

2.2 研究产品与教学用户需求不相适应

军队院校图书馆受人力、物力、财力、体制编制等主客观因素制约，致使情报研究的产品与教学用户需求之间存在着不相适应的矛盾。主要表现为：一是缺乏综合性情报。由于受主客观方面因素的影响，特别是受图书馆员自身素质的影响，图书馆情报研究仍停留在编辑出版一些质量不高、档次较低的情报产品上，缺乏对教学科研产生重大影响的综合性情报产品。二是缺乏多样性情报。信息时代的情报研究成果多种多样，既有为院校首长和领导机关提供的各种研究报告、建议等，又有为教学科研提供的各种简报、摘要、信息参考资料等，还有为图书馆自身发展提供的基础理论和应用理论研究文献，包括各种形式的学术研究文章和书目。不少图书馆情报研究成果类型比较单一，研究的产品不能满足教学用户需求。三是缺乏时效性强的情报。教学科研活动的主旨是创新，创新的本质在于不断解决教学科研实践活动中所面临的难点和热点问题。这些难点和热点问题随着时间的变化和实践的发展而发生位移，需要情报研究要及时跟踪，但图书馆不能很快提供教学科研所需要的动态性和前瞻性情报。

2.3 研究方法和手段与时代要求不相适应

当前，随着以信息技术为核心的高新技术的迅猛发展，并广泛运用于情报研究领域，使情报研究的手段更加多样化。与此同时，科学研究的方法也与日俱增。但军队院校图书馆情报研究的手段和方法还是相对滞后，与时代的发展存在着不相适应的矛盾。其主要体现：一是研究手段不够先进。大部分研究人员虽然已经从传统的手工型为主转向人机结合进行研究，但没有充分发挥计算机软件技术、网络技术、多媒体技术和文字处理技术等现代化研究手段的优势，也没有实现情报研究的自动化和智能化。二是研究方法还不够多样。传统的矛盾分析法、系统分析法、比较分析法、预测研究法、具体与抽象法、分析与综合法、归纳与演绎法、定性分析与定量分析法等方法仍然占据主导地位，新的研究方法还没有广泛应用到军队院校图书馆情报研究中来。

2.4 研究机制与教学科研环境的变化不相适应

尽管军队院校图书馆已经建立起一系列情报研究机制，但尚不够完善，与教学科研环境的变化存在着不相适应的矛盾。主要体现：一是每个图书馆内部研究机制还不够完善，缺乏参与学校教学科研工作、配合教学进行情报研究的总体规划和组织体系。二是军队院校内部情报研究机制相对薄弱。有些图书馆虽然与服务对象，包括教研室、学员队、机关建立起沟通协调机制。但这种机制不够畅通，没有形成长效机制，临时性色彩重，没有随着人员的流动及时进行变更调整。三是院校图书馆之间研究机制尚未健全。由于受传统思想观念、体制、专业等观念的束缚，军队院校内部以及与地方院校及公共图书馆情报研究机构缺乏必要的联系。如何打破系统行业之间的条块分割，增强彼此之间的合作与交流，在专业分工的基础上实现军内乃至与地方之间的情报研究成果共享，是当前发展军队院校图书情报事业急需解决的新课题。

3 对信息时代提高军队院校图书馆情报研究水平的对策思考

以教学科研信息需求为牵引，做好情报研究工作是图书馆情报人员永恒的主题。新的历史阶段，我们应坚持以科学发展观为指导，坚持以人为本，注重全面、协调和可持续发展，进一步明确研究目的，牢牢把握军队院校情报研究的方向。搞清用户需求，加强军队院校情报研究的针对性。创新方法和手段，提高军队院校情报研究的效益。完善联合研究机制，创造军队院校情报研究的良好环境。

3.1 明确研究目的，牢牢把握军队院校情报研究的主攻方向

军队院校图书馆应始终坚持党的路线、方针和政策，积极贯彻党的教育方针，积极贯彻党的三代领导集体和以胡锦涛为总书记的党中央关于军队院校教育的重要指示。特别是第十六次全军院校会议，以胡主席关于新形势下国防和军队建设的重要论述为指导，以胡主席主题主线重大战略思想为统领，以构建现代军队院校教育体制机制为目标，以“四个方面人才培养”为重点，以任职教育为主体，以军事教育创新为动力，对2020年前院校教育发展进行了科学谋划。牢牢把握情报研究的政治方向，把情报研究的主攻方向放在联合作战指挥人才培养目标上。认真分析和探索初中高、司政后装联合作战指挥人才培养的具体目标模式、培养途径和管理方式，密切关注各自院校包括性质相似院校教学目的、教学内容、教学方式和手段等领域发生的新变化，适应培养目标的发展变化，切实把情报研究的主攻方向由学历教育为主转向任职教育的轨道上来。系统收集和研究联合作战指挥人才培养情报信息，使情报研究的目的与联合作战指挥人才培养的目标相吻合，为总部、院校机关决策和教学科研提供高质量情报研究成果，努力提高服务质量。

3.2 搞清用户需求，加强军队院校情报研究的针对性

满足教学科研对情报的需求，是军队院校图书馆情报研究工作的着力点和落脚点。因此，做好军队院校图书馆情报研究工作，首先要搞清楚教学科研对情报的需求。第十六次全军院校会议鲜明提出了院校建设发展的“两个不适应”，即院校教育发展与建设信息化军队的人才需求还不相适应，人才培养质量与打赢信息化战争的素质要求还不相适应。这就要完善我军培训体制、优化院校结构、整合教育资源，进一步健全以任职教育为主体的新型军事人才。一是积极宣传。军队院校图书馆要积极宣传情报研究服务的内容和方式，吸引鼓励机关和教学科研机构向图书馆情报研究部门提出服务要求和研究课题。图书馆只有了解用户需求的特点、表现形式和变化规律，才能在情报研究中减少盲目性，做到有的放矢。二是主动参与。专职情报研究人员要主动与各级领导、教员和学员接触，了解他们在学习和工作中遇到的教学难题；分析首长、机关领导、著名专家学者、学科带头人等重点用户利用图书馆信息资源的情况；积极参加与本校教学科研有关的学术研讨会、工作讨论会等活动，了解本校骨干学

科及相关领域学科的发展趋势；跟踪军内外、国内外文献研究的发展动向。惟有如此，才能为联合作战指挥人才培养提供针对性强的情报研究成果。三是深入研究。图书馆所有人员应加强信息资源的开发工作。在广泛收集各种信息的基础上，对文献信息内容进行分析和加工整理，形成时效性好、针对性强、信息密度高、使用价值大的多样性情报产品。

3.3 创新研究方法和手段，提高军队院校情报研究的效益

创新研究方法与手段是搞好军队院校图书馆情报研究工作的条件和前提。为此，应着重做好以下工作：一是加大研究方法的改革、引进和创新的力度。不仅注重传统的研究方法，还要广泛采用系统论、控制论、信息论、突变论、耗散结构论、协同论、混沌论等新的研究方法。二是充分运用信息技术手段。这是信息时代全军院校图书馆情报研究的必然要求。网络环境下，人们的交往不受地域和时空的限制，处于异地的情报研究人员可以在同一时间讨论各种各样的问题，充分发挥全军院校图书馆情报研究力量的整体优势，共同满足教学科研对情报信息的需求。特别强调融入式、参与式服务。图书馆的服务理念要紧跟学校的发展战略，要围绕学校的中心任务，要伴随教学模式的转变而转变。要全面了解学校教学计划、大纲和学科建设情况，深入教学科研第一线，跟踪重点学科、重点研究课题全过程，把握信息需求，实施信息的定期推送和全程保障。从一两个学科或科研课题突破，摸索经验，逐步展开，准确把握教研人员在各个教学、科研阶段需要什么样的信息，以服务系统作支撑，帮助他们在知识海洋里精选出所需要的知识和解决问题的方案，做到服务精心、精细、精确。全军院校图书馆应加强情报分析和数据挖掘系统的研究与开发，建立具有决策分析功能的情报研究工作平台，把人工智能和信息集成技术运用于情报研究领域，为军队院校图书馆情报研究开辟新的路径。

3.4 完善联合研究机制，为军队院校情报研究创造良好的环境

进一步完善机制是搞好军队院校图书馆情报研究工作的重要保证。根据目前院校教学科研机构与信息服务单位之间沟通不畅的突出矛盾和问题，应着力在内外沟通机制上下功夫。如为学科建设开辟专门的阅览环境。根据各个院校教研部门实际的编制情况，还可以增设专门的学科阅览室，聘请相关学科的专家，完善网络配置。对现有场所、资源条件进行有效利用，尤其是对一些利用

率不高的阅览室进行必要的调整。再有，加强信息产品的加工与提供。继续突出学科建设的内容，分科分类地编撰，形成系列化精品，更好地为学科建设服务。在内部机制上，应建立由专家、学员、馆员相互合作的研究机制。这种机制应在各院校图书馆上级主管部门的统一构架下建立，具有一定的权威性和长效性。在外部机制上，应建立全军联合研究机制。因为，全军院校各有专业特色，基本覆盖了军事科学各个领域。从事某一科研领域的教员、学员和从事情报研究的图书馆员根本不可能熟悉各学科领域的专业知识，必须建立全军联合研究机制。这种机制的建立，应由军队院校图书馆工作委员会牵头，在总部主管院校教学的领导和机关统一协调下组织，以定期或不定期会议，特别是网上交流的形式，专门汇集并交换各自单位教学科研对情报需求的热点、难点问题，协调全军院校的精兵强将，共同完成涉及多专业、多学科情报研究课题，解决跨学科领域中的问题，最大限度地满足全军院校对教学科研的情报需求。在此基础上，军队院校还应该与地方院校建立联合研究机制，充分发挥军地双方情报研究力量的各自优长，在保证不泄密的情况下，尽最大限度共享情报研究成果。

参考文献

[1] 周军、王向婷．试论军队院校图书馆情报研究工作［J］．解放军理工大学学报，2002（3）．

[2] 王玲．网络环境下高校图书馆信息服务探析［J］．图书馆学刊，2005（11）．

[3] 祁长松．军队院校复合图书馆建设研究［M］//中国社会科学情报学会．图书馆、情报与文献学研究的新视野（2）．北京：中国书籍出版社，2010：165－176．

[4] 国防大学文献信息工作委员会．国防大学教学科研原生文献资源管理规定［S］．2010．

[5] 吴慰慈，董炎．图书馆学概论．北京：国家图书馆出版社，2008．

[6] 中国社会科学情报学会．图书馆、情报与文献学研究的新视野（2）［M］．北京：中国书籍出版社，2010．

[7] 王法权．军校图书馆建设面临的机遇、挑战及对策思考［J］．海军学术研

究，2005.
[8] 中国国防科学技术信息学会．中国国防科学技术信息学会第十届学术年会论文集［M］．2008.
[9] 丁新华．任职教育学科建设应注重特色［J］．中国军事教育，2006.
[10] 总参谋部和军训兵种部．军队院校图书馆建设与发展（1987—2007）.
[11] 蔡彤霞．图书馆数字馆藏建设的思考［J］．海军学术研究，2003.
[12] 刘润长，陈凤坤．强化图书馆情报职能，提高图书资料管理效益［J］．中国军事教育，1993.

近四年国内数字图书馆论文主题研究分析

赵润旗*

摘　要　随着电子、网络技术的发展和数字文献的普及，数字图书馆的建设与发展成为图书馆界研究的重点，关于数字图书馆的理论和技术成为图书馆界的关注点，引起了国内外学者的广泛注意，在数字图书馆问题的方方面面产生了大量研究成果。通过对数字图书馆研究论文的关键词统计分析，了解4年间关于数字图书馆的研究方向和其研究重点，归纳其研究重点和热点，便于了解数字图书馆的研究趋势。

主题词　数字图书馆　文献统计　统计分析　研究进展　文献计量学

数字图书馆的建设与发展和传统图书馆不同，传统图书馆面临的是一个相对封闭的社会，而数字图书馆则是一个以网络技术为依托，电子技术为手段，虚拟文献为基础，无限开放的社会和社会活动场所，所以电子、网络技术的发展及数字文献的快速普及（具金煜 2011 年 2 月 9 日新京报报导：当年在纽约举行的第二届世界电子书大会上，一些出版界老总认为到 2014 年市场上售出的书一半都将是电子书，电子书将占未来市场 50% 的份额）对数字图书馆的建设和发展有着无与伦比的影响，它将给数字图书馆的研究提供理论上的帮助和技术上的支持。由于虚拟技术的快速发展，数字图书馆引起了国内外学者的广泛注意，它日益成为图书馆界的研究重点，并且产生了大量研究成果。对于数字图书馆的研究，很多文章从战略高度探讨和展望了它未来的发展和战略走向，探讨了数字环境下信息资源建设、虚拟服务、资源共享及可持续发展等方面的问题，例如，索传军带队研究的《国家图书馆数字战略研究》，在宏观上探

*　赵润旗，男，1962 年生，北京联合大学图书馆，馆员。

讨了未来数字图书馆的走向；在数字图书馆可持续发展方面，翟春红和赵铁锁的《我国数字图书馆可持续发展管理机制研究》等文章从理论及实践角度对数字图书馆可持续发展进行了概要性的分析；另外，一些文章还分别从国家、地方和各图书馆自身的发展层面上对数字图书馆的发展机制进行了研究。总之，最近几年关于数字图书馆的研究纷繁复杂，针对这些研究成果，笔者拟从最近四年发表的关于数字图书馆研究论文中的关键词入手做一统计，以了解近四年数字图书馆研究的具体方向，总结其研究特点，以期为今后的研究提供参考。

一、文献增长规律统计分析

通过了解学科主题文献增长规律可以看到不同时期的学科研究重点。这次调查以《中国期刊全文数据库》为数据来源，以最近四年关于数字图书馆的研究论文为依据。首先分别以“图书馆”和“数字图书馆”为检索词，对2007到2010年间主题词为“图书馆”和“数字图书馆”发表的论文进行统计。结果如下：

	图书馆	数字图书馆
总计	88722	22588

通过统计，四年间共发表关键词为“图书馆”的论文88722篇，其中关于数字图书馆的论文22588篇，数字图书馆的论文占全部关键词为“图书馆”的论文的25.45%。

下图为文献历年发表论文情况统计表

	图书馆	数字图书馆
2007	21701	5709
2008	23127	5942
2009	24233	6106
2010	19661	4831

从统计表看出关于图书馆研究的文献数量历年稳步增加，而数字图书馆的

研究文献同样稳步增加，且历年分别占当年全部图书馆研究文献数量的四分之一，说明最近几年关于数字图书馆的研究在图书馆界占有重要的位置，至于2010年可能是由于统计不完整产生了误差。

下图为晏尔伽、朱庆华统计的1996到2005年SCI逐年载文量统计图

年份	1996	1997	1998	1999	2000	2001	2002	2003	2004	2005	总计
文献量	26	139	146	1876	243	220	291	288	339	257	2136
百分比%	1122	6151	6184	8176	11138	10130					

从上面的统计图表看出，最近4年的统计和邱均平、王明芝对1996到2005年载文量统计的文献增长规律分析一文相吻合。

二、数字图书馆研究关键词的统计

文章的关注点常常是通过其关键词体现的，而众多篇文章中频繁出现的关键词会很好地反映出这一时期及这一领域的关注点，通过这一领域的关注点可以了解这一学科最新的研究方向和它未来的发展趋势。因此，通过对2007－2010年关于数字图书馆研究论文的关键词及其共词频数进行统计，对这一学科内的高频关键词加以分类、研究，掌握这一时期的研究要点，可以了解数字图书馆当今的发展及今后的趋势。

关键词的选择是通过对数据库中关于数字图书馆的40余篇论文随机挑选的，最初选择了大约30个左右，对这30余个关键词进行比较筛选，最后挑选下面10个关于未来数字图书馆有代表性的关键词作为统计对象进行分析研究，它们分别是：信息服务，信息资源，信息技术，资源建设，存储，信息组织，信息检索（分布式检索；智能检索；多媒体检索），服务模式，知识产权，网络环境。

下面是以题名为检索项，以“数字图书馆”包括“电子图书馆”和“虚拟图书馆”为检索词并且包含的关键词为信息服务，信息资源，信息技术，资源建设，存储，信息组织，信息检索（分布式检索；智能检索；多媒体检索），服务模式及知识产权等，以年代为单位分别进行统计得到的结果：

	信息服务	信息资源	信息技术	资源建设	存储	信息组织	信息检索	服务模式	知识产权	网络环境
2007	476	734	281	505	78	37	159	99	100	144
2008	556	818	298	558	63	47	153	89	86	158
2009	549	798	327	598	53	51	126	110	77	168
2010	448	632	242	460	46	38	119	106	70	118

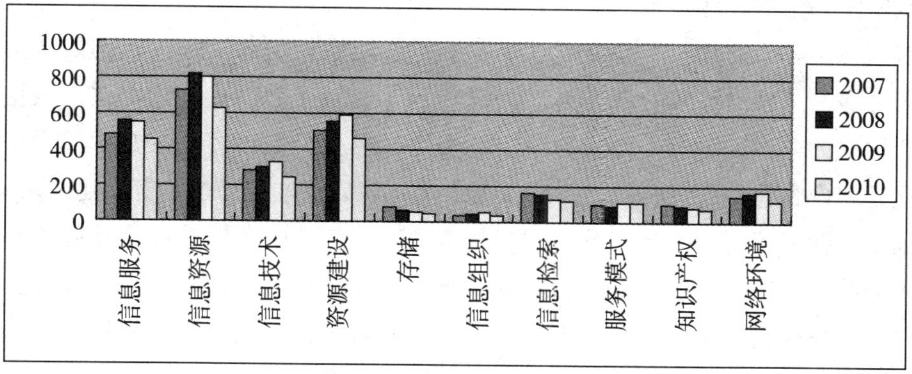

	信息服务	信息资源	信息技术	资源建设	存储	信息组织	信息检索	服务模式	知识产权	网络环境
2007	26.77%	41.28%	15.9%	28.4%	4.38%	2.08%	8.94%	5.56%	5.62%	8.09%
2008	30.58%	44.99%	16.39%	30.69%	3.46%	2.58%	8.41%	4.89%	5.28%	8.69%
2009	27.83%	40.46%	16.58%	30.32%	2.68%	2.58%	6.38%	5.57%	3.90%	8.51%
2010	28.95%	40.85%	15.64%	29.73%	2.97%	2.45%	7.69%	6.85%	4.52%	7.62%

从柱型图和百分比统计表可以看出，4 年中关于数字图书馆的研究论文较集中在关键词信息资源、信息服务等主题中，这些主题论文在 4 年中平均每年几乎都占全部关于数字图书馆研究论文的 40% 以上，且数量历年稳步增加，其次分别为资源建设、信息服务、信息技术、信息检索、网络环境、知识产权、服务模式、存储及信息组织。

三、数字图书馆研究热点分析

数字图书馆发展需要大量的理论和技术支撑，如数字文献的版权及电子文献的存储、检索等一系列支撑。从上面的粗略统计、分析看出，近4年关于数字图书馆的研究热点好象更多地倾向于信息资源、资源建设、信息服务、信息技术、网络环境及信息检索等方面，而信息存储、组织、检索、服务模式、知识产权、网络环境等主题方面的研究文章较欠缺，这和一些学者在前几年的关于数字图书馆的主题研究统计相近似。对于数字资源、信息技术、网络环境等这些热点主题，前几年一些学者就从不同角度对它们进行了研究，例如在信息资源方面，刘晓娟按照资源整合的深度将其分为基于表现层、功能层、数据层三个层次的整合。王东云则认为数字图书馆信息整合的内容包含数据整合、应用整合和内容整合三个层次。而孙春花的《高校数字化图书馆的资源建设研究》谈到数字图书馆的三大要素是资源、技术和服务，其中资源建设是发展数字图书馆的前提条件，数字图书馆中的资源建设主要是馆藏文献数字化、社会资源馆藏化，还谈到数字图书馆在进行资源建设时必须遵从的标准化原则等。综观这些文章，几乎都是从信息资源的整合、技术服务和服务的标准化等方面对数字图书馆进行研究和探讨。而最近4年关于数字图书馆的研究，经上面的统计得知，大批研究文献集中在关键词为诸如信息资源、资源建设、信息检索、网络环境等研究方面，如王毅等人的《近几年我国信息资源建设研究综述》；喻华林的《高校图书馆整合文献信息资源的思考》；房萍、王利蕊的《论高校图书馆信息资源的建设》；雷润玲《基于资源建设规模控制的数字图书馆外部边界分析》；刘晓娟《图书馆数字资源整合》及王东云《关于数字图书馆信息整合的思考》等等，这些文章对数字图书馆在信息资源及资源建设等各个方面进行了进一步的统计分析和论述。王毅等人的文章在对前几年我国信息资源建设研究中，例举了很多最近几年发表的文章，谈了新技术的出现给图书馆的信息资源数字化带来的问题。刘路、孟连生的《信息资源数字化建设中存在的关键问题》；卢向东的《文献数字化理论研究中的几个问题》；何秀玲的《中文信息资源数字化关键技术研究》；臧国全的《浅析信息资源数字化的存储技术》；尚克聪《信息组织论要》；陆宝益《论创建我国统一的网络信息分类法》；李艳红在《数字图书馆信息曰运组织标准研究》等文章中论述了网络信息组织、信息资源的共建与共享，特色资源建设及信息资源建设的法律问题等方方面面的信息资源及其建设的问题。而喻华林的文章进一步在高校图书馆文献信息资源的整合方面进行了阐述，文章谈到了高校图书馆在文献信息资源方面存在的问题及整合方法，具体分析了高校图书馆文献信息绝对数量与读者的关系，指出现在大多数高校图书馆基本无法满足《高校图书馆评估指标体系》规定的现状，大多数图书馆经费投入不足；高校图书馆文献信息质量存在的问题；整合高校图书馆文献信息资源建设的对策等等，提出了制定科学的文献信息资源建设规划，加强合作，促进文献信息资源的共建共享工作，利用网上信息资源建设虚拟馆藏的方式方法等。房萍，王利蕊的文章则在高校图书馆信息资源的建设方面提出了看法，他们认为：随着电子、网络及信息技术的快速发展，各类信息资源在收集和加工、处理、储存及文献传递方式等各个方面都将发生变化。高校图书馆在数字信息资源建设中要紧紧围绕学科建设、共建共享思想，坚持实用性、系统性原则进行，另外还谈到了高校图书馆信息资源建设内容等一些方面的具体问题。雷润玲的文章从信息资源建设规模控制角度对数字图书馆边界的波动、均衡、扩张、优化等问题进行了探讨，他认为信息资源建设规模限定是导致数字图书馆边界存在的根本原因。数字图书馆边界的波动源自其自身生存与发展的内在要求，多方博弈、有限竞争以及资源专用性等因素影响着数字图书馆外部边界的扩大或缩小，基于信息资源建设效率考虑的数字图书馆可扩大或抑制信息资源建设规模，实现信息资源合理配置和提高信息资源利用效率。文章针对我国图书馆界数字信息资源的内容、特点、组织揭示方式、整体规划策略以及相关技术手段等诸多方面进行了细致深入的探讨和交流。从这些研究看，最近几年关于数字图书馆的探讨虽然扩大到了它的方方面面，但热点明显集中，至于数字图书馆的社会化、标准化及电子文献的出版发行机制等方面还有待深入研究。

四、总结

通过统计可得出最近几年关于数字图书馆的研究热点，并且了解到在这些热点方面出现了大量的研究成果，这和前几年关于数字图书馆的主题研究相比显然具有连贯性，例如，邱均平、王明芝的《1999 - 2008 年国内数字图书馆研究论文的计量分析》一文统计分析，当时数字图书馆的研究热点多集中在网络服务、知识产权、知识管理、网络环境、元数据等方面，并给出结论，认为

“伴随着数字图书馆研究的进一步深入，数字化信息服务、资源共享、知识产权、信息资源建设、复合图书馆、网络服务、个性化信息服务等问题将是数字图书馆领域今后的研究热点。”目前看，确实如此。今后，随着数字图书馆的研究深入，随着电子信息技术的发展，数字图书馆的研究应更加广泛化，关于它的研究要进入一个更深的领域，比如在知识产权、信息组织、存储及电子文献价格、电子文献对图书馆的冲击及数字图书馆的组织、功能等等方面，以期在这些领域同样产生大量的研究成果。

参考文献

[1] 李丹.2006－2007年国内数字图书馆研究进展述评［J］. 图书馆论坛，2009（29）：55－58.

[2] 翟春红，赵铁锁. 我国数字图书馆可持续发展管理机制研究［J］. 图书馆工作与研究，2007（2）：58－60.

[3] 晏尔伽，朱庆华.1996－2005年SCI－E数据库中数字图书馆研究文献定量分析［J］. 情报科学，2007（25）：1823－1828.

[4] 王毅，庞红，李玮. 近几年我国信息资源建设研究综述［J］. 科技信息，2010（27）：472，443.

[5] 房萍，王利蕊. 论高校图书馆信息资源的建设［J］. 南京工程学院学报，2008（8）：40－43.

[6] 雷润玲. 基于资源建设规模控制的数字图书馆外部边界分析［J］. 图书情报工作，2006（50）：51－53.

[7] 刘晓娟. 图书馆数字资源整合［J］. 图书馆理论与探索，2007（1）：63－65.

[8] 王东云. 关于数字图书馆信息整合的思考［J］. 现代情报，2007（7）：73－75.

[9] 孙春花. 高校数字化图书馆的资源建设研［J］. 图书与档案，2008（28）：282，279.

[10] 邱均平，王明芝.1999～2008年国内数字图书馆研究论文的计量分析［J］. 情报杂志，2010（29）：1－5.

少数民族地区农村未成年人阅读权利保障现状的调查与分析

张惠芳[*]　孙艳玲[**]

摘　要　以宁夏吴忠市的部分乡镇的中小学学生为调查对象，以调查问卷和个别访谈的方式，获取少数民族地区农村未成年人阅读权利保障现状的基本情况，在综合分析的基础上归纳出存在的一些问题，进而提出一些建议与设想。

关键词　民族　农村　阅读　权利　保障

阅读是公民社会最为普遍和持久的文化需求，阅读权力是公民最为基本和重要的文化权利。2006 年 9 月 13 日公布的《国家“十一五”时期文化发展规划纲要》，首次把弱势群体文化权利保障纳入国家战略视野。在此思想指导下，2010 年 6 月至 10 月，我利用参与中央电视大学与中国图书馆学会开展的全国电大系统和广大农村中小学 2010 年“手牵手——农村青少年阅读行动”活动和宁夏电视大学组织的建设“农村电大书屋”的机会，选择了地处西北，经济文化欠发达，且回族寄居比较集中的宁夏吴忠市所属乡镇的未成年人（主要为中小学学生）为调查对象，通过“解剖麻雀”的方式，了解我国少数民族地区农村未成年人这一弱势群体的文化阅读权利的保障状况及存在的问题，探寻构建一个让所有人都有书读，特别是保障农村未成年人文化权利的策略和方法。

1　调查对象、内容及方法

1.1　调查对象 100% 为农村中小学学生，被调查者中 14 - 17 岁的占 60%，14 岁以下占 40%。初中生占 67%，小学生占 23%。

*　张惠芳，女，1965 年出生，宁夏广播电视大学图书馆，采编部主任、副研究馆员。

**　孙艳玲，女，1971 年出生，宁夏广播电视大学图书馆，馆员。

1.2　调查的内容包括阅读状况、文献信息获取的途径和参加各种读书活动情况三个主要方面。共设计了23道问题，每题给出多选、备选答案。

1.3　调查方法：问卷调查调查法。共发放调查表400份，收回有效问卷336份，收回率84%；访谈法。宁夏广播电视大学图书馆与宁夏电视大学基层电大分校、工作站的有关人员，深入农村中小学进行实际考察，了解他们阅读的实际情况。

2　调查结果统计与分析

2.1　读者阅读状况

表1　文献信息阅读需求

调查指标	属性	人次	百分比
你喜欢阅读吗?	喜欢	218	65
	较喜欢	77	23
	一般	33	10
	不太喜欢	8	2
	很不喜欢		
你阅读的主要原因是?（可多选）	家长、学校的要求	14	2
	开阔视野、增长知识	156	25
	提高自身素质	152	25
	兴趣所致	211	34
	消遣娱乐	72	12
	其他	7	1

调查指标	属性	人次	百分比
你最喜欢哪方面的书籍?（可多选）	思想品德、立志读物类	126	23
	人文历史、艺术修养类	102	18
	科学科普、百科知识类	105	19
	国画动漫卡、通启蒙类	98	17
	文学读物类	62	11
	其它	52	9
你是否容易得到自己想看的书?	非常容易	6	2
	比较容易	23	7
	一般	80	24
	不容易	204	61
	很不容易	23	7

表1数据显示：65%以上的学生喜欢阅读，阅读目的明确。50%以上的学生以开阔视野、增长知识，提高自身素质为阅读目的。在阅读倾向上，学生阅读文献信息需求面较宽，各方面知识都涉猎，尤其是立志读物、科学科普类，百科知识类，国画动漫、卡通启蒙类，人文历史等需求更甚。总之，农村中小学生对文献信息阅读的欲望较高，但大多数学生要想得到自己喜欢的文献信息就不容易了。

表2　阅读时间和数量

阅读时间和数量				满意度			
调查指标	属性	人次	百分比	调查指标	属性	人次	百分比
你周末阅读的时间占全部阅读时间的比例为	15%以下	60	18	你认为自己阅读数量	很多	13	4
	15%至40%	218	65		比较多	16	5
	40%至60%	47	14		一般	50	15
	60%以上	11	3		比较少	208	62
					很少	77	23
你平均每月阅读多少本书?	0本	10	3	你认为影响自己阅读不多的主要原因是（可多选）	没有钱买书	156	26
	1至3本	215	64		没有时间看书	91	15
	3至5本	68	20		找不到感兴趣书	210	35
	5本以上	43	13		不爱看书	27	4
					缺少读书氛围	102	17
					其它	21	3

表2数据显示：从阅读时间看，65%的学生利用周末空余时间进行阅读占全部阅读时间的15%至40%，大部分阅读时间在学校期间。阅读数量上看，每个月能读1至3本书的学生占到被调查人数64%。在阅读量指标中，62%的学生对自己的阅读量不满足，认为阅读量比较少、23%的学生认为很少。造成阅读量不大的原因各异，但主要原因是：35%的学生认为找不到感兴趣的书，没有钱买书的占26%，缺少读书氛围的占17%。

2.2　获取文献信息的途径

表3　获取文献信息的途径

调查指标	属性	人次	百分比	调查指标	属性	人次	百分比
你主要通过什么途径阅读图书？（可多选）	自己购买	20	6	你阅读网络文献信息吗？	经常读	5	1
	到读书角或图书馆借阅	104	29		一般	24	7
	在书店看	33	9		很少读	198	59
	找亲友借阅	172	48		基本不读	100	30
	网上浏览	5	1		从来没有读过	9	3
	其他	20	6				
离你最近的图书馆在哪里？	村	61	18	现有的图书馆是否能够满足你的阅读需求？	完全能满足		
	乡（镇）	275	82		基本能满足		
	县（区				一般		
	市（地区）				不能满足	90	27
	省会城市（直辖市）				完全不能满足	245	73

表3数据显示：农村学生阅读文献信息的主要渠道是找亲友借阅，文献信息的载体主要以纸质文献信息为主，对于网络文献信息很少涉猎。图书馆距离学生最近的地方是乡（镇）中小学图书室，所以，由于农村学生受经济、地理条件的限制，100%的学生认为当前的条件不能满足自己对文献信息的阅读需求。50%以上学生认为帮助他们解决读书困难的首先是图书馆，其次是同学、朋友。

2.3 参加各种读书活动的情况

表4 参加各种读书活动的情况

调查指标	属性	人次	百分比	调查指标	属性	人次	百分比
你是否参加过全民读活动?	参加过	31	9	你没有参加相关读书活动的主要原因是	没见到相关活动	282	81
	没有参加过	305	91		不感兴趣		
					缺乏吸引力		
					没时间参加	38	11
					其他	26	8
你参加相关读书活动的主要原因是:(可多选)	促进自己的读书学习	272	46	你愿意参加“手牵手——农村青少年阅读行动”中的哪些主要活动?(可多选)	专家讲座或指导	98	15
	学校或单位组织参加	29	5		读书活动征文	142	22
	看书、买书优惠	35	6		阅读书籍推荐	183	28
	方便获取图书信息	159	27		读书论坛	81	12
	结识朋友	55	11		图书捐赠	129	20
	其他	29	5		其他	27	4

表4数据显示:60%以上的学生认为,参加各种读书活动能够促进自己的学习,方便获得读书信息。参加读书活动的主观热情较高;而91%的学生却从来没有参加过任何阅读活动。其主要原因是无法得到有关读书活动的信息,说明在图书活动上,农村青少年成为被遗忘的角落。

3 对策

3.1 高校图书馆与公共图书馆密切合作,援助建设乡镇中小学图书室,满足阅读需求

文化权利就是人们通过文化活动获得利益的权利。保障公民文化权利即为

他们实现文化阅读提供最基本的条件。保障弱势群体“有书读”的文化权利，必须完善基层公共图书馆服务网络体系建设，加大文化援助力度。在政府保证基层公共图书馆购书经费投入的基础上，实施“送书下乡工程”、“农村书屋”等，还要加大援助乡镇中小学图书室的建设力度。高校图书馆是教育、文化、科研的中心，积极参与、支持对农村弱势群体的知识援助是其应尽的社会责任。公共图书馆是社会教育中心，拥有社会教育的文化、资源优势，是知识援助的中坚力量。高校图书馆应与公共图书馆合作，形成合作机制。在合作中不但要分享公共图书馆的成功经验，而且要注意优势互补，高校图书馆主要突出教育性、学术性，而公共图书馆主要在于普及性、双方结合在一起，使乡镇中小学图书室图书资料更具针对性和广泛性。2010 年，以宁夏广播电视大学为主联合自治区图书馆和宁夏社会科学院，先后在宁夏的吴忠高闸中学、中宁徐套乡九年制学校、平罗县姚伏中学建立了三个“农村电大书屋”示范点，捐赠了价值 18 万多元的纸质图书，北京五车信息技术有限公司捐赠电子图书 1 万种，此项活动深受当地市、县政府领导的高度重视及师生的热烈欢迎。

3.2 建立市、县公共图书馆与“农村书屋”、“农村电大书屋”文献资源互连、共建、共享的长效机制

为了确保建立不久的“农村电大书屋”能够持续运转，真正发挥其作用，避免重蹈上世纪基层图书馆建了亡、亡了建，始终无法持续发展的覆辙。充分发挥市、县级公共图书馆网络服务体系，使其服务功能延伸至“农村电大书屋”。建立市、县图书馆与“农村书屋”、“农村电大书屋”文献资源互连、共建、共享的长效机制。即市、县图书馆把其地域范围所属的“农村书屋”、“农村电大书屋”设立为自己的分馆，连成一个大馆，统一建设、统一管理、实现资源共建共享。首先，要不断地充实各个农村书屋的藏书量。由市、县图书馆牵头，统一采购、适合农村未成年人阅览的图书资料，经过分编加工，统一配送到各个“农村书屋”，为各个农村书屋提供新的书籍。其次，协调各农村书屋之间图书资源的有序流动。如每半年流动一次，确保各类图书常换常新，甚至在有条件的地区可以实行省内的“大流动”，这样可以避免各图书室重复建设，造成资源浪费。再次，负责对各农村书屋的工作人员进行业务培训和业务指导，确保图书流通率。

3.3 社会、学校、学生、家庭共同牵手

保障农村弱势群体的阅读权利是一项系统工程，社会、学校、学生、家庭都负有责任。从学校方面，要切实贯彻国家素质教育的方针，重视未成年人的全面发展，为他们创造阅读条件，以提高他们的综合素质。发动全校师生力量，从各个渠道组织书源，如鼓励中、小学生为家中的好书寻找人、为人找书，借此以书会友，实现资源共享；从学生方面，可以将自己读过的或利用那个的率较低的好书捐到书屋，在全校公布捐赠者名单，并设一个专门的捐赠书柜，书屋根据所捐图书的数量和价格给予一定的积分奖励，书屋中有自己感兴趣的图书，就可以凭借捐书得到的积分换自己想看的书，不需要办理借阅手续，延长借阅期限。从社会、家庭方面，可以利用每年全民读书月活动动员校内师生、家长共同集资购书，每个师生一年购买1本书，每个学校每年至少500册。高校图书馆联合起来，动员社会的所有力量，为“农村电大书屋”添砖加瓦，每年每人捐1元钱，就能为更多的中小学建立“农村电大书屋”，为农村青少年这个弱势群体提供平等享受阅读的权利。

3.4 充分利用当地学校的计算机机房，建设多媒体电子阅览室

电子资源价格便宜，可以作为纸质资源的补充，建立安全健康的多媒体电子阅览室极为重要。鉴于农村经济条件的限制，可以考虑将电子阅览室设立在当地的中小学。多媒体电子阅览室应在每台上网的计算机上安装绿色上网软件，屏蔽不良网站和一些不健康的信息。另外，呼吁出版商为农村书屋捐赠，地方政府购入未成年人喜爱的电子图书、期刊、音乐、爱国影片、动画片、教学软件等，使青少年在上网娱乐的同时，还能欣赏到代表优秀、健康、先进文化方向的多媒体信息资源，开拓学生视野。

3.5 多方面开展丰富多彩的读书活动，激发读书兴趣

“电大农村书屋”的建立，为保障农村未成年人弱势群体的阅读权利，开展多种形式的读书活动提供了非常有利的条件。各级学校应该以书屋为阵地，针对不同层次、不同年龄的读者，开展讲故事比赛、评“我喜爱的书”、知识问答、读书征文、演讲比赛等喜闻乐见、形式多样的读书活动。激发青少年的读书意识，以青少年的读书活动带动丰富农村学生的文化生活，让“农村电大书

屋”在读书活动中不断增强影响力和凝聚力。如2010年6月至10月，在中央电视大学与中国图书馆学会开展的全国电大系统和广大农村中小学2010年“手牵手——农村青少年阅读行动”活动征文中，仅吴忠市的一个乡镇参加的就有100多人，中小学生参与热情很高，其中16名学生获得了全国二等奖、三等奖及优秀奖，这项活动极大地激发了他们的读书兴趣。此次征文活动虽已告一段落，但应以此为起点，把这项惠及农村青少年的读书活动广泛、深入地继续坚持下去，用书籍滋养心灵的沃土，继续彰显电大服务社会理念，为营造热爱读书、建设美好新农村的文明风尚尽心尽力！

阅读，决定着一个民族思维的深度和高度，对文化传承、国家发展有着重要的意义，是国家软实力的体现。关注弱势群体是《国家“十一五”时期文化发展规划纲要》的着力点之一，弱势群体的“文化低保”程度在未来数年间将成为考量中国文化发展的“关键词”。保障公民的基本文化权利，特别是对那些弱势群体给予重点关注，促使他们物质和精神层面的双提高，对构建社会主义和谐社会具有重要的现实意义。

参考文献

[1] 王素芳．弱势群体文化权利保障的国家战略视野——基于《国家“十一五”时期文化发展规划纲要》的解读［J］．图书与情报，2007（5）．

[2] 游媚，黄丰．高校图书馆参与农村弱势群体援助的思考［J］．农业图书情报学刊，2006（6）．

文化信息环境视阈下的西北少数民族阅读文化*

张晋平**

摘　要　近年来西北少数民族当代文化信息环境发生了巨大变化，这种变化催生了民族文化阅读的进一步延伸。文章通过分析西北文化信息环境对民族文化阅读的作用，为认识区域民族文化信息环境、消除数字鸿沟和对信息资源的进一步开发与建设提供一定的思路。

关键词　文化信息环境　西北少数民族　文化阅读

陕、甘、宁、青、新西北五省区地域辽阔，面积304.3万平方公里，占全国陆地面积的31.7%，占西部总面积的57.7%，人口约9000万，长期生活着汉、回、维吾尔、藏、蒙古、撒拉、东乡、保安、裕固、哈萨克等50多个民族。新疆、宁夏是少数民族自治区，青海是按民族地区对待的省份，甘肃有2州7县民族自治地方。在西北，民族分布呈现出“大分散，小聚居”的特点。由于其历史、民族、文化、宗教、地缘等特征而具有特殊性，如何利用信息技术营造好西北文化环境，对少数民族阅读文化就具有了特别重要的意义。

1　文化信息环境的界定与解读

人总是生活在一定的环境中，环境是人生存、成才、发展的前提、基础和条件，而人在阅读的过程中不断地学习知识、认识社会并且积极地发展自我，使文化信息环境打上了人的印记，变成了“人化的”环境，人与环境是相互作用、相互影响、辩证统一的关系。文化信息环境作为社会环境的重要组成部分，

*　本文为国家社科基金项目《西北地区少数民族信息资源开发与阅读文化构建研究》（项目编号：09XTQ002）部分研究内容。

**　张晋平，男，甘肃省社会科学院信息研究所，副研究员。

在民族阅读的形成及发挥作用的过程中有着不容忽视的影响。

1.1 文化信息环境的界定

关于文化信息环境没有统一定义，也没有标准范式，与文化的定义一样，同样是一个备受争议的概念。广义来讲，文化信息环境是信息视角下广泛利用信息技术进行文化传播的概念。当代的文化信息环境就是指一个社会的，如数字图书馆、广播电视、通信、网络等信息基础设施因素构成的社会文化信息环境，它以文化为载体，对个体或群体的影响更具全面性、广泛性和深刻性。“文化环境是具体的、当下的，是现实性概念；而文化是具体与抽象、历时和共时、结果和观点等；从物质形态看，文化信息环境主要可以分为由图书文献数字化、语言文字视频、艺术音乐多媒体化等为内容的知识可视化形态，并构成社会文化环境。从信息形态来看，文化信息环境主要可以分为由信息传播、信息技术等信息要素构成的文化传播形态的信息环境，可转化为人们的知识、行为、过程的统一。”因此，文化信息环境是由信息技术和文化内容组成的、知识形态的“社会化”环境。

综上所述，文化信息环境的存在和发展，即是以往历史所创造的一切文化的积淀和累加，也是对人类知识创造进行广泛而深入的传播。阅读文化通过文化信息环境对人的观念的影响、行为的约束和思想的教育，在很大程度上决定着和塑造着个体或群体的成长、成才与发展。

1.2 文化信息环境对民族阅读文化的作用

阅读文化是在少数民族发展过程中形成的相对稳定的优秀的品质，具体包括德、识、才、学、体等五个方面。在阅读素质的形成过程中，民族的宗教信仰、风俗习惯、文化教育、社会实践、生活环境等都会产生一定的影响。这其中“阅读是人们接受教育、发展智力、获得知识信息的最根本途径。阅读作为一种普遍的文化现象，关系到整个社会的文化品质和可持续发展的潜力，具有重要的理论意义和实践价值。”因而，环境，特别是文化信息环境，在民族阅读文化的形成中起着独特的、不可忽视的作用。

文化信息环境对民族阅读文化的影响，主要是通过三种具体知识内化形态所构成的信息环境来实现的：①观念形态的信息环境。直接影响人才的精神境界和思维方式的形成。思想道德素质是最重要的素质，能够将科学的理论、思想、观点渗透到人们的思想意识中，帮助人们形成符合社会发展要求的高尚的思想道德品质，坚持正确的发展方向。②行为形态的信息环境。直接影响到人们在成长过程处理人与人、人与社会关系的方式，人才进行社会实践活动的方式，从而影响人才综合素质的形成及其创造性活动的开展，并最终影响到人才创造性成果的取得。③制度形态的信息环境。由各种社会制度组成的制度文化环境，对阅读文化的形成起着重要的导向和保障作用，促使个体形成符合社会发展需要素质。

文化信息环境是一种既定的客观物质力量，具有明显的历史继承性和现代技术性。因此，民族文化通过信息环境的传导，进一步形成人们的思想观念、行为方式和社会制度等的变化，影响着本民族阅读文化的特征和类型，从而塑造了不同于其他民族的文化。

2　西北少数民族的文化信息现代化发展态势

2.1　民族传统文献信息数字化趋势明显

各省（区）的公共图书馆、高校图书馆、档案馆、博物馆以及文物部门藏有大量少数民族文献，这是民族传统文献的基础，具有极大信息资源开发价值。西北地区少数民族文字出版物在全国占有相当比重，以 2008 年为例：少数民族文字报纸 44 种（青海 5 种、新疆 39 种），占全国（82 种）的 53.7%；少数民族期刊 97 种（甘肃 3 种、新疆 94 种），占全国（192 种）的 50.5%（见表 1）。

表 1　西北少数民族文字报刊

单位：种

	报　纸		期　刊
青海	5	甘肃	3
新疆	39	新疆	94

资料来源：《中国新闻年鉴》2010（620）

经过 20 多年的发展，新疆、宁夏、青海、甘肃民族地区已经形成了以党报为核心的多层次、多地区、多种类、多文字的民族报刊体系，如《新疆日报》有汉、维、哈、蒙四种文字版。从分布上看，主要集中在民族集聚的中心城镇，民族信息需求得到基本满足。随着信息技术的进步，许多报纸开始拥有了电子版，大多数期刊建有自己的网站。以数据库形式进行的传统文献的开发得到了市场的认可，而珍稀文献数字化的步伐在不断加快。

2.2 农村文化信息数字建设出现新的气象

长期以来由于基层文化基础建设落后，少数民族农村信息长期处于匮乏状态。党的十六届五中全会到十七大，逐步形成覆盖全社会的、比较完备的公共文化服务体系：构建农村公共文化服务体系→形成实用、便捷、高效的公共文化服务体系→加快建立覆盖全社会的公共文化服务体系。为此，国家出台了《中共中央国务院关于推进社会主义新农村建设的若干意见》、《中共中央办公厅、务院办公厅关于进一步加强农村文化建设的意见》、《中共中央国务院关于于深化文化体制改革的若干意见》、《中共中央关于构建社会主义和谐社会若干重大问题的决定》、国务院《国家“十一五”时期文化发展规划纲要》等多项关于农村文化建设的方针政策。农村公共文化服务体系建设力度不断加大，一是“农家书屋”工程。由政府主导建设，农民自主管理，每一个村设1个农家书屋，原则上可供借阅的实用图书不少于1000册，报刊不少于30种，电子音像制品不少于100种（张）。具备条件的地区，可增加一定比例的网络图书、网络报纸、网络期刊等出版物。这个切实解决广大农民群众“买书难、借书难、看书难”的文化惠民工程，在农村受到了广泛欢迎，成了农民兄弟农闲时经常去的地方。农家书屋覆盖率，宁夏、甘肃为100%，青海、新疆为80%以上。二是“远程信息共享工程”。建成省、市、县、乡、村五级“文化信息资源共享工程”（文化部）服务中心或站点，基本实现了“村村通共享工程”在西北的全覆盖；建成了“农村党员干部现代远程教育网”，基本实现了村村有站点的全覆盖。

2.3 非物质民族文化遗产数字化开始受到重视

非物质文化信息是由非物质文化遗产所传递的民族信息符号，是各民族人民世代相承的、与群众生活密切相关的各种传统文化表现形式（如民俗活动、表演艺术、传统知识和技能，以及与之相关的器具、实物、手工制品等）和文化信息空间。主要有口头传统以及作为文化载体的语言；传统表演艺术（含戏曲、音乐、舞蹈、曲艺、杂技等）；民俗活动、礼仪、节庆；有关自然界和宇宙的民间传统知识和实践；传统手工艺技能；与上述表现形式相关的文化空间等。

到2011年6月，国家已发布了三批国家级非物质文化遗产名录，其中西北少数民族拥有128项（见表2）。

表2　西北少数民族国家级非物质文化遗产名录数

1			
38项	61项	29项（包括扩展名录11项）	128项

备注：项目中包括共有项目。

以2004年国家实施的“民族民间文化保护工程”为契机，西北少数民族各族传统文化保护工作迎来了有史以来最好的发展期，非物质文化遗产保护工作初步形成体系。到目前止，已经建立了省（区）、市（地州）、县（区市）三级非物质文化遗产代表作名录体系，呈现出西北民族色彩斑斓的多元文化信息格局。这些文化遗产得到了社会的广泛关注，许多名录已经开始进行数字化开发，为了更广泛的传播开拓出了新的发展空间。

2.4　传统广播电视信息快速发展

自国家2000年启动的“西新工程”以来，给地域辽阔、地形复杂、民族众多的西北边远地区的人民群众带来了巨大的实惠。绝大多数群众都能听到、听好中央和本省的广播节目，电视覆盖率也在逐步加大，西北地区的广播电视事业出现了较大的改观，2009年综合人口覆盖率显著提高，其中：广播平均91.72%，电视平均94.21%（见表3）。西北地区用民族语言进行广播起步于20世纪50年代，如青海人民广播电台藏语频率于1952年开播，新疆人民广播电台维吾尔语频率于1949年，哈萨克语于1955年，蒙古语于1958年，柯尔克孜语于1982年开播。电视起步于70年代，如新疆电视台新闻综合频道维吾尔语于1972年开播，哈萨克语于1985年开播等。

表3　西北广播电视发展状况（2009年）

项目 地区	综合人口覆盖率（%）		拥有数量（个）	
	广播	电视	广播电台	电视台
甘肃	91.23	91.50	4	10
青海	88.00	93.50	4	8

续表

项目 地区	综合人口覆盖率（%）		拥有数量（个）	
	广播	电视	广播电台	电视台
宁夏	91.42	96.67	3	4
新疆	93.53	93.48	6	9

资料来源：《中国出版年鉴》2010（620）

2.5　新兴网络信息增长迅猛

电信业作为提供电子信息传输平台、提供传输服务并直接向社会提供信息服务的部门，促进了信息资源的开发和利用，对西北国民经济及社会生活的渗透性及影响巨大，彻底改变了西北信息闭塞的局面，2010 年西北电话普及率为 84.24%；2010 年互联网普及率为 31.72%（见表 4）。

表 4　西北电信网络信息发展状况（2009 年）

单位：%

地区	电话普及率	互联网络普及率
甘肃	68.4	24.8
青海	89.9	33.6
宁夏	87.9	28.0
新疆	87.5	37.9

资料来源：电话数据为《中国通信统计年度报告（2010）》。互联网数据为 CNNIC 发布的《第 27 次中国互联网络发展状况统计报告》（2010 年 12 月底）。

作为新兴的互联网发展迅速，网站的信息时效性尤为明显。目前，建立的网站主要有：民族事务机网站，利用网络宣传民族政策与法规，开展民族教育，同时还设立民族经济栏目，将民族贸易县、民族特需用品定点生产企业等资料上网，为发展当地民族经济提供信息服务；民族类网站，以网站为信息平台，为民族经济文化大开发服务，为传播民族文化架桥，为增进少数民族人民与国内外各民族人民的团结和友谊牵线；民族类学术网站，为民族研究工作者获取信息、进行交流的重要平台；民族教育网站，分布在各高等院校、民族院校。此外，还有企业、社会团体及个人建立的网站及数据库。同时，手机阅读也越来越成为了80后、90后新生代的阅读选择。

3 文化信息环境对西北少数民族阅读文化的影响

3.1 文化信息环境的形成是对无序阅读文化的整合

从现代管理中的组织体系看，信息环境对阅读文化的整合主要体现在个人，组织、制度三者之间的关系，表现形式可以分成三种：①社会对信息环境的改善。②个人对社会制度的信任。③个人阅读需求通过社会信息环境得到满足。这样的社会信任机制，从信息资源管理理论看，可以降低个人与组织之间的信息管理成本，优化信息资源的配置；从组织行为理论看，就是方便组织的授权、分权，使组织更加和谐、竞争性地运营；从信息传播学理论看，消除了信息不确定性，化解信息的不对称性，使用户能够享有基本的信息权益。

按照用户理论，需求目的影响行动的动机，动机导致行为差异，如果要探讨信息环境的建立机制，不仅要考虑这种作用的过程，更需对现代条件下少数民族所发生的系列变化进行比较、探索，提出切合现代社会的民族阅读文化的范式。有人认为，现代视角下的民族信息呈现碎片化的情景，个体知识结构及生活体验的差异，导致对本民族碎片化的认识角度及认知结果的不一致。现代社会的信息分配制度，是政府基于社会发展及用户的信息需求而授权给信息机构，用户通过信任政府，认同其授权的公平性，由信息机构向用户提供服务。在这样的授权模式下对无规则的信息权进行整合，是在考虑用户需求的基础上形成的一个社会信息服务网络，这个网络的构建能使用户和社会共同发展。在这个阶段，政府授权成为用户和信息服务机构融合的一个主要黏合剂，但是在政府信任的框架下，探索适合的、具体的服务机制则需要进一步完善。因为在现代制度视野下，政府授权的框架不再会由某种单一、一成不变、简单线性的准则来构造，政府、信息机构和用户之间的关系层次也不是一一对应的，同时技术的发展变化也会引起服务形式的不断变化。因此这种整合反映了“一个强大的政党能够以一个制度化的公共利益来取代四分五裂的个人利益。能够为超越狭隘地方观念的效忠和认同奠定基础，成为维系各种社会力量的纽带。”

3.2 信息现代化影响着民族文化信息的传播方式

阅读文化总是体现为一个历史的过程，不同阶段的阅读文化因时代的不同而呈现出差异性。信息环境对民族阅读文化影响的时代性主要体现在三个方面：①阅读形式多样化。②阅读需求多元化。③民族语言文字的汉化。民族地区信息环境随着自身功能的不断发挥，已成为促进民族地区政治、经济和文化发展的有效手段与重要力量，尤其对各少数民族文化阅读产生了巨大影响，这主要表现为大众文化价值观的趋同。因为“各种载体信息不仅蕴含着人类社会上的最新变动，同时也蕴含着较为鲜明的特定时代的道德标准、社会价值观等精神文化因素”。当这种因素以信息渗透力辐射于民族地区的各个方面时，必然会对各民族文化阅读活动产生影响。近二十年来随着信息环境的发展，纸质类与电子类读物层出不穷，更由于网络、电视、手机等电子类读物产品的普及，读者有了多元选择。目前，民族阅读文化的内涵发生着一定的擅变，各少数民族的思想道德价值观日渐与我国当代主流社会价值观趋同一致，证明了这种影响力的所在。

3.3　信息开放对民族传统文化信息传承有一定的消解作用

在以工业文明为载体的现代文明的冲击下，信息传播作为民族文化的传承方式较之其他方式而言，更具有高新技术含量与较为强烈的现代感。随着信息传播功能的多元化和复杂化，信息传播已日益成为具有促进阅读文化变迁因素的外在能量。主要体现在二个方面：①在民族地区，当信息传播的文化并非某个少数民族的本民族文化时，信息传播活动本身便明显带有一定的文化移入和文化影响色彩，对多民族地区的多元民族文化会产生极大的影响。②尤其是民族地区的一些没有本民族语言或文字的少数民族传统文化，现在正面临着衰落消亡的危机，信息传播理念与价值标准、传播内容与传播方式在很大程度上不是有意识地围绕着少数民族文化的传承与发展予以确立的，其所传播的信息多以社会主流文化即现代时尚文化为背景，在改变着长期处于封闭状态的民族文化陋习的同时，也在悄然消解着民族传统文化。

4　结语

随着物质生活的极大丰富，精神生活的需求与日俱增，以及信息技术的广泛应用，文化信息环境的重要作用日益突出。文化信息环境已经成为当代西北民族文化阅读赖以存在的事实性基础，尽管人们因其多元化、虚拟化、拟像化而持激烈的批判态度，但现代信息环境客观上迫使人们以前瞻的而非怀旧的，乐观的而非悲观的心态来面对现实。以信息学视角从信息与文化良性互动积极解读当代的文化阅读的同时，理论研究的套路和学理范式还是应该保持谨慎与客观，以更好地涵括和应对当代信息学实践的新状况和新局面。

参考文献

[1] 苗伟．理解文化环境 [J]．社科纵横，2010 (3)：104 - 107.

[2] 阮海红．多元文化环境下的阅读理论与实践 [J]．图书馆论坛，2008 (10)：15 - 17.

[3] 中国信息产业部编．中国信息产业年鉴 [Z]．2008：143，178.

[4] 龚剑．近年来我国民族信息资源研究的综述 [J]．现代情报，2007 (10)：802 - 804.

[5] 叶小文．中国，何以能走出“亨廷顿悖论”？[N]．人民日报海外版，2011 - 7 - 26 (3).

[6] 孙颖．阅读文化及其建设策略 [J]．图书馆论坛，2010 (2)：1 - 4.

基于关键词的图书馆学科化服务研究分析

赵以安*

摘　要　从CNKI获取1980年以来图书馆面向学科提供服务的研究论文，采用关键词词频统计、共词分析、可视化分析等方法，利用EXCEL、ROST等软件工具，分析了图书馆学科化服务研究的概况，发现图书馆学科化服务研究论文数量不断增长，研究内容不断扩充和深化。

关键词　学科化服务　关键词统计　词频统计　共词分析　可视化

学科化服务是图书馆为适应新的信息环境，以用户需求为中心而推出的一种新的服务模式。它按照用户的学科、专业、项目、课题等来建设、组织、存储、传递与提供利用信息资源，从而使信息服务学科化、服务内容知识化。图书馆，特别是高校图书馆，很早就意识到要面向学科建设提供信息服务。随着信息环境、用户需求的变化，这种意识逐渐明确化、具体化，对学科化服务的研究探索也不断增多与深入。本文采用关键词词频统计、共现分析、可视化分析等方法，研究图书馆学科化服务研究的发展概况。

1　研究方法与数据获取

1.1　研究方法与工具

本文主要采用关键词词频统计、关键词共现分析、可视化分析等方法。关键词是论文的文献检索标识，是表达文献主题概念的自然语言词汇，在很大程度上反映了论文的主要研究内容。关键词作为一篇论文的必要组成部分，能够简单、直接、全面地概括出论文的核心内容，在大量同专业论文的关键词集合

*　赵以安，男，1979年生，中国社会科学院图书馆，馆员。

中，隐含着该学科的研究现状、研究热点、发展规律和发展趋势等线索。词频分析法就是分析某一研究领域文献中关键词或主题词出现的频率及关联来确定该领域研究热点和发展动向的文献计量方法。共词分析法利用文献集合中关键词共同出现的情况，来确定该文献集合中各关键词之间的关系。一般认为词对在文献中出现的次数越多，这两个关键词的关系越紧密。由此，便可形成一个由这些关键词所组成的共词网络，网络内节点之间的远近便可以反映主题内容的亲疏关系。可视化技术是运用计算机图形学和图像处理技术，将数据转换为图形或图像在屏幕上显示出来，并进行交互处理的理论、方法和技术，采用可视化方法可以将分析内容以图形、图表的方式更形象、直观地表达出来。

本文利用 EXCEL 自身功能，通过 VBA 编程的方式进行关键词词频统计分析，利用 ROST 软件进行关键词共现分析和可视化分析。

1.2 数据获取

本文所统计的数据来自中国期刊全文数据库（CNKI），检索日期为 2011 年 7 月 6 日。论文来源范围限定在图书情报与数字图书馆类别下的全部期刊，论文时间范围为 1980 年至 2011 年，检索词为“学科”，出现位置为“篇名”。检索结果共计 3701 条，存入 EXCEL 后去掉不相关论文，如关于图书馆学、情报学学科研究和会议通知、会议综述等，共得到 2627 篇相关论文。

2 论文的年度分布分析

2627 篇论文按照年度进行统计，得到论文数量的年度分布表，如表 1 所示。从表 1 可以看出，在 80 年代已经有图书馆面向学科提供服务的研究，但数量比较少；从 90 年代开始，这方面的研究逐渐增多，特别是从 2002 年开始，论文的数量开始大幅度增长。从论文数量年度变化的折线图，可以更直观地看出这种趋势，如图 1 所示。2000 年左右正是网络技术、数字技术开始迅猛发展、用户信息行为习惯发生重大改变的时期。面对信息技术环境和读者需求的挑战，图书馆积极应变，探索新的服务方式，学科化服务成为图书馆服务发展的重要方向。

表1　1980－2011 论文数量的年度分布

年度	1980	1981	1982	1983	1984	1985	1986	1987	1988	1989	
论文数	0	0	0	2	0	0	0	1	1	3	
年度	1990	1991	1992	1993	1994	1995	1996	1997	1998	1999	2000
论文数	0	1	1	0	6	5	4	12	14	16	15
年度	2001	2002	2003	2004	2005	2006	2007	2008	2009	2010	2011
论文数	22	60	94	145	200	266	337	376	418	474	154

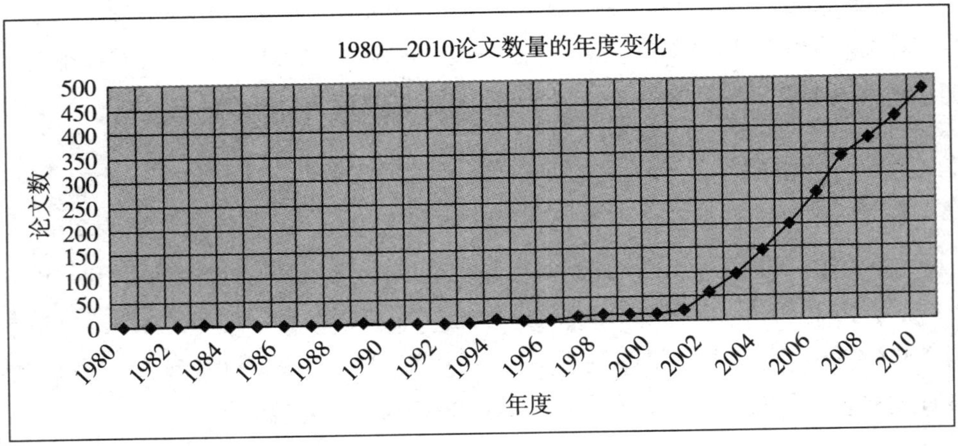

图1　1980－2010 年论文数量的年度变化

注：因 2011 年数据不完全，不能反映发展趋势，所以未纳入折线图。

3　关键词词频统计与共现、可视化分析

3.1　关键词词频统计

2627 篇论文中有关键词的论文 2538 篇，没有关键词的论文 89 篇。对没有关键词的论文采取从篇名中提取关键词的方法进行关键词补全。规范全部论文的关键词分隔符，进行关键词拆分、统计，得到 1963 个关键词。对大小写、中英文、同义词进行规范后，得到 1817 个关键词，总出现频次为 8978 次，平均每个关键词出现 5 次。

统计发现，关键词存在高度集中与高度分散共存的现象。出现 10 次以上的

关键词共 102 个，占总个数的 5.6%，而出现频次占总频次的 67.2%。“学科馆员”与“高校图书馆”的频次远远高于其他关键词，“学科馆员”的频次占总频次的 14.2%，“高校图书馆”的频次占总频次的 10.2%。同时，只出现 1 次的关键词共有 1190 个，占总个数的 65.4%，而出现频次仅占总频次的 13.2%。关键词的高度集中说明研究的核心比较稳定，如学科馆员一直是图书馆学科化服务研究的主要核心，高校图书馆是学科化服务研究产生的主要领域。高度分散说明研究的范围在扩展，研究处于上升期，达成共识的研究重点较少，这一点也体现在同义、近义关键词很多上面。这些现象在 102 个高频关键词中也可以体现出来，如表 2 所示。通过关键词云图可以更直观地发现这种现象，如图 2 所示。云图突出显现了学科馆员、学科馆员制度、高校图书馆、图书馆、学科建设、重点学科、信息服务等关键词，这是学科化服务研究中的重点。

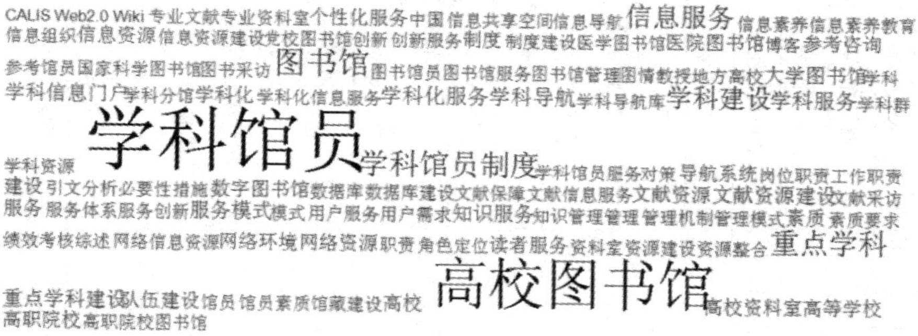

图 2　全部论文 102 个高频关键词的云图

鉴于研究学科馆员的论文占了极大的比例，为了更好地分析图书馆学科化服务的研究概况，作者对未涉及学科馆员的论文的关键词进行专门统计。不包含关键词学科馆员及相关关键词如学科馆员制度的论文共有 1151 篇，占论文总数的 43.8%。1151 篇论文有关键词 1140 个，出现频次 3945 次，分别占总个数的 62.7% 和总频次的 43.9%。在 1140 个关键词中，出现 5 次以上的关键词有 113 个，比例为 9.9%，而 113 个词的出现频次占 1140 个词总频次的 64.2%。这从另一方面说明了研究的集中与分散现象。这 113 个关键词及其云图分别如表 3 和图 3 所示。通过表 3 和图 3，可以发现一些除学科馆员以外的研究主题显现出来，如学科导航、学科信息门户、文献资源建设、文献资源、网络资源、学科化服务等。

表3　不涉及学科馆员的论文中出现5次以上的高频关键词

关键词	词频	关键词	词频	关键词	词频	关键词	词频	关键词	词频	关键词	词频
高校图书馆	308	服务	25	文献信息服务	13	藏书结构	8	特色学科	6	图书资料	5
重点学科	239	信息资源	23	文献保障	12	特色馆藏	8	用户需求	6	文献	5
学科建设	163	学科化	21	信息共享空间	12	专业文献	8	建设模式	6	服务体系	5
图书馆	141	大学图书馆	21	数据库建设	11	网络信息	8	学科发展	6	特色数据库	5
学科导航	108	高等学校	21	Web2.0	11	创新	7	学科门户	6	学科资料室	5
信息服务	96	数据库	20	网络环境	11	对策	7	共建共享	6	数字资源	5
重点学科建设	78	个性化服务	20	网络信息资源	11	学科导航系统	7	知识组织	6	模式	5
文献资源建设	66	学科导航库	19	学科化信息服务	10	文献信息	7	网络	5	图书馆学	5
学科信息门户	64	学科	19	知识管理	10	图书采访	7	互联网	5	信息门户	5
学科化服务	61	建设	19	学科群	10	重点学科导航库	7	国家科学图书馆	5	医学图书馆	5
网络资源	56	CALIS	18	学科资源	9	学科专家	7	学科信息资源	5	图书馆员	5
文献资源	55	资源建设	18	信息导航	9	外文期刊	7	网络学术资源	5	信息素养	5
学科服务	46	资料室	17	图书馆管理	9	读者服务	7	博客	5	文献需求	5
知识服务	35	信息资源建设	17	资源整合	9	学科采访馆员	6	读者	5	信息素养教育	5
高校	35	医院图书馆	17	引文分析	9	虚拟图书馆	6	学科结构	5	图书馆建设	5
导航系统	32	学科分馆	16	期刊资源	9	保障体系	6	学科文献信息中心	5	信息重组	5
服务模式	29	专业资料室	14	网络资源导航	8	馆藏	6	整合	5	网络信息组织	5
高校资料室	28	馆藏建设	14	馆员	8	文献采访	6	文献服务	5	可持续发展	5
数字图书馆	27	信息组织	14	Wiki	8	藏书建设	6	文献资料	5		

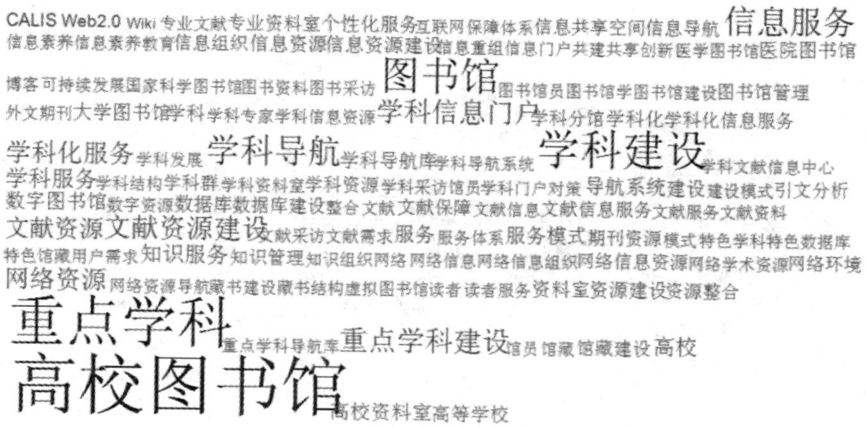

图3　不涉及学科馆员的论文113个高频关键词的云图

3.2　关键词共现分析

分别将前述102个关键词和113个关键词进行共现统计，得到关键词共现图谱，如图4、图5所示。在共现图谱中，集中度表明中心性，连线粗细表明联系强度。在图4中，学科馆员、高校图书馆是两个最大的中心，学科馆员制度、图书馆、学科建设、重点学科、重点学科建设、文献资源建设、文献资源、学科导航、信息服务、学科化服务、服务模式等成为另外较小的中心。在图5中，高校图书馆和重点学科是最大的中心，图书馆、学科建设、重点学科建设、学科化服务、学科导航、学科信息门户、高校、高等学校、信息服务、知识服务、文献资源、网络资源、专业资料室、资料室、高校资料室等成为另外较小的中心。这些词之间的共现强度也是比较高的。

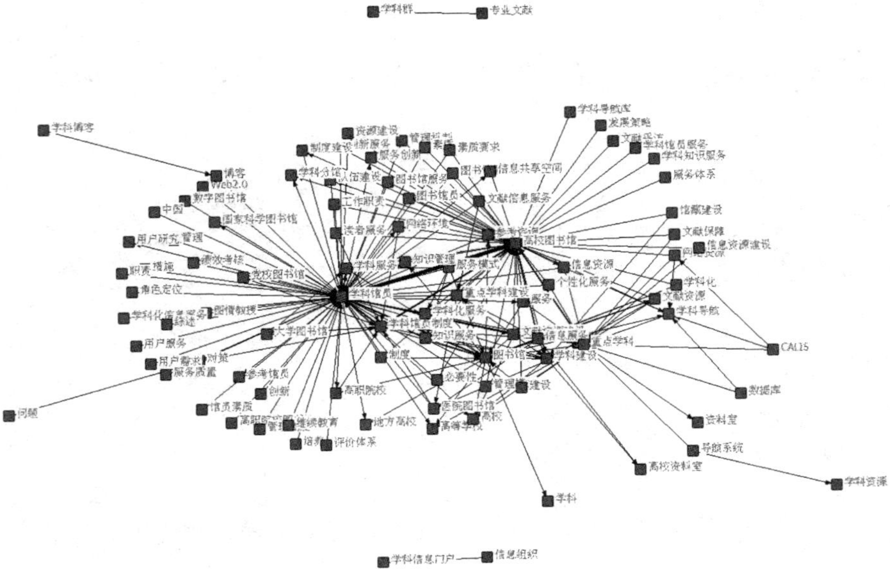

图4　全部论文中102个高频关键词的共现图谱

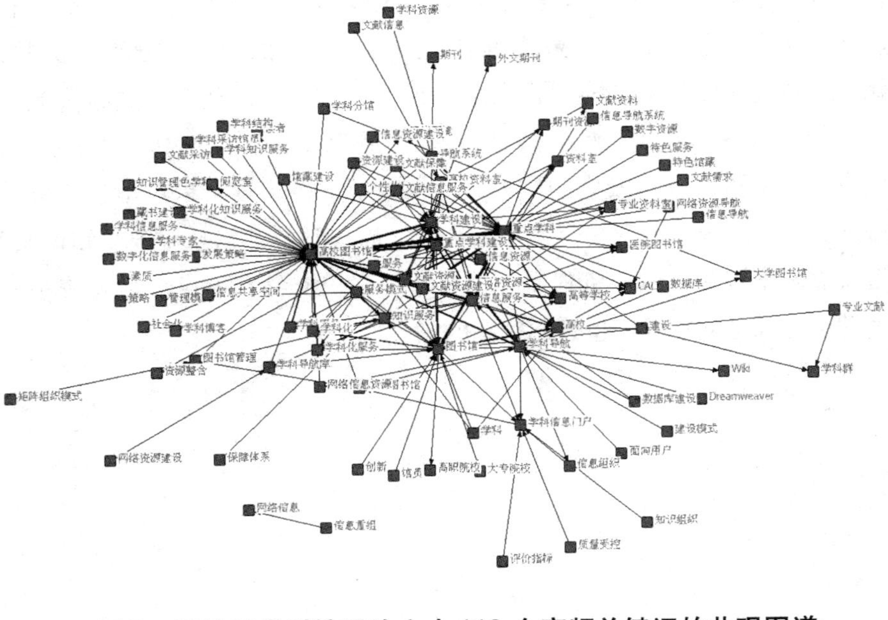

图5　不涉及学科馆员论文中113个高频关键词的共现图谱

3.3 关键词年度分布与增长

把每年的关键词频次统计出来倒排序，可以很清楚地看到当年的高频词。这些高频词反映了当年的研究重点。表4列出了1996年至2010年的高频词，根据关键词数量的不同，分别取前4、9、19个关键词。从表中历年的高频关键词可以看出，图书馆学科化服务的研究适应环境的变化，不断引入新的理念和技术，内容不断扩充和深化。像学科馆员、高校图书馆、图书馆、重点学科、重点学科建设、信息服务等年年都排在前面，这是学科化服务研究的基本重点；学科化服务研究内容从一般性探讨发展到研究具体的对象；研究对象从资源扩充到馆员、系统、基础设施等；资源从文献资源发展到网络资源、信息资源；服务从面向重点学科到普遍的学科化服务、个性化服务，从信息服务到知识服务；系统从学科导航到学科门户到Web2.0系统。

从关键词增长可以看出当年的研究热点。关键词增长的计算方法很多。文献列举了计算关键词增长的六种方法。不同的计算方法有不同的优缺点，可以满足不同的需求。表5列出了2000年到2010年每年新增的较高频次的关键词。表6列出了2000年到2010年每年较高增长率的关键词（用当年的频次减去上一年的频次后再除以上一年的频次，得到的是相对于上一年的增长率）。从两个表中可以看出，10年间，学科化服务研究的新热点不断出现，如2001年的“学科信息导航”、“学科馆员”，2003年的“学科馆员制度”，2004年的“学科信息门户”，2007年的“信息共享空间”，2009年的“学科知识服务”，2010年的“嵌入式学科服务”。有一些热点出现后快速增长，成为学科化服务研究的重点，如2001年的“学科信息导航”、“学科馆员”，2004年的“学科信息门户”等。

表 4 1996 – 2010 年度高频关键词

关键词	词频	关键词	词频	关键词	词频	关键词	词频	关键词	词频
2010		2009		2008		2007		2006	
学科馆员	232	学科馆员	224	学科馆员	214	学科馆员	187	学科馆员	123
高校图书馆	179	高校图书馆	157	高校图书馆	141	高校图书馆	103	高校图书馆	85
图书馆	69	图书馆	63	学科馆员制度	55	图书馆	48	学科馆员制度	43
学科服务	48	学科馆员制度	52	图书馆	42	学科馆员制度	47	图书馆	36
学科馆员制度	45	学科化服务	35	信息服务	32	信息服务	33	信息服务	34
学科建设	41	信息服务	31	学科建设	24	重点学科	27	重点学科	27
学科化服务	41	学科建设	26	重点学科	20	学科建设	20	学科建设	21
重点学科	36	重点学科	24	学科化服务	19	大学图书馆	16	学科导航	20
信息服务	31	学科服务	21	学科导航	18	学科信息门户	13	学科信息门户	17
服务模式	26	知识服务	18	服务模式	18	学科导航	13	重点学科建设	11
知识服务	20	重点学科建设	15	学科服务	15	学科化服务	8	网络资源	11
文献资源	16	学科导航	15	文献资源建设	15	知识服务	7	大学图书馆	10
重点学科建设	13	个性化服务	12	大学图书馆	14	网络环境	6	参考咨询	10
学科导航	12	服务模式	11	网络资源	9	建设	6	信息资源	9
学科化	11	服务	11	制度	8	服务	6	制度	8
高校	11	医院图书馆	10	学科信息门户	8	队伍建设	6	数字图书馆	8
个性化服务	10	文献资源建设	9	建设	8	参考咨询	6	参考馆员	7

续表

关键词	词频	关键词	词频	关键词	词频	关键词	词频	关键词	词频
服务	10	高校	9	高职院校	8	重点学科建设	5	医院图书馆	6
大学图书馆	10	网络资源	8	重点学科建设	6	制度建设	5	网络环境	6
2005		2004		2003		2002		2001	
学科馆员	98	学科馆员	64	高校图书馆	35	高校图书馆	16	重点学科	8
高校图书馆	86	高校图书馆	40	学科馆员	33	重点学科	12	高校图书馆	5
信息服务	29	重点学科	25	重点学科	20	学科馆员	10	信息服务	4
重点学科	28	图书馆	17	图书馆	15	学科建设	7	学科建设	3
学科馆员制度	20	信息服务	16	学科建设	13	学科导航	7	学科信息导航	2
学科建设	18	学科建设	13	信息服务	11	文献资源建设	5	学科馆员	2
图书馆	18	大学图书馆	12	重点学科建设	6	文献信息服务	5	信息重组	2
学科导航	11	学科馆员制度	9	学科馆员制度	5	网络资源	5	图书资料	2
文献资源建设	10	学科导航	7	文献资源建设	5	导航系统	5	图书馆	2
2000		1997		1999		1996		1998	
重点学科	5	重点学科	7	重点学科建设	5	文献资源	3	重点学科	2
信息服务	4	高校图书馆	3	重点学科	3	重点学科建设	2	重点学科建设	1
学科建设	3	文献资源建设	2	图书资料工作	2	重点学科	2	学科设置	1
高校图书馆	3	建设	2	高校图书馆	2	学科建设	2	信息服务	1

表 5　2000 –2010 年度新增高频关键词

新增关键词	词频	新增关键词	词频	新增关键词	词频	新增关键词	词频	新增关键词	词频
2009 –2010		2008 –2009		2007 –2008		2006 –2007		2005 –2006	
用户	4	学科知识服务	6	工作职责	5	建设	6	信息资源	9
引文分析	4	资源整合	5	创新	5	图书馆员	5	图书馆学	4
学科化知识服务	4	问题	4	现状	3	绩效考核	5	专业资料室	3
文献采访	4	文献保障	4	举措	3	资料室	4	知识管理	3
嵌入式学科服务	4	科技查新	4	高职院校图书馆	3	信息共享空间	4	党校图书馆	3
2004 –2005		2003 –2004		2002 –2003		2001 –2002		2000 –2001	
建设	5	文献资源	6	学科馆员制度	5	文献信息服务	5	学科信息导航	2
学科	4	个性化服务	4	服务	4	资料室	4	学科馆员	2
队伍建设	4	质量受控	3	参考咨询	4	读者服务	4	信息重组	2
创新服务	4	知识组织	3	素质	3	学科资源	3	图书资料	2
期刊资源	3	学科分馆	3	建设	3	虚拟图书馆	3	数据库	2

表 6　2000 –2010 年度高增长率关键词

关键词	增长率	关键词	增长率	关键词	增长率	关键词	增长率	关键词	增长率
2009 –2010		2008 –2009		2007 –2008		2006 –2007		2005 –2006	
高等学校	600.00%	学科	600.00%	制度	300.00%	学科化服务	700.00%	医院图书馆	500.00%
文献资源	433.33%	管理	500.00%	高职院校	300.00%	服务	500.00%	个性化服务	500.00%
学科导航库	400.00%	高校资料室	500.00%	素质要求	300.00%	队伍建设	500.00%	信息导航	300.00%
用户研究	300.00%	信息素养教育	400.00%	角色定位	300.00%	制度建设	400.00%	学科信息门户	240.00%
用户服务	300.00%	新建本科院校	300.00%	文献资源建设	275.00%	服务创新	400.00%	参考咨询	233.33%
2004 –2005		2003 –2004		2002 –2003		2001 –2002		2000 –2001	
服务	300.00%	学科信息门户	500.00%	图书馆	275.00%	学科导航	600.00%	图书馆	100.00%
重点学科导航库	200.00%	制度	400.00%	信息服务	266.67%	学科馆员	400.00%	高等学校	100.00%
文献保障	200.00%	图书馆员	300.00%	学科馆员	230.00%	文献资源建设	400.00%	高校图书馆	66.67%
工作职责	200.00%	特色数据库	300.00%	文献保障	200.00%	网络资源	400.00%	重点学科	60.00%
文献资源建设	150.00%	知识管理	200.00%	高校图书馆	118.75%	导航系统	400.00%	信息服务	0.00%

3.4　核心关键词分析

关键词从功能上分为三类：限制性关键词、主题性关键词、槽关键词。限制性关键词主要限定研究的范畴，以时间、地区等限制性名词居多。主题性关键词主要反映文章主题内容，主题性关键词从类的概念上又分为上位类关键词、同位类关键词和下位类关键词。同位类关键词相当于主题词，上位类关键词是反映文章的类属，而下位类关键词反映主题的细分。槽关键词反映主题的研究侧面，如设计实现、比较研究、现状、发展趋势等，同一个主题不同的研究侧面会使文章内容有很大的不同。

核心关键词是指在一定时间范围内，研究人员关注较多的较为固定的最能体现学科特征的关键词。从上述高频关键词表、高频关键词云图、高频关键词共现图谱中，可以得到学科化服务研究的核心关键词列表，同时按照上述关键词类别进行分类，如表 7 所示。

表 7　核心关键词

限制性关键词	主题性关键词
高校图书馆、图书馆、大学图书馆、高校、高等学校	学科馆员、学科馆员制度、重点学科、学科建设、重点学科建设、信息服务、学科化服务、学科服务、知识服务、个性化服务、学科导航、学科信息门户、文献资源建设、文献资源、网络资源、信息资源建设、高校资料室、资料室、专业资料室、信息共享空间等

依据上述图、表，并对核心关键词进行归类，可以看出学科化服务研究的主要来源是高校图书馆，其目的是为了服务学科建设特别是重点学科建设，其核心研究内容是学科馆员及学科馆员制度，其他内容包括服务模式如学科化服务、个性化服务、知识服务，服务资源如文献资源、网络资源，服务系统如导航系统、门户系统，服务环境如资料室、分馆、信息共享空间等，研究内容已经涉及图书馆的各个要素。

4　图书馆学科化服务研究概况

上述统计分析，较为清楚地勾勒了图书馆学科化服务的研究概况。图书馆学科化服务研究发端于 80 年代，当时图书馆已经意识到应该面向学科进行馆藏建设与组织，并提出了学科馆员的概念。在90年代研究逐渐增多，研究内容主要探讨如何面向重点学科提供服务，核心是面向重点学科的文献资源建设，其他有空间的改造，如分馆、资料室、阅览室的学科化，人员的调整，如设立学科馆员。进入2000年以后，面对信息环境、用户需求的挑战，学科化服务的研究迅猛增长，其特点主要有如下几点：

1. 高校图书馆是学科化服务研究发源地和主要阵地。这在前面的云图和共现图谱中有明显的体现。近年来专业图书馆和公共图书馆对学科化服务也有涉及，在关键词统计中医学图书馆出现12次，专业图书馆出现8次，公共图书馆出现6次，均出现在2002年特别是2004年以后。在统计中，发现国家科学图书馆出现13次，CALIS出现19次，是出现次数较高的实体，说明它们的学科化服务研究与实践具有典型性。

2. 学科馆员是学科化服务研究的主要核心。在全部的论文中，涉及学科馆员的论文占了56.2%；学科馆员相关关键词共计34个；其中学科馆员、学科馆员制度两个关键词的出现频次占总频次的17.3%。从共词图谱图4可以看出，学科馆员、学科馆员制度的研究已经涉及方方面面，如学科馆员的服务内容、服务手段、服务评价、制度建设、岗位职责、考核评价等。

3. 如何面向学科建设特别是重点学科建设提供服务一直是学科化服务研究主要目的。在历年的高频关键词中重点学科建设、重点学科、学科建设一直都排在前列。但是明确的学科化服务概念直到2006年之后才出现，学科化服务出现在2006年，学科化信息服务出现在2007年，学科化知识服务出现在2010年，这些关键词出现后成为高频关键词。

4. 面向学科的资源建设是学科化服务研究的首要问题、基础问题。早期的学科化服务研究的核心就是文献资源建设。在所有的关键词中，包含资源的关键词有105个，词频合计441次，涉及资源的建设、组织、整合等，资源类型包括文献资源、网络资源、数字资源等。此外，涉及数据库的关键词有19个。

5. 图书馆的学科化服务不断引进新的技术，构建各种服务系统。关键词学科导航出现于2001年，学科信息门户出现于2002年，web2.0、博客、Wiki出现于2006年，这些关键词出现后一直存在，并具备较高的出现频次。

6. 图书馆的学科化服务不断引进新理念，如信息共享空间、图书馆2.0、个性化服务、知识服务、嵌入式学科服务等。

7. 学科化服务研究已经涉及图书馆的各个要素。前面几点已经论及馆员、资源、服务系统。此外，关于学科资料室、学科分馆的研究也是学科化服务研究的一个重点，相关的关键词也具有较高的频次，这是图书馆的基础设施。同时从年度新增高频关键词表（表5）、年度高增长率关键词表（表6）中可以看到与用户有关的关键词如用户、用户研究、用户需求也已经出现。

5　结论

通过对近30年来图书馆学科化服务研究论文的关键词统计分析，可以看到图书馆学科化服务作为新环境下图书馆服务的延伸与扩展，已经成为图书情报学的一个重要的研究领域，其研究呈现数量不断增长与内容不断扩充、深化的态势。

参考文献

[1] 范广兵，初景利．泛在图书馆与学科化服务［J］．图书情报工作，2008，52（1）：105－108.

[2] 尹相旭，张更平等．基于关键词统计的情报学研究现状分析［J］．情报杂志，2009（11）：1－3.

[3] 王翠英．对2000－2005年图书馆核心竞争力的统计分析［J］．科技情报开发与经济，2007，（12）：9－11.

[4] 李长玲，支岭等．我国情报学研究进展——基于期刊论文关键词的统计分析［J］．图书情报工作，2010，54（24）：31－36.

[5] 杨峰．从科学计算可视化到信息可视化［J］．情报杂志，2007（1）：18－20.

[6] 化柏林．图书情报学核心期刊论文关键词计量分析研究（下）［J］．情报科学，2007，25（8）：1176－1178，1189.

[7] 马费成，张勤．国内外基于知识管理研究热点—基于词频的统计分析．情报学报，2006，25（2）：163－171.

第二部分

资源建设与组织

国外机构库建设发展及其对我国的影响

裴志宏[*]　陈　琳[**]

摘　要　机构库是用来保存本机构学术研究成果并提供使用的平台。本文通过 OpenDOAR 以及其他组织机构的调研报告、研究论文的内容，对当前国外机构库发展概况、机构库文献资源建设情况、软件系统平台的搭建、人力资源的配置、管理规则的制订等情况进行了简单调查，并对这些数据进行简要分析，以期为我国相关部门机构库建设提供一些参考。

关键词　机构库　机构库发展　机构库建设　服务模式

SPARC（The Scholarly Publishing and Academic Resources Coalition，学术出版和学术资源联盟）将大学里建立的机构库定义为："存储机构内教职员、研究人员与学生智慧结晶的数字化存储系统，并尽可能没有限制地向机构内外的一般使用者提供开放使用。换句话说，机构库的内涵就是：机构为主的、学术的、永久积累的、开放且可互相沟通的。"自 2000 年研究和实践逐渐兴起，机构库因能够长久保存本机构学术研究成果并为沟通交流提供良好的平台获得了长足发展，截至 2011 年 5 月底，在 OpenDOAR 登记的机构库数量已达到 1960，发展态势良好。然而国内图书馆界自 2004 年将机构库引介进来后，相关的研究和理论实践发展都较为滞后，如到 2010 年，关于机构库的研究论文在 CNKI 中检索不到百篇，在 OpenDOAR 上以中国大陆地区名义注册的机构库仅有 3 家。本文通过检索 OpenDOAR 以及其他组织机构调研报告、研究论文的内容，期望呈现

*　裴志宏，中共河北省委党校图书馆，馆长。

**　陈琳，中共河北省委党校图书馆，馆员。

当今世界机构库建设发展概况，并对这些数据进行简要分析，以期对我国相关部门构建机构库提供一些参考。

1 2006 年以来国外机构库建设发展概况

从图 1 可以看出，自 2006 年以来，机构库基本以平均每年新建 300 多个的速度持续增长（2006 年跨越式增长源于多个机构库的重建改版，所以 2007 年以后的数据更能反应机构库建设的真实情况），到 2011 年 5 月，全球已有 1960 个机构库在 OpenDOAR 上登记注册。

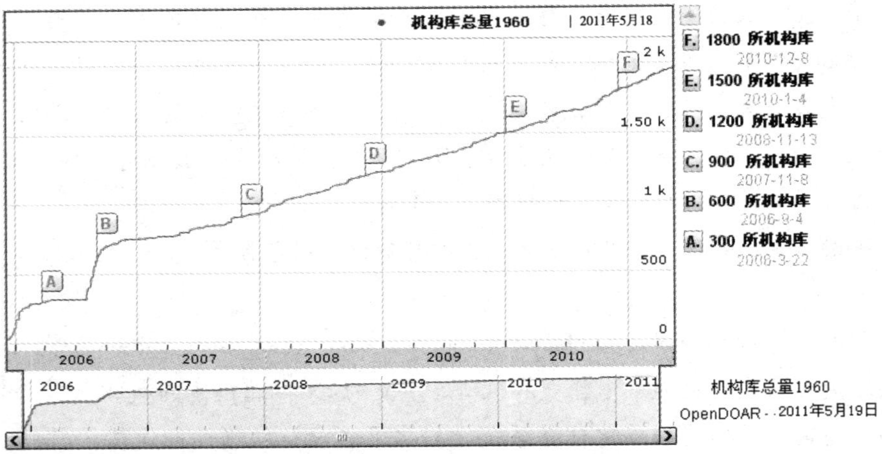

图 1 2006 年以来 OpenDOAR Database 统计的国内外机构库数量

如图 2 所示，有近 60% 的机构库由欧美国家建立，其中美国、英国、西班牙、德国等国家或独自或通过合作建立的机构库，是建设的主要力量。亚洲地区的机构库主要集中在日本和我国台湾地区。目前，大学和研究机构是建立机构库的主体，也有少部分机构库由非营利组织、政府机构建立。

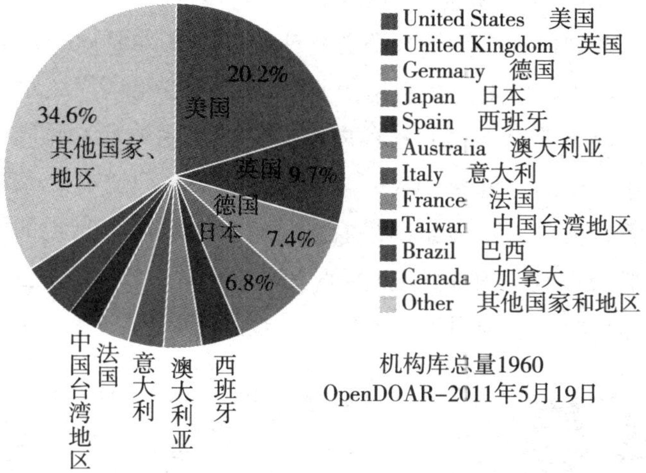

图2 建立机构库的国家地区分布图

2 机构库资源建设与系统平台的搭建

2.1 机构库类型

OpenDOAJ 将机构库划分成四种类型（见图 3）：（1）单位机构库（Institutional Repository）：以某一机构或某部门为单位建立的机构库。大多数机构以本单位文献为基础建立机构库，因此，这种类型是建设主体，占全部机构库的 80% 左右。（2）学科机构库（Disciplinary repository）：跨机构以学科内容为主题建立的机构库。如美国矿物学家晶体结构数据库（American Mineralogist Crystal Structure Database），动物生理学和畜牧系统资料库（Animal Physiology and Livestock Systems Archive）、考古学数据服务中心（Archaeology Data Service）等。（3）聚合机构库（Aggregating Repository）：利用技术手段将几个机构库联结起来实现共同使用的机构库。以（ALADIN Research Commons，ALADIN）为例，这个聚合型机构库是在华盛顿研究图书馆联盟的基础上建立起来的，由联盟中的 7 个地方性机构库组成。既可以进行 7 个机构库的统一检索，也可以独立检索联盟中某一机构文献，类似的聚合型机构库还有欧洲交通运输机构库（Association for European Transport Repository）、欧洲研究论文资料库（European Research Papers Archive，ERPA）、俄亥俄电子论文中心（OhioLINK Electronic Thesis and Dissertation Center）等。(4）政府机构库（Govermental Repository)：指专门用来保存政府信息的机构库。如伊利诺伊州电子文档计划（Illinois Electronic Documents Initiative，ILEDI）该机构库是由伊利诺伊州图书馆和伊利诺伊大学香槟分校共同建立的，主要保存州政府发布的各种内容文件。其他类型的政府库还包括如马萨诸塞州图书馆机构库（State Library of Massachusetts）使用DSpace架构，保存本州政府行政管理文件。从检索结果看，虽然保存政府信息类的机构库建立的比较少（只占整体调查机构库总数的4%左右，46个)，但建立这些机构库的国家在地理上分布广泛，有美国、西班牙、英国、俄罗斯、法国、波兰等。

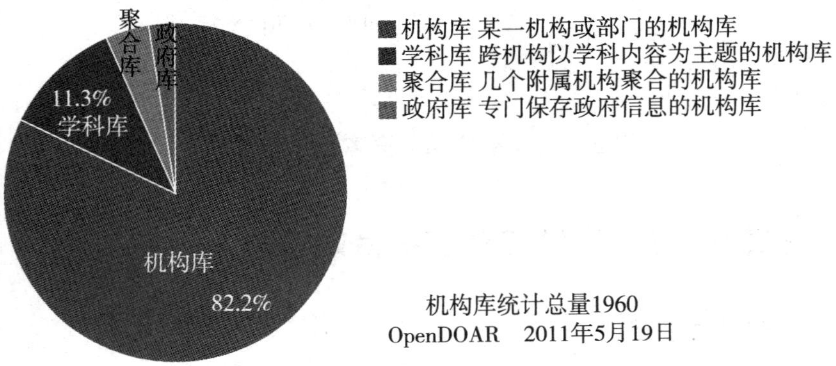

图3　机构库的类型

2.2　机构库保存资源的主要学科类型

从统计情况看（见表1)，大多数机构库保存多学科主题内容的文献。以某一学科为主题的建设的机构库中，以医药卫生、计算机科学、技术为主题的自然科学机构库多于以历史、法律、商业经济为主题的社会科学类机构库。

表1　机构库主题学科分布

自然科学		社会科学	
多学科交叉	1252	艺术与人文科学总论	61
科学总论	120	美术和表演艺术	52
农业、食品和兽医学	47	地理与地区研究	76
生物和生化	67	历史与考古	123

续表

自然科学		社会科学	
化学和化学技术	37	语言与文学	48
地球空间科学	32	哲学与宗教	52
生态环境科学	57	社会科学总论	91
数学、统计学	45	商业与经济学	85
物理学天文学	48	教育学	68
医药卫生	145	法律与政治学	88
技术总论	106	图书馆信息科学	70
建筑	16	管理科学	43
土木工程	15	心理学	24
计算机信息技术	93		
电子电工	26		
机械设计与材料	34		
总计	2140		881

2.3　机构库保存的主要信息资源的类型

机构库为长期保存和使用本机构研究成果提供平台。它收藏文字、声像等多种类型的文献资源。机构库将本机构研究成果进行收集、整理、保存和提供利用，能够促进机构内外的学术交流，展示机构研究活动的科学性、社会性和经济性，并可增加机构的透明度和学术地位，以及机构对社会的价值。通常，机构库收集整理的文献类型包括：（1）机构研究人员学术期刊论文（2）国内外学术会议论文（3）博硕士学位论文（4）各类出版未出版的研究报告技术报告（5）论文预刊本（Preprints）和后刊本（Postprints）（6）图书期刊等电子出版物（7）收藏的教学资源，如教案、笔记、手稿、图片等（8）灰色文献

从 OpenDOAR 统计来看（见图 4），大部分机构库以保存机构的期刊论文和学位论文以及本单位的研究报告、工作文件为主。少部分机构库也保存声像资料和数据集、专利等特殊类型的信息资源。大多数机构库可通过英语访问使用。

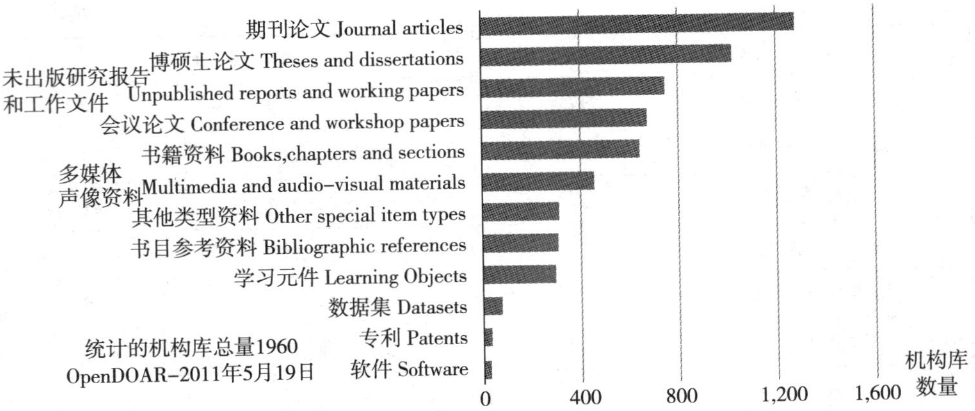

图 4　机构库保存的信息资源的类型

2.4　构建机构库的系统平台

机构库系统软件主要可以分为 4 类：①专用系统，这类系统是机构库研究项目的成果，如 eScholarship、JISC IE、Knowledge Bank 等；②开放源码和免费的系统，如 DSpace、EPrints、Fedora、Archimede、CDSware 等；③商业系统，如 Documentum、Bepress、UMI/ProQuest 研制的 Digital Commons、DiMeMa 公司研制的 CONTENTdm、Innovative 公司的 DRM、BioMed 中心的 Open Repository 等；④混合型的系统，如 VTLS 公司的 Vital 等。选择系统平台的重要影响因素是经济成本，如图 5 所示，根据 OpenDOAR 检索，目前大多数机构库都使用开源软件作为搭建平台，使用最多的开源软件有 DSpace、EPrints 等，德国则广泛使用 OPUS 软件平台。商业系统软件 Digital Commons 在世界范围内虽然应用相对较少，但在美国应用较为广泛。

通过对以上这些系统软件的功能分析，可以看出，机构库选择软件平台时通常考虑的功能性因素包括：（1）系统与商业搜索引擎的对接，如 google、Bing 等，能够提供全文检索。（2）应能够将机构现有系统中存储的资料顺利转入新的机构库。（3）可处理文字、声像等多种类型的信息资源。（4）支持 OAI，支持多机构库的对接联通。（5）系统可呈现单一系所、研究室、研究者不同部门研究成果，并能依据各下属部门要求，为分部门提供个性化的操作、管理功能。（6）能处理著作权、使用权的权限分配和管理。

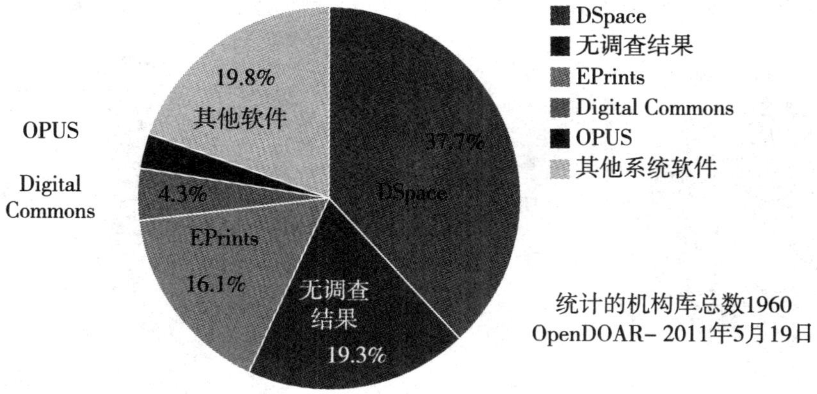

图5　搭建机构库使用的软件系统

3　机构库管理问题

3.1　机构库管理岗位的设置

人力资源配置是机构库建立和管理维护需要考虑的重要问题，有研究者使用问卷调查的方法调研了 ARL 的 40 所成员馆机构库建设情况。调查显示，40 所高校中有 35 所建立了自己的机构库，有 27 所回复设置了机构库方面的岗位，一般设置 1 - 2 个岗位，也有些设置了 5 - 7 个岗位，如加州大学图书馆、密歇根大学图书馆和罗杰斯大学图书馆。根据台湾大学图书馆机构库建设经验，目前国内外机构库建设中设置的岗位主要有三种类型：（1）信息服务岗，负责培训机构库的资源提供者、使用者，机构库内容管理，机构库的服务宣传，与学术出版交流机构沟通合作。（2）技术岗，负责系统的安装、测试、安全监控，与服务部门合作为服务提供技术支持。（3）行政管理岗，主要有两项职责，一是政策管理、经费规划等，二是著作权确认和管理。这些岗位大多于 2006 年以后设立。

3.2　机构库管理政策管理规则的制订

OpenDOAR 统计除统计机构库的数量类型等基本信息外，也考察机构库是否有明确的运行管理规则，包括：内容管理规则、内容提交规则、元数据使用规则、信息资源使用规则和数据保存规则。从调查结果看（见图6），目前，大部分机构库还没有制订涉及方方面面的明确的管理规则。

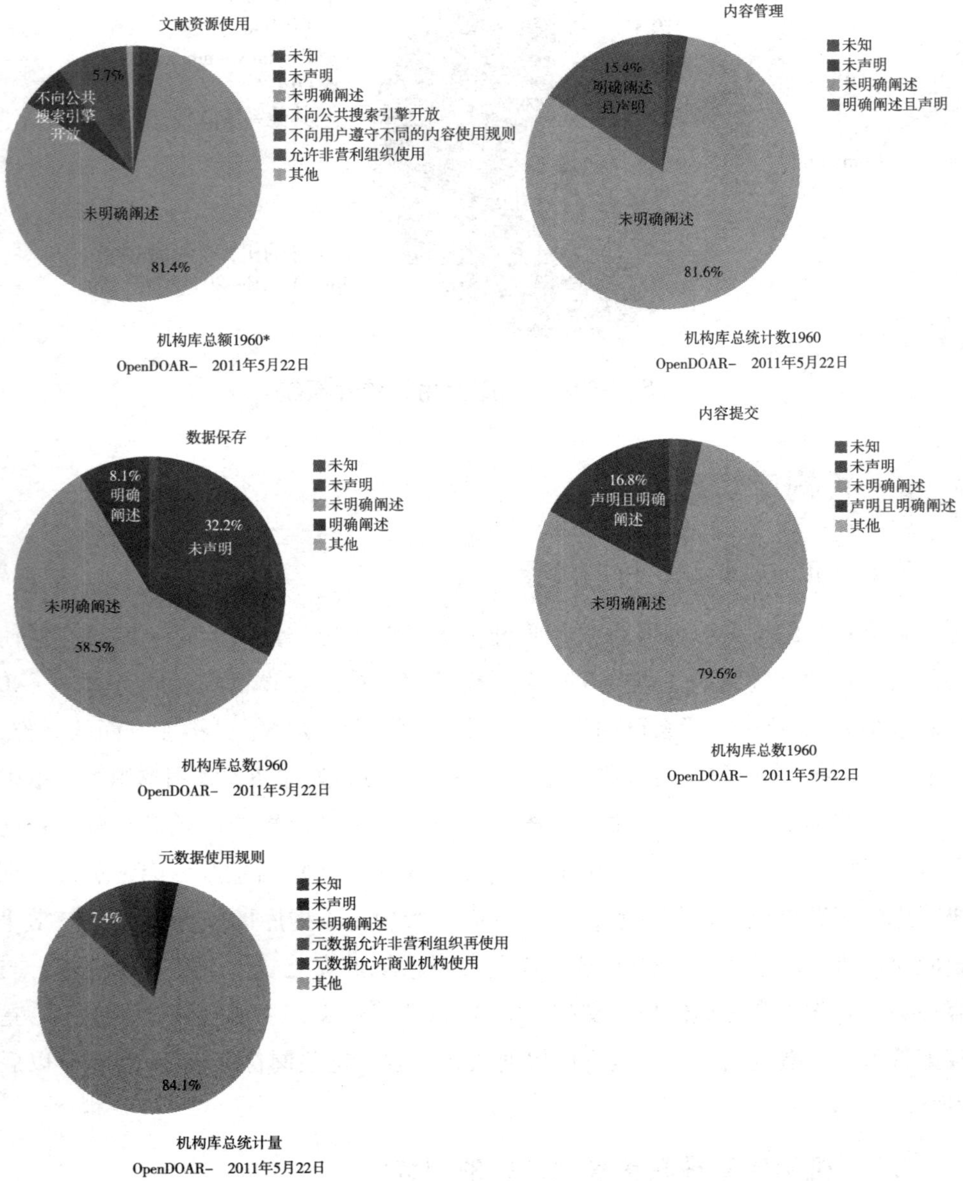

图6　机构库管理规则制订情况

4 结论与思考

从前文的收集的数据和实施情况来看，世界范围的机构库建设进入了稳步增长时期，然而，机构库在我国发展缓慢。有研究指出，我国在机构库建设在相关政策及法律支持、确定资源的收集范围和模式、知识产权管理、系统平台选择和功能实现、运行成本控制等方面存在问题。亟待在实践和研究中形成一个比较系统、成熟的机构库构建、运行、管理和长期维护的模式。

关于资源建设，机构库可保存多类型、多学科的文献资源。具体到某个机构库，则应根据本机构的性质和建设目的以及现实条件的制约，对保存的内容范围进行限定。比如要确定是否收录多媒体文献信息，是否收录多种类型的灰色文献（内部报告、调查报告、研究报告、学术会议），专业性较强的研究机构是否收录本专业领域之外的研究成果。

关于软件系统平台的选择，如果选择免费开放软件，就会面临无法获得售后技术服务支持与维护、技术馆员对系统的学习和使用能力不可控、元数据自动产生与开放使用的设置、存储空间庞大以及使用免费系统软件是否侵犯知识产权等问题。同时，有些机构库无法承受使用商业系统软件需要支付的巨大成本。因此，综合考量国内外机构库建设经验，仔细分析系统软件的性能、使用情况，是机构库建设的关键工作。

关于知识产权管理，除了系统软件的知识产权问题外，最重要的就是机构库保存的信息资源的产权问题。虽然机构库建设的目的就是为了通过开放获取促进学术交流，但并不排斥受限存取。机构库在知识产权方管理方面的目的是：机构库作为开放获取资源的平台，也要积极寻求解决资源提供者与资源使用者之间的利益平衡。这就需要机构库制订周详的资源提交流程规范、明确资源提供者、使用者、机构以及机构库建设合作者的权利义务，同时，也需要加强机构库资源的增值应用。

无论是资源建设、知识产权管理，还是系统平台的选择搭建，机构库的有效建立和发展始终要建立在高效管理的基础上。高效管理需要制订明确的管理规则、建立合理的管理制度和有力的实施推动。从目前国内外机构库建设情况看，大部分机构库还没有制订比较系统详尽的涉及各个环节的管理政策，在管理方法管理实践上仍有很多事要做。除此之外，机构库建设所需各类型人才的选用和后期培训，同类机构库之间联盟合作的建立，长期发展规划的制订，长远稳定的建设经费，机构库营销宣传、推广使用都是机构库建设发展中需要思考的管理问题。

参考文献

[1] Crow，R.（2002）. The Case for Institutional Repositories：A SPARC Position Paper. http：//www. arl. org/sparc/bm ~ doc/ir_ final_ release_ 102. pdf.

[2] 权威开放存取机构库名录 [EB/OL]. http：//www. opendoar. org/.

[3] 张巧娜. 我国大陆机构库实践的“冷现象”研究 [J]. 北京：大学图书馆学，2010（6）48 -52.

[4] 陈韬. 机构知识库对图书馆的作用 [N]. 新华书目报·图书馆专刊，2007 - 02 - 18（C7）.

[5] Dspace 网站. http：//www. dspace. org/.

[6] Open Society Institute. A Guide to Institutional Repository SoftwareV3. 0 [EB/OL]. http：//www. soros. org/openaccess//softw are/.

[7] 姜瑞其. 国外机构库发展概况 [J]. 图书情报工作，2005（11）：142 - 145.

[8] 叶兰，初景利. 大学图书馆学术交流及机构库的岗位设置分析 [J]. 图书情报知识，2010（5）：87 -92.

[9] Job Description：DSpace System Manager [EB/OL]. http：//www. dspace. org/index. php?/DSpace Implementors/implement/system. html.

[10] 李广建，黄永文，张丽. IR：现状、体系结构与发展趋势 [J]. 情报学报，2006（2）：236 -241.

[11] 郭少友. 机构库建设的若干问题研究 [J]. 中国图书馆学报，2006（1）：77 -80.

[12] 柯平，王颖洁. 机构知识库的发展研究 [J]. 图书馆论坛，2006（6）：243 -248.

[13] 袁顺波，董文鸳，李宾. 西方机构库研究的现状及启示 [J]. 图书馆杂志，2006（8）：4 -8.

案例库——党校图书馆亟待建设的特色数据库

谭春花[*]　莫　敏[**]

摘　要　因为党校学员的特殊性，案例教学法愈来愈受到党校教师的重视和应用。而党校图书馆作为教学科研的重要辅助部门，建立案例特色数据库，是党校图书馆义不容辞的责任和义务。

关键词　案例教学　党校图书馆　数据库

随着计算机和网络的飞速发展，信息革命的浪潮改变了世界。如今人们可以方便、快捷、轻松地从网络等多重渠道获得自己需要的信息。传统的信息集散地——图书馆的作用削弱，地位受到严重挑战。各级图书馆明确意识到这个严峻问题，故而纷纷加大了对网络和数据库建设的投入，在满足读者传统的借阅和报刊阅览服务外，更注重建设各种各样的特色数据库，以特色信息服务取胜。党校图书馆亦是如此。因为党校学员的特殊性，党校的教学有不同于普通高校的特点。党校教学中，案例教学法能最为直接、有效地在短时间内将学员需要的东西教给他们，使他们的理论水平和实际工作能力得到提升。因此，党校图书馆建设特色数据库，应该本着更好为教学科研服务的目的，重点加强案例库的建设。

1　案例教学法的由来

案例教学法（case methods of teaching），是把已经发生或将来可能发生的问题作为个案形式让学员去分析和研究，并提出各种解决问题的方案，从而培养和增强学员知识能力，提高学员解决实际问题能力的一种教学方法。这种教学

*　谭春花，女，1967 年生，四川省委党校、四川行政学院图书馆，副研究馆员，期刊部主任。

**　莫敏，女，1959 年生，四川省委党校、四川行政学院图书馆，馆员。

法起源于法学界和医学界，其后延伸到管理学界。最后广泛推广运用于法学、军事学、教育学、管理学等学科。实行案例教学法最有成效的是哈佛商学院。1910 年，科波兰德博士在哈佛大学商学院率先使用案例讨论法进行管理学教学，1912 年，哈佛大学 MBA 课程首次采用个案教学模式，1921 年，科波兰德出版了第一本案例集，并全力在哈佛商学院推广，由此奠定了案例教学法用于管理学教学的实践基础。现在，美国哈佛工商学院工商管理的案例中心（Intercollegiate Case Clearing House）每年都要派人前往美国各地收集案例、选编案例，已储备了数十万的教学案例。哈佛法学院的案例库中有五万多个案例供校内外教师使用。一个哈佛商学院的学员一年要分析学习 800 多个商业案例，提出不同的解决方案。案例教学法应该是哈佛商学院成为全世界最好商学院的一个非常重要的原因吧。

2　党校图书馆建设案例库的必要性

案例教学法的最大优点在于它通过教师和学生的互动，增强学生学习的自觉性，提高学生分析问题和解决问题的能力，从而能够帮助学生学以致用，解决学生理论学习和实践脱节的问题。各级省委党校因为其学员的特殊性，案例教学法更有必要大力推广应用。而作为教学重要的辅助部门，图书馆应该而且必须担当起案例库的建设的责任，以为教学提供生动典型的案例为己任。

党校学员的特点及其教学需求主要有以下几点：

1. 党校学员主要来自基层，实践经验丰富，但相关领域理论水平大多有待于提高。教师要在短时间内系统灌输给他们相关领域理论知识，单纯讲授理论，学员难免觉得枯燥难懂，不易记忆。如果教师能从图书馆的案例库中查找到生动具体的案例，课堂上结合理论知识进行教学、点评，同时发动学员就案例互相讨论，他们就能迅速领会并掌握理论知识精髓，提高理论水平。2011 年 6 月 21 日，中央外宣办举行新闻发布会，中央党校副校长陈宝生介绍了中国共产党的干部教育、培训工作情况，以及党校的部分课程设置内容。他指出：中央党校在课程设置上始终把反腐倡廉建设作为重点，党校教育首先从理论教育入手，相关课程包括反腐倡廉的理论课程、反腐倡廉制度的研讨、反腐倡廉经验教训的总结、反腐倡廉的案例分析，以及境外其他国家反腐倡廉方面一些案例的学习。由此可见，案例对党校教育的重要性。

2. 党校学员多为省市县级部门领导，分管各个专门部门，担负重要职责，希望通过党校的学习，提高工作能力。他们强烈盼望通过在党校的学习，能够用理论回答现实问题，提供解决问题的观点、思路和方法，能够对社会热点和难点问题有比较清晰的看法，找到有效对策，以提高自己的实际工作能力。具体的案例可以提供解决同类型实际问题的思路，特别是社会热点和难点问题，如果有案例可以借鉴，就可以从中发现总结经验和教训，以使以后处理实际问题更有理论依据和实践经验。这方面山东党校有过很成功的一次案例教学。2008 年 4 月山东胶济铁路在山东淄博境内发生了两列火车相撞的特大交通事故，事故造成 72 人死亡，416 人受伤，其中重伤 74 人。事故发生后，党中央、国务院和山东省委、省政府、铁道部以及淄博市委、市政府高度重视，迅速启动应急预案，快速反应，科学决策，全力以赴，仅用 20 多天就成功处置了这次特大交通事故。事后，山东省委党校专门成立了由分管教学的副校长任组长、得力教师任成员的教学课题组，在多个班次分别组织实施了“4. 28”胶济铁路特大交通事故成功处置案例教学，取得了较好教学效果。学员普遍反映案例教学组织周密，内容丰富，形式科学，以真实案例为素材，增强了案例教学的针对性、现实性，在系统把握突发事件应急管理基本理论知识的基础上，明确了应对突发事件的思路和方法，对于处置类似突发事件具有较大借鉴意义。

3. 党校学员最主要的一个特点是学习时间短，以短期培训为主。因为他们担任各部门重要领导职务，工作繁忙，不可能专门抽出一年几年的时间来党校脱产学习。以四川省委党校为例，2010 年共计共举办 154 期轮（培）训班次，培训学员 13382 人。每个班长则 3 个月，短的只有十来天，要在短短的几个月甚至 1 至 20 天内达到培训效果，最有效的方法是用生动、典型的案例做为引子，教学简明易懂，把理论知识灌输给学员。学员接受快，不易忘。

3　党校图书馆收集案例的原则

案例要能在教学中起到让学员学时有兴趣、学过有收获的作用，就不是什么具体的事件都能作为案例的。案例的收集不能随心所欲，不能只图数量，面对网络、报刊等信息来源发布的如海的信息量，要从中发现、筛选出真正对党校教学有帮助和作用的东西，必须在案例选取的过程中把握好以下几个基本原则：

1. 专题性。针对国家和社会发展中的重大问题，针对党校培训班次的对象以及多数学员感到困惑的问题，一个一个分专题收集。如反腐倡廉专题案例的收集；如新农村建设专题案例……图书馆一定要提前和教学部门联系，了解下一学期将要开设那些专题的短训班次，有针对性地收集相关案例，补充进案例库。

2. 典型性。案例的典型性是指收集的案例要具有普遍适用性，这是选择收集案例最重要的原则。只有具有典型性，才能反映某一门学科或某一类资源的特点，并能作为同类事件的代表。其处理方式、解决办法才具有可借鉴性。如群体性事件的预防和处置案例方面，较为典型的有 2005 年的安徽池州事件和 2007 年湖南永州事件等。而在突发事件的应急处理方面，远期来讲，上文提到的对 2008 年 4 月山东胶济铁路在山东淄博境内发生的两列火车相撞的特大交通事故的处理是可借鉴的应急处理典范。近期，2008 年的四川汶川大地震，更是灾害应急处理的典型。

3. 时效性。某些案例，当时很具有典型性，很有教学意义。随着时间的推移，形势发生变化，其内容可能会陈旧过时，缺少时代特色，这就失去了它的典型性，学员学习参与案例的积极性就会降低。党校图书馆要加强对案例的研究，案例库中应不断更换补充新鲜的案例，确保案例的时效性。

4　党校图书馆收集案例的主要渠道

1. 公开报刊和网络资源。对于当前热点问题，报刊资料和网络中多有涉及。特别是网络，总是能及时反映最新的热点。目前，党校图书馆基本都已经实行办公电脑化，上网是非常方便的事情。而拥有的报纸杂志数量也是其他部门无法相比的。工作人员要随时关注网络和报刊上的信息，及时搜集典型事例，经过整理，编入案例库。这类案例多是描述型的，学习性较强。例如今年 6 月 17 日，网上报道“广东增城通报称对聚众滋事事件没有开一枪一弹”：广州市和增城市各相关部门按照“平息事件、化解矛盾、稳定秩序、健全机制”的总要求，积极应对处置“6.11”大敦村聚众滋事事件。在平息事件过程中，做到了“三个照常六个没有”。这类具有一定典型性的案例要及时收集整理、录入案例库。

2. 内部资料。党校不同于普通院校，它的内部资料相对较多，较有特点。比较典型的如党校一般在新学期开学和毕业典礼上，都要邀请有关负责同志做报告，也常请省委书记、省财政金融等部门的负责人就反腐败、省情省况、经济体制改革、财政和金融体制改革等做专题报告，这些涉及到当前党的大政方针、重大时事，改革开放中要突出解决的各类问题，其中往往蕴含生动鲜活的事例。有的事例仅在党校系统内发布，不在社会上公开传播，这是党校有别于其他院校的特殊之处，图书馆工作人员对此要有足够的重视，及时整理专题报告，提炼出典型案例。

3. 学员带来的具体案例。党校的学员一般来自各级各部门的领导岗位，工作中会遇到各种各样典型个案，在校学习期间，可以鼓励他们写出来，用于课堂讨论和经验交流。然后整理汇编成案例。

4. 编辑案例。根据相关资源，依据教学需要，创设一定的情景，图书馆工作人员主动和教师配合，自己动手进行编辑组合成一个新的案例。

综上所述，哈佛商学院的成功证明了案例教学的独特优势。党校学员的特殊性决定了案例教学法在党校教学中有着不可替代的重要作用，所以作为教学重要的辅助部门，党校图书馆应大力加强案例库的建设，遵循一定原则，多渠道收集案例，加以整理、分类。本着更好地为教学科研服务的目的，为教师教学和学员学习研讨提供生动典型的案例，帮助党校学员在短期的学习时间内领会理论知识的精髓，有效地提高自己的实际工作能力。图书馆因此才有独特的信息资源优势，凸显图书馆无可替代的特色服务，对教师和学员更有吸引力。

参考文献

[1] 张惠颖，苗楠，李光磊. 电子商务案例调研及案例库建设［J］. 哈尔滨商业大学学报，2004（5）.

[2] 中央党校首次披露课程设置反腐引进国外案例［EB/OL］. http://news. qq. com/a/20110622/000113. htm?pgv_ ref = aio,2011 -6 -22.

[3] 中央党校哲学教研部课题组. 特点、规律与创新党校教育［J］. 中共中央党校学报，2009（4）.

[4] 郭振中. 在领导干部培训中实施案例教学的体会［J］. 山东行政学院山东经济管理干部学院学报，2009（2）.

[5] 管志刚. “案例教学法”在党校教学课中的应用［J］. 实事求是，2010年（6）.

[6] 广东增城通报称对聚众滋事事件没有开一枪一弹［N/OL］. 广州日报，［2011 -6 -17］. www. dayoo. com.

特色馆藏族谱的价值及资源共享

王利亚*

摘　要　文章就族谱的价值及对本馆馆藏特色形成的贡献等方面进行了论述，阐明了族谱资料收藏的重要性和必要性，并对族谱资源共享提出了看法和建议。

关键词　族谱　重要价值　馆藏特色　资源共享

"越是民族的，就越是世界的。"我国的族谱源远流长，其丰厚的内涵折射着中华民族灿烂的文化之光，是中华传统文化中的瑰宝，具有十分重要的研究价值和社会功能。我馆从八十年代中期开始，就与美国优他家谱学会合作，从民间、地方志和图书馆收集族谱资料，特设了谱牒部。经过多年的努力，族谱已成为我馆特有的馆藏资料，也为我馆形成特色服务，扩大读者范围，提升社会影响提供了保障。

1　族谱资料的重要价值

族谱是记录有血缘关系的各个家族和宗族祖祖辈辈的创业经过，记录着中原文化的形成、发展和传播以及各地区之间经济文化交流的丰富内容，它作为一种珍贵的文化遗产，其重要价值主要体现在史料价值、文化价值、精神价值和经济价值等方面，以下分别论述。

1.1　族谱资料的史料价值

"家之有谱，犹国之有史。"族谱历来被视为与证史、方志并列的三大史学体系，著名的史学家顾颉刚指出："我国的历史资料，浩如烟海，尚有两个金矿

*　王利亚，女，1961 年生，山西省社会科学院图书馆，谱牒部主任、副研究馆员。

未曾开发，一为方志，一为族谱。”族谱的史料价值早在汉代已引起史学家的重视和应用。我国现存最早的文字族谱是由后人辑录的“世本”一书，载录了传说中炎帝世系和五帝谱系。太史公司马迁在撰写“史记”时，其中“五帝本纪”和各个世家便以“世本”为依据，由此开创了前无古人新史学一个传纪体通史。

族谱记载着一个家族或家族的起源、繁衍和迁徙过程，反映了我国不同层次各个历史时期发展情况，是当时社会状况的一个真实的记录，这些珍贵的资料，对研究历史人口学，移民史其价值不可忽视。族谱中记载着各家族婚丧，节庆，礼仪以及饮食、服饰等各自不同的民俗风情，这些普通百姓的日常生活史料，既有明显的时代特色，也有各自的地域色彩，民俗风情，可以帮助我们了解当时社会某一地区，某一历史时期的历史风貌。族谱，家训是族谱中的重要内容，充分反映出一个家族的家庭教育，折射出中华传统伦理道德精华和优良美德，此外，族谱中对祖田、坟田、义田，族祠等和家庭财产数量的记载，是当今研究古代生产和生产关系的重要资料。

1.2 族谱的文化价值

家族文化是中国古代最古老的文化现象之一，它作为中国传统文化重要组成部分，有其独特的表现形式和丰富的文化内涵。聚族而居是中国古代家族的基本特征，区分族别，明辨源流，则是各个家族十分关注的大事之一，因此，区分族别的族徽、族歌、堂号和确定世系的字辈排行谱在有些族谱中应用而生，成为中国族谱文化的一大特色和重要内容。族谱中区别姓氏、族别、载录家世渊源重要标志的楹联，内涵丰富，文词优美，多为文人学士所提或名流巨匠题写，每幅楹联都是族史或典故的浓缩，是家族文化中即待开发，整理的一大宝库，具有很高的艺术价值和历史价值，也具有凝聚血情，寻根认祖的社会功能。另外，在许多族谱中辑录着族中名人词文作品，谱序中也有的是族中有学之士和名人所题，并且许多为亲笔手迹，有较高的文学价值和审美价值。

1.3 族谱资料的精神价值

编纂族谱最早的宗旨是划分政治地位和社会地位提供依据，目的是为了加强宗族势力，服务于宗族社会。随着社会的发展，族谱的最初的功能渐渐消退，修谱在民间蔚然成风，其主要的功能转问“尊祖收族，”进行“尊尊亲亲”之道的伦理教育，使亲族成员世代都能明辨血亲，也使得因战乱、自然灾害、政治变革等原因造成的家族人员的分离，不管年代久远，走到哪里，他们都能凭借着族谱的记载，追本溯源，认祖归根，增强了族人的凝聚力。这也是族谱历经百年的沉沦保存下来的重要原因之一。时至今日，对于那些久居异国他乡的海外游子来说，族谱是他们与祖国连接起来的桥梁和纽带，是他们“寻根认祖，认祖归宗”的凭籍。诺贝尔奖金获得者，著名美籍华人学者李远哲博士，万里迢迢来寻故地，几经周折，最后还是凭借族谱的记载找到了自己的根。类似这样通过族谱寻根的例子时有所闻，可见族谱在增强中华民族凝聚力上有着不可替代的作用。

“忠者先孝悌”是中国传统伦理道德的核心内容，族谱在传递这些伦理道德，约束族人思想行为上起着无可替代的作用。族规、家训是族谱的重要组成部分，内容一般都有所谓重纲常，祭祖宗、孝父母、友兄弟、睦邻里、肃闺阁、慎婚姻、严治家、尚勤俭、完国赋、息争讼等项目，这些劝免训诫之辞，除遵循旧时的礼仪重德思想外，还往往参照了地方政府制定的一系列充满地方特色的法规。是家族中父祖等长辈教育子孙和族人，规范他们思想行为时所遵循的原则。当然，族谱中的一部分依旧有封建糟粕和时代的烙印，我们应弃其糟粕，取其精华。时至今日，在新纂修的族谱中，不但保存着蕴含中华美德的内容，更富有了时代的特色，对于今天加强家庭道德教育，规范人们的社会行为，巩固安定团结的政治局面，促进和维护社会和谐稳定发展，有着一定的现实意义和积极作用。

1.4　族谱可促进当地经济发展

改革开放以来，一些地方政府纷纷搭载寻根热的快车，以“恳亲会”、“姓氏文化节”等多种形式，吸引海外游子回乡寻根问祖、参观旅游、商贸洽谈、招商引资，促进了当地经济建设和文化建设。这种以文化搭台促进经济发展的例子在一些地方已显现。

2　我馆收藏族谱的特点及开发利用

我馆所收藏族谱的收集工作，始于上世纪八十年代，当时，随着全球寻根热的兴起和改革开放的习习春风，沉寂了近半个世纪的修志、续谱之风悄然复苏，这引起了史学界的高度重视，族谱研究异军突起。1988 年中国谱牒学研究会依托社科院挂牌成立，至此，我院抽调了专门人员与美国犹他家谱学会合作，开始收集族谱资料，并在图书馆设立了谱牒部。多年来，我馆收藏的族谱资料在地方社科院中可谓首屈一指，形成立了本馆特有的馆藏特色。

2.1 我馆族谱资料的特点

首先是收藏数量多，覆盖面广。我馆收藏的族谱有 8000 余种，以汉族的谱为多，也有回、蒙等少数民族，其中有名人、各族谱和多卷数之谱，涉及姓氏 400 多个，有许多不常见姓氏和复姓的族谱。从地域上讲，覆盖了除台湾、港澳之外的大陆大部分省份。族谱数量较多的省份是江苏、浙江、福建、安徽、湖南。总体而言，江南一带省份的族谱数量和保存质量好于北方。其次，年代跨度大，版本形式多样。我馆收藏族谱最早纂修于明代，约有百余部，十分珍贵。其他族谱多修纂于民国年间，近几年编纂于 90 年代的族谱也逐渐增多。版本形式多种多样，铅印、石印、木活字、抄本等。其中的石印、木活字本是研究我国印刷技术的发展的珍贵资料。

2.2 我馆族谱资料的开发利用

我馆对族谱资料不仅局限于收藏，从开始就十分注重于族谱所固有价值的开发利用，做了以下工作：首先编制族谱目录。1994 年就当时所收藏族谱进行了整理，出版了《中国家谱目录》，该目录是新中国成立后大陆正式出版的第一部中国家谱目录。从 2000 年开始，我馆抽调专人对所藏族谱开始重新编辑新的目录，这次编制的目录新增了对该族谱的简介，每种族谱均详细著录谱籍，姓氏、题名、卷数、编纂者、编纂时间、堂号、版本、装订形式、始祖、始迁祖、族中名人等，还附有内容提要，更方便读者的查阅。这一工作现仍在继续。2001 年我馆参加了上海图书馆牵头的《中国家谱总目》的编纂工作，提交族谱目录 4000 余条。其次开通了“寻源”网站，内设“族谱目录检索”“姓氏录源”“网友解答”等栏目，使馆藏族谱的利用不再受时间、地域的限制，提高了族谱的利用率，扩大读者的范围。第三，对读者提供电话、信函、网上等多种渠道的咨询服务。我馆每年都要接待数以百计的来自全国各地的读者，通过电话、信函、网上咨询者更多。这些读者在接待的过程中，突破了图书馆对常规读者接待的方式，更多地与他们交流，在交流的过程中，给他们解答疑惑，甚至是跟踪服务。通过这些年来的工作，不仅扩大了读者的范围，提高了族谱资料的利用率，还大大提升了图书馆谱牒部对外的影响，也使本部门的工作人员的专业理论素质普遍得到提高。第四，开展对族谱资料的研究，努力推进族谱资料研究事业向前发展。我馆的谱牒部接待读者工作的同时，积极开展科研活动。一是加强与外界沟通，通过参加各姓氏宗亲会的活动，为他们提供相关姓氏的族谱资料，使得姓氏、族谱的研究相互融合。这一工作得到了许多姓氏宗亲会、姓氏族谱研究者的认可和好评。二是创办《谱牒学论丛》刊物，为广大的族谱姓氏爱好者和研究者提供了一个平台。该刊物为不定期公开出版，现已出版了四期，特别是第三期，分为上、下两册，下册收录了建国前至今发表的族谱姓氏研究的相关论文篇目4000余条、论著300余种。这项工作填补了族谱姓氏研究这方面的空白，为广大的族谱姓氏研究者能更广泛地了解该领域的研究动态和方向提供了依据，以此推动族谱研究的深入发展。

3 做好图书馆族谱特色资源共享的对策

族谱作为图书馆特色馆藏资料，其收藏目的是最大限度的开发利用，让其为广大读者服务，为社会服务。根据目前统计数字显示，国内现大约有25000余种族谱，大多分布于各地的公共图书馆、大学图书馆、科研单位图书馆，除此之外，各地地方志、博物馆、档案馆及私人手中都保存一些，而且，这些单位及私人所藏族谱资料大多都不会重复。实现对族谱资料跨越时空、地域的共享非常必要，有着十分重要的社会意义。

3.1 做好族谱资料收集的宣传工作，加大收藏力度。近几年，虽然各馆及一些相关单位都非常重视对族谱资料的收集工作，但散落民间的族谱数量仍很可观。由于族谱不是正式出版物，属于非卖品，印数较少，多有“秘不示人，不得外传”等族规，再加上经过多年战争、自然灾害、政治运动等使保存下来的族谱愈发显得弥足珍贵等原因，使族谱的收集难度愈来愈大。这就需要政府、收藏单位及族谱研究的爱好者多方入手，积极开展族谱资料重要价值的宣传工作及保存、保护这些珍贵文献资料的重要性。另外，散落民间的这部份族谱，由于年代久远，保存手段落后等原因，纸张已十分酥脆，字迹有的已模糊不清。所以对族谱的收集工作尤显重要。可开展多种方式实现对族谱的收集，如：复制、制作光盘、购买等。

3.2 编制馆藏目录，方便读者查阅。2011年由上海图书馆牵头编纂的《中国家谱总录》已出版发行。该目录共十册，著录608个姓氏的族谱52401条，是现存著录大陆以及海外最全的族谱目录，对族谱资料的开发利用有着极其重要的作用。但其十册之巨著，个人及一般图书馆都因各种原因无法购买，这样，这套族谱目录使读者的使用受到了局限。如有族谱收藏的图书馆和相关单位，都能自行或联合编制所收藏目录，既方便是了广大读者的需求，也突出了本馆收藏资源的特色，使有限的资源得到最大化的利用，对族谱资料的共享有着积极的推动作用。

3.3　整合网站，搭建族谱资料信息平台。近几年，与族谱资料开发利用有着密切联系的各姓氏网站如雨后春笋般不断涌现，对族谱姓氏知识的普及和研究以及开发利用有着积极的作用。但通过这些年来对各个网站的访问和我们所办的“寻源”网站的读者点击率情况来看，由于各网站资料的占有率及专业人员的管理、专业知识跟不上等问题十分突出，使得网站应有的信息化的功能不能很好的发挥。如何利用信息化的高科技手段，将各网站进行合理化整合，使族谱资料互通有无，互惠互利，克服远程重复建设、资源浪费、规模小、质量低的弊端，打造一个共建共享的资源服务平台，是摆在收藏有族谱资料的图书馆、相关单位、网站工作者面前的一个重要的课题和历史使命。

3.4　规范族谱资料数字库建设。适应网络环境下信息技术的要求，努力将族谱信息数字化，建立特色数字库，是实现族谱资源共享的必然要求和途径。目前，上海图书馆、海南图书馆等馆这方面的工作有了很大的进展。我馆于2008年也开始对本馆族谱进行数字化加工。但由于族谱资料内容丰富及特有的载录形式，以及目前各自数字化库设置内容不同，族谱资料数字库建设在标准化、规范化、网络化等方面还存在的一些问题。图书馆、信息技术、专业人员和族谱研究者在今后的工作中，要不断在现有数字库使用的基础上，建立统一的标准，实现族谱资料标准化开发。

参考文献

[1] 王云庆，刘振华．谱牒资料的社会意义及文化价值刍议 [J]．情报与图书，2007，5.

[2] 陈开建．论谱牒对特色馆形成的贡献 [J]．图书馆界，2007，4.

馆藏军事图书分类改编的实践与思考

李　莉*

摘　要　近年来，随着《军事信息资源分类法》作为国家军用标准的颁布实施，军事图书情报部门面临如何用新的分类法对军事图书资料进行改编的问题。本文以国防大学图书馆采用《军分法》进行军事图书分类改编为案例，介绍了馆藏图书分类改编工作的目的意义、主要做法及经验，并围绕着馆藏资源建设，就图书改编中发现的主要问题以及解决策略进行了初步探讨。

关键词　军分法　军事图书分类　图书改编

近年来，随着《军事信息资源分类法》（以下简称《军分法》）作为国家军用标准的颁布实施，该分类法以其完整的军事学科体系设置和强大的资源分类组织与检索功能在军事图书情报部门中开始得到应用，由此军事图书情报部门面临如何用新的分类法对军事图书资料进行改编的问题。为了尽快适应分类体系的变化，加强军事图书分类的规范化和标准化，我馆于 2010 年 3 月至 2011 年 3 月，用《军分法》对馆藏 20 万册的军事图书进行了分类改编。本文拟对馆藏军事图书分类改编工作的目的意义、我馆军事图书改编工作的具体做法以及围绕馆藏资源建设，就图书改编中发现的主要问题以及解决策略进行初步探讨。

1　馆藏军事图书分类改编的目的意义

我馆完成的馆藏军事图书分类改编工作，是按照军事文献信息工作规范化、标准化的要求，用《军分法》将馆藏军事图书资料按照新的分类体系进行重新标引与组织的工作。此项工作虽然花费了较长时间，动用了较多人力，但我们

*　李莉，女，1963 年生，国防大学图书馆，资源建设室主任、副研究馆员。

认为这项工作无论从军队信息化建设，还是从军队院校学科建设以及图书馆建设发展需要来看都具有重要意义。

1.1 是适应军事文献信息工作标准化建设发展，实现全军军事信息资源共建共享的需要

军事信息资源是国家信息资源的重要组成部分，军队院校图书馆作为军事文献信息资源最大的集散地，其文献信息工作标准化的发展水平，直接关系到军队院校图书馆在能否在推动我军军事教育训练，提高打赢能力、完成多样化军事任务中提供强有力的信息支撑。为此，在总参军训和兵种部颁发的《中国人民解放军院校图书馆工作条例》及《中国人民解放军院校图书馆评估指标体系及评估标准》中都明确指出：图书馆应当依据国家标准和有关规定，对文献信息资源进行加工整序，实现文献信息资源组织和管理的标准化、规范化。然而，长期以来在全军图书情报部门中却没有一部统一的军事信息资源分类法，各部门自编自造了许多分类法。我馆长期以来，军事图书一直沿用原军事学院图书馆自编的军事图书资料分类法，军事文献信息资源很难进行有效的揭示与组织。《军分法》作为我军第一部适用于军事文献信息资源管理的分类检索语言工具，它的颁布与应用，对改变我军信息资源分类标准不一、各自为政的状况，实现全军军事信息资源的共建共享具有重要的意义。

1.2 是适应军队院校教学模式转变，提升军事信息资源学科分类导航服务能力的需要

随着军队院校教育改革的深入，特别是教学模式转变的加快，如何为学校教学科研及学科建设发展提供高质量的信息服务是图书馆的重要课题。高质量的信息服务基础来自于图书馆能否实现文献信息资源有效的组织与揭示，能否为用户提供高质量的学科分类导航系统。《军分法》以其分类主题一体化的编制方法、科学的学科分类体系设置和强大的资源分类组织与检索功能，能够更方便地使用户直接按照学科分类体系，或按照主题内容进行资源的检索。在这里，我们可以把《中图法》和《军分法》类目设置作一个比较：《中图法（第五版)》军事大类下的一级类目设置有“军事理论，世界军事，中国军事，各国军事，战略学、战役学、战术学，军事技术，军事地形学、军事地理学”共 8 个大类；《军分法》一级类目设置有“军事思想、军事科学总论、战争、战略、战

役、战术、国防与武装力量建设、军事工作、军事教育训练、军队政治工作、军事后勤、国际军事、军事法、军事历史、军事人物、军事环境、军事通信、军事综合信息资源”等大类。很显然，《军分法》设置的军事学学科体系更为完整、直观明了，而且它以学科专业或主题概念为主要聚类标准，以国家地区、军兵种等作为辅助标准，形成了一个枝干分明、脉络清晰的军事学知识地图，更加符合专业图书馆用户的查询思维和习惯。就我校重点学科专业设置情况来看，除“国防经济”为“国防与武装力量建设”类目下的二级类目外，其他如“军事思想”、“战略”、“战役”、“军队指挥”、“军事教育训练”、“军队政治工作”、“军事后勤”、“军事装备工作”等都在《军分法》的一级类目中清晰地显示出来。由此可见，按照《军分法》组织建立的学科分类导航系统，能够减少用户通过分类逐层浏览查找信息的时间，从而使图书馆能够更好地为学校学科建设提供高质量的学科导航服务。

1.3　是适应军队院校数字图书馆建设发展，实现纸质资源与数字资源有效整合的需要

21世纪以来，随着军队院校数字图书馆的建设发展，各馆的数字信息资源飞速增长，与传统的纸质文献资源共同构成了馆藏文献信息资源体系。2006年，随着《军分法》的颁布实施，许多院校图书馆都纷纷采用《军分法》进行军事网络信息资源的分类组织。我馆作为全军“军事理论科学数字图书馆”率先将《军分法》应用于军事网络信息资源的组织，采用学科分类、复分参考和相似性聚类相结合的方法，对军事理论科学数字图书馆中的全文军事信息资源重新进行分类标引，并建立了学科分类导航系统，取得了一定的成效。然而，纸质军事文献资源虽然也经过数字化加工处理可以提供用户在网上浏览，但是其分类组织却一直沿用旧的分类法，使得纸质军事资源与数字军事资源难于有效整合，一定程度上影响了军事信息资源效益的发挥。因此，用《军分法》对馆藏纸质军事文献资源进行分类改编，目的就是有效整合资源，实现馆藏不同类型文献的统一检索。

2　馆藏军事图书分类改编的基本原则和主要做法

《军分法》作为国家军用标准如果不能付诸实践，也就失去了它的意义。而《军分法》的使用，特别是在图书资料分类中的使用，势必带来馆藏目录的修改

以及图书重新排架等繁琐的工作压力问题。为了更科学、合理、有效地做好图书的改编工作，针对我馆的具体情况，我们在改编工作中注意遵循了以下基本原则和方法：

2.1 调研分析，方案先行

图书分类改编通常有三种做法："一刀切"、"部分改"、"彻底改"。针对我馆的具体情况，在改编工作之前，我们组织专门小组，对馆藏军事图书资料的特点、藏书量以及现有的人力设备等情况进行了认真调研分析，在充分考虑长远发展的基础上，首先确立了"彻底改"的原则，即用《军分法》对馆藏军事图书资料进行从分类标引、数据修改、书标更换到图书排架重新调整的彻底更改。在总原则之下，针对我馆军事藏书量大、《军分法》专业性强、人力有限等特点，我们确定此次图书改编采取自编与外包相结合的方式，即图书目录修改、图书重新排架由我馆人员承担，书标的更换由外请公司人员完成，并以承包的形式，图书馆分别与本馆参与人员及外包人员签订承包协议，明确完成时限及工作质量要求。

2.2 坚持标准、灵活运用

坚持标准即严格按照《军分法》制定的编制规则进行分类标引，灵活运用即不拘泥于标准，根据实际情况灵活运用。在实施改编工作前，我们还对馆藏军事图书的总量及军事各门类现有的藏书量，以及我校学科专业建设发展的重点等情况进行了综合调研与分析，依据《军分法》的编制规则、类目体系和标记符号，制定符合本馆需要的《军分法》使用本。使用本包括分类详细级次的确定、交叉类目及交替类目的确定，以及组配符号的使用等。如考虑到《军分法》分类号构成包括学科号 + 国家、地区号 + 军兵种号，造成索书号较长的问题，我们取消了军兵种号"< >"的表示方法，直接用军兵种号与主类号进行组配。对主要类目中涉及美、日、俄、台等主要国家和地区的加以复分，其余只类分到州，或有些类目不再进行国家地区的复分。又如对馆藏军事重点学科藏书进行细分，非重点学科粗分。

此外，我们还较好地解决了《军分法》与《中图法》的兼容问题。考虑到我馆除军事图书外，其余各类图书都是用《中图法》进行分类组织的现状，我们采取了在《军分法》的分类号前加"E"（E 在《中图法》中是军事大类的类号），如军事思想标记为“EA”、战略标记为“ED”，以保持其与《中图法》基本大类体系的一致性；同时，考虑到馆藏书目数据库是于1997年后建立的，其中690字段就是用以专门标识《中图法》分类号。所以在这次图书改编中，我们对书目数据中的690字段进行了核对，对1997年前没有用《中图法》分类号标识的军事图书数据补充690字段，从而为用户建立一个既可以用《中图法》对馆藏各类文献资源进行统一检索，又可以用《军分法》进行军事图书专门检索的分类检索系统，以此充分提高馆藏资源利用率。

2.3　突出重点、兼顾其他

这次图书改编工作的重点是用《军分法》对军事图书进行重新分类，我们在明确这一工作重点的同时，利用这次改编的机会也对其他工作进行了统一筹划安排。

一是把图书改编与藏书剔旧结合起来。任何一个图书馆的馆藏建设都是一个吐故纳新的动态管理过程，合理的文献剔除是保障和提高馆藏质量的一个重要环节。在图书改编过程中，我们发现有不少军事图书长期无人问津，要么是知识陈旧、与现代教学和科研需要不相适应，要么是破损严重、失去了保存价值，要么是几次馆舍合并造成复本量过大、占据大量存储空间。为此，我们考虑到馆藏图书已全部进行了数字化，因此只保留几本，其余复本全部剔除，使目前的馆藏军事图书资料更为精悍实用。

二是把图书改编与原生文献登录结合起来。加强学校原生文献管理是总部近年来对军队院校图书馆的要求。从2008年开始，我馆对每年入藏的原生文献进行统计登录，但是对整个馆藏文献中到底有多少原生文献无从了解。为此，在图书改编过程中，我们同时对馆藏军事类原生文献进行了彻底清查，对已有的7千余种、2万余册的军事原生文献按图书、教材、学术文集等不同类型的原生文献分别进行登录，为日后建立原生文献资源库打下了良好的基础。

三是把图书改编与规范书目数据库结合起来。编目规范化建设是提高馆藏资源利用率的重要保障。改编工作中我们发现有些图书之所以无人利用，并不是它们没有使用价值，而是因为书目数据有误导致该书成为“死书”。因此，这次图书改编我们要求编目人员在分类标引时，也要对照原书核对每条书目记录，项目不完整的进行补充，数据错误的进行修改，甚至对条码库也重新进行了核对，解决了许多历史遗留的问题，进一步优化了馆藏书目数据库。

3 馆藏军事图书分类改编工作的几点启示

文献信息组织工作指的是对文献信息所进行的整理、加工、控制等一系列组织活动，图书分类改编是文献信息组织工作的业务范畴，同时也是馆藏资源建设的重要组成部分。在当前文献信息资源快速增长的时期，如何加强文献信息资源的有序化管理，提高馆藏资源建设质量是军队院校图书馆面临的重要课题。我馆完成的军事图书分类改编，其主要成效不仅仅是优化了馆藏资源组织管理，更重要的是通过对馆藏军事图书资料的彻底清查，发现了馆藏资源建设中存在的一些问题。如何解决这些问题应该引起我们认真思考。

3.1 优化馆藏资源是发挥文献信息资源组织效能的基础

图书分类改编的目的是通过采用更为科学的文献信息资源组织方法，进一步优化文献信息检索系统，从而提高图书馆文献信息服务质量。然而，好的分类法以及好的检索系统也仅仅是用户查找文献信息时所利用的一种检索语言和检索工具，用户通过检索系统在馆藏资源中查找“是否有?”或“有什么样?”的文献，主要取决于馆藏资源的收藏范围及其内容质量。在这次图书分类改编工作中，我们深切地领略到了，国防大学图书馆经过历史的积淀和自身的不懈努力，已基本形成了以军事理论科学为资源特色、涵盖军事理论科学各学科在内的馆藏文献信息资源体系。然而，我们也清醒地看到，丰富的资源背后也隐藏着问题，主要表现为：学科专业文献贪多求全，符合学校重点学科、特别是教学改革专业调整后新增学科所需的深层次专业文献还明显不足；军事资料多，学术著作、研究型图书相对缺乏；资料零散，学科专业文献缺乏系统性、连续性等。因此，如何提高馆藏资源质量需要我们认真思考。

笔者认为，围绕学校的重点学科、优势学科，加强与此相关的馆藏资源建设是学校教学模式转变对图书馆提出的基本要求，馆藏资源建设必须与学校学科建设发展相辅相成。因此，图书馆必须积极参与到学校教学、科研和管理活动中，掌握学校发展的动态和趋势，掌握学校的重点学科研究方向和内容，掌握重点学科最新研究成果及本馆入藏情况；认真分析馆藏对教学科研及学科建设需求的适应性，做到心中有数，以便有目的、系统地通过各种方式收集重点学科文献；加强与教研单位和学员系、院的沟通，通过各单位的信息员及时了解教研人员和学员的需求，做到既能满足用户的一般、基本学术需求，也能最大限度地满足深层次、专业学术需求。归根结底，抓住了学科特色资源建设即抓住了馆藏资源建设的核心和根本。

3.2 提高人员素质是做好文献信息资源组织的关键

人力资源是图书馆建设与发展的根本资源，人的素质、人的能动性和创造力，是图书馆可持续发展的原动力。近年来，随着军队院校体制编制的调整改革，图书馆人员队伍发生了重大变化，文职干部编制大幅缩减，新近实行了文职人员招聘制度，图书馆的建设和发展由此遇到了一些新的问题。这次图书分类改编使我们更深切地体会到了，编目人员的知识结构、能力素质是决定文献信息资源组织管理质量的关键。为了突击完成图书改编工作，我们调用了到馆不久的文职人员。她们年轻、工作热情高、接受能力强，通过岗前培训很快就熟悉了所使用的分类法的体系结构、使用规则以及建库方法。但是在实际工作中，她们还是普遍感到知识结构的不足，特别是由于对军事各学科专业知识的不了解，使得她们在工作中有时显得力不从心。因此，加强文职人员知识结构及能力素质的培养是一项重要而紧迫的任务。

基于我馆文职人员的现状，着眼于图书馆专业人才的培养目标定位及其特点规律，笔者认为文职人员培养应包括这样几个基本要素：良好的职业道德、认真负责的工作态度、甘于寂寞的奉献精神；全面的信息管理学基础知识及广博的学科知识，特别是与本校服务对象研究领域相关的专业知识修养；较强的信息组织加工与开发能力；良好的人际关系，特别是与服务对象的沟通能力等。从培养的途径看，可以有：院校专业培训、在职攻读专业课程、专业学术交流、参观见学、岗位锻炼、自主学习等多种途径。实践证明，我馆文职人员通过南京政治学院上海分院组织的图书馆文职人员培训班的学习，以及岗位实践锻炼，知识结构、能力素质有了很大的提高，有的已成为各业务口上的技术能手。今后图书馆还应进一步加大对他们的培养力度，特别是给他们更多地提供参与学校教学科研活动的机会，以此了解与我校重点学科相关的专业知识，提高他们的军事学专业素养。

3.3 探索知识组织方法是提升文献信息资源组织能级的必然

文献组织、信息组织、知识组织是资源组织的三个层次，知识组织是文献组织、信息组织的发展和深化。近年来，随着文献信息资源特别是网络信息资源的海量化增长，人们对知识的渴望已不满足于获取文献或信息，而是对知识的直接获取和利用。因此，如何对文献信息中蕴含的知识因子进行一系列有序表达和编排序化，使用户更方便快捷地获取和利用知识，已成为图书馆专业人员研究的热点。尽管知识组织有各种各样的方法，但对图书馆人来说，运用传统的知识组织方法—分类法与主题法仍然是网络环境下知识组织的主要方式，只是传统的知识组织工具根据网络化的要求，实现了机读化和网络化，分类—主题—自然语言一体化。《军分法》创造了分类法与主题法一体化应用的新途径，实现了分类语言与主题语言的结构整合和性能互补。它在保持学科体系完整的基础上，采用多维揭示方式，充分利用计算机超文本链接和组配技术，可实现多种类型的知识聚类，包括以学科聚类、以主题概念聚类、以军兵种聚类、以国家地区聚类，为用户提供多种途径的知识获取提供了可能。

我馆完成的军事图书分类改编，可以说是用《军分法》对馆藏资源进行知识组织的一个初步探索。成效是明显的，问题也要清醒认识。特别是从知识组织的要求来看，目前我们在资源组织加工中还存在如文献信息标引深度不够，分类与主题分析不准确，标引词不规范等问题。此外，目前所使用的《军分法》也还存在进一步完善的问题。特别是当前为适应军事信息资源知识组织的需要，应加紧《军分法分类主题词表》和辅助标引系统的研制，该词表应包括三个部分：一是建立一个结构简明的知识分类体系，二是建立一个智能的控制词表，三是建立分类体系与控制表的系统联系，即将标引语言纳入分类体系（通过标引语言进而也将作者语言和用户语言纳入分类体系）以实现分类—主题—自然语言的标识互换，使之成为对军事信息资源进行有效知识组织的重要工具。

历时一年时间，我馆军事图书分类改编工作已基本结束，但由于分类法需要周期性地更新，书目数据库也需要不断地维护，文献信息标准化工作也必然是一个长期性的工作。在今后的工作中，我们将不断地总结经验，不断探索信息资源组织的新方法，进一步提高馆藏资源建设质量，从而带动图书馆信息服务的全面跃升，为高素质新型军事人才培养提供强有力的信息资源支撑。

参考文献

[1] 胡广东. 分类法的更新与教育类图书的改编策略 [M]. 沈阳：沈阳师范大学学报（社会科学版），2008 (5).

[2] 吴家云，翁永卫．图书改编工作的方案组织与实践研究［J］．情报杂志，2000（1）．
[3] 军事信息资源分类法编委会办公室．军事信息资源分类法使用手册［M］．北京：军事科学出版社，2008.
[4] 王健等．军校数字图书馆知识挖掘与组织研究［J］．国防大学图书馆，2010（12）．

基于课程的图书分类研究

肖　婧　郭　婷　邓　莉*

摘　要　图书分类的目的是为了为找书方便和归架快捷。针对中国图书馆分类法在图书馆实际应用中的某些不足，结合大学图书馆借阅特点，本文提出了一种基于课程的图书分类法。此分类法有效提高了学生的阅读体验，同时减少了图书管理的工作量。

关键词　分类　图书馆　课程

1　引言

分类是人们认识、利用事物的一种科学逻辑方法，是以事物的本质属性或其他显著特征为根据把各种事物集合成类的一种过程。图书分类法是以文献为组织对象、以文献所反映的学科内容属性为主要划分依据的信息组织工具。好的图书分类法能够紧密结合用户需求，提高图书组织的有序性，大幅度提高读者找到所需图书的效率。

中国图书馆分类法（Chinese Library Classification），简称 < 中图法 >，是目前中国大陆地区各图书馆及图书馆出版发行界普遍使用的一部综合性的图书分类法。中图法历经多次修改，目前广为使用的是第四版。中图法注重图书所属的学科体系及其内在联系，可以把内容相同的图书集中在一起，把内容相近的图书联系在一起，把内容不同的图书区别开，这样便于图书馆员系统地熟悉和研究藏书。

中图法解决了图书编目和上架的主要问题，但在实际应用中也存在改进空间，很多学者提出了若干改进或者全新的图书分类方法。其中对本文有启发作

*　肖婧、郭婷、邓莉，国防科技大学图书馆，助理馆员。

用的包括北师大的李连齐老师提出的专题架板排架法。该方法将某个编目下的图书按照主题组织，例如 N49 自然科学教学普及读物，我们可以把它分为“UFO 不明飞行物”、“奇闻怪事”、“化学小魔术”、“生活小常识”等若干个专题分别放在不同的架板上，每一架板同样按开本大小排架，不分种次号。

在实际工作中，我们发现学生的图书借阅主要出于两个原因：课程学习和个人兴趣。其中课程学习相关图书借阅量较多，是本文关注的重点。根据对学生借书习惯的分析，结合对学生定位所需图书过程中面临的困难的调研，本文提出一种基于课程的图书分类方法。

2 基于课程的图书分类

在大学图书管理实践中，我们经常可以观察到一个现象：因为学生的日常学习生活主要是以课程为组织的，所以学生到图书馆找书的习惯与课程密切相关。学习某个课程的时候，学生将借阅某个课程相关的图书，课程结束后将归还图书。课程学习对于学校和学生的重要性毋庸置疑，加快学生找到课程相关书籍能够提高图书馆的服务水平。

2.1 学生依据中图法寻找课程相关图书存在两个困难

2.1.1 如何找到课程相关图书？中图分类法是按照文献内容组织的，而学生找书是与课程相关的。学习一门具体的课程，所需要阅读的图书种类往往不属于中图法的同一分类。例如学习计算机类别的硕士生操作系统课程，学生一方面需要借阅与操作系统直接相关的图书，另一方面需要借阅编程类的图书完成课程编程作业，此外作为研究性课程学生还需要借阅操作系统类别的顶级刊物完成课程小论文。这意味着为了借阅一门课程所需图书，学生可能需要浏览多个书架，花费较多时间。

2.1.2 如何选择对该课程更有益的图书？即使定位到某类图书所在书架，学生仍然需要浏览多本图书以寻找一本更适合该课程的图书。某种程度上，阅读一本高质量的图书将有助于提高学生的课程学习成绩，而阅读一本低质量的图书意味着浪费时间。

以上第一个问题的本质是课程设立和图书分类是独立的，两者的分类方法不一致，所以检索到课程图书存在一定困难。第二个问题的本质是就某个课程学习而言，不同书籍的参考价值是不一样的，而了解某本特定书籍对某个课程的参考价值是需要建立关于书籍的元知识的。

针对以上两个问题，本文提出一种基于课程的图书分类法。基于课程的图书分类法以学校重点课程为主题，将课程相关图书组织到一个书架上，并根据教师推荐和借阅图书的学生打分对图书进行评级，使学生能够方便快捷的找到课程学习辅助图书。该方法属于个性化图书分类的一种，是在中图分类法的基础上根据用户需要扩展个性化的分类方法，较好的实现了课程、图书、教师和学生之间的互动。

2.2 基于课程的图书分类法的流程如下：

2.2.1 开发基于课程的图书分类信息系统，包括课程创建、课程图书老师推荐、课程图书借阅和评价记录、图书综合排名等功能。学生或者老师可通过校园网直接登录该系统。现在很多大学都在校园网中给每个学生分配了账户，可以执行课程申报和成绩查询等功能，建议将图书分类系统与已有的校园网信息系统集成，减少用户管理的工作；

2.2.2 图书馆信息部工作人员从学校教务部门获取本学期的课程编排列表、课程重要程度分级、课程主讲老师、上课学生规模，在图书分类信息系统中创建课程；

2.2.3 课程主讲老师可在该课程下创建栏目，例如课程内容、课程小论文、课程实习作业等。每个栏目下课程主讲老师可通过网络检索或者实地浏览图书馆藏书，在该栏目中加入栏目相关图书，并对图书进行评价，图书与课程相关分数为 1 –5 分之间；

2.2.4 参加该课程的学生可自由浏览该课程的教师推荐图书。借阅了教师推荐图书的学生可对该书增加一段文字描述，介绍该书内容或者阅读体会，并可对该书进行评价，图书与课程相关分数为 1 –5 分之间；

2.2.5 参与该课程的学生也可向该课程推荐另外的图书，同样可对该书增加介绍内容或者阅读体会的文字描述，并对该书进行评价，图书与课程相关分数为 1 –5 分之间；

2.2.6 基于课程的图书分类信息系统将综合老师和学生的评价分数，给每个受推荐的图书计算出一个综合排名。学生可浏览该综合排名，获得最有价值的课程参考书。

2.2.7 图书馆采购部工作人员可根据课程重要程度和热点图书的借阅次

数，增加部分图书的采购数量。图书馆可发现部分阅读评价很低的图书，在以后的图书采购工作中减少对图书作者后续著作的采购。

2.2.8　图书馆流通部人员可根据课程重要程度和上课学生数量，选择部分课程在图书馆中开辟专用的课程书架，将该课程受欢迎程度靠前的图书集中在一起，方便学生快速找到课程相关图书。

3　结束语

基于课程学习是学生在校期间的主要工作，本文提出一种基于课程的图书分类方法。学生在上课期间，通过基于课程的图书分类信息系统，可快速找到对该课程最有价值的参考书目，提高学习效率，并且可根据自己的阅读体会对图书进行评价，可将自己对图书的阅读经验分享给他人。对图书馆而言，基于课程的分类法既提高了学生的阅读体验，也避免学生借阅到低质量书籍后迅速归还从而减少了图书流通部的工作强度。

参考文献

[1] 郭启刚．大众信息分类法基础理论研究［J］．河南图书馆学刊，2007（5）．
[2] 中国图书馆分类法（第4版）［M］．北京：北京图书馆出版社，1999．
[3] 赵立芹．中图法与美国国会图书馆分类法之比较［J］．科技信息（学术版），2008（2）．
[4] 丁凤玲．图书排架方法探究［J］．河南图书馆学刊，2009（4）．
[5] 桂筱丹．Folksonomy 理论研究及应用前景［J］．河南：图书馆学刊，2010（11）．
[6] 李连奇．“中图分类法”排架的改良—开架图书阅览室的“架板排架法［J］．网络财富．2009（5）．

概念检索探要

傅 亮*

摘 要 概念检索是一种突破了机械式匹配局限于表面形式的缺陷，从词所表达的概念意义层次上来认识和处理用户的检索请求的检索方法。本文阐述了概念检索的含义、查找方法、特点，分析了知识库构造所需解决的问题，对概念检索进行了初步探讨，并结合 Excite 中的概念检索的应用，阐述了概念检索实现的机制及特点。

关键词 概念检索 知识库 同素 同属 同构

从认知的角度，信息组织可以分为语法信息组织、语义信息组织和语用信息组织。语法信息、语义信息和语用信息分别对应着信息的形式、内容和效用三个层次。语法信息组织是以信息的形式特征为依据组织信息的方法；语义信息组织是以信息内容或本质特征为依据组织信息的方法；语用信息组织是以信息的效用特征为依据组织信息的方法。其中，语义信息组织是最本质的信息组织方法。概念是语义的基本单位，基于概念的检索是最本质的检索方法。

1 概念检索简介

1.1 概念检索含义

传统检索的核心是基于关键词词形的机械式匹配，只要发现某个信息资源中含有这个关键字符，就将该信息资源作为查询结果返回给用户，还可以结合布尔及其他逻辑运算提供更为复杂的查询表达方式或检索结果。由于参与匹配的是字符的外在形式，而不是它们所表达的概念，所以经常出现检索不全，答非所问抑或不够准确的结果。如，在查询有关计算机概念的信息时，如果输入

* 傅亮，男，国防大学图书馆，副研究馆员。

"计算机"，所得到的结果中一定含有"计算机"字样，可能检索出的是关于计算机的信息，也可能将含有为"计算机会"、"计算机率"等表述的信息也一并检出，而且检索不出含有"电脑"、"微机"等词汇的信息。另外，概念的词形描述会随时间、地点、特定领域等因素的变化而变化，同一概念随着人们认识的不断深化，先前的称呼和现在的称呼可能有所不同，随着地域的改变，对人们的表达也会不同，而且不同领域有着自己的术语命名习惯差异。

概念检索是一种突破了机械式匹配局限于表面形式的缺陷，从词所表达的概念意义层次上来认识和处理用户的检索请求的检索方法。

概念检索可以实现语义蕴涵扩展（如查询"动物"时，也能查到"猫"、"狗"）语义外延扩展（如查询"操作系统"时，也能查询"计算机软件"、"应用软件"）语义相关扩展（如查询"微软"时，也能查询"微软视窗"、"Windows NT"）。

1.2　Excite 的概念检索

1993 年斯坦福大学的 6 个学生创建了一个名叫 Architext Software Corporation 的公司，力图开发一种能在大型数据库中进行快速概念检索的搜索引擎，这就是 Excite 公司的前身。Excite 在处理检索词时使用了概念检索技术，认为词与词之间尽管不同，但逻辑上可能存在有一定的关系。例如一个词可能有多个同义变形词，例如 computer 和 computation、computerization 等；而且，一个词可能还有许多其他同义词和相关词，例如 automobile 与 car、truck、van、bus 甚至与 Chrysler、General Motors 等相关。因此 Excite 构建了一种词表，用一定方式表示词汇间的相互关系。在标引网页时，Excite 不仅对这个网页进行全文索引，而且还将它与其他讨论相同或相关问题的网页联系起来。在检索时，Excite 不但能检索出直接用输入的检索词标引的网页，也能检索出那些虽然没有包含检索词，但包含了与这些检索词相关的其他词汇的网页。例如，检索"intellectual property eight"，Excite 不但检索出那些包含有上述词组的网页，而且还检索出包含"copy right"、"software piracy"等词组的网页。

2　概念检索知识库的构建

概念检索能够提供比传统检索更为智能化，知识化的服务，其根本基础在于拥有比传统检索更为丰富的知识库，因此创建知识库是实现概念检索的重中之重。

2.1 知识库的定义

知识库是合理地组织关于某一特定领域的陈述型知识和过程型知识的集合。

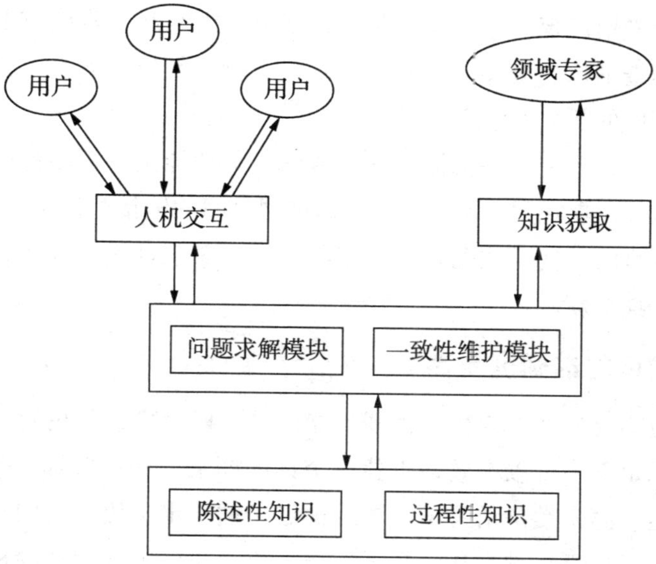

图1

在概念检索中，人机交互模块使用户可方便的（包括使用自然语言）查询知识库；知识获取模块用于接受、更新领域知识，并将获取的知识表示成知识库的内部形式，知识库系统是一个完整的系统，它的组织和结构应尽量保证知识库和处理机制的相对独立性，不会因为问题求解模式的变化而影响知识库的内部结构。

知识库系统与数据库系统的最大区别在于它允许进行推理和知识库的一致性维护。目前，知识库系统正朝着大容量、分布式和高效的问题求解能力方向发展。

2.2 知识库的构建

实现概念检索的首要前提是创建知识库，创建知识库需要解决以下问题：

2.2.1 知识要足够丰富

要能达到一定规模，否则所提供的服务将是非常受限的，对用户的帮助也不大。一般是通过收集网页资源，查看相关文献以及向有关专家咨询，来积累足够丰富和准确的原始知识。常常利用网络文件服务器等站点上的信息（文本、链接等），对收集的信息进行加工组织并存储在相关知识库中。

网络信息收集和存储一般分为人工和自动两种方式。

人工方式采用传统信息收集、分类、存储、组织和检索的方法。研究人员对网站进行调查筛选、分类、存贮。由专业人员手工建立索引，再将索引信息存入计算机相应的数据库中。

自动方式通常是由网络机器人来完成的，其功能是搜索因特网上的网站或网页。这种软件定期在因特网上漫游，通过网页间的链接顺序地搜索新的地址，当遇到新的网页时，就给该网页上的某些字做上索引并把它加到搜索引擎的数据库中，并定期更新。

2.2　知识的准确度要高

要能够正确反映客观规律，否则只能误导。概念检索采用对知识库的定义分析方法，用定义法可以有效地查找一个词的同义词和相关词，基本上可以归结为三种类型：第一类是语言学方法，被定义词与定义语句之间存在着形式上的关系；第二类是逻辑学方法，它采用与、或、非等集合运算的模式来说明概念；第三类是上下文方法，它通过将被定义词放在上、下文中来间接地说概念，在实际的定义操作中，这些方法被混合使用。

定义的实质是用概念来说明概念，可以说，对一个词进行定义的过程，也就是寻找同义词、近义词、反义词和相关词的过程。所以，定义法在知识库中的应用，使得知识的表述更加准确，检索内容也就更加全面，通过相关检索，可以大大缩短用户检索的时间。

例如：

安全——无危险，不受威胁，无事故，无危害和损失。

交通——包括能使人和其他人建立联系和贸易的一切运输手段，例如通过海路，公路，铁路，航空，运河或用牲畜运载。

将定义作一个处理，只保留被定义词的同义词和相关词而去掉其他词，得到如下结果：

安全——危险，威胁，事故，危害，损失

交通——运输，海路，公路，铁路，航空，运河，运载这样用下定义的方法可以帮助我们查找到同义词、近义词、反义词和相关词，并通过它来实现概念检索的扩展检索和相关概念检索。

2.3 知识表示要简洁、清晰、无歧义，便于计算机识别和运用

知识的表示、存贮和处理在很大程度上依赖于知识的表示模式，即用什么角度去观察和对待所研究的领域。理论上说，知识表示模式就是一组概念和规则。

为实现这个功能，对被收集的信息的检索词取名分析很重要。一个词可能还有另外一个名称，就像一个意思有多种表达方法一样。检索词中常常遇见的情况主要有以下三种：

（1）同物异名

信息检索必须考虑同一事物具有多个名称的问题。对同一概念，在不同地区，不同时间，不同人，不同场合，不同心情下，可能有不同称呼或名称。比如WWW，有称3W，Web，万维网，环球网，环球信息网，全球浏览系统等等。大多数事物都有不止一个名称，它体现了社会的多样性，同时也成为信息检索的障碍。

（2）全称和简称

支配人类行为的省力法则在许多地方都起到作用，能省则省，能少则少，命名亦是如此，为了方便命名，就用简称代替全称，这是一个普遍的现象。

（3）异称类型

异称是不同与取名方法的结果，全称和简称是典型的一种异称类型，实际上，异称还有其他多种类型：

学名与俗名：如大豆与黄豆，马铃薯与土豆；

不同领域或行业的异称：如智囊在政界多称幕僚，在军界多称参谋；

意译、音译与照搬的不同：如电动机与马达；

地域不同，称呼不同：如的士与出租车，巴士与公共汽车；

现代和古时称呼不同：如狗与犬，记者与访员；

小时候与长大后称呼不同：如小马称驹，小牛称犊

等等……

寻找概念可能有的名称的方法至少有两种，一种是查词典、参考书和数据库，一种是把自己置于命名者的地位，设想如何给他命名。取名是一个极具多

样性的领域，下面列举部分取名方法，了解和掌握它们对寻找事物名称有一定的启发：（1）角色命名；（2）属性命名；（3）比喻命名；（4）发明者命名。

2.4 要能实现增量化管理

信息时代的最大特色就是新信息产生速度快，尤其 Internet 的信息扩张是非常迅速的，一个好的检索机制，其知识库必须实现增量化管理，才能同步地为用户提供服务。如何源源不断快速的获取知识是知识库实现增量化管理的关键所在。知识获取的步骤是：

（1）领域的确定和问题的定义。在这一阶段，我们需确定知识的来源，如有经验的领域专家、文档、实验数据和已经被成功解决的问题的实例等。

（2）领域知识的概念化。这是最重要的阶段，在这一阶段中由知识工程师和领域专家彼此协作，将领域知识形式化为某些基本概念和概念关系的抽象形式，也就是将事实和关系变换成与领域无关的便于在知识库中存贮和处理的知识结构。

（3）知识的形式化和编码。在这一阶段，将所获取的领域知识转化为可执行的计算机程序，例如“IF……THEN”规则等。

（4）系统测试和查错。通过测试检查知识库中、不一致性和不完整性等的错误。

引起这一类错误的主要原因有：a. 专家在这一领域的知识不完备；b. 专家在特定场合的经验有问题；c. 某些知识的形式化不严密；d. 遗漏了某些事实和事实之间的关系；e. 含有非法和不能应用的语句；f. 缺少了领域专家的关键启发式知识等。

（5）知识优化和系统完备。通过求解实际问题确定系统是否进一步完善，并发现和删除：a. 冗余的规则；b. 形成死循环的规则；c. 不相容、不一致和互相冲突的规则。

知识获取是建立知识库的关键环节，一直被公认为是知识库系统的“瓶颈”问题。一是需要将以往积累的知识尽可能的收集齐全并转换成机器能够理解的形式；二是需要不断地探索未知领域知识以及摸索已知知识转化为机器语言的方式方法。

3 概念检索的查找方法

按检索线索区分，概念检索可以分为三种类型：同素相关查找、同属相关查找、同构相关查找。

3.1 同素相关查找

同种元素的相关性，就是指两者含有相同元素，比如同种生物具有相同基因，有机化合物都是含碳化合物，血缘关系也是一种典型的同素相关关系。

用图简单表示为（图2）

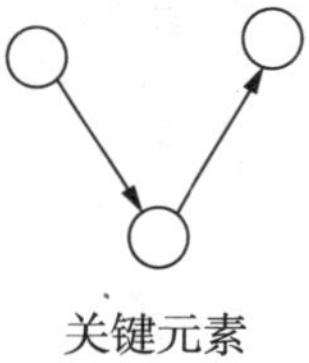

图2

同素查找法的实质就是查找与对象包含相同元素的对象，具体做法就是利用检索对象（事物名称）所包含的元素（词素）进行检索。以“可持续发展”问题为例，可以用该词组所包含的元素及其组合来进行检索，可以构造出这样的检索式：“可持续发展?”，“可持续?”，“持续发展?”，“可持续? X 发展?”等，查出很多与“可持续发展”相关的对象。

同素查找法的操作步骤：

（1）问题：查找 A 的同类；

（2）析取元素：分析 A，取出 A 所包含的关键元素 e（或 e1、e2、e3 等）；

（3）查找：查找含有 e（或 e1、e2、e3 等）的对象；

（4）选择：从找到的对象中选出与 A 相匹配的对象，它们是 A 的同类。

3.2 同属相关查找

同种归属的相关性，是指两者同属于一个系统，比如同一家庭中的各个成员（即使是非亲生）具有的关系，因此他们处于一个家庭。

所谓同属查找法，就是在对象所属系统中查找该对象的同类，比如从一个词的上下文中查找它的同义词和相关词，以“可持续发展”问题为例，我们可以直接用“可持续发展”作为主题词来查找相关文章，然后从相关文章中寻找“可持续发展”的同义词和相关词，比如可以找到“持续发展”、“持续性发展”、“持续经济”、“协调发展”、“生态经济”等同义词。

用图简单表示为（图3）

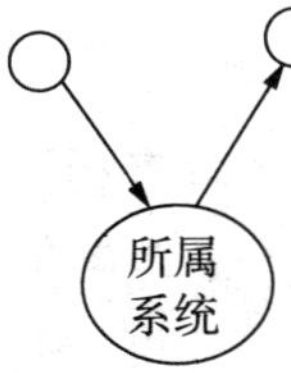

图3

同属查找法的操作步骤

（1）问题：查找A的同类；

（2）查找：查找含A的系统；

（3）选择：从含A的系统中选出A相似或相匹配的对象，它们是A的同类。

3.3　同构相关查找

同种结构或同种特征的相关性，是指两者具有相同的构成特征（或结构），比如各种鸟都很容易被视为同一类动物——鸟，因为它们具有好几种相同特征或构成成分，如它们大多数能飞行，有翅膀、羽毛等。

同构查找法就是在查找特定事物时，将该事物的属性作为查找对象，这是一种间接查找方式。同构查找法利用两个或多个“属性词”构成复合检索条件，属性词并不是检索概念的同义词，它们以逻辑乘方式进行复合时，能够较好的击中所需信息。

用图简单表示为（图4）

图4

同构查找法的操作步骤：

（1）问题：查找 A 的同类；

（2）获取内容：获得有关 A 的描述；

（3）特征识别：分析 A，识别 A 所具有的关键特征 c（或 c1、c2 和 c3 等）；

（4）查找：查找具有特征 c（或 c1、c2 和 c3 等）的对象；

（5）选择：从找到的对象中选出与 A 相匹配的对象，它们是 A 的同类。

4 概念检索的特点

概念检索在智能水平上较普通检索方法有很大提高，具有四个特点：

4.1 实现了概念层次的检索，突破了关键词检索的局限于形式的固有缺陷

布尔逻辑简单、明白、易于理解，符合人们构思的思维习惯，因而被广泛采用，直到今天，它仍是情报检索与文献匹配的基本方法。凡符合布尔逻辑所规定的条件的文献，即为命中文献，不符合的为非命中文献，数据库中的文献对于某个提问来说，要么是相关的，要么是不相关的。而且在相关文献中，它们在重要性与切题性方面没有什么区别，而是完全相等的。因此，布尔逻辑运算对于情报检索的局限性是很明显的，具有机械、呆板、武断的特点，对于文献的相关性判断过于“锐利”，致使许多比较相关然而不完全符合布尔逻辑式指定条件的文献被剔除掉。实际情况是，对于某一提问来说，有百分之百对口的文献是少数，更多的是存在着比较对口的文献、一般对口的文献、稍有关系的文献。用户对于不同程度的相关性，并不是采取“非是即非”的一刀切的态度。特别是当代表情报提问的检索逻辑式包含逻辑乘、逻辑非的项目较多时，埋没相关文献的可能性就更大。

概念检索是突破了机械式匹配局限于表面形式的缺陷，从词所表达的概念意义层次上来认识和处理用户的检索请求。比如，如要检索“欧洲羊毛生产”情况，传统检索就要将“欧洲”、“英国”、“法国”、“德国”等国家用布尔逻辑乘连接起来，即便这样仍会漏检很多文献信息。而使用概念检索则只需用“欧洲”就能代表所有欧洲国家，完成检索提问，检索结果比传统检索的全。

4.2 实现了对于用户检索请求的合理化联想

概念检索可以像向领域专家咨询一样，不仅给出查询结果，还给出了进一

步检索的建议，大大加强了与用户之间的交互。

传统检索中的加权运算，就是在检索时，检索者根据检索提问的具体内容与侧重点，对所涉及的检索词事先指定不同的权值，以表示各词相对于检索课题的重要程度。让计算机一边检索，一边统计被检文献所包含的相符合标引词的权值和，然后将文献按权值大小排列，凡是在用户指定的临界值之上者作为检索命中结果输出。临界值可视命中文献量的多寡灵活地进行调整。

加权检索的结果完全是计算机处理的，虽然能将权值高的排在前面，但用户需要的并不一定是权值高的文献，用户在这时就不能进行人工干预了。而概念检索可以像向领域专家咨询一样，不仅给出查询结果，还给出了进一步检索的建议，大大加强了与用户之间的交互。

如 Excite 提供一种“相似检索”（More Like This）。当发现某一个结果网页非常符合您的检索要求后，您可点击其后的“More Like This”按扭，Excite 就可检索出那些与这个网页相似的网页。实际上，Excite 就是将这个网页的索引词汇作为检索词，将那些含有相同词汇的网页作为相似网页。这样在相似检索的结果页面里，您最初选定的那个网页会作为第一个网页（相关度 100%）。

4.3　概念描述元素不限于语种，在一定程度上实现了跨语种检索的功能

网络信息以英文居多，这明显阻碍了来自非英语国家的用户利用网络和网络信息检索工具，多语种问题日益突出。传统的检索方法只能对一种语言进行检索，而很少能够实现跨语言的全球性检索，概念检索在这一方面有着很大的优势。

如 Excite 的“全球 Excite 检索服务”能利用中、法、德、日、意等语言对这些语种的网页进行检索，或对某一地区的资源进行检索。所以利用同一概念实现大范围的检索知识仅仅取决于知识库中知识量的大小。

4.4　实现了知识库的增量化管理，具有良好的可扩展性

信息时代的最大特色就是新信息产生速度快，尤其 Internet 的信息扩张是非常迅速的，一个好的检索机制，其知识库必须实现增量化管理，才能同步地为用户提供服务。知识数量愈多，则意味着可检信息的增加，并能促使查全率的提高。计算机专家对知识库的增量化管理提供了技术支持，比较复杂，在这里

不加细述。

概念检索也有一定的缺点。虽然可以使用一些统计的或基于规则的方法来自动获取领域概念，但整个知识库的组织和管理还是需要大量的人工干预。唯有人类各自的领域，通过语法、语义和语用三个层面的足量积累，唯有人类将各类规则和思辨，用机器语言充分地表达，唯有人类将信息的创建者、处理者、使用者充分纳入信息的运转体系并不断转换身份，概念检索才能最终满足人类自身获取信息的需要。

参考文献

[1] http：//www. Excite. com.

[2] 张琪玉．情报语言学基础［M］．武汉：武汉大学出版社，1997.

[3] 孔繁胜．知识库系统原理［M］．浙江：浙江大学出版社，2000.

[4] 王云．电脑网络信息检索方法［M］．北京：国防工业出版社，2000.

[5] 储荷婷，张晓林，王芳．网络信息检索——原理 工具 技巧［M］．北京：清华大学出版社，1999.

[6] 李蕾等．基于语义网络的概念检索研究与实现［J］．情报学报，2000(10).

[7] 戴维民．信息组织［M］．北京：高等教育出版社，2004.

[8] 谭义红，王鑫，周铁军．基于概念检索的中文搜索引擎的设计与实现［J］．计算机应用与软件，2006（5）.

基于聚类技术的学科信息检索服务

李　洁[*]　陈　围[**]

摘　要　学科信息检索是高等院校图书馆信息资源服务保障的重点，关系到学科发展的基础。本文从学科信息检索服务的需求特点出发，分析了常用检索技术和方法在学科信息服务方面的不足，研究论述了专题数据聚类检索在学科服务中的应用价值、实现方法、系统构成以及发展方向。

关键词　学科服务　聚类检索　信息检索　信息服务

学科信息服务是以用户为中心，以学科化、个性化、知识化服务为手段，以提升学科用户信息获取与利用能力为目标，为院校教学、科研的创新发展提供有力信息保障的服务模式，它体现了以人为本的服务宗旨，代表着院校图书馆信息服务的发展方向。

2010年我馆在“×××学科文献信息中心”的建设中，为提高学科信息检索服务的效果，提出了应用聚类技术实现专题数据聚类检索的建设思路，将其作为项目核心功能之一进行了研发，并应用该系统先后开展了“军事教育与训练”、“科学发展观”等专题信息检索服务，取得了理想的效果。我们感到专题数据聚类检索技术运用于学科信息检索服务中，在完善检索方法、扩大检索规模、提高检索效率、实现系统化检索上具有良好的发展前景。

1　学科信息检索服务需求特点

学科信息检索服务通常是针对某一学科专业用户在该学科领域进行教学、

* 李洁，女，1954年出生，南京陆军指挥学院图书馆，研究馆员。

** 陈围，男，1964年出生，南京陆军指挥学院图书馆，副研究馆员。

科研等活动时所需要的学科专题信息所提供的服务。由于该活动的专业性、学术性较强，对信息服务的需求往往表现出更多专业性、系统性、深层次、持续性等特点，因而在检索的目的性、时效性、连续性和知识性等方面都提出更高要求。

首先在目的上不同于一般检索。学科信息检索是以获取特定学科或研究领域的系列信息为目标的，所以其检索应力求为用户提供按照学科体系结构系统组织的，能够展现学科内涵，符合学科及课题需求的族性检索结果；应能通过对学科专业信息的深入挖掘，对繁杂无序信息的分析、整理，解答教学科研中出现的系列问题，为学科建设发展提供学术层面上的服务。

其次是学科信息检索要求时效性高。学科专业建设发展需要前瞻性、及时性的信息检索结果作保障，学科信息检索服务应能够对学科建设目标、当前学术前沿、最新动态成果、未来发展方向等做出及时的反映。

三是学科信息检索要求连续性强。学科专业建设及研究是一个渐进的过程，对信息的连续性有较强的需求，所以学科信息检索要能够跟踪学科发展线路，持续不断的提供动态的检索结果，帮助用户随时地、便捷地掌握学科发展的过去、现在与未来。

四是对知识性检索服务需求日趋强烈。现代学科研究对信息保障要求趋于知识化、非文献化，用户不再满足于基于简单文献信息检索的服务，而是越来越倾向于整体的知识解决方案。特别是进入科学技术高速发展的21世纪，学科划分的界线越来越模糊，创新型的学科发展往往是多个学科交叉融合、相互影响的结果，所以学科信息检索服务所提供的信息应当不仅仅局限于本学科领域，还应以知识点为纽带揭示相关信息的内容，启发用户的思维。

2 常用检索技术在学科信息检索服务中的不足

当前院校图书馆开展学科信息检索服务主要还是依赖普通检索、学科数据库检索、搜索引擎检索等技术手段，而面对当今知识爆炸、信息资源呈几何级数增长的现实，常规检索技术已远远满足不了学科信息检索的需求。

普通检索技术中常用的布尔逻辑检索、全文检索、截词检索和限制检索等对学科用户期待获取具有复杂交叉关系的族性检索结果显然是力不从心的，在使用这些技术进行学科信息检索服务时都不得不投入大量精力，通过多次分析检索需求，多次制定检索方案来使检索需求得到尽可能的满足；并且这种耗时费力的检索多是一次性服务，学科服务对象无法持续地、自主地获取信息。

数据库、数字期刊和论文库等专业数字资源是目前开展学科信息服务的基础，特别是学科数据库大都能够系统地按学科类目提供本学科领域里的权威信息，对于实施学科信息检索服务具有较好的功效。问题是，一般的学科数据库检索技术仍然停留在对显性内容的检索阶段，库中隐含的丰富知识远远没有得到充分发掘和利用。另外，学科数据库通常是按固定的框架结构填入相关信息资源而形成的，其检索项目和内容一般不宜随意更改，因此对于学科不断开拓新领域的变化和发展难以做出及时有效的跟踪。

搜索引擎技术的出现极大地拓展了信息检索的时空范围，但它对于学科信息检索服务而言其局限性也是显而易见的。首先体现在检索准确性和权威性上，据专家评测，目前主要搜索引擎返回的相关检索结果检准率不足 45%，由于检索时只关注信息文档自身的特性，没有考虑用户的兴趣偏好，用户常常为搜索结果的冗余和低精度而苦恼。其次搜索引擎是面向一般用户模型，检索结果通常不划分知识领域，也不提供任何描述，所以用户还需要花费大量时间和精力，逐个浏览检索结果才能找到所需信息。三是部分搜索引擎目前所拥有的自动聚类功能无法反映用户的特定意愿及专业领域，用户也不能根据自己的需要和兴趣选择文献信息聚类的方式，所以也很难满足学科信息检索服务的要求。

3 基于聚类技术的学科信息检索服务的实现

基于聚类技术的学科信息检索是指应用聚类技术，根据用户需要，依据学科专题知识属性及其关系划分类目，按照聚类规则实施检索，并对检索结果进行分类排序的专题数据聚类检索。这种检索方法打破了常规的检索流程，是按照学科发展与创新对知识信息的需求规律而创新的一种检索服务方式，可以为用户提供系统、持续和个性化的信息检索服务。

3.1 原理及实现方法

聚类是指按照信息的相似性和差异性，将信息集按类划分为若干知识单元，要求同一单元的信息内容相似度尽可能大，不同单元间相似度尽可能小的一种组织信息的方法，专题数据聚类检索正是基于这种聚类技术进行的。相对于分类检索、关键词检索、组配检索而言，专题数据聚类检索按主题方式标引信息，按类的思想组织和揭示信息，将信息的主题属性和分类属性有机融合，能够使内容相同或相关的信息得以集中、有序，使相关的信息聚类关联形成一条知识链，提高学科信息检索的精度和效率，为学科用户提供快速、全面和准确的信息服务。

具体讲，就是针对用户信息需求，根据聚类规则，制定出专题库的框架结构和数据采集要求，输入到系统当中，再由系统的专门组件在预先建立的元数据集中进行采集、挖掘和处理，使得原先分布在各数据源中的相关数据，根据设定好的规则自动聚集在一起，为用户展示一个虚拟专题库，提供数据库级别的专题数据检索结果，并且该库中的数据可以随着各源数据的更新而更新。

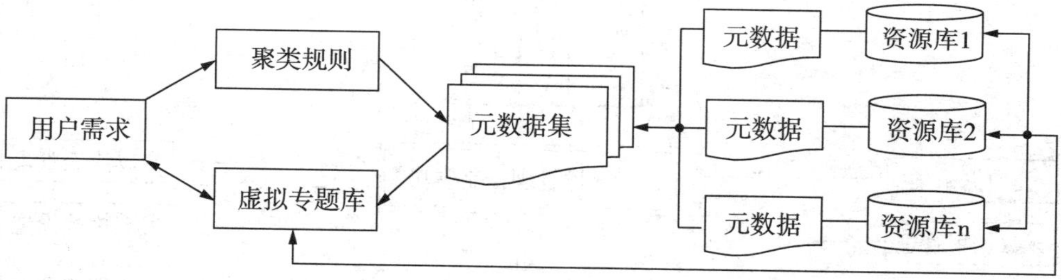

图1　原理流程

专题数据聚类检索实现的基础是建立统一的元数据集，它的检索对象是有序组织的信息资源，要求信息内容应全面、系统。由于目前各种数字化信息资源大量采用不同存储方式，数据管理技术也大不相同，从而构成了一个庞大的异构数据源。如果基于现有条件实现专题数据的聚类重组，就需要分别从多种异构数据源中提取出符合专题库策略的数据源，但由于缺少统一的数据接口，多个数据源的数据是很难完成聚类检索的，即使能通过中间件进行聚类，其检索效率也十分低下，因而并不具备实用价值。因此，在建立专题数据聚类检索系统之前首先应对相关的各数据源进行必要的预处理，采用数据仓库技术进行异构信息源的整合，通过元数据快照复制的整合方式，将异构数据源系统中的元数据信息提取出来，建立一个消除了差异性的、稳定的元数据集，集成后的元数据集必须保证能够完整提取数据本身和保存数据与数据之间的逻辑关系，为专题数据的聚类检索提供信息源支持。

3.2 系统构成及特点

专题数据聚类检索系统由异构数据源集成管理模块、专题库管理控制模块和数据聚类与发布模块三大模块构成。异构数据源集成管理模块完成元数据采集过滤、元数据集管理、全文搜索引擎、同步更新；专题库管理控制模块完成专题库框架设定、数据聚类规则建立、搜索范围确定；数据聚类与发布模块完成专题库元数据表索引建立、数据资源调度、专题库发布页面模板设置、数据访问权限设定等职能。

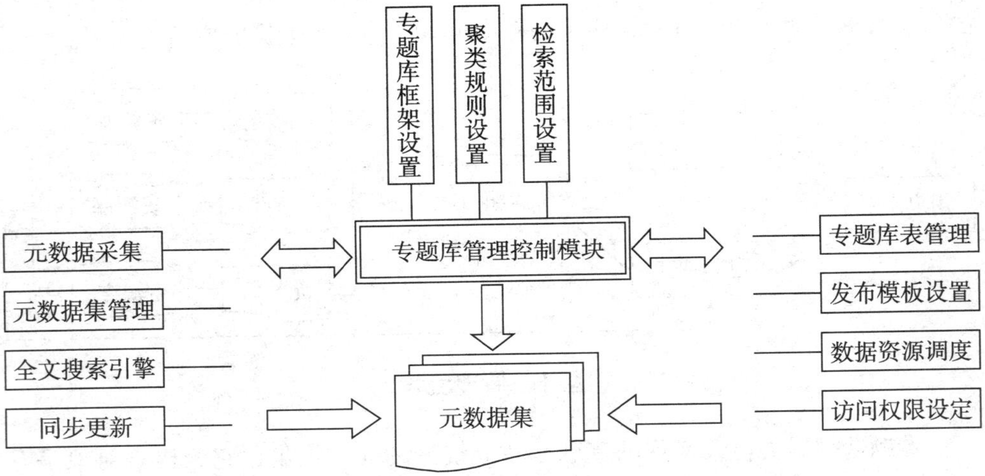

图2 系统模块构成

专题数据聚类检索系统具备强大的数据处理能力和扩展性，能够快速适应各种数据源，支持专题库框架复杂规则的制定和数据聚类与发布模块的数据处理，提供功能强大的全文搜索引擎和对海量用户访问请求的快速反应。此外，系统可以采用可扩展的标记语言作为数据格式转换和定义的技术标准规范，在元数据集和源数据之间建立一一对应的映射关系。

专题数据聚类检索的突出特点是更好的灵活性、针对性和持续性，比其他检索技术更符合学科信息检索服务的需要。一是虚拟专题库框架结构和数据采集模式可以方便地随时建立和修改，使专题数据聚类检索具备了跟踪学科发展，适时调整信息组织体系结构的能力。二是虚拟专题库聚类检索规则是根据用户需求而量身订作，使从各原始数据源中所挖掘的信息会更贴切用户的信息需求。

三是虚拟专题库的建立是由系统按照聚类规则自动生成，无需人工干预，使专题库数据具备了与各数据源同步更新持续发展的潜力。

3.3 发展方向

目前有关聚类检索研究大都集中于研究其聚类算法理论，如多维数据的近似聚类算法、根据文档主题内容组织 Web 文档的部分聚类方法、分布式异构数据库聚集式聚类算法、基于密度的递归聚类算法等，但是由于聚类检索本身的复杂性，在应用层面则较少有人研究。

笔者认为从应用的角度加强对聚类检索的研究，对聚类技术在使用层面的发展具有实际意义。通过应用实践我们感到，要适应学科信息检索服务应用的需要，专题聚类检索技术有必要在三个方面做出改进和努力。一是操作的简单化，当前的专题聚类检索操作还比较复杂，还需要学科人员和专业检索人员的相互配合才能完成，其简化的标准应该是能够支持学科用户独立根据检索规则实现检索目标。二是增强聚类检索深度，从元数据深入到章节、乃至全文的知识点，实现知识检索的最大化。三是提高聚类检索相关度值计算的科学性，合理设置文献信息的权威性、被引用率、点击率等加权统计，使文献信息学术价值得以真正体现。

参考文献

[1] 马丽萍．聚类检索述评．图书情报工作 [J]．2006 (7)：122-124.

[2] 高镔．聚类在网络信息检索中的辅助作用．信息技术 [J]．2010 (4)：145-147.

[3] 吉雍慧．数字图书馆中的检索结果聚类和关联推荐研究．现代图书情报技术 [J]．2008 (2)：69-75.

[4] 张刚，刘悦等．一种层次化的检索结果聚类方法．计算机研究与发展 [J]．2008，45 (3)：542-547.

电子书对军校图书馆的影响与挑战

杨　念*　张　鑫**

摘　要　随着信息技术及网络的快速发展和广泛应用，电子书作为一种新的发行阅读方式也应运而生，改变了知识的传播方式，对图书馆产生了重大影响，并成为馆藏资源的重要组成部分。本文简要地介绍了电子书的相关理论及其在军校图书馆的现状，就其对军校图书馆的影响与挑战进行论述，并对军校图书馆面临的挑战提出措施。

关键词　电子书　军校图书馆　影响　对策

1　引言

随着信息技术和网络的发展，电子书越来越普及，电子书的重要性在图书馆领域得到了广大专家学者的认可，目前也有越来越多的学者投入到该领域的研究。关于电子书对图书馆的影响与挑战，许多专家提出很多宝贵的意见，如在采访阶段，要合理分配电子书与纸质文献的购置经费；在编目阶段，要建立适用于中文环境的电子书元数据标准；在流通阶段要注重电子资源的流通方式，此外电子书对馆员也提出了要求等。通过对上述文献主题的分析，学者们主要集中在地方图书馆上，而对军队院校图书馆的影响与挑战比较少，作为国防科技信息机构的军校图书馆，如何应对电子书产生的影响与挑战，其结果直接关系到军校图书馆的发展。基于此，笔者结合实际工作情况，就电子书对军队院校图书馆的影响与挑战情况进行了必要的分析、梳理和归纳。

---

*　杨念，装备指挥技术学院图书馆，助理工程师。

**　张鑫，95806 部队，助理。

2 电子书的概述

2.1 电子书的概念

电子书也称 E-Book，目前国内学术界以及社会各界初步认定电子书是代表人们所阅读的数字化出版物，从而区别于以纸张为载体的传统出版物。电子书是利用计算机技术将一定的文字、图片、声音、影像等信息，通过数码方式记录在以光、电、磁为介质的设备中，借助于特定的设备来读取、复制、传输。电子书包含了两个层面的含义：一是指电子文本，包括电子图书和电子期刊等；二是指用来阅读电子书的专用阅读器，如国外最早推出的 SoftBook、RocketBook 以及现在流行的 Kindle、国内的“汉王”等是一种便于携带的新型阅读工具。

2.2 电子书的特征

电子书具有下述特征：（1）依靠网络传播；（2）需要一定的阅读设备如电子阅读器、pc 机等；（3）内容深度大，具有个性化、不同于网上新闻等的信息内容；（4）具有检索功能，特别是以电子阅读器为载体的电子书贮存量大、便于携带；（5）除了像纸本图书一样阅读方便外，还具有图文声像并茂、阅读时可随处做笔记加书签、能透过内容的超链接、不断地让读者进一步去发掘更详细的资料、绿色环保等特点。

3 电子书对军校图书馆的影响与挑战

3.1 电子书在军校图书馆的现状

随着信息技术的发展，军校图书馆也开始将电子书资源作为馆藏资源的一种，并发挥着重要的作用。

3.1.1 目前军校图书馆的电子书资源分为两类：

一、各个图书馆自建的电子书资源，这类资源由各个馆通过电子书加工工具，将馆藏纸质文献进行扫描加工成电子文献，然后将电子文献建成专题库，如空军指挥技术学院图书馆建立的中国军事图书总库。目前，军队图书馆自建的电子书资源已成为图书馆数字化的重要组成部分，馆藏的文献资料，师生的论文等都是电子书的来源，通过软件扫描、制书、建库、编目、发布等过程

（具体工作流程如图 1 所示），可以实现将纸质文献转变成电子资源并发布在网站上，供读者查询、浏览及下载。此种类型的电子书，具有灵活、专业特色强等优点，图书馆可以根据学院的教学任务需要，收集相关文献，制作出专题库，为学科建设服务，以供教学参考使用。

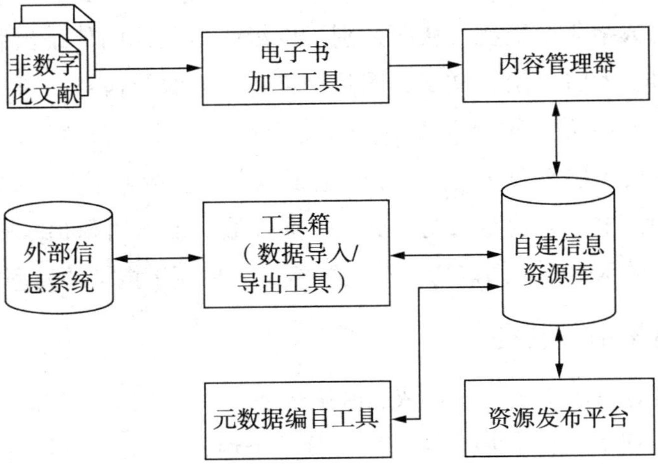

图 1　资源加工发布工作流程图

二、通过采购的外部电子书资源，如超星电子图书、维普中文科技期刊、人大书报资料中心等资源。由于购买资源所属的厂商不同，所依赖的平台也各异，一般在购买资源后，该公司（单位）会在初装时上门安装所需的平台和资源。购买的外部电子书资源需要不断地更新，由于军队院校图书馆物理隔绝互联网的特殊情况，目前普遍采用的方式是：（1）定期如按季度发放更新光盘，这种方式适合于更新速度较慢的电子图书、年鉴等类型的资源；（2）通过互联网每天下载更新包，再将更新包安装在服务器上更新资源。这种方式常见于网站资源的更新，如中国经济信息网、中国宏观经济数据库等。

3.1.2　**电子书对军校图书馆的影响与挑战**

一、对馆舍及相关硬件条件的影响

传统图书馆需要一定规模的建筑面积，有较大的书库、宽敞明亮的阅览室，而电子书的收藏却可以在不增加藏书空间的基础上扩大馆藏规模，提升图书流通率。但是由于电子书将占用本馆电脑终端的存储空间或在线租用，因此要求图书馆在网络、服务器等设施上要有较大的前期投入。同时，电子书主要通过电子书阅读器进行阅读，电子书阅读器的投入及其标准的统一也是需要探讨的问题。

电子书资源的存储和管理一直是图书馆所面临的重要问题，给图书馆的存储系统带来了挑战。

（1）随着资源逐渐增多，所占用的服务器空间就越大，需要应付海量数据的存储。

（2）受环境如自然灾害如水灾、雷击、地震等造成计算机系统的破坏，会导致存储的数据被破坏或完全丢失；加之系统管理员及维护人员的误操作以及硬件设备故障，其中包括存储介质的老化、失效；病毒感染造成的数据破坏等如何恢复数据也成问题。

二、对图书馆工作影响

1. 采访工作

由于经费限制、用户需求变化等因素的影响，军校图书馆在发展电子书资源的过程中，存在如何分配经费、采购哪些电子书资料以及是否取消订购相应纸质资源的等问题。此外，还需要采购电子书阅读器供读者使用，同时，必须针对电子图书的专用设备、作用方法、采购策略进行调研，调整和扩大采访工作的重点和范围，制定可行的电子图书采访政策，以便及时对图书市场的变化做出积极反应，以避免当电子图书大量出现在眼前时，手足无措。

2. 流通工作

大多数军校图书馆提供给读者查阅电子书的方式是通过电脑，读者通过电脑访问网页，查询、浏览和下载电子书。一般电子书资源供应商都会给购买该公司资源的图书馆做个 IP 范围的设定，在 IP 范围内的用户均可以查阅电子书。读者必须根据不同电子图书服务提供商的要求下载并安装相应的阅读软件，十分麻烦。为了使电子图书能够更好地、长久地为读者提供服务，图书馆有必要促成电子书商制定一套基本的电子书格式标准，方便读者使用。电子图书目录检索的不便，也是阻碍其流通的重要原因。目前电子图书的检索途径主要有书名、作者、出版社、ISBN 等，这对已知图书是比较方便的。然而大多数读者是为查询某些方面的图书才使用图书馆的，分类检索、关键词检索是其最需要的，各图书馆电子图书的编目工作没有跟上，这方面相对欠缺。

三、对图书馆馆员的影响

电子书环境下业务流程主要围绕信息的采集、信息的加工、信息服务展开，传统的采编流只是这个过程中的一部分。新环境下的业务范围与对象发生了很大的变化，需要对相关的部门、人员、软件进行重组。从各个军校图书馆的情况来看，大都设置了技术支持组，在专业方面，新进的馆员都会参加上海政治学院图书馆组织的培训工作。总体来说，对图书馆馆员有以下要求：

（1）馆员应该具备一定的计算机能力

电子书不同于纸质书籍，在查询、浏览、下载打印时都需要借助计算机的操作，馆员应该具有能辅导读者如何使用计算机及相关软件的能力。

此外，电子书存储所依赖的服务器硬盘、光盘等介质，需要定期地检查及维护。

（2）馆员应具有一定的学科专业知识

电子书资源种类繁多，如装备指挥技术学院图书馆网站上包括图书、期刊、会议论文等类型在内的电子资源库多达 108 个，馆员需要具备丰富的学科知识，学会计算机编目、建立数据库、光盘检索、联机检索，并且要熟悉网络检索软件，成为图书馆专业知识和计算机知识紧密结合的某一方面的学科专家和网络交换能手，做信息网海的导航员。

（3）馆员应该跟踪用户需求

为了了解师生对电子书的使用情况，馆员应该定期调查，调查问题应包括：师生是否使用过电子书，频率如何，透过何种管道查询电子书，使用电子书的意愿为何，动机为何，使用电子书遇到的问题及需要协助的困难，对图书馆引进电子书满意度等。

3.2　军校图书馆采取的措施应对挑战

3.2.1　加强馆舍及基础设施的建设

目前，很多军队院校都开设了电子阅览室，可以通过利用电脑上网浏览电子书，有的学校受制于馆舍面积的限制，通过在普通阅览室放置无盘机的方式，也提供给读者查阅电子书的平台。

在存储方式上，宁波大学图书馆刘伯嵩博士指出，存储空间与计算机体系本身的存储层次结构类似，呈现金字塔结构（如图 2 所示），上一层是下一层的高速缓存，反过来下一层是上一层的备份，特定的数据片段最终存储在哪种介质上将由这段数据的存取频率以及存储介质的成本所决定。因此，每一层都要根据一定的性能价格比进行合理配置，以达到系统性能的最优化。

内存是系统运行必不可少的部件。硬盘及磁盘阵列式存放数据的地方，它是在线存储设备，其访问速度快（ms 级），价格高，但易损坏，容量范围有限，一般在几十 GB 到几百 GB 之间。

对于更大容量或者使用频率低的信息，或者硬盘中需要做备份的重要数据，就要放到成本低、容量大的近线设备之中。它的容量范围在 TB 及 PB 之间，访问速度一般在秒级，但能够自动化操作，这就是光盘库或自动磁带库。

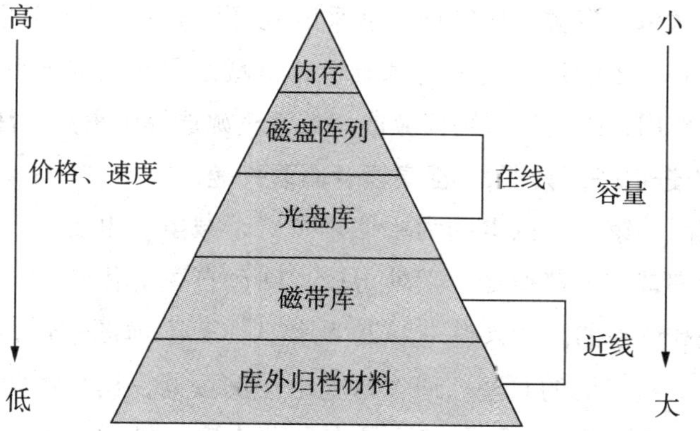

图2　层次化存储结构图

3.2.2　合理科学地进行采购

图书采购是图书馆的一项基础性工作，其质量如何直接关系到图书馆馆藏水平，关系到图书馆的服务水平和读者满意度。在图书馆电子书资源选择的实践中，ARL 成员馆认为最重要的因素是教师或馆员的推荐、成本、许可协议的相关问题以及联盟的影响，内容方面标准的重要性次之，出版商的声誉与学科性质是重要性最低的标准，这与纸质的期刊有很大区别。目前，军校图书馆一般通过联合采购的方式采购电子资源。笔者还总结了国外经验供参考。

（1）军校联合采购

为了节约各院校经费，提升全军院校图书馆通用数字资源整体规模，2009 年底，军队院校联席会组织了联合采购谈判工作，与受邀的十佳地方资源公司（单位）进行了联合采购谈判，并达成了联合采购协议。各院校在规定期限内提交订单进行采购，若未能按期提交，可按照联合采购协议价格与地方公司单独联系订购。目前，已经有63家院校通过该方式购买安装了资源。

（2）借鉴国外的经验

如Lee和Boyle所著《建设电子资源馆藏：实践指导》分析了纸本与数字资源在采购与服务提供中的区别，指出数字资源选择中需要考虑大宗交易、界面建设、链接服务、资源长期保存等问题；该书围绕数字资源采购的生命周期，提出在数字资源采购不同阶段选择标准的侧重点，并提出了一个详细的数字资源选择标准一览表，操作性较强，有利于图书馆在实践工作中参考与借鉴。

Conger在《电子资源合作管理：从采购到评估》一书中强调数字资源的选择采购必须建立在了解用户需求的基础上，馆藏发展政策对于数字资源选择有着重要的指导作用，提出许可协议应成为数字资源选择中重点关注的一个问题。

3.2.3 引进电子阅读器，提高读者阅读兴趣

目前军校图书馆仍然以电脑为主体来浏览下载电子书。电子阅读器具有储量巨大、便于携带、下载便捷、随处可读、阅读自主等优势，可以考虑引进电子阅读器来提高读者的阅读兴趣。如2009年3月，上海图书馆推出电子阅览器的外借服务，受到市民的欢迎。通过这些电子阅读器，用户可随时方便下载和阅读该馆采购的24万册电子图书，具有资源丰富、借阅方便、容量大、便携带、易打理等特点。该馆将不断丰富电子书库，为用户提供参考咨询服务，指定科学流通政策，采取措施确保读者借到手中的阅读器安全无病毒。

3.2.4 软件平台

（1）建立统一的查询检索界面

图书馆提供查询电子书的途径主要为图书馆馆藏目录，即OPAC系统，另一个是图书馆电子资源的网页。由于大量的电子书、电子期刊和网络版数据库平台都不一样，没有通用的接口供访问，因此，建立统一的查询检索界面能方便用户在不同结构的库中查询信息。

（2）建立网站监测系统

军校图书馆目前提供给读者使用电子书的方式是通过电脑，用户通过电脑从图书馆的网站上查询浏览下载需要的电子书，这必然给系统服务器造成一定的压力，有时网络条件不理想或者受电子书资源本身加密等影响，造成读者无法查阅下载电子书或全文，因此，需要建立一个网站监测系统，在监测到服务

器或网络异常时，可以通知馆员，及时查明原因，做好数据备份。

4 结语

随着信息技术和数字出版的发展，电子书已在军校图书馆中占重要地位，对图书馆的方方面面带来了影响，这就必然促使图书馆要变革传统的工作模式和服务模式。军校图书馆员应该勇于面对挑战，以创新的精神，发展的眼光，不断吸收先进的信息技术，调整服务方式，适应环境的变化，推进军校图书馆的发展。

参考文献

[1] 汤树俭．电子书及其在图书馆应用问题探讨．情报探索［J］．2006，6（总第104）：105－107.

[2] 李海丽．电子图书研究［J］．情报资料工作，2004（2）：16－18.

[3] 张惠．电子书在公共图书馆的流通［J］．山东图书馆季刊，2004（1）：84－86.

[4] 刘松林等人．数字图书馆创新与发展［M］．北京：解放军出版社．2009.

[5] 林泽明等人．构建质量优先公平科学的图书招标采购体系［J］．图书情报知识，2011（3）：50－57.

[6] Brody F. Planning for the balance between print and electronic journals in the hybrid digital library：lessons learned from large ARL libraries. Pittsburgh，PA：University of Pittsburgh，2001：79.

[7] Lee S D，Boyle F. Building an electronic resource collection：A practical guide. 2nd ed. London：Facet Publishing，2004.

[8] Conger J E. Collaborative electronic resource management：From acquisitions to assessment. London：Facet Publishing，2004.

[9] 曹玲娟．上海图书馆推出数字移动阅读器外借服务［EB/OL］．［2009－03－01］．人民网：http：//society. people. com. cn/GB/41158/8887131. html/.

电子书对图书馆的影响与发展的思考

何青青*

摘　要　在介绍电子书的定义和发展现状的基础上，本文就电子书的发展对图书馆的影响进行了分析。同时以电子书的发展为契机，对今后图书馆的发展方向进行了思考，提出了把打造图书馆电子书综合管理服务平台以及进行服务创新，建立“内容+软件客户终端”的全新服务模式作为图书馆发展方向的观点，并进行了分析论证。

关键词　电子书　图书馆　发展　内容　软件客户终端

2007年11月，全球最大网络书城亚马逊（Amazon）推出电子书阅读器Kindle，受到热捧，推动了电子书产业的飞速发展。国内以2010年龙头企业汉王科技在创业板的成功上市为标志，迎来了中国电子书产业发展的第一次巅峰时刻。2010年10月国家新闻出版总署发布了《新闻出版总署关于发展电子书产业的意见》，通过积极制订电子书产业发展规划、政策法规、相关标准及配套措施，促进内容、资金、技术、人才等资源的优化配置，提升自主创新能力，打造龙头企业和知名品牌，切实推动电子书产业又好又快发展。2011年初以来，由于受到以苹果iPad为首的平板电脑的强力冲击，电子书企业都受到了很大的影响。面对市场发展困境，电子书产业在积极谋求转型发展，寻求新的商业模式。尽管市场风云变幻、错综复杂，但是电子书已发展成为一种知识信息传播的重要载体，新型出版物的主要形态，其必将成为未来阅读发展的方向，数字图书馆和数字出版的重要组成部分，这些已经得到了广泛的认可。

*　何青青，男，1978年出生，图书馆技术部技术员，讲师。

1 电子书的定义

《新闻出版总署关于发展电子书产业的意见》中给出的综合定义是：电子书是指将文字、图片、声音、影像等信息内容数字化的出版物以及植入或下载数字化文字、图片、声音、影像等信息内容的集存储介质和显示终端于一体的手持阅读器。

综上所述，电子书的概念目前包含两方面含义，一方面是指一种数字化的出版物，即电子图书，另一方面也成为将电子图书资源和硬件终端结合的手持电子阅读器的统称。为区别起见，本文以电子图书指代前者，而电子书阅读器指代后者。

电子书的发展过程，按照阅读方式划分，经历了三个阶段：（1）纯文本阅读阶段。（2）计算机专用阅读软件阶段。（3）电子阅读器阅读阶段。近几年来，由于大多数的电子书企业都采用了电子墨水技术（E-ink），使得电子书阅读器适合长时间阅读，读者在阅读体验中有了类纸化的阅读感受，再加上电子书阅读器本身的便携、环保以及阅读内容的丰富、版权保护的加强，促使电子书产业获得了飞速的发展。

2 目前电子书产业发展现状以及对图书馆的影响

根据 2011 年 4 月，由中国图书商报社和读吧网联合发布的《2010—2011 年度中国电子图书发展趋势报告》显示：（1）中国电子图书总量在逐年增长。截至 2010 年底，中国电子图书总量为 115 万种，较 2009 年新增电子图书 18 万种；（2）电子书读者数目持续迅猛增加。2006 年中国电子图书的读者为 4300 万人，2010 年读者达到 12119 万人，5 年读者人数增加了近 3 倍。未来受互联网技术、移动技术的更纵深发展和数字出版产业的加快，以及移动阅读的大量普及等因素的影响，读者数目持续增加的趋势还将延续；（3）电子图书资源需要集中管理和整合。各级各类图书馆近年来购置了大批电子图书、期刊、论文和其他各种资源商提供的专用数据库资源。在资源不断丰富的同时，也给读者带来了跨库检索、数据查重、频繁登录的烦扰。一些大的数字图书馆厂商开始把目光从产品转向更好的为图书馆服务，解决图书馆数字资源集中管理和整合问题；（4）电子书阅读工具和阅读方式发生变化。2006 年读者的阅读工具 PC 机和笔记本电脑共占96.4%，到2010年PC机已经降至40.4%，主要是受到手机阅读比例上升的影响。2010年，读者在家中或路上阅读电子图书的比例继续上升，分别达到73.1%和4.9%，与中国宽带普及率和便携式智能设备销量的持续增长不无关系；（5）电子书阅读习惯开始逐渐形成。据统计，在1.2亿电子图书读者中，24岁以下用户比例有所下降，可能与该年龄段实际人口数下降有关，25岁以上用户所占比例有不同程度小幅增长，说明接触电子图书阅读的读者一般能够将此种习惯保持下去。

在电子书阅读器市场方面，当下，随着苹果公司（Apple）掀起的iPad热潮，各大厂家纷纷推出自己的平板电脑产品。平板电脑以其新颖时尚的设计理念、多元化的功能迅速“俘虏”了大批消费者，其本身携带的电子图书阅读功能也对单纯电子书阅读器带来了巨大冲击。在激烈的市场竞争下，电子书阅读器的利润空间大幅缩减，众多企业被迫寻求转型发展。以国内电子书的龙头企业汉王科技为例，在平板电脑的冲击下，市场份额被迅速抢占，产品价格被迫大幅下调。不到一年的时间，汉王科技的业绩在下降，股价在下滑，这甚至一度引发了人们对中国电子书产业前景的担忧。由于单纯依靠终端销售的路子已经走不通，汉王科技开始尝试由销售商到服务商的盈利模式转型。汉王科技加大了内容资源平台汉王书城的建设，逐步构建“终端+内容”的发展模式。据了解，汉王书城很快就会增加30万本书，此外还有300多种期刊、100多份报纸可以在汉王电子书上看到。

随着电子书产业的发展，资源的丰富、读者人数的剧增，数字出版、数字化阅读的普及，信息技术手段的进步，图书馆界对以电子图书为主体的数字资源将是未来阅读发展方向的认识不断加深，理论研究和实践探索也逐步展开，由此对图书馆的业务流程、规划布局、读者服务等诸多层面产生了变革性影响。

2.1 对图书馆的业务流程产生了影响

随着图书馆业务工作的重心逐渐从传统的图书、期刊、报纸等纸质型资源向电子图书、期刊，各种类型的专业数据库等数字资源倾斜，原有的采编模式在面对新情况、新问题时受到了挑战。需要摸索出新的采购模式去应对电子图书的采购，以解决好资源建设、版权保护、流通范围等多方面的问题。在编目环节，需要建立和完善新的电子图书编目规范和原有的编目体系相融合。在流通管理环节，需要针对电子图书的特性，制定与之相适应的借阅流程和管理规定。

2.2 对图书馆的规划布局产生了影响

原有的图书馆馆舍规划布局中有一大部分面积是用来存储图书、期刊、报纸等纸质型实物的，而且随着馆藏的增加，馆舍可综合利用的面积不断缩小。电子图书等数字资源的到来，使这一情况得到改观。较小的馆舍面积就可以满足数字资源存储、流通的需要，通过和纸质型资源的数据查重以及存储优化，可以节省很多馆舍存储空间，为今后的发展留有余地。这样一来，在图书馆的规划布局上就会产生新的变化，更多的馆舍面积可以被用来拓展阅读空间，为读者提供更佳的阅读舒适性；更多的空间被用于举办讲座、展览、学术沙龙等，为读者提供多样的服务。

2.3 对图书馆的读者服务产生了影响

随着图书馆电子图书等数字资源的增多，以及网络技术、移动 3G 技术等信息技术手段的运用和普及，图书馆传统的借阅服务方式已经不能满足今后发展的需要。图书馆需要有能力提供跨地域、全天候的服务，读者的借阅将突破时间和空间的限制，这些都会对图书馆的读者服务理念产生影响，对图书馆今后的发展提出了新的要求。

3 以电子书的发展为契机，对今后图书馆发展方向的思考

3.1 加强电子图书资源建设，充分发掘图书馆本身的资源优势，构建以“资源整合和内容服务”为核心的图书馆电子书综合管理服务平台

电子书产业发展过程中成功和失败的经验告诉我们，阅读内容建设才是生存和发展下去的关键。不论是哪种阅读方式，读者首先认可的是内容，不管是电子图书、期刊，还是纸质图书、资料，只要内容对读者有用，读者就会选择。正因为对此有深刻的认识，国内外的电子书企业在经历了电子书阅读器销售推广由盛到衰的转变后，不约而同地都在加强平台建设和内容资源开发合作，积极从硬件盈利模式向内容盈利模式转型，将“内容 + 终端”作为自己今后的发展模式。

图书馆在阅读内容资源建设方面有其特殊的优势：（1）图书馆有大量的馆藏文献资源可以被开发利用；（2）近年来由于对数字资源的重视，各级各类图书馆已经购置了大批电子图书、期刊、论文和其他各种资源商提供的专用数据库资源；（3）图书馆和许多出版商、发行商有着长期稳固的合作关系，便于协商解决版权问题。

在未来的数字化阅读时代，谁拥有更多、更加系统全面的内容资源以及完善的数字化管理服务平台，谁就会有优势，在阅读市场的开发、社会价值体现上具有更多的主动权。因此，图书馆应该积极把握当前电子图书阅读内容平台建设发展的历史机遇期，打造和完善图书馆自己的以“资源整合和内容服务”为核心的电子书综合管理服务平台。

3.2　建立和完善“内容＋软件客户终端”的全新服务模式，进行服务创新和拓展

电子图书的内容平台丰富和完善后，如何和读者之间实现服务的无缝对接，这就成了值得深入思考的问题。目前除了通常的电子图书借阅服务外，部分图书馆开展了电子书阅读器的外借服务。例如，广州图书馆规定：读者凭本人有效读者证，在电子阅览室交纳押金1500元，即可办理电子阅读器外借服务，借期一个月。上海图书馆规定：手持式电子图书阅读器须凭本人具有参考外借功能的有效读者证外借，每证只可借手持式电子图书阅读器1台，借期28天，不可续借。虽然这一模式在普及推广电子图书的阅读，增强读者的阅读体验方面取得了一定的成绩，但笔者对这一服务模式并不认同。首先，大批量的购买电子书阅读器开展外借服务，由于受到成本限制，开展服务的读者范围始终有限，服务规模无法迅速扩大；其次，外借时间的限制，电子书阅读器本身对电子图书格式的限定，都会给读者带来许多约束，不利于读者新的阅读习惯的保持；第三，笔者认为电子图书的阅读推广应该立足于现有的技术条件，充分利用现有的社会资源，这样才能为更加广大的读者群服务，达到事半功倍的效果。

有鉴于此，笔者提出了“内容＋软件客户终端”的全新服务模式。提出这一模式，主要是基于以下几点思考：

3.2.1　出于节约成本和充分利用现有社会资源的考虑

电子书企业推销电子书阅读器这类硬件终端产品，是出于经济利益的追求和市场份额的稳固。而图书馆的目标是要用经济有效的方式为广大的读者群提

供方便、快捷的电子图书阅读服务。图书馆定制软件系统的研发、更新升级的成本往往比大批量购买电子书阅读器以及后续的设备更新、维护成本要低，更重要的是软件产品的功能拓展比硬件产品便捷，灵活性高、兼容性好，推广使用的范围更加宽泛。

图书馆可以推出不同版本的软件客户端适应不同的终端平台。例如，推出 windows 版图书馆软件客户端，推出支持苹果系统（iOS）或者安卓系统（Android）的 Pad 版，推出支持智能手机的手机版；也可根据需要推出与不同品牌电子书阅读器相兼容的版本。这些不同平台、不同版本的软件客户端都可以通过现有的网络技术、移动 3G 技术等信息技术手段与图书馆的中心服务器连接，从而实现电子图书的数字化借阅。对读者而言，任何想借阅电子图书的时候只要连接网络，打开图书馆软件客户端，通过输入读者借阅证 ID 和密码远程登陆图书馆中心服务器，就能随意地浏览和下载借阅图书馆提供的所有电子图书资源，它不受时间和空间的限制，即节省时间，又方便快捷。另外，完善的图书馆软件客户端还应包括对不同格式的电子图书的阅读支持，以及一整套电子图书版权保护加密机制。这样一来电子图书阅读推广的涉及面更加宽广，而且充分调动了已有的社会资源，为图书馆节约大量的服务成本。因此，和专业软件开发公司合作，研发定制跨系统、多平台的图书馆软件客户终端，其性价比和实际效果，远高于单一的硬件终端设备投入，其发展也是非常有前途的。

3.2.2 亚马逊（Amazon）Kindle 经验的启示

亚马逊除了推出 Kindle 硬件设备外，还推出了可以支持在 Windows PC 操作系统上阅读的 Kindle 软件，并于 2009 年 3 月 3 日，在 App Store 上发布了可以应用于 iPhone 和 iTunes 上的 Kindle 程序，使得在这些设备上也可以阅读 Kindle 提供的内容。通过 Whispersync 技术，用户可以在 Kindle 设备与其他移动设备之间进行阅读程序、书籍等的传输。

亚马逊将向 Kindle 用户提供图书馆借阅服务。据《纽约时报》2011 年 4 月 20 日的一篇报道，亚马逊近日宣布将在今年晚些时候，允许 Kindle 用户在阅读器上从 11，000 余家公共图书馆中读取电子书。“我们很激动，因为数百万的 Kindle 用户从此可以从当地图书馆借阅电子书了。”亚马逊的 Kindle 产品总监 Jay Marine 表示。亚马逊的这一决定受到了读者们的热烈欢迎，同时也得到了美国图书馆界的肯定。美国图书馆协会的主席 Roberta Stevens 表示，考虑到图书馆中电子书日益增多，亚马逊的决定是不可避免的。“我不能说我很吃惊，他们以前错失了市场的一部分，现在这一切的发生都在情理之中。”她说。

亚马逊的经验和做法给了我们很大的启示：电子书的深入发展需要同图书馆相结合，获得图书馆的支持。不论是电子书阅读器，还是软件客户端都应该成为未来的发展方向。

3.2.3 图书馆软件客户端有利于电子图书数据安全和服务支持，有利于今后图书馆服务功能拓展

图书馆软件客户端应该是基于客户/服务器模式（C/S）研发的应用软件程序，笔者从数据安全和服务支持的角度分析比较后发现，在程序设计上客户/服务器模式（C/S）优于浏览器/服务器模式（B/S）。（1）客户/服务器模式相比浏览器/服务器模式可以有效的降低软件系统网络通信开销，从而降低了网络通信故障和黑客攻击的风险，另外客户端软件程序本身在安全性方面也优于普通浏览器。（2）完善的客户端应用软件程序可以为读者离线阅读提供必要的服务支持，也便于电子图书加密保护方案的实施，实现必要的版权保护。

基于图书馆软件客户端，我们可以很方便的通过增加软件功能模块的方式，整合图书馆各种资源服务，拓展读者服务功能。例如，通过增加 OPAC 功能模块，读者可以方便的查询图书馆所有资源信息；通过设置公告信息模块，图书馆可以便捷的向读者发布公告信息、畅销书排行榜、借阅排行榜等；通过设置公共讨论模块，方便读者交流阅读体验，发表书评，组织开展阅读活动；通过设置微支付模块，在读者希望购买某本电子图书的时候，提供在线购书渠道。

读者安装使用了图书馆软件客户端程序，就相当于在自己身边多了一个移动的数字图书馆。这样一个软件程序也比较类似于腾讯 QQ，一个为用户服务，一个为读者服务，腾讯 QQ 许多好的功能设计思路都可以被图书馆借鉴，同样腾讯 QQ 的成功也可以在图书馆软件客户端上得到“复制”。

有了资源内容平台，有了软件客户终端，推行“内容 + 软件客户终端”的全新服务模式也就水到渠成了，这一新的服务模式将根本性地改变图书馆的现有面貌，帮助图书馆适应外部环境的变化和各种挑战，推动图书馆向数字化图书馆转型。

3.3 图书馆在发展电子图书的过程中需要注意的两个问题

3.3.1 在电子图书采购环节要加强和数字出版商之间的对接，解决好版权和加密方案问题

当下，通过加密方式保护版权，有效地防止盗版还是很重要的。在数字出版商看来，电子图书如果不加密就成了百度文库。一般数字出版商都有自己的一整套加密、授权方案。如何和数字出版商合作，找到合适的方案，解决好电子图书加密和读者服务之间的矛盾，尽量避免不必要的版权纠纷，是电子图书采购环节应该重点关注的问题。

3.3.2 要加强信息技术服务保障工作，确保数字资源的安全和数据流通的顺畅

今后图书馆中越来越多的数字资源将被存储在图书馆中心服务器中，越来越多的服务项目需要在虚拟的网络中展开，图书馆常规的业务工作也离不开电脑网络的支持，这样一来一次简单的黑客攻击或者小小的网络故障，都会对图书馆造成很大的影响。因此，信息技术服务保障工作必须得到加强和重视，专业技术人才的引进和培养也是当务之急。

参考文献

[1] 新闻出版总署．新闻出版总署关于发展电子书产业的意见．新出政发〔2010〕9号．2010－10－10.

[2] 朱文利，韩曼娜，熊雯琳．电子书的生存考验［J］．电脑报，（994）．2011－5－9.

[3] 广州图书馆．广州图书馆移动阅读器借阅规则［EB/OL］．［2010－6－25］．http://www.gzlib.gov.cn/exhibition/huodong/other/other_ detail?id＝329888.

[4] 上海图书馆．手持式电子图书阅读器外借须知［EB/OL］．［2010－6－27］．http://www.library.sh.cn/ing/2009/0217/090217阅读器外借须知.doc.

[5] 匡文波，龚捍真，蒲俊．电子书阅读器 Amazon Kindle 的发展及其影响［J］．图书馆理论与实践，2011（2）：90－92.

[6] 竹子俊．重压之下力求突围电子书转向内容服务［J］．中国对外贸易，2011（5）：62－63.

电子书对图书馆的影响与挑战

游立芬*

摘　要　本文阐述了电子图书的概念、特点以及电子书的发展。在电子图书迅速发展的现状下，详细分析了电子图书的发展对图书馆采购、编目、流通以及典藏工作的影响，以及给图书馆资源可靠性、图书馆工作人员和读者带来的不同挑战，针对电子书给图书馆带来的巨大影响和挑战，图书馆应当正确认识电子图书的影响和挑战，积极开展电子书的采购工作，丰富馆藏资源，逐步开展培训馆员电子书的服务工作和读者对电子书的利用，以电子书发展为机遇提高、创新图书馆服务工作。

关键词　电子书　图书馆　影响　挑战

1　电子书的概念及特点

电子书又称 E-book，代表人们所阅读的数字化出版物，从而区别于以纸张为载体的传统出版物，电子书是利用计算机技术将一定的文字、图片、声音、动画等信息，通过数据形式存储在以光、电、磁为介质的设备中，并通过网络通信、计算机、各种电子阅读设备来读取、复制、传输。电子书主要以两种形式出现，一种是便携式电子书，另外一种是网络型电子书。便携式电子图书的开发已经经历了近半个世纪的岁月，并已得到广泛的使用。网络型电子图书随着互联网的发展普及，它在世界范围内越来越受到广泛的关注。它由三要素构成：（1）电子书的内容，它主要是以特殊的格式制作而成，如 TXT 、PDF、EXE、CHM、UMD、PDG、JAR、PDB、TXT、BRM 等，可在有线或无线网络上传播的图书，一般由专门的网站组织而成。（2）电子书的阅读器，它包括个人

*　游立芬，女，1983 年生，国防科技大学图书馆助理馆员，初级职称。

计算机，个人手持数字设备（PDA、手机等），专门的电子设备。（3）电子书的阅读软件，如ADOBE公司的Adobe Reader，Glassbook公司的Glassbook，微软的MicrosoftReader，超星公司的S SReader等。

相对传统的图书，电子书具有以下几个特点：（1）信息量大。电子图书的信息量远远超过了纸质图书；（2）便于复制、检索、备份、统计等；（3）阅读不受地域、时间、绝版限制；（4）设计精美，灵活多样，有媒体功能，图文声像并茂；（5）所占空间小，便于携带，易于保存；（6）降低了图书成本，价格便宜；（7）直接面向读者，全球性同步发行，购买方便快捷；（8）可按需要随时下载，随时随地阅读。

2 电子书的发展

电子书的概念最早出现在1940年出版的一部科幻小说中，书中幻想未来可以在某种特质的电子设备上阅读图书。30年后，用PC阅读图书的所谓早期电子图书出现，这种电子读物在阅读载体选择上有很大局限，就是只能用电脑看，还不如传统的纸质图书轻巧方便。直到1998年诞生了真正意义上的电子图书——电子图书阅读器。以下是电子图书阅读器的发展历程：

（1）1998年，美国业者推出Rocket eBook、SoftbookReader，是最早的电子书阅读器；

（2）2004年4月，索尼在日本推出LIBRIe，开始“日本电子书元年”；

（3）2007年11月，亚马逊推出Kindle，掀起电子书热潮；

（4）2009年2月，亚马逊推出Kindle2，更薄、电力更持久。

接下来彩色电子阅读器问世并迅速发展。

（1）2009年3月，日本富士通推出全球第一款彩色电子书阅读器FLEPia。

（2）2009年5月，亚马逊推出大屏幕的KindleDX，瞄准报纸、杂志、教科书等市场。

（3）2009年7月，台湾宣布引进中文电子书阅读器iLiad（i读机），并推出结合内容的Book11平台。

（4）2009年7月，三星推出SNE－50K电子书阅读器，投入电子书市场。

（5）2010年3月，汉王科技上市，成为大陆第一家电子书上市企业。

在电子书阅读器发展的同时，与其配套的电子书文本内容也不断增多。未来的电子书的外形将与现在的纸质书籍相差无二，加上“双面显示，多屏重叠阅读”的技术，纸质书籍将逐渐退出历史舞台。随着电子书的发展电子教科书概念正在发展中，电子教科书的出现将会掀起教育行业的一大变革，不超过500g的“体重”和不超过1cm的厚度，让喊了多年的“学习减负”彻底变成现实，孩子们不再背负沉重的书包上学，兜里揣上这个小巧的电子教科书即可，因为所有的课本内容校方在开学之初就已全部装到这个电子教科书中了。

与此同时，许多媒体大腕纷纷逐鹿电子书行业，其中包括娱乐巨星时代华纳、出版巨头贝塔斯曼、软件霸王微软、电商先锋amazon、老牌书店Barnes&Noble.com和专业出版软件制造商Adobe。

3 电子书对图书馆的影响

3.1 对采访工作的影响

随着电子书的迅速发展，为了满足读者的需求，图书馆不得不将电子书列入文献资源采购当中。但是目前电子书采购还没有像印刷图书一样具有统一的采购流程和规则，比如电子书的定价方式、电子资源的评估等。另外，在电子书发展初期，电子阅读器还不是很普遍，图书馆还可能需要采购电子阅读器。

3.2 对编目工作的影响

随着电子书种类和内容的增多，建立一个系统的书目数据库成为电子书编目的最大问题。我国对中文网络信息元数据标准的研究尚处于初级阶段，要及时调整书目数据库，建立适合于中文环境下的电子图书元数据标准。

3.3 对流通工作的影响

在电子书发展初期，图书馆流通部门还必须向读者提供电子阅读器的借还工作，读者需亲自到图书馆借还电子阅读器。当下各种电子阅读器已普遍，读者就不必到图书馆，可以直接通过网络来获取图书馆的电子书资源，不受地点和时间限制，随时随地通过网络终端可以借阅，与纸质书一样，电子书也有借阅时限，到期的电子书将自动“锁定”，读者就没有权限继续阅读，这样读者还书也不用上图书馆，也大大减少了图书馆管理员的工作量。

3.4 对典藏工作的影响

电子书的收藏与传统图书典藏有着重大变化，传统藏书不仅需要占用很大的物理空间，而且还需要花费人力和时间去排序及整理上架，而电子书是以字节存在，只占用电脑的存储空间，并且其馆藏是网络的联合馆藏，所以电子书更具存储空间小、获取查询和典藏方便灵活的优点。但是，电子书的版权、储存电子书的服务器维护等这些问题，是图书馆要特别注意的问题。

4 电子书对图书馆的挑战

4.1 对图书馆资源可靠性的挑战

电子书与传统的书籍不同，它在网络上复制的成本几乎为零，远比传统书籍的盗版容易，在全球知识产权、版权保护趋向更加严格的法制环境下，对图书馆资源提供的可靠性产生了很大挑战。在图书馆数字化环境下，电子书给图书馆数字资源带来了许多选择，但是目前还没有完善的电子资源版权法，因此，图书馆必须对电子资源的知识产权问题引起重视，否则会因开发电子资源不当、信息导航不当、电子书供应商没有解决好授权等问题而侵犯版权。图书馆只有确保资源的合法性才能更好地发挥图书馆资源与服务的功效。

4.2 对图书馆工作人员的挑战

电子书的普及会使图书馆工作人员面临两大挑战：其一，如果电子图书到了运营成熟的阶段，那么就会有越来越多的读者不用去图书馆借还图书，大部分工作将通过读者自助完成，那么这种自助服务将会引起图书馆工作人员的缩减；其二，随着电子资源和图书馆传统服务的集成，电子书的采购、编目、流通和典藏工作都需要改进，这就要求图书馆工作人员要熟练计算机网络、计算机技能操作等，因此，每个图书馆员都要不断在工作中学习新知识，充实自己，努力提高自身的业务技能以适应信息社会带来的各种挑战。

4.3 对图书馆读者的挑战

阅读电子图书对读者有一定的要求。除了必须具备阅读设备以外，还要有一定的计算机网络知识、计算机操作技能和外语水平，熟悉计算机和软件的使用方法，例如，如何对电子图书进行阅读、检索、浏览、复制和保存等等。另外，为了合理利用电子资源，读者应该了解和遵守电子资源知识产权的有关规定。由于电子图书使用方便、价格不及传统纸质图书、购买业很便捷，个人阅览数量以及购书量大增，有人购书成瘾，甚至沉迷于电子图书。图书馆针对这些问题也应该开设一些简单的培训课程，比如信息资源检索课程、如何利用电子资源和利用电子资源的规定等等。

5　正确认识电子书对图书馆的影响与挑战，以电子书发展为机遇提高、创新图书馆服务工作

5.1　首先，在保证电子资源可靠性的前提下，大量引进电子书资源，优化馆藏文献资源结构，加快馆藏文献资源的数字化建设，提高图书馆的文献资源保障率。图书馆在引入电子书资源时应该统筹兼顾，结合自己馆藏文献结构的特点，有针对性地引入，做到电子书资源与传统印刷型文献资源的互补，以强化本馆的特色文献资源。为建立起载体多元化、来源多元化、学科特色化的文献资源保障体系打好基础。

5.2　其次，加快图书馆人才引进，提高图书馆馆员业务素质，确保电子书服务工作的开展。其一，引进人才，建立专门的部门或者配备版权馆员。网络上的电子书资源繁杂且分散无序，图书馆在对这些资源进行充分组织和挖掘时，在此过程中可能会涉及一些版权问题，另外，用户在利用电子书时因资源下载、资源复制或传播等原因很容易发生侵权行为，因此，图书馆应该注重版权的管理，考虑版权成本的预算，培养或配备专门的版权馆员，通过版权馆员掌握的知识，帮助图书馆避免侵权行为的发生，并且为读者提供各种咨询服务，实现对资源的合理利用；其二，图书馆应对馆员开展一系列的业务培训，使馆员加强专业知识的在工作中的实践、计算机网络技术和电子图书专业知识，使之不仅成为知识信息的组织者，而且成为网络电子资源的导航员、协调员和管理员。

参考文献

[1] 王岚．关于电子书发展及其对图书馆影响的思考［J］．科技情报开发与经济，2011（15）．

[2] 聂华．电子书的发展及其对图书馆的影响［J］．大学图书馆学报，2005（2）．

[3] 黄丰．网络环境下的电子图书及其特点［J］．情报探索，2005（3）．

[4] 肖沪卫，潘洁毅．电子图书对图书馆的影响及对策［J］．中国图书馆学报，

2003 (1).

[5] 赵丹倍. 电子图书对图书馆事业的影响研究综述 [J]. 情报探索, 2009 (2).

[6] 高峰, 李玲. 论述电子书对图书馆的影响 [J]. 山西广播电视大学学报, 2007 (1).

学习型组织的团体阅读行为与图书馆的电子书服务
——以党校图书馆为例

钟海雷*

摘　要　文章描述了团体阅读现象，认为在学习型组织中存在团体阅读需求。由于空间和经费制约，图书馆无法通过纸质图书满足团体阅读需求时，应该通过电子书服务提升图书馆满足团体阅读需求的能力。文章最后对图书馆如何利用电子书为团体阅读需求提供服务进行了初步分析。

关键词　学习型组织　图书馆　电子书　党校

1　引子：党校学习制度是建设学习型组织的一个重要手段

2011年7月1日，中国共产党成立90周年，世界的目光再次聚焦中国，中国共产党取得的辉煌成绩引起世界瞩目。在西方世界看来，中国共产党为什么能够在推动发展的过程中不断解决困难和问题，奥秘之一就是善于学习。《澳大利亚人报》称“中共通过党校制度成功治国”，它甚至认为“这就是拥有近8000万党员的中国共产党能一直执政这么大一个国家的秘密之一”。中国共产党历来重视学习，善于学习。72年前，毛泽东在延安就提出：“要把全党变成一个大学校”。党的十七届四中全会通过的《中共中央关于加强和改进新形势下党的建设若干重大问题的决定》，引人注目地提出“把建设马克思主义学习型政党作为重大而紧迫的战略任务抓紧抓好”。

党校学习制度是建设学习型组织和学习型政党的一个重要手段。中国共产党从上到下设立了以党校为主的几千家教育培训基地，绝大多数党员干部都曾

*　钟海雷，男，1968年生，广西区委党校图书馆，馆员。

到这些地方学习受训过，这是中国共产党进行理论武装的一个重要渠道。世界上很少有政党像中国共产党一样，通过如此严密的党校制度来加强党员的学习。

党员在党校的学习能否有所收获，事关学习型组织建设的成效。党员在党校学习的文献需求和知识需求有什么特点？如何更好的满足这些需求？这些都是党校图书馆工作者必须思考和分析的问题。

2 学习型组织中存在团体阅读现象

学习型组织提倡学习，学习离不开阅读。党校学员在党校学习期间的阅读行为有一个十分显著的特点，在这里笔者将这一现象称为团体阅读现象。引起笔者思考这一现象的起因是最近本馆的一次剔旧。为了解决馆藏图书不断增长和馆藏空间不足的矛盾，本馆安排了一次大规模的剔旧，剔旧的重点是复本量大的图书。在剔旧的过程中很容易发现以下规律：（1）复本数达到 10 本以上的图书比比皆是，复本数达到 50 本的也不少见，甚至有复本达到 80 本的。（2）复本数大的图书多见于上世纪六十年代至九十年代初期出版的图书。（3）进入最近二十年，复本数越来越少，最近几年最多是入藏三册，一般是两册。

在电脑应用尚未普及的年代，所有馆藏图书的最后一页都贴有一个纸袋，纸袋里插着一张借阅卡，借阅卡上至今留有当年读者的借阅签名和借还时间记录。一种复本量大的图书，随手抽出一本，其借阅记录超过 10 条的并不在少数，可见同一种书的借阅量之大。

很明显，复本量大的原因是借阅量大。党校学员在校时间一般都不长，不可能等到甲学员还了，乙学员再来借，最好的解决办法只能是增加复本量。

那么为什么会存在大量学员在短期内对同一种图书的大量需求呢？这就是因为党校学员在校学习的过程中存在团体阅读的现象。

党校学员在校学习的过程中存在团体阅读的现象主要有几个原因：一是上级、学校或教师指定和推荐阅读某些书籍；二是党校学员存在共同的知识需求，对一些理论热点问题或具体民生问题往往有共同的关注；三是有些书籍和学员的专题学习内容相关性比较大；四是校园文化氛围或社会文化氛围下的流行阅读对个体产生了影响。

本文所说的团体阅读，是为论述方便而引出的一个概念，特指一些有共同特征的人群，尤其是指一个相同组织内的成员，在一段相近的时间内，发生对同一种文献的阅读行为。简而言之，就是一种文献被一个集体的成员同时关注和阅读。

由于同一个班级甚至同一个时期的党校学员，其知识需求也有很多共同性，所以这部分学员除了有个性的阅读要求之外，必然存在共性的阅读要求。而在阅读之后，大家还可以在一起分享阅读心得，联系工作实际交流思想，互相启发，互相帮助，共同提高，这就使得之前的团体阅读显得尤为可贵和必要。由于有着共同的愿景，又经常面临同样的问题，所以，在一个学习型组织内部，出现团体阅读的行为并不难理解。

3　党校图书馆经历了过去保有大量复本以满足团体阅读需求的阶段，和现今不能满足团体阅读需求的阶段

党校图书馆应该具备为团体阅读提供服务的能力。在上世纪九十年代以前，这种能力通过增加图书的复本量成功获得。图书借阅卡上至今留有当年读者的借阅签名和借还时间记录。这些字体各异的签名记录，不仅使我们透过几十年的时光，看到一本老迈的图书曾经的簇新和炙手可热，而且也使我们看到了这些学员成长的脚印。无数的学员在同一张借阅卡上留下的签名，使我们看到了一个学习型组织不断前进的步伐。知识就是力量，党校图书馆曾经给了我们党的事业的忠诚践行者们怎样的力量呢？

但是，进入最近二十年，复本数越来越少，近几年最多是入藏三册，一般是两册。是不是党校学员不存在团体阅读的需求了呢？笔者倾向于认为：由于诸多引起团体阅读的原因依然存在，则团体阅读的需求依然存在，只是图书馆的服务却跟不上了。由于需求得不到满足，久而久之，学校和学员就不再向图书馆要求这种服务，在大家都习惯了以后，我们反而认为这种需求不存在了，也不再寻求提供这种服务。这必然会影响学员在学校的知识获取与思想交流。这是十分遗憾的。

那造成这种遗憾的原因又是什么呢？笔者认为是馆藏空间限制和经费限制。党校图书馆的历史都不太长，一般文革以后才走上快速发展的道路。在建馆早期，馆藏空间十分充裕，如果确实需要大量复本，可以暂时忽略空间的制约。随着时间的推移，藏书不断增加，馆藏空间必然日渐窘迫。

另一方面的限制来自采购经费。统计数字显示，近 30 年来全国出版图书成

几何级数的增长。

表1 1979—2009关键年份中国图书出版数据

年份	出版图书种数（种）	出版图书定价总金额（亿元）
1979	17212	
1985	45603	39.50
1990	80224	76.64
1995	101381	243.62
2000	143376	430.10
2005	224823	600.69
2009	301719	848.04

以上表格是笔者根据1979至2005年《中国出版年鉴》和新发布的《2009年全国新闻出版业基本情况》整理的。从表中可以看出，在1979至2009的30年间，图书出版种数增加了17.5倍；在1985至2009的24年间，出版图书定价总金额增加了21.5倍。

对于大多数图书馆而言，图书采购经费的增长和图书出版总量的增长是不成比例的。需要购买的图书太多，而经费又太少，图书馆要以有限的经费覆盖尽可能多种类的图书。在馆藏空间和经费的双重压力下，减少复本、放弃对团体阅读需求的响应就成了一个不得已的选择。

每个人到图书馆借书，可能都有过这样不愉快的经历：有些书总是很难借到，因为需要的人太多，而复本量太少。最终可能使我们和一本有益的书籍失之交臂。

学员在党校学习，团体阅读和基于团体阅读的交流是获取知识和提升能力的有效手段。而知识和能力对于一位处于决策地位的领导干部而言，其造成的社会效用是放大的。党校图书馆必须想方设法，克服困难，尽量满足读者的团体阅读需求。

4 党校图书馆可以通过电子书服务重建响应团体阅读需求的能力

党校图书馆如何才能重新建立这种服务能力呢？只有创新图书馆服务手段

才能获得新的服务能力。这次我们也要把目光投向一种创新的产品和服务：电子书产品和电子书服务。

4.1　电子书具有迎合团体阅读需求的素质

电子书这种新产品天然具有了帮助图书馆走出空间与资金两大困境的素质，使党校图书馆可以重拾为团体阅读提供服务的信心。

首先，电子书不消耗馆藏物理空间，它只是电子存储介质上的记录，图书馆保有电子书不会对馆藏空间形成压力。

其次，电子书的定价低于纸质图书，可以减少图书馆保有复本图书的资金压力。虽然对于新兴的电子书市场来说，成熟的价格体系还未建立，影响电子书定价的因素也较多，但是相比纸书，电子书不存在纸张涨价、印刷、仓储、物流等成本，只要能够形成规模来减轻版权负担，电子书定价低于纸质图书是必然的结果。目前的市场情况也是如此，在国外，亚马逊及其他几家零售商对于新书及畅销书的定价为每本 9.99 美元，而一般纸质图书的价格在每本 26 美元左右。在国内，超星、书生之家、方正 apabi 是三家影响较大的电子书系统，超星单本价格是 2 元；书生之家每本价格 2～3 元；方正阿帕比平均每本单价 4.5 元；均大幅低于纸质书的价格。

作为新生事物，电子书除了有鲜明的优点以外，也不可避免的带有诸多缺点，因而自从出现以来一直饱受争议，人们对电子书喜爱者有之，不屑者有之，求全责备者有之，批评者也有之。各家图书馆对开展电子书服务的认识也不统一、步调不一致，已经开展服务的，服务效果评价也不尽相同。对电子书的态度基本可以划分为支持、反对、观望三个阵营。

对于党校图书馆而言，在馆藏空间和经费的双重压力之下，在电子书出现之前，要满足团体阅读的需求几乎是不可能的。然而，“为人找书。为书找人”是图书馆的基本价值观，如果满足不了读者的团体阅读需求，也就降低了图书馆存在的价值。可喜的是，电子书天然具有契合学习型组织内部团体阅读需求的特质，可以提升图书馆在这方面的服务能力，所以党校图书馆应该旗帜鲜明地站在赞成和支持电子书的一方，对电子书持欢迎的态度，积极开展电子书服务，努力提高电子书服务水平。

4.2　开展电子书服务需要面对的一些困难

为了更好的开展电子书服务，我们有必要对开展这项服务需要面对的一些困难进行了解。

人们对于电子书之所以抱有各种不同的态度，是因为电子书在优点之外还存在不如人意之处，电子书存在的问题主要有：（1）电子书的版权保护和版权交易体系不成熟，电子书是盗版的重灾区。（2）由于担心内容被盗版，有些拥有内容版权的法人选择了不发行电子版图书；基于同样原因，有些拥有内容版权的法人选择了不同步发行电子书，有些电子书的发行甚至滞后于纸质书一到两年。（3）版权保护的不成熟又造成了电子书格式的不统一和电子书阅读器的不兼容。对于许多购买了内容的电子书阅读器厂商和电子书出版商来说，它们保护内容的策略便是用文件格式来防范风险。国内最早、目前内容最丰富的内容出版商超星、书生之家、方正阿帕比都有自已的电子书格式和阅读软件，互不兼容，和著名的E-ink屏阅读器“汉王”等也不兼容。这会给电子书的阅读带来不便，给图书馆开展电子书服务造成障碍。（4）需要为阅读器或阅读平台投入资金，终端阅读舒适性和终端价格的矛盾令人难于取舍。电子书的阅读终端主要有电脑、以ipad为代表的平板电脑、MP4、以汉王为代表的E-ink屏阅读器、手机等。其中E-ink屏幕技术最接近纸质书，阅读体验也最好，但价格一直较高，其代表汉王阅读器动辄两、三千元、低端型号也要一千多元。2009年，在内容方面称王的方正阿帕比发布了自己的E-ink阅读器“文房”，价格4800元，结果是市场上难见其踪影。如果买不起天价的阅读器，读者只能在电脑上阅读这些电子书，阅读体验不问可知。但就在笔者写作本文期间，据信是受到以ipad为代表的平板电脑的冲击，E-ink阅读器开始放下了身段。2011年6月28日，盛大宣布将旗下6寸e-ink电子书终端“锦书Bambook”售价从999元降至499元，首次将E-ink屏的电子阅读器价格降至历史新低。而一个多月前，e-ink电子书终端老大汉王率先宣布降价，产品最低拉至599元。此外，包括爱国者在内的二线电子书品牌，亦都紧随汉王后尘，表示未来主流产品价格均将定格在500元上下。500元是消费者的一个重要心里门槛，这无疑是一个好消息。感谢平板电脑、感谢ipad，今后我们在选择电子书终端时，E-ink终于可以作为一个选项，电子书也许真正由此进入普及时代。遗憾的是，盛大主推的内容是网络原创文学，其阅读器目前并不能阅读其前辈超星、方正阿帕比、书生之家格式的电子书。关于阅读器兼容性方面也不是没有好消息，和以内容起家然后发布自己的“文房”阅读器的的方正阿帕比相反，以阅读器起家的汉王开始进军内容服务，构建内容平台“汉王书城”，并且有消息称汉王书城已经完成了和盛大云中书城、方正阿帕比的对接协议，二者内容将接入汉王书城。希望在不久的将来，读者可以在已经开始降价的汉王 E-ink 屏幕上阅读方正阿帕比发行的电子书。(5）版权保护措施和阅读便利性存在冲突。同样出于版权保护的考虑，各电子书出版者都通过技术手段对阅读设置了不同的限制，影响阅读的便利性。除了前面提到的格式问题外，还有诸如注册、不能离线阅读、在线阅读则要受 IP 限制、借阅册数（或页数）限制、借阅时间限制、复制限制等等。方正阿帕比还给电子书引入了印刷本图书的借阅及复本的概念，做法是：某种书如果只购买了一个复本，那么这本书被一人下载后，在其借阅期内，其他人就不能阅读。这就反而失去了电子图书可以同时供多人阅读这个最吸引人之处。

4.3　在党校图书馆开展电子书服务的几点思考

虽然开展电子书服务可能会面临诸多的问题，但通过电子书来满足团体阅读的需求仍不失为最佳选择。在看清问题和困难的基础上，我们才有可能规划好这项服务。我们的服务要使内容通过校园网络抵达阅读终端，内容、终端和网络是电子书服务的三要素。

4.3.1　内容是开展电子书服务的关键

内容是开展电子书服务的关键，没有内容保障一切无从谈起。电子书产业“内容为王”的共识一样适用于图书馆的电子书服务。

在内容方面，图书馆需要重点保障的是有团体阅读需求的内容。为了完成这个任务，首先要加强与教学单位、教师和学员的沟通和联系，利用在同一组织架构之内的关系，建立迅捷的需求征询机制。其次，图书馆要积极对外宣传电子书服务。由于在此之前一段较长的时期内，团体阅读需求已经不能从图书馆得到响应，图书馆要再次和这些需求取得联系并不是一件轻而易起的事，尤其当读者对电子书不了解或不熟悉时。图书馆作为电子书阅读的启蒙者，通过宣传唤醒这种需求是十分必要的。

在了解了阅读需求之后，就要设法去获得这些内容。电子书市场和发行渠道正在发育成长的过程中，远没有纸质书那么成熟，能否顺利采购到所需电子书仍是一个未知数。目前，中国的电子书市场问题重重，一个突出的表现是产业链还没有打通，各个环节还没有形成很好的对接。做终端阅读器的不得不自建内容平台，做内容的也开始自己开发阅读终端，做平台的又无法通过水平整合形成规模，整个市场支离破碎。由于电子书版权保护的困难，“发行渠道”往往还兼有版权保护的色彩，因而自成体系，没有统一的模式。要买到所需要的电子书，就不得不熟悉各种不同的发行渠道。另外，脱产学习的党校学员学习时间都不长，因而采购周期要尽可能的短，这也要求采购人员要非常熟悉电子书市场的运转和变化，对采购员来说，也算是一个小小的挑战。

对于过了版权保护期的图书，图书馆应该广泛收藏其电子版内容，以丰富馆藏并方便读者下载阅读。在我国，公民的作品，其发表权、使用权和获得报酬权的保护期为公民终生及其死亡后的五十年。法人或其他组织的作品著作权，其发表权、使用权、获得报酬权的保护期为五十年，截止于作品首次发表后的第五十年。

4.3.2　阅读终端是开展电子书服务的重要环节

电子书的阅读离不开阅读终端。如果没有阅读终端，读者难以和电子书谋面；就算和电子书见了面，如果不能使用喜欢的、方便的阅读终端，读者也难以养成阅读电子书的习惯。阅读终端是完成电子书服务中不可或缺的一环。

阅读终端主要有 PC、笔记本、平板电脑、E-ink 屏阅读器、手机等，目前 PC 和笔记本对不同的电子书格式和不同的电子书网络平台兼容性是最好的，但便携性却是最差的，体现不出电子书的便携优势，与人们思维习惯中“书”的概念相距甚远。在手持阅读终端中，平板电脑和手机则更适合娱乐和移动商务应用，E-ink 屏阅读器的阅读体验非常接近纸质书，最适合阅读。虽然 E-ink 产品还存在兼容性这个大问题，从长远来看，随着电子书市场的发展和版权保护体系的成熟，各种 E-ink 阅读器互相兼容是迟早的事；价格方面，今年 6 月 E-ink 阅读器 6 寸低端产品已跌到 500 元附近，面向普通人群的普及时代已经到来。在出现更先进的技术和产品以前，E-ink 阅读终端占据电子书阅读的主导地位是必然的。为配合和促进电子书服务的有效开展，也是从读者的利益出发，图书馆理应顺应潮流，成为手持阅读的推动者，积极推动 E-ink 阅读终端的普及应用。希望有一天，我们的读者可以手持阅读终端，连接校园无线网络，在校园里随时随地地使用图书馆的电子书服务，手不悉“卷”。

4.3.3　建设好连接内容和终端的网络

在这里网络不仅仅是指连接内容和终端的物理媒介，还包括网站的建设。很多规模图书馆都搭建了网络平台，现在需要根据电子书服务的特点，对其进行完善和改造。改造的目的就是加入电子书服务的内容，并实现电子书服务的便捷、人性化、多功能。笔者认为可以从以下几方面考虑：

（1）在图书馆网站上开辟针对团体阅读的专门栏目，为读者提供“找、借、读”三位一体的一站式便捷服务。（2）要能同时满足下载阅读和在线阅读。（3）要能同时实现传统的有线网络接入和手持阅读设备的无线接入。今后，在校园内任何时间、任何地点、应用任何媒介都能阅读电子书的“云阅读”是校园电子书服务应该达到的目标。（4）建立读者的阅读交流平台和信息反馈平台。学习需要交流，思想的火花在碰撞中才能迸发。党校学员大多来自实践第一线，思想活跃，交流研讨一直是党校教学的一种重要模式。图书馆可以依托网络，搭建一个物理空间之外的阅读交流平台，以图书为媒介，汇聚阅读感言、交流思想。在技术条件成熟的前提下，阅读评价和讨论的对象甚至可以深入到电子书的全文，让读者可以直接在阅读的版面发表感想，这些感想可以为其他阅读者所见。热烈的交流可以扩大团体阅读的影响，促进读者与读者、读者与图书馆之间的互动，把学习型组织的阅读行为引向更深的层次。（5）积极借鉴商业化的电子书资源平台的经验。目前国内商业化的电子书服务正在经历一个加速发展阶段。国内起步较早的电子书资源商业平台有超星、书生之家、中文在线、番薯网、中国移动手机阅读基地、龙源期刊网等，2008 年盛大云中书城加入竞争，2010 年汉王书城加入竞争，2011 年纸质书销售市场的大佬当当网和卓越亚马逊也悄然进军电子书销售市场，百度文库也在网上卖起电子书。这些电子书平台有不同的背景，内容和服务手段也各具特长，代表了我国电子书和数字出版的最高水平，比如“云阅读”的概念就是番薯网提出的，并于 2010 年 3 月启动番薯网“云阅读”平台。党校图书馆的电子书服务要积极借鉴他们的成功经验，结合自身优势和特定读者群的需求特点，提供差异化的服务，以寻求主导校园内的电子书服务。

4.4 电子书服务是党校图书馆不可缺少的服务手段

党校图书馆要进入电子书服务这一新的领域，肯定会遇到各种各样的困难，读者的需要则是我们克服困难的动力。当前，对团体阅读需求而言，传统的纸质书服务是无能为力的，电子书服务就不仅仅是补充和点缀，而是不可或缺的服务手段。既然新技术的发展已经给了提升服务能力的可能性，无论从读者的需要还是从图书馆自身发展的需要出发，我们都应该克服困难，迅速掌握和运用好这些新技术。

人类的阅读载体经历了竹简、丝帛、纸张，到最近出现的电子书，无论人类的知识将以何种载体呈现，图书馆都将是人类知识重要的守护者和传播者。

5 结束语

无论是对于一个人、一个组织，还是对于一个民族、一个国家，读书的重要性都不言而喻。

最近两年，地方党政领导时有推荐阅读书目的举动。广东省委书记汪洋致信省直机关干部和各市党政主要领导同志，推荐阅读两本阐述幸福的书籍：《幸福的方法》和《对我们生活的误测——为什么 GDP 增长不等于社会进步》。广西自治区区委书记郭声琨向自治区直属机关厅局主要负责人，各市、县（区）四大领导班子主要负责人赠送的两本书，分别是《当次贷危机改变世界——中国怎么办》、《没有任何借口——企业、政府机关员工精神读本》。山西省委书记袁纯清向全省干部推荐阅读《500 年来谁著史》。

笔者列举以上几个例子，就是团体阅读的典型例子。并且说明，团体阅读不仅仅是党校学员的一种学习特点，实际上这种现象普遍存在于任何一个重视学习的团体内部。对于一个学习型组织而言，团体阅读是建设组织文化、塑造组织品格、提升组织能力、达成组织目标的有效手段。在全国提倡建设学习型社会和学习型组织的背景下，团体阅读现象的存在值得我们关注。本文以党校环境为例，提出以电子书服务满足乃至积极影响团体阅读的观点，抛砖引玉，请教于同行。

参考文献

[1] CCTV. [焦点访谈]打开中国奇迹的问号(二)学习型政党. [2011 - 07 - 01]. http://news. cntv. cn/china/20110701/111709_ 1. shtml.

[2] 新闻出版总署. 2009年全国新闻出版业基本情况[EB/OL]. [2010 - 09 - 07]. http://www. gapp. gov. cn/cms/html/21/493/201009/702538. html.

[3] 电子书定价较量第一回合结束：出版商赢得话语权[EB/OL]. [2010 - 02 - 10]. http://hxd. wenming. cn/xwcb/2010 - 02/10/content_ 95736. htm.

[4] 李玉琳，刘沧德. 对三种电子图书系统的分析研究[J]. 农业图书情报学刊，

2005(7):154 - 155.

[5] 电子书终端割价近半[EB/OL].[2011 - 07 - 06]. http://it.sohu.com/20110706/n312537495.shtml.

[6] 汉王令人揪心的断腕转型[EB/OL].[2011 - 06 - 14]. http://www.ceocio.com.cn/6/37/59692.htm.

[7] 严大香.超星、书生之家及方正 Apabi 比较分析[J].晋图学刊,2004(2):34 - 37.

[8] 2011年电子书产业5大热词[EB/OL].[2011 - 01 - 12]. http://www.bkjpress.com/Html/Article/20110112/ 7336.html.

[9] 法律对著作权保护期怎规定[EB/OL].[2007 - 02 - 13]. http://www.china.com.cn/info/txt/2007 - 02/13/content_ 7825371.htm.

[10] 郭声琨.勤读好学 自我充实[J].广西日报,[2009 - 04 - 23].

第三部分

图书馆建设与管理

绩效棱柱模型在图书馆绩效评价中的应用

胡　玲*

摘　要　本文将企业中试图超越平衡计分卡的“绩效棱柱评价方法”应用于图书馆绩效评价。通过对图书馆绩效棱柱模型的应用分析，建立基于绩效棱柱中五大关键维度的图书馆绩效综合评价指标体系。

关键词　绩效棱柱　模型　图书馆　绩效评价　应用

图书馆产生于公元前3000年，是搜集、整理、收藏图书资料供人阅览、参考的公益文化事业机构。一直发挥着保存人类文化遗产、开发信息资源、参与社会教育等职能。可是，随着科技速度的不断飚升，出现了数据提供商、搜索引擎、网络书库等功能与图书馆相似的机构。图书馆的作用在人们脑海中越显模糊。图书馆在现代社会环境中失去了往日的竞争优势？构建一套适合图书馆科学发展的绩效评价体系，是解决以上问题的关键。本文试图将绩效棱柱模型应用于图书馆的绩效评价之中，构建基于绩效棱柱模型的综合评价指标体系，对图书馆和相关利益主体进行合理评价，以期图书馆适应时代发展的更高要求，充分发挥信息服务职能。

1　绩效棱柱模型内容

绩效棱柱模型（Performance Prism）由克兰菲尔德学院教授 Andy Neely 与安达信咨询公司于2000年联合开发的三维绩效框架模型，用棱柱的五个方面分别代表组织绩效存在内在因果关系的五个关键要素：利益相关者的满意、利益相关者的贡献、组织战略、业务流程和组织能力。

*　胡玲，女，1973年生，中共贵州省委党校图书馆，馆员。

图1是绩效棱柱模型图，它包含五个关键要素：

（1）利益相关主体满意：我们关键的利益相关主体是谁？他们需要从这里得到什么？

（2）组织战略：为了利益相关主体的需要，我们应该采取怎样的策略？

（3）业务流程：我们需要怎样的关键业务流程来实现组织战略？

（4）组织能力：我们需要具备怎样的能力才能开展和改善组织业务流程？

（5）利益相关主体贡献：为了培育和发展组织能力，我们需要利益相关主体为我们做出怎样的贡献？

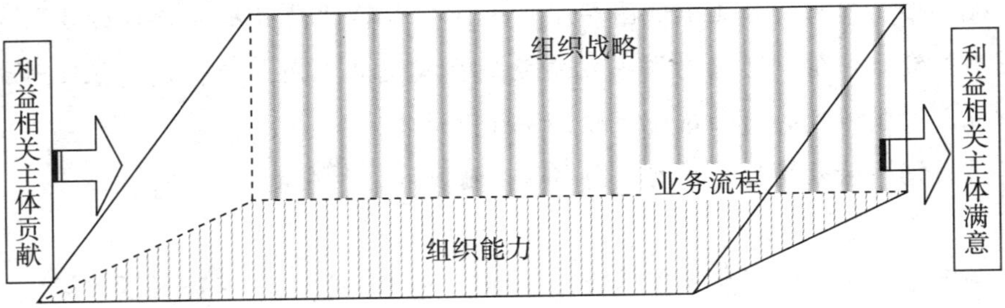

图1　绩效棱柱模型图

2　绩效棱柱评价方法应用于图书馆绩效评价中的理由

2.1　常用的图书馆绩效评价方法及其存在的问题

合理评价图书馆的绩效一直受到各方关注，并且也提出了不少评价方法和工具。目前我国图书馆常用的绩效评价方法主要有：投入评估法、作业流程评估法、任务评估法、职业标准评估法、历史评估法、系统评估法、有机评估法、CIPP评估法、综合评估法、标杆分析评估法、层次分析法、360度评估法、平衡计分卡评估法等。关于以上这些评估方法，已有专家学者对他们的使用效果进行了比较分析。笔者不再作细化，仅对这些评估方法存在的问题作如下概括：一是评估对象较单一。只关注一至二个利益相关主体的评价，只对某一工作流程或部分对象进行评估。二是评估周期较长。多数方法实行的是事后评估，即年终评估。起不到阶段性持续推进的作用，三是注重利益相关者的贡献，忽视利益相关者的期望。

2.2 借鉴绩效棱柱评价方法评价图书馆绩效的原因

过去，图书馆的服务工作流程是：读者需求→馆员汇报需求分析结果→图书馆申报主管部门→政府投资→文献购买、收藏→服务读者。单纯地“以读者为中心，让读者满意”为服务宗旨。绩效评价多数也只着眼于馆员的工作业绩评价。今天，陈旧的服务流程已不适应新的竞争环境，图书馆要想拥有核心竞争力，不仅仅是让读者满意，同时还必须让与其紧密联系的利益相关者满意，利益相关者满意了，他们才乐于贡献。因此，新的图书馆的服务流程应该是：读者需求→馆员对信息需求进行分析测定→图书馆将信息需求分析结果汇报上级主管部门（政府机构）→政府投资→①改善硬件设施②信息资料购买收藏，建立特色数据库③与同行部门建立共建共享平台→图书馆推行多种服务模式服务读者（读者满意）→图书馆社会地位得到提升→媒体关注→社会各界捐赠信息资源→与社会机构合作（将特色服务推行应用到社会某个行业，推进行业发展）→政府满意→再次投资……不难看出，服务流程犹如机器的运转链条，如果其中一环出了问题，链条就会无法运转。如果链条的每个环节都充分发挥各自作用，图书馆将在良性运转中得到发展壮大。

从图书馆新的服务流程可以看出，图书馆绩效评价不能只对某一环节进行评价。借鉴绩效棱柱评价法来对图书馆以及利益相关主体绩效进行环环评价，起到持续整改推进的作用。

2.3 绩效棱柱评价法应用于图书馆绩效评价中的优点

将绩效棱柱评价方法应用到图书馆绩效评价中，可以实现绩效评价的几个转变。从评价一个或两个利益相关主体向评价所有重要的利益相关主体转变；从评价利益相关主体的贡献向评价利益相关主体的贡献和期望转变；从评价工作业绩层面向评价组织战略和外部竞争层面转变；从评价单项工作业绩向评价“战略、流程、组织”整合后的整体业绩转变。

3 绩效棱柱模型融于图书馆绩效评价的应用分析

棱柱的寓意是日光经棱镜折射后，显示出七彩光，而图书馆的生存环境经过棱镜的折射则反映出利益相关主体的不同要求。图书馆借鉴棱柱模型理论来开展评估工作，将会实现利益相关主体综合利益最大化，促使各群体和谐发展。

3.1　图书馆绩效评价模型构建。

参照绩效棱柱模型理论，结合图书馆自身特点，构建图书馆绩效棱柱评价模型。如图2。

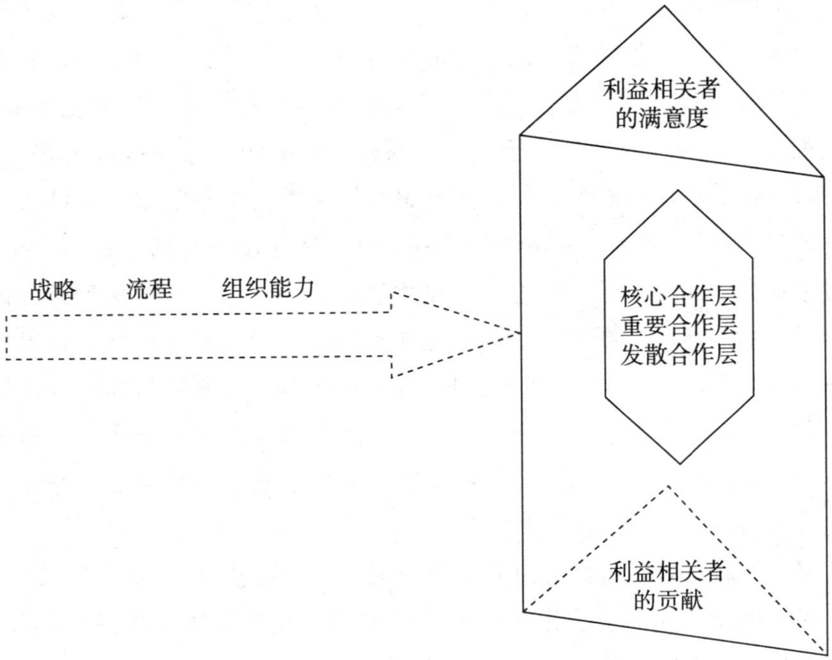

图2　图书馆绩效棱柱评价模型

图书馆绩效棱柱评价模型同样也包含五个关键要素，棱柱的三个侧面分别显示图书馆战略、流程、组织能力，棱柱的上下底面分别显示了利益相关主体的期望与贡献。

（1）利益相关主体满意。谁是图书馆的利益相关主体？他们的期望是什么？图书馆的利益相关主体可分为三大层次九类群体。一是核心合作层。包含读者、图书馆员工、政府部门（直接主管部门、间接领导部门）、资源商（出版社、杂志社、数据库商等）。二是重要合作层。同同级兄弟部门、（机构部门的其它院、系、部、处科、室等）、业界同行、捐助者和媒体等。三是发散合作层：其他社会合作机构。（以下简称九类群体）。

九类群体的期望大致可归纳为：读者期望获得图书馆的优质服务。图书馆员工期望自己规划的职业生涯能够在图书馆工作中得以实现，福利待遇不断提升，职称评聘晋升得到领导的大力支持，拥有和谐的工作环境等等；政府部门（直接主管部门、间接领导部门）期望图书馆传承文明，服务社会，搞好政府立法决策咨询。资源商（出版社、杂志社、数据库商等）期望图书馆多购买数据信息资料，创新服务方式及时将所购文献资料推荐给读者。同级兄弟部门（机构部门的其它院、系、部、处科、室等）期望图书馆推出适合本部门的推送信息服务，为加强部门业务能力提供智力支撑。业界同行期望与图书馆实现馆际互借，有效实现资源共享。捐助者期望图书馆所捐赠的信息资料被有效利用，并履行捐助时的附加条件。媒体期望图书馆不断扩大社会效应。其他社会合作机构期望图书馆推出特色科技信息资源服务，以期合作能促进行业进一步发展。

（2）组织战略：为了九类群体的需要，图书馆应该采取怎样的发展战略？图书馆发展战略是通过外部环境和内部条件的分析而制定的全局性的重要部署.为满足九类群体的需要，图书馆应采取创新理念、明确导向、服务至上、提升服务水平、深化改革、科学管理、深化改革、协调发展的战略。

（3）业务流程：图书馆需要怎样的业务流程来实现组织战略？图书馆的业务流程经过很长的时间才从“重收藏”转变到“重服务”。网络环境下，图书馆应该充分考虑内部条件和外部环境进行业务流程重组，优化馆内业务流程和馆际业务流程。馆内业务流程的优化需要对内部机构组织进行优化整合，将流通部、阅览部、期刊部、参考咨询部整合为信息服务部，主要提供文献信息、参考咨询服务。将采访、编目、典藏整合为信息资源支持部。主要为信息服务提供资源信息。馆际业务流程的优化主要是信息资源的协作式采集，信息资源加工组织的书目信息共享，合作参考咨询服务。

（4）组织能力：图书馆人需要具备怎样的能力才能开展和改善组织业务流程？图书馆人应跟上新时代步伐更新服务理念，强化自身业务知识，创新服务方式，精通专业技能，做事雷厉风行，服务到点到位等等。

（5）九类群体的贡献：为了培育和发展组织能力，我们需要九类群体为我们做出怎样的贡献？图书馆需要对读者准确提供信息需求，接受信息素养培训等，需要馆员不断加强自身业务，提高服务水平等，需要政府部门（直接主管部门、间接领导部门）搞好宏观管理，在政策、经费、立法方面大力支持图书馆的发展；需要资源商（出版社、杂志社、数据库商等）及时提供读者所需的信息资料数据等，需要得到同级兄弟部门（机构部门的其它院、系、部、处科、室等）的积极支持配合，需要与业界同行建立馆际互借，实现资源共享。需要捐助者捐赠信息文献资料和硬件设施等。需要媒体对图书馆功能作客观公正的评价。需要其他社会合作机构提供合作平台，使图书馆推出的个性化服务手段在实践中得到更好应用。

3.2　基于绩效棱柱模型的图书馆评价指标体系。

根据棱柱模型的五个关键维度来建立相关指标。如下表。

指标 / 维度	核心合作层 读者、馆员 政府部门、资源商	重要合作层 同级兄弟部门、业界同行，捐助者和媒体	发散合作层 其它社会 合作机构
利益相关者的期望维度	信息获取、信息素养提升、个人发展、待遇提升、读者增多、社会整体文化水平提高、政府咨询、信息资源的有效利用	参考咨询、信息推送 馆际互借、资源共享 捐赠信息资源得到有效利用、扩大社会效应	咨询探究、答题解难，服务项目利用于实践，互促互进
战略维度	信息需求分析、更新服务理念、培训深造、精通专业技能、服务水平提升、在经济上、政策上、立法上的支持力度，宏观管理、提供文献信息资源	人、财、物等方面的支持配合力度 馆际互借资源共享程度 信息文献资源捐助 客观公正的评价 宣传力度	提拱数据资源的准确度、解决疑难问题，实现合作共赢
业务流程维度	需求信息、分析汇报 服务提升、拨款额度、信息资源数据提供	准确咨询、馆际互借，信息共享、捐助情况、宣传力度	共同探究业务将信息理论与实践相结合
组织能力维度	信息能力、精通专业技能、执行力、供应能力	人、钱、物的配置能力、资源共建共享能力、捐助能力、宣传能力	咨询能力 经济实力 沟通能力
利益相关者的贡献维度	需求信息、创新服务、提供信息资料、经费上、政策上、立法上大力支持、提供质量过关、价格合理的信息资源	支持配合图书馆发展、馆际互际、资源共享、积极捐助、宣传客观公正	合作共进、提供实践信息服务理论的平台

上表中，五个维度中的定量定性指标，前面已有不少专家学者研究过。如“政府拨款额度”国家图书馆也早已作了相关规定。在实践中，需要根据各地区各图书馆的实际情况灵活运用表中相关指标。

4 结束语

“巧妇难为无米之炊”，图书馆的公益性、非赢利性决定图书馆的发展必须依靠利益相关机构的大力支持（贡献）。这就需要构建图书馆“生态系统”，让图书馆与利益相关主体和谐共生，互促互进。合理评价图书馆及利益相关主体之绩效，是构建“生态系统”的关键。目前，笔者尚未见到“将绩效棱柱评价方法用于图书馆绩效评价”的理论文章。这一借鉴可算首例。但由于客观原因，还没有对这一方法在实践中的可操作性和实用价值进行论证。另外，评价机构设置、评价执行力、反馈整改监督机构等等实质性问题都还需要进一步研究。

参考文献

[1] 张伟炜．试图超越平衡计分卡的工具［J］．人才资源开发，2007（12）．
[2] 李宏荣，练六英．利益相关者理论视角下的图书馆社会合作研究［J］．图书馆论坛，2010（6）．
[3] 李阳晖．试论我国图书馆业务流程重组的实施［J］．图书馆论坛，2006（6）．
[4] 吴新年．图书馆绩效评价研究［J］．情报资料工作，2005（4）．

美国联邦贮藏图书馆及其启示

周雅琦* 牛 宇**

摘　要　随着《中华人民共和国政府信息公开条例》的施行，我国公共图书馆在政府信息公开和政府信息资源管理中将发挥越来越重要的作用。美国是政府信息对公众公开比较早的国家，美国的“联邦贮藏图书馆计划”设定了一个专门的图书馆——贮藏图书馆用于保障政府信息的公开，并对美国政府出版物等政府信息资源进行有效地管理。本文将介绍美国贮藏图书馆的一些情况，希望能够为我国政府信息公开提供一些借鉴。

关键词　联邦政府贮藏图书馆计划　贮藏图书馆　政府信息公开　政府出版署

1　概述

1.1　美国贮藏图书馆的由来及发展

美国有一种特殊的图书馆——贮藏图书馆，美国的贮藏图书馆被授权专门存储美国政府的出版物，公开政府工作信息。贮藏图书馆也叫寄存图书馆或是托存图书馆，它是美国民主社会的一种产物。美国的民主要求政府要做到政务公开，公民要能轻松、便利地了解到政府的工作信息。1857 年，正是在这种民主的呼声要求下美国国会通过了一项决议：规定要通过官方的渠道向美国公民公开印刷型文献，将收藏在国会图书馆的一部分公共文献分发到各联邦政府图

* 周雅琦，女，土家族，生于 1984 年 7 月，国防科学与技术大学图书馆助理馆员，初级职称。

** 牛宇，男，汉族，生于 1984 年 11 月，国防科学与技术大学图书馆助理馆员，初级职称。

书馆以及各州的公立图书馆和大学图书馆。在这个背景之下，政府出版署（GPO）和“联邦政府贮藏图书馆计划”（FDLP）应运而生。从1860年开始，美国的每一种政府出版物都要通过政府出版署（GPO），由政府出版署（GPO）来负责印刷、分送和出售。同时，政府出版署（GPO）还要制作一个“政府出版物的分类清单”，并依据这个“分类清单”建立起书目记录，从而形成一个包含联邦政府出版物及其他出版物的完整的国家书目系统。而政府出版署（GPO）所建立的书目信息，将被用于建立图书馆目录、书目等。另外，政府出版署（GPO）还要负责把这些政府出版物的复本分送到各联邦贮藏图书馆。

1.2 美国贮藏图书馆的构成

目前，“联邦政府贮藏图书馆计划”（FDLP）大约有成员馆1400家。这些成员馆既包括了很多颇有声望的大型馆，也包括了一些地方小馆。大多数的成员馆是由国会成员指定的，每位众议员或参议员，只要他们所在的选区或者所处的州没有贮藏图书馆，他们就有权在自己的选区或者所处的州指定一家或者两家贮藏图书馆。各州县政府也纷纷效仿联邦政府，设立了文献分发中心，向本州、县的寄存图书馆集中提供政府出版物，以方便公众获取。美国的贮藏图书馆系统经过一百多年的发展，已经建立起了非常完善的贮藏图书馆体系。联邦贮藏图书馆分布广阔，在美国每一个州都有一个以上的贮藏图书馆或是地区性的贮藏图书馆。“联邦政府贮藏图书馆计划”（FDLP）所发行的资料都由地区性的图书馆来负责接收，而其他的图书馆则可以根据当地公民的需要来选择资料。贮藏图书馆的类型也是多种多样，涉及政治、国防、法律、军事、科学技术、教育、商业、旅游等多个学科和领域。根据2004年联邦政府的贮藏图书馆目录，贮藏图书馆主要由以下几种类型的图书馆组成：

贮藏图书馆类型	所占比例
学术（一般）图书馆	52%
公共图书馆	19%
学术法律图书馆	12%
社区学院图书馆	5%
国家和特别图书馆	5%

续表

贮藏图书馆类型	所占比例
联邦和各州法院图书馆	3%
联邦机构的图书馆	4%

1.3 制度和法律上的保障

政府出版署（GPO）和“联邦政府贮藏图书馆计划”（FDLP）是贮藏图书馆得以产生和发展的关键。美国的政府出版物有多种发行方式。除了出售和分送外，1895 年颁布的印刷法（General Printing Act）和 1962 年的颁布的贮藏法（Depository Law）还规定政府出版署（GPO）必须将其部分出版物免费分发到全国 1400 个贮藏图书馆（Depository Library），而这些贮藏图书馆则有义务向所在地区的公众提供借阅服务。美国国会在制定“联邦政府贮藏图书馆计划”（FDLP）时还规定了贮藏图书馆在管理政府出版物的过程中所必须遵循的三个原则：（1）如果没有特殊情况，所有的政府出版物都要通过贮藏图书馆提供使用；（2）每个州和国会选区都应该有贮藏图书馆；（3）贮藏图书馆中的政府出版物必须免费提供给公众使用。这三个原则不仅保证了贮藏图书馆的馆藏来源，也明确了贮藏图书馆在政府信息公开中的职能和作用。

事实上，在 1948 年以前，公众要想获取美国政府的工作信息也是非常困难的。为了保障美国公民自由获取政府信息的权利，美国政府从 1948 年开始通过了《行政程序法案》、《在阳光下的政府法》、《文书削减法》、《强化政府出版署（GPO）电子信息获取法案》、《保密的国家安全信息》、《政府印刷改革法案》、《信息自由法》等一系列法律。这些法律法案虽然对贮藏图书馆并没有非常直接的影响，但在条文中都或多或少提到了图书馆，特别是为公开政府信息而服务的贮藏图书馆的问题。政府信息公开法律的改进和完善为贮藏图书馆的生存提供了保障，同时也推动了贮藏图书馆的发展和完善。

1.4 职能和作用

贮藏图书馆的宗旨是要收集、整理、保管和保存美国联邦政府各部门工作的信息，并且要让美国的公众能轻松、便捷的找到和利用这些信息。贮藏图书馆的工作和其他图书馆其实没有什么本质的区别，工作流程也是收集所有形式的政府出版物，并将其进行分类、编目，然后进行流通，提供给公众检索、利用。联邦政府每年都有保存会议，如：托存间研讨会，托存图书馆理事会会议等等，同时联邦政府还会开展一些继续教育和培训方面的活动来不断改进贮藏图书馆的工作。而“联邦政府贮藏图书馆计划”（FDLP）的作用主要是为美国公众提供连续的政府工作信息；提供有关政府工作信息的统一目录系统；提供专业的信息服务和管理政府信息资料；监督政府机构工作人员与资源预算。

2 完善的政府信息服务体系

政府出版署（GPO）和“联邦政府贮藏图书馆计划”（FDLP）相互合作、相互配合。在政府出版署（GPO）中，作为管理员的“联邦政府贮藏图书馆计划”（FDLP），为市民提供连续的政府工作信息，在贮藏图书馆中，也有专业的工作人员负责管理政府工作的资料。今天，为了让美国公众能够从网上获取政府信息，“联邦政府贮藏图书馆计划”（FDLP）还在网上通过政府出版署（GPO）Access 通道向全球的互联网用户提供服务。

（网址：http：//www. access. gpo. gov/su – docs/aces/aaces002. html）政府出版署（GPO）的这个访问网址是每天 24 小时免费向市民提供服务的。

2.1 网上数据库

政府出版署（GPO）Access 的接入网关是贮藏图书馆，贮藏图书馆提供的本地网关连接到政府出版署（GPO）的接入服务，通过在线访问可以获得包含政府出版物，如美国国会纪录、联邦登记册、联邦条例法典，以及作为文本的法案、决议、法律等各贮藏图书馆的政府信息。

2.2 通路服务

通路服务提供了多种方法用于寻找政府信息产品并将其连接到互联网上。目前通路的服务包括：

每月目录包含政府出版署（GPO）从 1994 年开始的编目记录，并提供全文和搜索选项。此外，它规定了贮藏图书馆可以提供获取的政府信息产品，以及电子版本。

途径索引（原型）提供关键字搜索的联邦网站。这方面的资料收集，定期就从政府的网站以及非联邦合作伙伴工作在正式的协作与联邦信息供应商。

浏览政府和军方因特网网站下的主题科目和书籍名单，电子信息产品在联邦政府的服务器上，按字母顺序或机构排列。提供了一个按字母顺序排列的目录，政府信息定位服务的纪录，叙述了信息的政策和规定，内阁级别和其他主要联邦机构。

2.3 贮存设施

政府出版署（GPO）提供持续的存储，为电子政府信息产品提供了政府出版署（GPO）的访问。此时，政府出版署（GPO）的 Access 数据库存储在分布式网络上的政府出版署（GPO）的主要设施在华盛顿特区和肯塔基州的 Owensboro。

2.4 电子公告板

通过电子公告板的形式公布最新政府信息。

3 数字时代贮藏图书馆面临的挑战

随着数字时代的到来，越来越多的政府信息已经通过网站进行了公布，政府出版署（GPO）一方面声称贮藏图书馆的重要性，另一方面却反对在贮藏图书馆中储藏数字出版物（除了“有形资料”如 CD－ROMS 以外），这就直接导致了美国贮藏图书馆中所收集到的重要的政府信息数量的逐渐减少，直接威胁到了贮藏图书馆的生存状况。而美国政府一再发生信息丢失的事故，一些组织和个人也开始收集政府工作信息，甚至是一些贮藏图书馆也开始建立自己获取政府信息的途径。

因此，数字时代的贮藏图书馆正面临着巨大的挑战，而“联邦政府贮藏图书馆计划”（FDLP）要生存和发展仍然必须坚持以下 5 条准则：（1）信息要免费提供。“联邦政府贮藏图书馆计划”（FDLP）就是要让政府信息能够对公众免费开放。（2）信息要易于检索和利用。政府出版署（GPO）建立了一个“数字出版物全文系统”，这个系统包括许多图书馆，集成了联邦政府出版物、其他政府出版物和非政府出版物。政府出版署（GPO）充分利用“联邦政府贮藏图书馆计划”（FDLP）来存贮数字馆藏。（3）信息要可靠，要保证信息用户获取到的政府信息的权威性。一方面可以从技术上来保证政府信息的权威性，另一方面可以把图书馆作为可信赖的信息资源。（4）为方便日后检索和利用，数字信息要保存在数字贮藏图书馆的分发系统中，还要有效地防止信息的毁坏和丢失。（5）要保护信息用户的隐私权，让公众在检索和使用政府信息的时候无需担心他们会因为阅读了这些信息而接收审查。这也是图书馆能否公众获得信赖和尊重的重要关键。

4　贮藏图书馆为我国公共图书馆所提供的借鉴

《中华人民共和国政府信息公开条例》已经从 2008 年 5 月 1 日开始施行，该《条例》的颁布和实施为我国民主社会的建设迈开了重要一步，该《条例》在第十六条中就明确规定："各级人民政府应当在国家档案馆、公共图书馆设置政府信息查阅场所，并配备相应的设施、设备，为公民、法人或者其他组织获取政府信息提供便利。"

《中华人民共和国政府信息公开条例》的实施将我国的公共图书馆纳入了政府信息公开的体制。但是，我国公共图书馆参与政府信息公开才刚刚开始，经验不足、困难重重。随着今后政府信息的不断积累，如何有效地管理和利用这些信息将成为一个不可忽视的问题。而美国贮藏图书馆在为公众提供政府信息服务方面已经走过了漫长的岁月并积累了丰富的经验，应该能给我国公共图书馆提供很好的借鉴。

第一，从法律途径提供保障。美国联邦贮藏图书馆的生存和发展离不开美国完善的法律保障体系，美国联邦贮藏图书馆不仅拥有专门的《印刷法》和《贮藏法》来保障，在其他各种政府信息公开法中也明确规定了贮藏图书馆的权利和义务。我国公共图书馆要在政府信息公开环境中发挥应有的作用，同样也离不开法律的保障。目前，我国还没有一部完整意义上的图书馆法，更别提关于图书馆如何管理政府信息的专门法律。完备的法律体系保障，才是图书馆有效参与政府信息管理的长远发展之道。

第二，协调好图书馆同各政府部门和组织之间的关系。图书馆负责管理的是政府信息，但发布信息的主体绝大部分来自政府各部门，因此图书馆也不可避免的要同这些政府部门接触。美国联邦贮藏图书馆和政府出版署（GPO）是相互配合的合作伙伴，政府出版署（GPO）接受各政府出版物，做好清单，然后把复本分送到各联邦贮藏图书馆，贮藏图书馆通过整理后为公众提供相关的信息服务。我国公共图书馆在开展政府信息公开工作时也应注意处理好同各政府部门包括档案馆的关系，各部门之间的密切合作才能实现互利双赢的局面。

第三，积极迎接挑战。随着数字时代的到来，美国联邦贮藏图书馆在发展过程中也面临了新的问题。开展政府信息服务，对于我国公共图书馆来说本就是一项挑战，随着工作的逐步展开还会遇到各种各样的问题，只有积极地去应对，努力提高自身的业务能力和服务水平才是自身发展的活力源泉。

5　结束语

“联邦政府贮藏图书馆计划”（FDLP）通过贮藏图书馆，建立了完整的政府文献收藏体系。通过了解美国政府出版署（GPO）和“联邦政府贮藏图书馆计划”（FDLP），学习这些机构在检索和保存政府工作信息方面所积累的经验，可以为我国公共图书馆的政府信息发布和利用提供参考。

参考文献

[1] 黄如花．美国的“联邦贮藏图书馆计划”[J]．情报资料工作，2000（2）．

[2] 吕先竞，郑邦坤，汤爱群．中美政府信息资源共享系统建设对比分析［J］．图书情报知识，2004（2）．

[3] 商晓帆．政府信息资源建设研究［D］．吉林：东北师范大学，2006．

[4] 黄如花．Internet 上美国政府信息的检索［J］．图书情报工作，2001（3）．

[5] 黄璇．国际上政府出版品寄存制度及对我国的借鉴［J］．现代情报，2008（1）．

[6] 胡维青．GPO 与 FDLP 在数字出版时代的发展模式［J］．图书馆杂志，2006（12）．

[7] 符绍宏．政府信息资源社会化开发利用的机制研究［D］北京：中国科学院文献情报中心，2006．

[8] 美国国会图书馆主页．[2008－9－16]．http://www.ala.org/ala/godort/godortfactsheets/9704fact.cfm.

[9] 邹勇．政府公开信息有效组织的实现方式研究［J］．情报资料工作，2009．

[10] 王志庚．我国公共图书馆政府信息整合服务的方向与策略［J］．图书馆建设，2010．

[11] 肖可以．政府信息公开制度下的图书馆作用［J］．图书馆杂志．2008．

[12] 马森述．政府信息公开条例的内容与影响［J］．情报资料工作．2008．

苹果 APP Store 的成功对高校数字图书馆建设的启示

常 静*

摘 要 数字图书具有成本低廉、方便阅读、易于获取等优点，已成为人类阅读重要组成部分，但是也面临版权保护、版权所有者利益、读者权益等现实挑战；通过分析苹果公司 APP Store 在解决以上几个问题的成功经验，提出高校数字图书馆建设需要着重解决：法规制度建设、数字化版权管理、数字化资源的接入渠道、阅读终端规划建设等几点关键性问题和对策。

关键字 电子书 电子阅读器 苹果公司 App Store 数字图书馆 版权保护

2007 年当美国最大的网络电子商务公司亚马逊（Amazon）推出其电子阅读器 Kindle 并在 5 个半小时内被抢购一空之后，许多业界人士感叹“我们终于来到了一个转折点”。2009 年 12 月 27 日，Amazon 宣布其网站的电子书销量已经超过实体书销量。2007 年 6 月苹果公司推出 iPhone 手机，2008 年 7 月 11 日，苹果公司 APP Store 正式上线，三天后 APP Store 中可供下载的应用已达 800 个，下载量达到一千万次。2011 年 1 月 23 日，已有超过 25 万的应用程序，下载量逾 100 亿次。苹果公司 APP Store 开创了一个新的数字通信产业革命。

电子书作为一种新生事物，已悄然改变了人类的阅读习惯，同时产生了巨大的经济和社会效益，未来数字化资源出版已成为一种历史潮流。国内盛大文学、汉王电纸书等公司纷纷加入电子书的竞争中。高校图书馆作为大学教育的服务机构，同时也是信息服务的载体，如何迎接这个历史潮流更好地为大学教育服务是当前高校图书馆建设必需面对的课题。苹果公司 App Store 的成功不仅

* 常静，女，1983 年生，国防科技大学图书馆，助理馆员。

是商业模式的创新，与其对版权、应用程序开发者的利益、消费者权益等等的保护密不可分。高校图书馆的数字图书资源和 App Store 上的应用程序具有相似的特点，都面临着防止恶意传播、版权所有者利益保障、消费者利益保障等共同的问题，我们可以从苹果公司 App Store 成功的经验中得到高校图书馆数字化建设的几点启示。

1　数字图书的优点和挑战

随着社会的发展，电子、网络术、通信等技术的进步，数字图书作为一种创新产品逐步走入普通人的生活。电子书（e-Book）是与纸质书相对的、可以直接在计算机或手持设备中阅读的计算机文件，作为一种新形式的书籍，拥有许多传统纸质书不具备的特点，如具备图文声像结合的优点（例如：加入声音、动画等），可搜索文字，可复制选中的文字或图像，占用存储空间小，信息含量大等等，但也面临一些挑战。

1.1　数字图书的优点

1.1.1　满足全新阅读需求

2010 年，中国社会科学院新闻与传播研究所发布的《新媒体蓝皮书：中国新媒体发展报告（2010）》指出，近 5 年来，手机报的种类、用户的数量大增，手机报产业带来的经济效益与日俱增，手机媒体正形成越来越大的影响力。据易观国际发布的《2009 年第 3 季度中国手机阅读市场季度监测》数据显示，2009 年第 3 季度中国手机阅读市场用户达 1.49 亿户。移动阅读、电子阅读、手机阅读、平板阅读、在线阅读不仅是一种时尚，更是人们确切的生活需求。

1.1.2　成本低廉、节约资源

与传统的出版业相比，数字化出版在成本上的优势更加突出：（1）生产成本低。从资源来说，数字出版无须纸张、仓储、物流、门店等资源，大大节约了原材料和交易成本，也更加环保。（2）交易成本低。传统出版存在库存高、退货高、结算难等业界的通病，而数字出版以其优势，使传统出版的上述通病消弥于无形。（3）读者购买成本低。相对于传统图书购买，电子书可以更加便宜。但是电子书阅读器占了一部分成本，但是从长期阅读上看分担到每本书上的成本就可以大幅降低。

1.1.3 易于传播、方便阅读

作为电子阅读的载体：手机、电子书阅读器、平板电脑、PDA 等设备更具有优势：（1）大存储功能、易于携带。当前，得益于电子业的飞速发展，普通的电子阅读工具都具有较大的存储空间。比如：一个 2G 的存储卡基本可以存储 2000 本纯文本的电子书。而且相对纸质书，现在的手机、电子书等阅读工具体积小、重量轻，易于随身携带、随时阅读。（2）随时在线更新下载。许多设备都可以通过 WIFI、GPRS 或 3G 直接下载网上的电子书，非常方便。（3）新技术应用，电池续航能力强、体验更好。现在专业的电子阅读器（如：Kindle、汉王电纸书、BamBook 等产品）待机时间基本都在一个月左右；新的屏幕显示技术给人更加美好的阅读体验。

1.2 数字图书馆建设面临的挑战

1.2.1 版权保护不完善

当前，数字图书面临非常重要的问题就是版权保护的难题。因为电子图书的成本很低，与传统图书比，几乎没有盗版成本。2011 年 3 月 15 日，一份由贾平凹、韩寒等近 50 位作家联名发表的《“3·15”中国作家讨百度书》引发网络热议。百度文库的版权问题在国内引起的很大反响，也凸显数字图书版权保护的困境。为了更好的保护版权，一些公司开发了数字版权保护技术，该技术可以对电子书、电子报纸、电子杂志、电子文档等多种数字内容进行保护，广泛应用于出版社、图书馆、网站、报社等多种行业。比如国外的 Adobe Content-Server、Microsoft DAS 和 NetLibrary 等都在数字版权保护技术上做了一定工作，但是版权保护问题没有得到根本的解决。

1.2.2 内容建设不丰富

内容供应是电子书普及最有力的推手，而目前我国电子书出版产业中内容（主要是电子图书）占整个终端市场规模的比例过低，成为困扰电子书出版产业发展的又一因素。《2009～2010 年度中国电子图书发展趋势报告》的一组数据值得关注：2009 年，国内专用手持式阅读终端总的市场规模在 13 亿元左右，不过大部分是硬件即设备的收益，内容（主要是电子图书）部分只有约 700 万元的收益，占市场总规模 0.54%。亚马逊成功的法宝在于它本身就是互联网上最大的书商，有能力为电子阅读器用户提供资源支持，而国内电子书阅读器厂商都没有这个优势。

1.2.3 新的显示技术有待突破

未来新的数字图书显示技术不仅仅局限于一般文本电子书，需要更先进的技术创新与硬件设备突破相结合实现数字图书的新发展。比如：多媒体展示技术，它使得电子书具有丰富的展示内容，可以语音方式读出其中内容，可显示动态影像。例如在语言学习的电子书中，可以增加一些音频信息让图书发音；在介绍快速奔跑的动物时，可以插入一段猎豹奔跑的视频短片。版式文件显示技术（Chinese E-document Basic，简称 CEB）能够将各种格式的文件“原版原式”地转化成统一格式，在转换中真实保留原文件中文字、图表、公式、色彩等版式和信息，实现高保真显示效果。这些技术都有待进一步完善。

2 苹果公司 App Store 的成功的经验

2010 年 1 月，App Store 已有超过 14 万的应用程序，下载量逾 30 亿次。截止目前为止，App Store 美国商店应用数量已超过 30 万个。根据调研机构 AdMob 的最新报告，每位 iPhone 用户从苹果 App Store 在线商店平均每月下载 10.2 个应用程序，iPod Touch 用户平均每人每月下载的则更多，达到 18.4 个。苹果从 App Store 中每月平均收益近 2 亿美元。苹果公司 App Store 的成功是一项史无前例的创举，引领了数字通信业的重大转型。App Store 不仅仅全新商业模式的成功，更重要的是它为行业的发展树立标杆。基于对数字图书的发展，可以借鉴其如下几点成功的经验。

2.1 严格的版权管理

苹果公司版权保护采用自主知识产权的 FairPlay DRM（Digital Rights Management）技术，有如下特点：1. 未授权禁止拷贝；2. 单账号 5 台同步授权设备许可；3. 使用 AppleID& 数字签名鉴权；4. 授权数据在 Apple 服务器端保存；5. 可取消设备授权绑定。保护应用程序、多媒体内容免受未经授权的下载、传播、播放和复制，这种强制措施有效杜绝了所有上线资源的非法传播，保护了作品所有者的版权。

2.2 版权所有者的收益保障

苹果公司通过在苹果网站注册的个人账户与个人信用卡绑定的方式解决版权所有者应用程序交易的支付渠道问题。有效地解决了版权所有者的利益问题，激发了更多人加入到苹果公司的应用程序开发大军，实现互赢。据国外媒体报道，7 月苹果公司宣布消费者在 App Store 网上进行的下载量已超过 150 亿，而苹果公司为在线商城的程序研发者们的支出已有超过 25 亿美元。

2.3 消费者权益维护

App Store 的应用上线审核机制较为封闭，根据保密协定，应用必须共享用户使用数据，拒绝不能共享用户使用数据的软件；拒绝实时导航、设备自动控制、车队管理、生命拯救和紧急情况处理等 LBS（Location Based Service）软件；拒绝使用爬虫、机器人、网站搜索以及非法收集用户个人信息等类型软件；拒绝色情、恶意、违反开发者协定的软件。通过严格的审核，基本实现了保护了自有产品的生存空间，充分分享用户数据和消费者的权益。

3 对高校数字图书馆电子书的启示

数字图书馆是大量、细分的信息对象的收集。从学术上看，数字图书馆面临的最大的挑战：不断更新的大量资料和数据。高校数字图书馆的建设可以压缩藏书空间，节省高校图书馆的空间成本；减化图书管理环节，节省管理成本；数字图书没有破损，节约维护成本；方便广大师生借阅，节省时间成本等等优势。同时，高校数字图书馆的职责是免费、开放的服务于大学教育。所以，数字图书馆的建设还必须要解决以下几个问题：（1）法规制度建设和教育，从制度上防止恶意下载图书资源；（2）数字化版权管理，防止个人恶意传播图书资源；（3）加强对数字化资源的接入渠道建设，方便获取图书资源；（4）阅读终端规划、建设和管理，以提供较好的阅读体验等问题。

3.1 法规制度建设与教育

由于传统图书采购数量有限，采购数量无形中就限制了读者借阅数，就要人为的设置借阅时间；数字图书只需要一份拷贝，原则上可以无限期、无限次数的被借阅。但是，也要建立一定的法规制度，设置合适的借阅时限和借书量，并对借阅人员进行必要的教育，防止数字化资源被恶意下载，杜绝资源的有意或无意的非法传播。

3.2 用实名制强化版权管理

图书馆对于服务对象是免费、自由的，但是数字图书来源于社会企业或个人。因此，不能疏于对版权所有者利益的保护。借鉴苹果的 App Store 的成功经验，高校数字图书的建设：首先，建立实名的个人账户，作为登陆资源网站并下载资源唯一账户。其次，区分资源对象，对于那些历史古典名著，可以免费下载，自己保存使用。对于受著作权保护的资源要设定借阅期限和数量，学生毕业或者离开学校时，对这些资源从学生的借阅设备中自动清除。最后，对于需要购买这些资源的学生提供一定的优惠，或引导他们到市场上自己购买。

3.3　方便的数字图书馆接入渠道

数字图书馆必须方便学生通过网络接入，随时随地浏览、查找、下载自己需要的资源。所有数字图书馆建设要提供快速的宽带入口，利用 WIFI 或 WAPI 无线信号构建无线数字校园是一个完美的选择。同时，提供一定的有线接入端口或下载平台，方便学生通过各种方式接入数字图书馆。

3.4　阅读终端建设

终端设备是提升数字图书利用的有效途径。可以开发类似苹果公司 App Store 中 iBook 之类的专门应用程序，在学生中已有的电子设备（如：智能手机、电子阅读器、个人电脑等等）安装这类程序，实现个人设备的无线接入或有线接入。

4　结束语

高校作为人才培养的主阵地，信息资源是关键，电子书作为一种信息载体，又具有方便阅读、价格低廉、使用成本低等优势，数字图书馆理应时高校未来建设的重要方向。但是，数字图书也面临版权保护、版权所有者利益、消费者利益等难题，可以从苹果公司 App Store 的巨大成功，找到解决问题办法。最后，结合苹果公司 App Store 的成功经验，提出高校数字图书馆建设需要解决的四个关键问题，具有一定的现实指导意义。

参考文献

[1] Edward Wyatt. Electronic Device Stirs Unease at BookFair [N]. The NewYork Times, 2008.

[2] App Store. 百度百科. [EB/OL]. http://baike.baidu.com/view/2771827.htm.

[3] 盛大文学. [EB/OL]. http://www.snda.com/cn/GOL/SDL.html.
[4] 汉王电纸书. [EB/OL]. http://www.hw99.com/epbooks/.
[5] 薛凯. 电子书发展现状分析 [J]. 印刷技术, 2009.
[6] 王毅. 书刊印刷企业必须思考应对数字化挑战的课题 [J]. 印刷世界, 2010.
[7] 高春玲. 移动阅读市场驱动下的图书馆: 角色与对策 [J]. 数字图书论坛, 2010.
[8] 张万里. 电子书与数字化图书馆的融合研究 [J]. 电子科技, 2011.
[9] 匡文波, 龚捍真, 蒲俊. 电子书阅读器 Amazon Kindle 的发展及其影响 [J]. 图书馆理论与实践, 2011.
[10] 何胜利. 电子图书对传统图书馆功能的影响 [J]. 内蒙古科技与经济, 2011.
[11] 许晋. 低碳阅读时代我国电子书出版需思考的几个问题 [J]. 编辑之友, 2010.
[12] Ian H. Witten. Digital Libraries: Developing Countries, Universal Access, and Information for All, 2004.
[13] 吴云珊. 高校图书馆国内电子书采购风险与对策 [J]. 图书馆论坛, 2011.

钱学森国防科技情报战略思想对军队院校图书馆工作的几点启示

杜福增*

摘　要　钱学森的国防科技情报战略思想非常丰富，本文结合军队院校图书馆的实际情况，着重从钱学森重视预测需求和收集、分析、加工资料，重视科学技术和人才的支撑作用，以及高度重视网络建设等方面，提出了军队院校图书馆应以此为借鉴，努力实现个性化服务、智能化和专家化服务以及共享化服务等三个方面的启示。

关键词　钱学森　科技情报　战略思想　军队院校　图书馆工作　启示

钱学森是我国航天科技事业的先驱和杰出代表，在其毕生的报国行动中，不仅在“两弹一星”的研制过程中发挥了奠基性作用，为国防和军队现代化建设做出了巨大贡献，为提高我国的国际地位写下了精彩绚丽的篇章，而且在几十年前还就国防科技情报领域提出了许多独到的、重大的、超前的战略思想，至今仍然放射着思想的光辉。总结运用钱学森的科技情报战略思想，对加强军队院校图书馆建设具有十分重要的启示意义。

1　军队院校图书馆工作是一项服务型工程，必须像钱学森那样高度重视预测需求并收集、分析和加工资料，努力实现个性化服务

钱学森指出，“因为你要提供及时的、准确的、有针对性的情报，这些情报又是从你的资料库里面提出来的，你怎么去搜集你的资料呢？你怎么去建立你

---

*　杜福增，男，1965 年生，国防大学图书馆，副研究馆员。

的资料库呢？你就需要预测社会的发展，比如说，有国防科研和国防工业的领域区，就要预测国防科学技术会怎么样发展，有针对性地去地搜集资料。”但仅此还不够，钱学森进一步强调，“情报资料的收集还是工作的第一步，我们还要进一步消化它，经过分析整理，最后写综合总结文件。这样才便于研究和研制人员利用。这种工作也就是写综合述评、写丛书、专论、编手册的工作。”他的上述思想对军队院校图书馆服务工作的开展具有重要启示价值。

军队院校图书馆的核心职能就是为了满足用户的信息需求，所承担的工作是一项信息服务工程。多年来，军队院校各图书馆根据不同时期教学科研的信息需求特点，努力搜集与本院校用户需求相适应的文献信息资源，并对其进行初步整理分析和加工，开展了新书介绍、文献检索、导读等面对面的多种服务形式，形成了许多二、三次文献成果。与此同时，根据用户的信息需求，加大了对数字化信息资源采集、分析、加工的力度，不同程度地开展了个性定制、定题服务、学科导航服务、参考咨询服务，不断提高信息服务的针对性。但是，我们也应该看到，随着形势的发展，用户对信息服务的需求不断发生新变化，加之已往的信息服务在不同单位也不同程度地存在一些问题，使得军队院校图书馆在个性化服务水平和质量上还差强人意，突出表现为以下几个方面：一是对用户的信息需求预测不够精准，二是各图书馆信息资源特色不够明显，三是各图书馆对信息资源深度分析、加工的力度不够。为此，军队院校各图书馆应以钱学森的上述思想为指导，做好以下工作：

一要准确把握用户信息需求的“脉搏”。准确把握用户信息需求的脉搏，是图书馆开展工作的前提和基础。为此，要根据联合作战指挥人才培养的近、中、远期目标，运用自己的知识、经验和智慧，采用科学的研究方法，揭示出教学科研在未来5年、10年甚至是20年对信息需求的发展趋势。目前，全军院校正在积极推进教育改革，培训体制由“学历教育为主”向“任职教育为主”转型，组训方式实行“基础合训、专业分流”。院校信息需求随着教育改革发生了巨大变化，对图书馆的信息服务工作提出了更高的要求。任职教育一般学制较短、专业性较强，学员的知识需求具有明确的指向性，迫切需要特色鲜明、内容新颖，专业性强、学术价值高，能够解决国防和军队建设中存在的重大难点、热点和疑难问题的、实在管用的专业知识。近两年来，我军执行非战争军事行动的任务增多，应对非传统安全领域威胁的任务也日益增多，如何提高以打赢信息化战争能力为核心的多样军事任务的能力，提高我军遂行应对多种安全威胁的能力，成为我军首先要解决的问题。用户尤其需要“两体系”（基于信息系统的体系作战能力、信息化条件下大规模体系作战能力）、“两多”（应对多种安全威胁、完成多样军事任务）、“两非”（非战争军事行动、非传统安全威胁）等方面的特色性、系统性、权威性、新颖性信息。

二要加快建设各具特色的信息资源体系。军队院校图书馆应着眼用户信息需求发展的总趋势和当前的迫切需求，根据各自院校培养对象的不同特点，全面采集适应各自院校人才培养模式改变、学科专业发展、教学内容更新的数字和纸质文献信息，重点采集并加工本院校、总部机关、各军区未公开发行的原生文献。同时，应着眼本院校教学科研特点，充分利用传统文献资源和数字化资源，整合图书馆原有的纸质和数字资源，构建一个以本院校学科重点为核心、以相关或相近学科体系为基础、覆盖军事科学各领域的特色知识服务体系。

三要进一步加强信息资源深度开发的力度。一方面，要在已往开展信息开发工作的基础上，深入文献之内，对文献记录的信息内容进行深度加工整理，形成时效性好、针对性强、信息密度高、使用价值大的综述性文献。另一方面，图书馆工作要突破文献的局限，开发“热点问题跟踪”、“难点问题解答”、“专题信息推送”等各种信息服务。在输出原始文献的同时，努力发掘和输出增值的信息，在向用户提供静态知识的同时提供内容更广泛、针对性更强的动态信息，为院校教育转型提供有力的信息保障。

2　军队院校图书馆工作是一项科技型工程，必须像钱学森那样高度重视科学技术、人才支撑，尽早实现智能化、专家化服务

钱学森非常重视科学技术和人才在国防科技情报研究中的地位和作用，他反复强调情报资料、图书、文献和档案的现代化问题，并就此提出了五个方面的工作：一是材料的收集；二是材料的存储或存储技术；三终端技术，就是能让用户通过终端把记录在存储物质上的内容显示出来能让人阅读；四是核心问题，这就是检索技术；五是通信问题和通信技术。钱学森还指出，“由于电子计算机的发展，出现了所谓‘知识工程’或者叫所谓‘专家系统’，就是让电子计算机来模仿一个专家，一个有能耐有经验的人进行工作。”为了建立现代化的信

息系统或信息体系对科技情报，钱学森指出，“要培养‘信息科学技术’的专门人才；现有的图书馆、档案馆、情报资料单位的工作人员还必须培训和学习这门新技术。他们是信息专家或信息工程师，是信息体系的建设者，也是使用中的向导和顾问。”钱学森的上述思想为军队院校图书馆的建设和使用提供了诸多借鉴。

随着以信息技术为核心的高技术群体的迅猛发展并广泛应用于图书馆领域，使军队院校图书馆的面貌发生了巨大变化，已经摆脱了过去单纯“几排书架、一个借阅台”的空间布局，以及“你借我还”的以手工作业为主要特征的传统文献服务，而是呈现以自动化网络化管理为主要特征的文献信息服务格局，并向以数字资源集成共享为主要特征的信息知识服务方式转变。有些用户根本不用到现地图书馆就能从数字图书馆上找到所需要信息，极大地方便了用户。但我们还要看到，与一些国内外地方院校图书馆相比，军队院校图书馆的现代化水平还相对滞后，特别是图书馆员的素质还跟不上时代发展的需求，迫切需要我们像钱学森那样高度重视科学技术和人才在图书馆建设中的运用，努力实现智能化、专家化服务。

一是广泛引进国内外有关图书馆建设的最新技术。图书馆的建设，是集理论与技术创新于一体的系统工程。信息时代，技术创新的周期日益缩短，昨天还认为是先进的技术，有可能在明天或后天就遭到无情的淘汰。今后一个时期，我军数字图书馆需要创新的技术主要包括：数字图书馆的平台技术；网上信息系统异构整合技术；图像、声音、信息的智能识别技术，智能检索技术，人机对话技术；信息转换技术、信息压缩技术、信息储存技术、信息保护技术；中外文自动分类技术，网络开发技术等等一系列高尖端技术群体。当前，应通过“拿来”、“外包”和自主研发等手段，综合上述较为成熟的技术，集成现有的图书馆业务管理网络系统（Milnets）和数字图书馆应用系统（MDLS），建成功能结构完善、业务管理规范、用户界面统一的军队院校文献信息联合保障系统（MALIS），实现信息加工、信息检索、信息传输的有机结合，初步实现一定程度上的智能化服务。在此基础上，密切跟踪上述技术的发展动态，努力探索具有军队院校特色的“图书馆专家信息服务系统”，推进传统图书馆向数字化、网络化、智能化图书馆转变。

二是采取各种措施加强图书馆人才队伍建设。加强军队院校图书馆建设，关键靠人才。首先，努力培养和造就一支军队院校图书馆的“领军式”骨干队伍。其来源主要有两条渠道：从已经退休的军地馆员中聘请一批具有图书馆丰富工作经验和理论造诣的老专家、老领导，以3年为一任期，任期满后可续聘。从军队院校图书馆现任的“三支队伍”中评选一批年富力强、学历较高、素质过硬的中青年专家，通过政策倾斜，送学深造培养，并积极创造出国进修和考察的机会，努力培养出在军内外具有广泛影响的军队院校图书馆“名馆员、名专家”，使其成为图书馆事业生存与发展的重要支柱和“领头羊”，带头解决工作中出现的重大疑难问题。其次，建议总部对全军院校图书馆现有文职人员出台考核标准，对其业务进行全面考核，实行“优胜劣淘”，改变大多数院校图书馆参照干部考核标准对文职人员进行“走过场式”的考核方式。同时，出台各种鼓励政策，参照军队干部脱产学习的管理条例，允许非现役文职人员在不解聘用工合同的基础上，依托地方院校入学深造，培训高学历文职人员，努力提高非现役文职人员队伍的学历层次。再次，还要创造拴心留人的环境，在图书馆人员职级晋升、立功受奖、先进评选、生活待遇等诸多方面给予关心，帮助解决实际困难，使他们在图书馆这一平凡岗位上能安心工作，建成以现役军人为主体，精通业务、善于谋划的管理队伍；以文职人员为主体，爱岗敬业、胜任本职的业务骨干队伍；以图书馆学科馆员、院校学科带头人为主体，知识渊博、服务热心的专家队伍，为图书馆实现专家化服务提供有力的人才支撑。

3　军队院校图书馆工作是一项开放型工程，必须像钱学森那样高度注重网络信息的联建共知，努力实现共享化服务

钱学森同志非常注重情报工作中的网络建设问题，他强调指出，“情报资料网不是一个国家的，是国际的，在西欧就是联在一起的，在英国可调西德的资料，他们都是互相通的，将来情报资料网就是全世界的网。”“我们的资料库大概有三部分：第一部分是可公开的，是国际网的组成部分。就是这些资料可向外国提供，譬如人民日报上的东西，公开的，这是一个部分；再有一部分不提供外国，但国内可用的，这要有区别；再有一个是保密的部分，就是国内不是公开的”。钱学森的上述论述不仅以超前的视野和宽广的世界眼光为我们描绘了情报资料网联建共享的全景，而且还为我们如何建立和使用情报资料网提出了

具体措施和方略，对军队院校图书馆的工作具有重要的启示作用。

经过多年建设，覆盖67所军队院校图书馆的局域网络已经形成，并与军事训练网、军委总部、陆海空二炮以及各大军区等网站初步实现了联网，有些军队院校图书馆甚至还建立了独立的“机要网”，极大地方便了用户在更大的范围内搜集并使用信息资源。但我们必须看到，军队院校图书馆的网络建设与使用存在着诸多问题。一是因特网中尚没有军队院校图书馆的“户口”。当前，只有27家面向全国招生的军队院校在因特网中申请了“户口”，但只是为了招生发布新闻的需要，校内的公开资源特别是图书馆的公开资源尚未上网。二是联建共享的深度和广度不够。具体表现为无论是军队院校图书馆数字化建设还是纸质文献建设，均缺乏整体规划和统一的力度，不同程度地存在标准各行其是、系统兼容性差、效益发挥不好的问题。从全军范围看，联合采集、联合编目和联合服务等仍处于初步实践阶段，且只是在同一地域尝试，异地或全军范围内的共建共享还未真正进入实质性阶段。三是网络基础设施建设还不够过硬。具体表现为部分网络通道经常处于“堵车”状态，使异地用户下载网上资料异常缓慢，有时部分网络通道干脆处于“断开状态”，用户根本无法访问。为此，应借鉴钱学森的网络建设思想，努力做好以下工作：

一是要进行科学顶层设计。首先，加强总机关和联席会对军队院校图书馆顶层设计的功能。根据“全军院校一个馆”总体发展目标，着眼联合作战指挥人才培养和部队教育训练对信息的新需求，从整体上规划军队院校图书馆在未来3年、5年、10年内的建设与发展宏观规划，指导各院校图书馆近期、中期与远期的发展与建设，并在实践过程不断予以修正、补充和完善。使图书馆的发展既有明确的大方向，又有切实可行的具体发展目标。其次，要明确分工。总部业务部门主要负责组织指导全军院校图书馆建设的基础性、通用性重大项目建设；各大单位主管部门要按照统一的规划和要求，负责本军兵种（专业）院校图书馆建设的筹划和计划制订；各院校要按照统一部署，具体落实各项建设任务；军队院校图书馆联席会要主动协助总部机关研究建设发展方向、检查重大项目建设、督促建设任务落实。各级都要切实按照职责分工，抓好落实，保证建设任务顺利完成。

二是要统筹“三网”（校园网、机要网、因特网）建设。今后一个时期，军队院校图书馆应按照总部机关的部署和各自的规划，努力加强各自院校数字图书馆网站建设，进一步巩固和扩展已有的服务功能，提供面向全军用户的数字信息资源。在此基础上，全面建设可供校内用户使用的“机要信息资源网”，以满足校内用户对机要数字信息资源的需求。该网站的建立要独立成网，实行物理隔离，不与其他任何网络连接。同时，各院校图书馆应在充分论证的基础上，筹划在因特网上开辟“战场”，开展面向全民甚至全世界懂汉语用户的信息服务。在因特网上已有“户口”的院校，其图书馆应率先垂范，考虑究竟哪些资源可以上网，如何展开信息服务？在因特网上还没有“户口”的院校，其图书馆应积极向上级提出建议和请示报告，争取在在因特网上占有一席之地，并开展面向全民的国防教育信息服务。需要特别强调的是“三网”建设，均涉及最为敏感安全保密问题。为此，在信息资源的上网、管理和服务等环节，要认真执行保密规定，切实采取安全措施，加大技术防范力度，确保信息的安全管理和使用。

三是要加大统建共享的深度和广度。首先，要统一标准和规范。标准化是实现信息系统互联互通、信息资源共建共享的关键。要进一步加强图书馆建设领域的标准化工作，以全军开展《军用标准体系表》修订工作为契机，抓紧建立和完善图书馆建设的各项技术标准，切实加大执行标准的力度，不断提高标准的科学性、完整性和权威性。其次，要搞好联合服务。当前，尤其注重走开馆际互借之路，建立统一的书目检索界面，使军队院校图书馆所有用户能够在统一检索入口，检索到所需文献在全军院校图书馆的分布、及借阅情况。同时，依托当今社会发达的物流系统，实现军队院校各图书馆之间的互借。要在开展校内个性化定制、定题服务、学科导航服务、参考咨询等服务的基础上，积极拓展联合参考咨询、书目自动搜集、信息推送、内容批注、扩展检索、分类导航、知识组织等功能，并将每一种服务模式扩展至全军院校、基层部队和总部机关，充分发挥各自专业优势、地域优势，尽最大限度满足不同用户的多样化需求。再次，要加大网络基础设施建设。建议总部机关加大对全军院校图书馆网络基础设施的资金投入，改善馆与馆之间、军校与部队和总部机关之间的网络基础设施，以互联网“宽带”的形式确保各自之间的网络畅通和信息的传输速度，满足用户对全军院校图书馆无障碍访问，查找并载所需要信息。同时，建议总部机关组建“网络交警员”，其主要职能就是“巡视”网络阻塞情况，及时与阻塞单位之间进行沟通，查找原因，采取措施，确保网络间的畅通。最后，要积极探索军队院校图书馆联合保障的特点和规律，统一组织建设，建立共享机制，制定和完善军队院校图书馆联合建设、资源共享、信息服务等措施办法，发挥优势，取长补短，提高全军院校整体信息保障能力。

参考文献

[1] 中国国防科学技术信息学会. 钱学森科技情报学术文献选编. 2009 - 12.
[2] 总参军训和兵种部. 军队院校图书馆建设与发展工作报告. 2009 - 12.
[3] 国防大学训练部. 军队院校图书馆信息服务研究. 2009 - 12.

浅议图书馆的形象营销

杨　阳*　张丽芳**

摘　要　随着社会的发展，图书馆形象也如企业形象一样，越来越被人们所重视，在图书馆运营中也起着越来越重要的作用。本文从图书馆形象营销的定义、形象营销必要性和形象营销策略三个方面，对图书馆形象营销进行了探讨分析，希望通过形象图书馆形象营销，树立图书馆良好形象，促进图书馆的可持续发展，将图书馆流失的用户吸引回来。

关键词　图书馆　形象　营销　服务

随着信息时代和网络时代的到来，用户获取信息的习惯也发生了重大变化，文献资料获取方式更趋于多样化和简单化，图书馆已不再是人们获取海量信息的唯一途径，图书馆日益成为“大型自习教室”。近年来，为了吸引用户重新回到图书馆，国内外图书馆纷纷将形象营销的理念引入到图书馆服务之中，并视品牌形象为图书馆的营销战略的核心要素。

1　图书馆形象营销的定义

图书馆形象营销是指基于读者、用户或图书馆服务对象评价的营销活动，通过与现实已经发生和潜在可能发生利益关系的对象进行传播和沟通，使其对图书馆营销形成较高的认知和认同。形象营销的核心是由过去单纯追求业务经营逐步转变到“形象经营”和服务品牌上来，在产品服务、整体形象等方面营造具有强烈个性特征的营销氛围。图书馆为顺应社会发展，把企业的形象营销理念运用到图书馆的运作中来，依靠形像营销提高服务质量，满足读者的需求，

---

*　杨阳，女，1982 年出生，国防科技大学图书馆，助理馆员。

**　张丽芳，女，1983 年出生，国防科技大学图书馆，助理馆员。

不断提高市场竞争力。

2 图书馆形象营销的必要性

2.1 图书馆形象营销有益于优化内部环境

良好的图书馆形象，不仅能充分吸引和挖掘读者，增强馆内员工的自信心和自豪感，更能增强员工对自己工作能力的认同感，有利于提高员工的凝聚力，激发全馆员工以馆为荣、奋发有为的工作热情。以此为基础，在数字化趋势下大量的文献信息呈现出无序的状态，及时从人员配备、管理优化、服务改进、馆藏提质等方面作出响应，既可以稳定现有队伍，避免不必要的人才流失，又可以加大对于外来人才的吸引力和向心力，使图书馆步入持续良性循环的轨道。

2.2 图书馆形象营销有益于营造好的外部环境

图书馆形象营销对提高学术机构声誉也起着重要的作用。图书馆是学术机构的重要组成部分，很难想象一流的大学拥有三流的图书馆。良好的形象，必然带来良好的口碑，良好的口碑，必将引发各方充分的关注。随之而来的将会是社会对图书馆投入的不断增加和办馆条件的日益改善。与此同时，各类图书馆之间的馆际交流、跨行业的馆际交流，也将逐步成为图书馆工作的有机内容，并进一步推动图书馆事业的发展。

2.3 图书馆形象营销是提高核心竞争力的重要手段

在市场经济中，营销是处理竞争最重要的武器。当前图书馆的作用和地位正受到来自其他信息提供者多方面的强力竞争，据 OCLC 的 M. J. Bates 报道，89% 的美国大学生是从搜索引擎（如 Google 等）开始其检索过程的。在国内，许多高校大学生从入学到毕业只去过几次学校图书馆，有的甚至一次都没有去过。因此，图书馆需要有效的形象营销策略来改变现状，将不再愿意使用图书馆的用户吸引回来。目前，在我国图书馆界已有一些图书馆在服务工作中应用形象营销策略和观念，如上海图书馆的“上海市民讲座”、苏州大学图书馆开设的“古韵今风”，首都图书馆开设的“北京记忆”等品牌形象，它们受广大用户的欢迎程度较高，服务内容和服务质量也深受用户推崇，这为其他图书馆应用形象营销策略起了较好的示范作用，起到了“抛砖引玉”的效果。

2.4　图书馆形象营销就图书馆经营理念的核心要素之一

营销是重要的市场活动之一，任何个人或组织，无论从盈利还是非盈利的角度，要想自己的产品也好、服务也好，得大大众的认可和推崇，就需要营销。图书馆作为市场个体，与读者的关系也符合上述情况。毋庸置疑，图书馆必须严肃而认真地应用各种营销策略来优化自身形象。图书馆应象商业组织一样来组织和经营，广泛宣传其营销理念，以阅览、咨询工作作为营销环节，通过各部门的形象建立和自我推销等营销策略，吸引用户去利用其提供的服务。通过行之有效的形象营销，进一步提高图书馆的利用率和图书馆服务质量，使更多的用户知道它、了解它、使用它、享受它，实现图书馆的存在价值。

3　图书馆形象营销的实施策略

图书馆形象就是读者对图书馆的总体评价，是图书馆的表现与特征在读者心目中的反映，是图书馆素质的综合体现，是图书馆的特质和实力最充分的表现形态。毫无疑问，作为一种文化现象，图书馆是文化的一个重要组成部分，从整体上体现着图书馆的声望，反映着读者对图书馆的认同。下面我将从图书馆内部形象和外部形象两个方面来探讨图书馆形象营销的策略。

3.1　图书馆的内部形象营销

图书馆内部形象，主要指图书馆内部管理形象，具体包括：员工的整体素质、图书馆的独特理念、图书馆管理水平等，是图书馆形象的灵魂和支柱。

3.1.1　加强图书馆员工素质

素质是指事物固有的性质和特点。一个人的素质，是指人们在先天所禀赋的生理素质的基础上，通过后天不断的学习、实践、锻炼而成的。对于图书馆馆员素质的要求，首先在图书馆的发展中要具有积极进取的精神，在工作中注重加强技术能力和职业道德修养的培养。其次，图书馆员工要具有良好的职业道德。要有爱岗敬业精神和不断学习的意识。再次，馆员要有较强的协作能力、端庄的仪表仪容、优雅的风度与气质，还有健康的心理素质。图书馆的工作琐碎又繁忙，常常要劳神费舌，还要承受外界的压力，如果没有健康的心态，则很难做好图书馆工作。图书馆的全体员工既是是图书馆形象的塑造者，又是图书馆形象的体现者。因此，图书馆应注重人员综合素质的提高，鼓励全员参与图书馆形象塑造，统一的表达和实践图书馆独特的价值理念。例如可分批组织去专业院校进行图书馆相关专业培训；成立学科学习小组培养学科馆员；组织业务技能竞赛、评选优秀个人和标兵岗位；鼓励馆员参加会议和发表学术论文活动等。同时，图书馆如果能够承接各种大型会议、承担高级别的科研项目、馆员们能撰写大量的高水平的学术论文，那么，它对图书馆良好形象的树立也会有着非常重要的作用。

3.1.2 树立图书馆的独特理念

树立图书馆的独特理念就是把图书馆的特色核心价值传播给读者，使其形成独特的印象，为图书馆的发展积累良好的形象资产。图书馆形象的塑造，需要提高图书馆的读者服务，而要做好读者服务工作，就要根据不同读者的需要，提供不同的服务方式，以达到最好的服务效果。努力做到“四化”：服务态度主动化、服务手段信息化、服务内容人性化、服务方式多样化，以此来密切图书馆与读者的联系，使读者了解图书馆，更为有效地利用图书馆，对图书馆工作给予支持和监督，使读者在利用图书馆过程中得到最大的收益。这就要求广大图书馆工作者，要出新招、出奇招、出准招，积极出谋划策，想读者之所想、解读者之所忧，做到“精准营销”，让图书馆工作得到广大读者的认同。例如，我馆为提高读者服务水平，方便读者还书，在图书馆门前及每栋学生宿舍前设立了还书箱，安排专人整理并帮其归还，以往因图书馆休息或没有时间去图书馆无法还书而超期的现象明显减少，这样的做法受到了广大读者欢迎。

3.1.3 提高图书馆馆员服务的管理水平

图书馆形象从某种意义上讲就是图书馆人的形象，图书馆一切活动都离不开人，离开人的作用，图书馆形象就无从谈起，贯彻“以人为本”的现代化管理原则是图书馆形象建设的重要手段之一。因此，在塑造图书馆形象工作中，树立“以人为本”的思想，重视工作人员文化素质和技术素质的提高，坚持尊重人、理解人、关心人、爱护人的原则，调动工作人员的积极性，挖掘工作人员的潜力，为图书馆形象注入生机和活力，以促进图书馆的可持续发展，树立图书馆良好形象。

3.2 图书馆的外部形象营销

图书馆外部形象，是指图书馆给公众留下的一种直观印象，是指社会公众对图书馆的认知度和美誉度，具体包括：图书馆物质设备形象、图书馆产品品质量形象、图书馆的服务形象、图书馆的形象标记等，这也是图书馆精神面貌和文明程度的直接体现。图书馆形象营销是通过塑造良好的形象赢得用户的喜爱而达至使用的目的。

3.2.1　图书馆物质设备形象

现代图书馆一般都宽敞明亮，走进图书馆给人的感觉就象是走进富含浓郁文化气息的殿堂，室内外绿化结合起来，给读者提供一个舒适宜人的读书环境。而且现代图书馆拥有科学思想的管理、高新技术的应用和先进设施的装备。先进的技术与设备用于支撑图书馆信息的提供、组织、获取、交换、更新等技能的完成，其中包括计算机管理系统、传送运输系统、复制刻录系统、通讯及电视系统、监控与保安系统、信息发布系统电子屏幕与公共广播、综合布线系统、一卡通系统、门禁、电子会议、车库管理等系统，并且各类设备可以通过不同的摆放来体现阅览、上网、视听、情报教育等多项功能。整个图书馆不仅仅是一个单纯的藏书楼、知识仓库，而且是集知识管理、文献资源利用、情报中心于一体的一个静雅、舒适、美观、协调的文化乐园。例如：可实施全开放式管理，让读者走进图书馆就等同于进了一个大型的图书超市、文化交流休闲中心，借阅方便、交流惬意。在设置传统书架、桌椅的同时，还可以设置一些休闲交流的空间给读者，利用大厅部分空间摆放小型会议室般的沙发、茶几，在走廊、各边角、围立柱等地方添置了一些茶座、休闲椅，在拐角处安放自动饮水机、咖啡机，在空闲位置设置了电子报、展览厅、自助打印/复印/扫描一体机等服务项目，让广大读者感受到如同回家般舒心惬意的感觉，使读者走进图书馆既能得到知识，又能享受服务，为图书馆形象营销提供了良好的人性化配套硬件设施。

3.2.2　图书馆产品质量形象

图书馆产品质量是图书馆内在和外在质量的综合反应，包括图书馆文献信息资源的数量和质量，馆藏文献加工、整理、开发而形成的各种资料和信息产品的质量，馆藏文献和网上信息检索服务的效率质量以及满足读者的需求的程度等等。

首先，加强文献信息资源建设和管理。馆藏文献质量直接影响藏书利用率，关系到图书馆信息服务质量和用户信息需求的满意度。图书采购、期刊订购以及电子文献资源的订购部门要充分了解用户需求，加强与本馆用户的沟通。如可举办新书宣传周，让广大读者了解新书动态，并开展了“你选书，我买单”的读者荐购服务，让读者拥有更多自主选书的权力。其次，注重图书馆网站和网上信息资源服务建设。图书馆主页是该图书馆在网络世界中的一张面孔。一张实用、简洁、美观的网页将会给人留下深刻的印象和美好的记忆，能为机构内外用户提供便捷、稳定、安全、可靠的服务。同时，根据不同读者的信息需求提供个性化的信息服务，充分挖掘馆藏信息资源，尽最大能力满足读者对信息的需求。特别是高校图书馆可以对重点学科及科研课题开展专题服务，读者可以随时上网查到所需的图书资料及最新的科研动态，也可以为教师、学生及科研工作者提供信息及定题跟踪服务等。再次，加强馆际协作，实现资源共享。不同的图书馆所具有不同的特色馆藏资源，应加强分工协调，开展馆际互借，实现网上资源共享，不仅使各个图书馆的文献资源更加丰富，而且又能提高文献资源利用率。

3.2.3 **图书馆的服务形象**

优质服务是馆员行为形象的核心内容，是反映馆员良好行为的重要标志。图书馆应向读者全方位提供优质服务：包括热情、周到、开放、亲切的借阅服务；准确、迅速的咨询服务；积极、主动推介图书和图书馆利用的指导服务；接受读者各种申诉、意见和要求的即时服务等等。要达到这些的要求必须做到以下几点：

一是加强与用户的互动与交流，聆听用户意见组织馆员与读者经常开展一些有助于相互了解，增进友谊的活动。如每年开展专题活动周，活动内容包括邀请专家展开系列讲座、召开读者座谈会、现场咨询、文献资源检索系列讲座、新书展览、图书期刊漂流、读者留言树、读者“寻宝”等一系列丰富多彩的活动。为图书馆与用户之间的交流和互动创造了一个良好的平台，扩展信息来源，更好地为读者服务。

二是提高图书馆馆员的综合素质。图书馆馆员应该具有良好的礼仪和过硬的业务素质。在服务上对读者要耐心、细心、精心、专心，做到百问不厌，百问不倒。在业务上要通过继续教育、岗位培训来弥补学校教育的不足，补充新知识与新技能。利用业务学习时间，聘请有专业造诣的专家教授讲课，开展各种形式的业务讲座，解决实际问题、开拓视野、提高理论水平。

三是建立良好的信誉，做到馆内事情馆内解决。再完美的图书馆也可能存在用户不满意的地方，当图书馆与用户出现矛盾的时候，图书馆应勇于反省，主动承担责任，要善意地向读者做好解释工作，使读者消除怀疑和认识模糊等逆反心理，尽量做到馆内事情馆内解决。同时引导用户遵守信息伦理道德，不能将一件小事在网络上无限放大，诋毁图书馆形象。

3.2.4 图书馆的形象标记

图书馆是一个社会的文化中心，也是一个国家和地区文化建设和知识力量的象征。图书馆作为一个传递文献信息的特殊文化机构，应该具有鲜明的形象标志，创造自己的品牌。图书馆品牌的塑造，任重而道远。它有自己符号、标识，如图书馆馆徽、建筑特色等。但作为品牌不能仅仅停留在符号和标识等识别表面，还要满足用户的精神层面的需求。图书馆是服务性行业，因此图书馆的形象标志最主要的是为读者提供完善的品牌服务。图书馆服务品牌是无形资产的积累，它以高尚的职业道德，高超的技艺，高质量的劳务，构建了图书馆在市场的认同度、信誉度、知名度，增加了图书馆经营的附加值。

4 结束语

总之，图书馆形象作为一种不可辨认的无形资产，是图书馆最具发展潜力和最具价值的资产之一。良好的形象营销意味着图书馆的产品和服务受到公众的欢迎、认可，其活动将得到广大用户的支持，有更多的社会资源可为其所用。因此，图书馆应进一步增强形象营销理念、改进形象营销策略手段，为其自身发展赢得更大空间的同时，用更丰富的资源和完美的服务为读者服务。

参考文献

[1] 戴鹭涛，苏海潮．针对读者需求的图书馆营销策略［J］．图书情报工作，2005，49（8）：124－126.

[2] 李爱国．学术图书馆的形象营销［J］．大学图书馆学报，2008（4）.

[3] 卢进良．论企业形象营销［D］．湖南：湘潭大学，2002.

[4] 李丰华．论现代高校图书馆的形象塑造［J］．图书馆，2007（1）.

[5] 赵华．加强图书馆形象塑造的对策［J］．河南图书馆学刊，2008（4）.

[6] 孙玉梅．试论图书馆内部形象的塑造［J］．辽宁师专学报（社会科学版）2007（6）.

社会层级理论对基层图书馆建设的启示

许传哲*

摘　要　本文以社会层级结构理论为切入点，提出了图书馆服务层级结构概念。指出信息技术与读者诉求实现方式的改变是基层图书馆服务层级超越性、跨越性的内质动力。在知识服务背景下，基层图书馆需要重新审视自身的文化特色、地域特点和人员优势，加强资源整合，摈弃与高等级图书馆同质化建设的老路，形成个性化、差异化的文献追求方向和新的功能定位。

关键词　社会层级　基层图书馆　差异化　文献寻求

在传统视野中，基层图书馆一直是制约我国图书馆事业发展的瓶颈。但随着信息技术地拓展、知识服务地深入、嵌入式需求地高涨，馆藏量、馆舍面积已不再是决定图书馆发展方向的核心能力。2010 年 7 月，全国“县级数字图书馆推广计划”，率先在山东试点执行，这将对我国图书馆的整体战略布局产生重大影响。但我国图书馆界“未能及时调整全国各级各类图书馆的功能定位、职责范围，使其各司其职，各尽所能”。因此，引进社会层级结构理论模型，在新的历史维度下，探索基层图书馆新的职能定位、文献追求方向，具有一定的实践意义。

1　社会层级结构理论的引入

社会层级结构“本意是指在传统社会的政治国家领域中依据权力至上与权力大小而形成的权力级别阶梯和权力层级结构，后延伸为在经济、社会和文化领域根据人和人之间的权力大小、地位高低、身份有别而建立的层级社会关系

*　许传哲，中国民族图书馆，馆员。

结构。”社会层级结构是广义社会结构的组成部分，从这一角度讲，图书馆事业本身就包含于社会层级结构。考察一个社会，最基本的方法论，是从“结构—体制—文化”三维入手。马克思考察、理解社会的根本视角是社会结构。……有什么样的社会结构，往往会有什么样的文化。

我国图书馆整体战略结构布局，与社会层级结构保持了高度的一致性，省、市、县，分别按照社会层级构建相应的文化层级。严格按照社会层级进行资源配置，高等级图书馆拥有充足的资金量、宽大的馆舍、先进的技术，而基层图书馆则处于社会资源分配体系的最下层。这一模式不仅决定了图书馆信息供给模式、服务模式，也进一步限定了广大读者的需要模式。在这种情况下，高等级图书馆与基层图书馆的差异在于相同文献的不同提供力，而不是差异性文献的提供。基层图书馆服务层级紧紧依附于高等级图书馆之下，这也是我国基层图书馆长期处于弱势群体地位的历史根源。因此，将社会层级理论应用于图书馆的层级结构分析，在网络技术条件下，信息服务、知识服务、嵌入式服务日益成为图书馆服务的主要范式下，重新探索基层图书馆在公共文化服务体系中的功能定位、文献追求方向，具有一定的实践意义。

2 图书馆服务层级的内涵与特质

2.1 图书馆层级结构的特殊性

社会层级结构是严格的自上而下的金字塔形，具有不可逆转性和不可跳跃性。但除共性之外，图书馆还有其自身的独特性，即服务层级。所谓服务层级，是指在依照社会层级进行资源配置的基础上，向社会提供信息服务能力的高低。社会层级是服务层级的物质基础，决定着服务层级的提供度。社会层级越高，服务层级越高，服务能力越强，反之服务层级就越弱，提供的有效信息服务就越少，这是图书馆社会层级与服务层级统一之处。服务层级依存于社会层级，但不完全对等于社会层级。服务层级的特殊性就在于具有一定限度的超越性和跨越性。低层级图书馆，能够利用自身的特藏资源、地方性资源、特定历史文献，提供高层级服务平台不能提供的服务，从而实现局部服务层级对社会层级地超越。

2.2 社会层级与服务层级的重叠

在传统模式下，受消息获取渠道的制约，读者会按照经济原则和就近原则，满足自身的阅读诉求。其选择路线，必然是与由近及远，由下及上的逆行路线。即使基层图书馆有一些独特的文献资料，也难以为外界所知，更难以为外界远程获取。这与图书馆的社会层级恰恰形成了逆行路线，二者方向虽然相反，却又高度统一重叠，紧紧依附在社会层级结构之下。社会资源统一调配，无视地区之别，读者需求之异，馆藏资源高度同质化。高等级具有低等级没有的文献、资金和技术优势和服务优势。图书馆的服务层级与社会层级高度重叠。

2.3　社会层级与服务层级的背离

众所周知，图书馆已由传统的金字塔形态转变为扁平的网状结构。读者居于整个服务体系的核心位置，各层级图书馆并列环绕于四周。读者选择权的延伸度空前扩大，诉求途径也产生了本质性改变。信息服务、知识服务、嵌入式服务，日益成为图书馆服务的主要范式下，而时空界限、经济因素的制约度几乎可以忽略不计。读者可以远程直奔文献资源所在地，或是享受足不出户的嵌入式服务。资源同质化的图书馆面临着被读者摒弃的风险，而系统性、独特性、专业性的信息源则备受青睐。一些低层级的图书馆，或者在某一专业领域拥有系统性收藏，或是拥有特种地域文献，或是拥有特殊文种文献，能够在特定环境下拥有比高等级图书馆更有效力的信息服务能力，从而实现服务层级对社会层级的超越。

2.4　图书馆服务层级结构嬗变的内质动力

信息技术地发展是图书馆服务层级结构变化的首要动因，读者诉求方式地改变是图书馆服务层级发展的核心，二者的有效结合构成了图书馆服务层级结构嬗变的内质动力。传统图书馆学属于社会科学范畴，而数字图书馆本身却是信息技术、网络与通迅技术发展和广泛应用的产物，受技术因素影响较大。人们阅读习惯、生活方法，获取信息手段、途径的改变，导致了图书馆内在生态环境的改变。越来越多的用户开始习惯于足不出户，直接在电脑桌面上获取所需的信息。嵌入式服务更是要求图书馆资源直接与用户对接。

同时，图书馆的服务创新、理念创新又进一步响应、推动、强化了读者信息诉求网络化的倾向。如，国家数字图书馆工程（NDL）、国家科学数字图书馆（CSDL）、国家科技图书文献中心（NSTL）、中国高等教育数字图书馆（CADLIS）等，一批重大数字图书馆项目地实施，原文传递、时实阅读等新式服务手段地实行，为读者诉求网络化地实现提供了物理基础，使之成为不可逆转的历史大势。

3 基层图书馆构建服务层级的独特优势

3.1 文化属性的推动力

文化多元是人类文明的基本特征，相应地，图书馆也应该是差异性和多样性的存在。同质化导致的图书馆在品种和类型上的贫乏，意味着人类文献收集、整理、保存和利用模式的单一化，它极有可以导致人类文献能力（诸如文献的生产、交流和利用能力）的衰弱，从而直接威胁到人类文化的成长。当今世界，肯定和保护文化的差异性和相对性，已成为人类的共识。相应地，不同文化中的图书馆也应该是差异性和相对性的存在。以文化视野建设图书馆已被图书馆界广泛接受。基层图书馆构建服务层级，确定自身独特的文献追求方向，开发差异性文献成为新的途径选择，也是图书馆文化属性的必然要求。这也是基层图书馆服务层级超越高等级图书馆的文化推动力之所在。

3.2 基层图书馆地缘优势

每个地域都有自己独特的文化环境，文化产品，民间习俗。如，贵州目前已核定的县级以上非物质文化遗产项目应有 3215 项，其中，国家级非物质文化遗产项目 62 项 101 处。

而基层图书馆是我国数量最多，分布最广，延伸体最大，与群众接触最密切，影响人数最多的公益性文化信息载体。对本地区的各种文献资料进行最广泛的接触，给予最直接的关注。网络资料、博客信息，政府公告，企业宣传，历史典籍、民风民俗、地方物产、气候气象、石刻、石碑、名人传记，无不可信手拈来。在收集、保护、整理、开发区域性文献中形成他人难以模仿和复制的核心竞争力。如，广西北海市图书馆加强信息化建设，建立了全国刊载北海资料、全国刊载珍珠资料、北海历史文物资料、合浦海上丝绸之路始发港、东盟专题、“三农”专题等多个全文数据库，并于北海市科技情报所合作建设“北海市地方文献数据库”科技项目，全方面对涉及北海市的政治、文化、历史、地理、人文风情等方面的详细资料，形成了独具特色的馆藏，也拥有了该领域的最高服务层级。

3.3 基层图书馆的人员优势

虽然基层图书馆人员的整体素质尚不能令人满意，但其庞大的从业人员当中，有着众多熟知当地人文历史、风土人情的学者、专家。只要能充分调动其积极性必然能够有效提高图书馆的服务层级。并且，当地的文化名人、传统艺人、非物质文化遗产的传承人、民俗技艺者、说唱艺人，都可以将其纳入到基层图书馆的知识服务结点。聘其为特别顾问，请其讲座，甚至为其录音、创制专辑，以增加基层图书馆向读者提供知识服务的有效性。

地域性文献零散强，系统性、专业性差，社会关注度弱，文献资源、影像资料分布广泛，文种繁多，采集难度大，人员素质要求多样，这也正是拥有资金优势、技术优势的高等级图书馆无法兼顾的薄弱之处。如内蒙古扎鲁特旗是全国民族版画之乡，又是好来宝、乌力格的发源地。扎鲁特旗图书馆立足本地特色，充分自身人员懂蒙语，熟知当地民俗的人员优势，采集了一批独具民族特色和地域特征的文化资源，获得了某些高等级图书馆无法获得的第一手资料，成为查询好来宝、乌力格资源文献的首选之地。从而实现了自身服务层级对社会层级的超越。

4 结语

“我们在处于旧范式向新范式转型的时期，旧范式的主要特征是以纸质资源为主体，而新范式将以数字资源为主体。以此为基础，我们将重新设计图书馆。重新设计图书馆，不是一件容易的事，首先是要改变理念和传统。”我们“应认识到数字图书馆对信息收集、组织、分析、利用模式的变革意义，它将催生和支持新的信息服务与服务的基础机制，创造和发展新的服务模式和能力”[10]。我们通过图书馆服务层级这一概述的提出，正是希望基层图书馆能够充分分析、整合自己的文化优势、地缘优势、人员优势，重新审视自己的功能定位和文献追求方向，摈弃与高等级图书馆同质化的老路，获得新得历史发展，成为各具区域特色、民族特色、文化特色、专业特色的个性化、特色化图书馆，实现服务层级对社会层级的超越。

参考文献

[1] 柯平. 图书馆战国研究 [J]. 情报资料工作，2010 (3)：7.

[2] 韩庆祥．面向“中国问题”的马克思主义哲学［M］．武汉：武汉大学出版社，2010 年：583.
[3] 韩庆祥．社会层级结构与理论创新［J］．江苏行政学院学报，2007（5）：57.
[4] 申晓娟．2005－2009 年我国数字图书馆发展综述［J］．数字图书馆论坛：2010（3－4）：7.
[5] 陈传夫．数字时代的图书馆学教育［M］//变革的力量与方向．变革·发展·前瞻——第二届中美数字时代图书馆学情报学教育国家研讨会文集．武汉：武汉大学出版社．2007：87.
[6] 傅荣贤．文化视角的图书馆学研究．层次及内容分析［J］．中国图书馆学报，2010（4）：25－26.
[7] 周敏瑞、欧阳峰．用心打造“黔姿百态”——记贵州省国家级非物质文化遗产档案展［J］．中国档案，2011（2）：72.
[8] 中国民族图书馆编．中国民族地区图书馆调查［M］．沈阳：辽宁民族出版社，2007 年：73，281.
[9] 吴建中．创新型社会中图书馆的责任［J］．中国图书馆学报，2010（6）：11.
[10] 张晓林．让数字图书馆驱动图书服务创新发展——读《国际图联数字图书馆宣言》有感［J］．中国图书馆学报，2010（3）：73.

图书馆绩效评价研究
——杭州市委党校图书馆实行量化考核管理的效果分析

王雪芳* 诸葛夏**

摘 要 杭州党校图书馆在管理中运用了量化考核方式，和原有管理方式比较，工作的时间效率明显提高；转型工作得到推进；全馆工作有序，执行力较强；馆员综合素质有了明显提升；内部工作环境非常和谐，通过实践证明：这是一种比较好的、可以应用在事业单位的管理方式。

关键词 量化 考核 管理

量化管理理论源于国际先进管理理念和全球著名公司管理实践，是一种系统的管理理论。量化管理源起于美国，改革开放后被引入中国。

量化管理理论是一种从目标出发，使用科学、量化的手段进行组织体系设计和为具体工作建立标准的理论。具体地说："量化管理"从企业战略目标出发，利用科学的分解方法，推导出确保目标实施的主要工作有哪些，进而通过对这些主要工作进行分类，直接解决了公司组织架构及部门工作职责与目标之间的关联问题。同时，在目标分解过程中，将每个员工的工作与企业目标之间建立起清晰的量化关系，从而解决了员工薪酬与企业目标和个人工作之间的难题，真正做到了薪资的公平、公正、甚至公开。

杭州党校图书馆在2010年引入量化管理方式，经过一年多的实践，各方面工作非常有序、有效率，员工工作积极性、主动性明显提高，团队合作意识增强，量化管理的科学性和优势得到体现。

---

* 王雪芳，1967年生，中共杭州市委党校图书馆，馆长、副教授。

** 诸葛夏，1962年生，中共杭州市委党校图书馆，馆员。

1 杭州党校图书馆实行量化管理考核的原因

1.1 图书馆的服务职能面临挑战

随着信息技术和互联网的发展，传统图书馆的生存正受到严重的冲击。人类迎来了科学技术的勃发期，数字化、网络化的信息技术带给我们应接不暇的全新体验，电子出版物的普及让数字图书馆、网络图书馆成为人们更为喜闻乐见、更为依赖的虚拟阅读空间，这些前所未有的巨变带给每一个图书馆人的不只是机遇，更有莫大的挑战。加之数字图书馆的制作、维护技术以及所提供的文献信息资源均不是图书馆所建，而是图书馆由数据提供商那里整套引进的，那么，如果其他单位、机构也向数据商购得，也即可成为数字图书馆的载体。所以，图书馆的传统服务模式在计算机、网络技术普遍应用的强烈冲击下生存不断受到质疑，能够足不出户于互联网上一览天下的读者不再视图书馆为唯一的知识殿堂，昔日一座难求的图书馆渐渐变得门前冷落鞍马稀。

在这种形势下，图书馆需要拓展新的服务职能；需要在传统服务领域提供更加细致、完善的服务；需要团队饱满的工作士气，通过量化管理考核就是引导馆员朝着新的目标方向努力，每个人都知道自己应该做什么，怎么做是最好的，怎么做是不允许的，大家在共同的目标下，经过共同的努力，通过自身素质和能力的提高不断适应新的工作职能要求，图书馆的存在价值不但没有受到质疑，相反还得到了提升。

1.2 追求科学管理的最高目标——实现人的不断解放和全面发展

管理的最高目标是实现人的不断解放和全面发展，因此，自我管理既是最高目标实现的体现又是实现最高目标的路径，而要实现自我管理，完善的制度是前提。馆员只有在明确了本馆发展目标，明确了自身在图书馆的岗位职责，明确了什么是图书馆激励的行为、什么是图书馆反对的行为，才知道自己努力的方向。通过量化管理考核，馆长不需要凡事都去指挥，只要把任务布置下去并进行督促检查，馆员就会根据要求完成任务，充分发挥了馆员工作的积极性和主动性，激发了馆员的工作能力和潜力。同时，管理者和被管理者的关系也容易相处，因为是用制度约束人的行为，违反制度有惩罚，馆长把考核结果公布给大家之后，和被扣分的馆员通过沟通告诉他为什么被扣分，希望他今后改正，基本做到大家心服口服，所以，人际关系比较融洽。

1.3 提升馆员素质，营造团队文化的需要

作为党校，即有机关的性质也有学校的性质，所以，党校图书馆工作的开展要比公共馆和高校馆难，首先，被重视程度不同。其次，图书馆的专业职能体现程度不同。第三，馆员素质不同。第四，馆员身份虽然都是事业编制，但是，党校是参公管理。以上几个方面的差别决定了党校图书馆馆员在业务素质上和其他图书馆的差距，馆员对图书馆工作的概念不是十分清晰，认为图书馆只是党校的一个服务岗位，任何人都可以胜任，没有把图书馆作为学校一个重要的、需要具备专业知识、敬业态度的一个岗位来看待，因此，缺少图书馆团队文化。比如：有的馆员没有意识到窗口是不能聊天、吃东西、穿拖鞋；有的馆员不理解为什么其他处室人员离岗而图书馆却要求馆员不允许迟到、早退、离岗等，他们把自己同样看作是公务员而不是当作图书馆工作人员等。面对这些问题，如果不实行量化管理考核，势必会出现这样情况：馆员每出现一次问题，馆长就要说教，可以想象这种方式的效果是多么糟糕，所以，必须通过量化管理考核的方式来规范馆员的行为，逐步形成图书馆团队文化。

2 杭州市委党校图书馆量化考核方案

2.1 杭州市委党校图书馆基本概况

中共杭州市委党校图书馆始建于1958年底，目前有工作人员11名，其中副高级职称2人，中级职称9人，研究生3人，大专以上学历达100%，形成大专、本科、研究生的学历层次。

图书馆机构现有报刊资料部、图书流通部、图书采编部、特色资源建设部、计算机技术部等五个部门。现馆舍于2008年建成启用，总面积为7800平方米，设有现刊、过刊、休闲书吧、古籍、多媒体、电子等多个文本及视听阅览室。藏书总量15余万册，已建成拥有商业采购和馆内自建数据库共19个，电子图书40多万册的数字图书馆。实现了文献阅读从单一的文本阅读向文本阅读、光盘阅读、网络信息阅读的多元信息阅读的转变。

图书馆于1999年建成局域网，完成馆藏书报刊的回溯建库工作，开通了采访、编目、流通、典藏、检索、期刊等子系统，全面实现图书馆计算机集成化

管理。

2.2　杭州市委党校图书馆量化考核方案

1. 明确每个工作人员的工作内容

馆长根据图书馆的工作目标把全馆工作（既有本馆自身职能还有学校的其他工作）内容进行梳理、汇总；然后根据工作的性质和特点先分到部门，第二步再分配到岗位即个人（目前是一人一岗），最终形成固定工作内容明确在个人身上，新增工作由馆长根据工作内容和性质进行安排并通过加分、扣分的方式保证工作能够安排下去。

2. 明确每个人的岗位职责

每个人的固定工作的岗位职责内容都通过制度方式明确下来并向全馆公示（文中略）。

3. 奖励、扣分内容

奖励内容包括：

（1）布置的工作提前完成加 1 分。

（2）工作完成质量高加 1 分。

（3）全月工作无差错加 1 分。

（4）工作方法有创新加 1 分。

（5）主动承担新的工作，每承担一项加 1 分。

（6）出满勤加 1 分。

（7）积极参加校内、馆内活动加 1 分。

（8）科研成果 1 分/篇。

（9）工作得到读者表扬加 5 分。

（10）主动解决工作中出现的问题加 1 分。

（11）代查资料 1 个专题 20 篇以上加 1 分。

（12）每月看一本书并有读书笔记加 1 分。

扣分内容包括：

（1）不按时完成工作扣 1 分。

（2）工作应付、质量差扣 1 分。

（3）工作有差错扣 1 分。

（4）工作有差错并造成不良影响扣 5 分。

（5）不愿承担交办的工作，推脱扣1分。

（6）各项活动，包括馆内活动，迟到一次扣1分。

（7）上班炒股发现一次扣1分。

（8）上班脱岗超过半小时扣1分。

（9）有重大安全事故扣10分。

（10）工作态度不好，并有读者反映扣2分。

（11）服务信息发布不及时扣1分。

（12）不按时开馆扣1分。

（13）交代的工作没有回复扣1分。

（14）未完成基础工作，一项扣1分。

4. 考核方式：

（1）1个月统计、评定一次，年底加总平均。

（2）由馆长和馆内各部门负责人共同评定，各部门负责人做好平时记录，馆长抽查。

（3）设定80分为基础分值，各类优秀评定在总分80分以上且扣分不高于20分的人员中进行。

5. 考核分值意义：

（1）分值前两名为馆内当年考核优秀等次上报，第一名优先。改变原先投票方式，直接按票数排名上报。

（2）其他类别的优秀评定按80分以上分值排名上报。

（3）第一名优先享受馆内次年的各种机会。

（4）总分低于60分和扣分超过20分的人员进行组织谈话。

3 杭州党校图书馆实行量化管理考核的绩效分析

3.1 快速反应能力提升，工作的时间效率明显提高

实行量化考核之后，只有两个月的考核中出现个别馆员工作没有按时完成，其他时间全部按时完成，而且还有一些同志提前完成了工作。原先在工作中出现的拖拉现象得到明显改变。读者提出的要求都会在第一时间做出回复，比如：读者推荐新书，馆员会第一时间查重、征订、购买和加工并联系读者来借阅；期刊征订期间会和读者进行信息发布、意见征求、汇总需求、进行征订、告知

读者等一系列工作

3.2 转型工作得到推进

杭州党校图书馆把学科馆员工作、特色数据库建设、馆员科研能力提升作为图书馆工作转型的重要内容，为了推进转型工作，在量化管理中进行了考核，通过一年多的实践，科研成果由无到有，而且数量增加较明显，馆内的科研力量得到挖掘，科研意识得到增强。特色数据库建设力度较往年在数量上增加了3倍之多，2010年全年完成1600多篇文章的数据加工，学科馆员参与教学、科研帮助查阅资料数量超过1000万字。

3.3 全馆工作有序，执行力较强

由于明确的分工，所以每个人职责内的工作自己都会主动去在规定时间完成，全馆所有日常工作都有人来负责。新的、临时性的工作，馆长安排下去没有一个人拒绝或推脱，图书馆整个工作都非常有序，执行力很强，团队合作非常愉快。

3.4 馆员综合素质有了明显提升

量化管理考核除了对馆员的工作和行为进行了约束，同时也要求馆员在工作创新能力、科研能力、知识修养、专业素养、团队合作能力等方面也严格要求自己，馆员每月必须读一本书并写出读书笔记；每人完成一篇科研文章，要求一些同志必须发表论文；每次馆会都有一名馆员交流学习图书馆专业知识的体会并进行讨论；安排馆员外出学习和交流等，经过一年多的努力，馆员综合素质都有进步和提升，逐步形成杭州党校图书馆的团队文化，合力在显现。

3.5 内部工作环境非常和谐

团队的和谐一个重要的因素是内部有一个公平的工作环境，实行量化管理考核，在分工的时候就考虑到各个岗位工作量的相对平衡、相对独立，工作安排下去馆员没有疑义。需要协作的工作，馆长临时组合任务团队并给参与人员加分，所以，在实际工作中大家既有各自独立的工作内容，但相互之间在工作流程上又是相互支持的，量化考核是通过制度来约束每一个流程的工作质量而不是通过馆员之间的监督，所以，内部工作环境非常和谐，实现了工作着快乐着的目标。

3.6 图书馆全面工作得到推进

杭州党校图书馆通过实行量化管理考核，各项工作得到了全面的推进，日常工作有序；科研工作迈出步伐；转型服务能力不断提升；新的服务对象和服务内容不断推出并受到读者表扬；对外交流和学习常态化扩大了图书馆的社会影响。一年来，无论是工作总量还是工作质量都明显进步，杭州党校图书馆出现了良好的工作局面。

4 关于量化管理考核的几点体会

4.1 工作任务的分配是量化管理考核成功的前提

量化管理的基础是每一项工作都落实到具体的人身上，就是都有人来完成，工作任务分配的是否科学、是否被馆员接受，决定了在工作中的顺利程度和愉快程度，所以，必须做好这项工作。工作任务的分配应该坚持以下原则：

1. 工作穷尽原则

就是把图书馆日常工作和常规性工作进行充分的、全部的统计，在此基础上再进行科学的分工。工作内容不能有遗漏，当然，以后有新的工作内容再进行添加。杭州市委党校图书馆有两个管理层级，所以，先把任务分到部门，然后再分解到个人，所有工作做到有人负责。

2. 工作不交叉原则

一旦实行量化管理考核，就尽量减少工作的交叉，避免责任不清，相互扯皮，每一项工作都可以找到责任人，他必须承担不可推卸的责任，这样制度的威力才可以显现。

3. 分配公平、公正原则

在分配工作时考虑部门、个人的工作量、承担的责任差别不宜过大，要得到多数人甚至全部馆员的认同和接受。但同时，也要人性化地考虑每个人的学历、经验、能力、年龄、健康状况等一系列情况，只有这样，分配下去的工作才能做到大家愿意干、有能力干、可以干好的结果。

4.2 制定科学、合理地适合本馆的考核制度

任务分配下去，馆员怎样做是需要制度来规范和引导的，只有制定明确的

细化制度，馆员才能知道自己的工作是合格、优秀、还是不合格，他应该朝哪个方向努力，所以，考核内容和制度是核心和关键。每个馆由于体制、规模、人员、服务对象的不同，所需要引导的方向也不一样，一定要因地制宜，适合的才是科学的，也才是最好的。

4.3 监督、检查制度化

量化管理能否有效，最终在于落实，所以，能否按制度的要求去落实还离不开监督、检查制度，要让监督也有制度而且经常化，才会培养出馆员对制度的敬畏，从而才会遵守制度，这样也才不会让量化管理制度停留在纸上、嘴上而是落实在行动上。对奖惩制度严格执行，在制度面前人人平等。

4.4 团队文化建设非常重要

团队文化建设的核心是培养团队共同的价值观，培养共同的行为准则，所以，团队文化建设是量化管理的保障也是量化管理的最好效果，二者是相互促进的，因此，应该高度重视团队文化建设。杭州党校图书馆制定了 21 项管理制度，在岗位上馆员有行为标准，在合作中也有具体要求；除了全馆有面向所有读者的服务承诺，每个馆员也都有自己的岗位承诺。读者第一，服务至上；甘做人梯、乐于奉献；积极进取、开拓创新；勤于学习、永不停止；善于合作，乐观生活的价值理念逐渐被大家接受和践行，共同的团队行为特征已经表现出来，做人低调；待人真诚、友善；心态平和容易合作；做事认真，服务周到；遵守规章制度等，共同的行为特征越多，越明显，量化管理的成效也越大。

新时期社科专业图书馆采访工作质量管理研究

杨　华*

摘　要　本文就社科专业图书馆采访工作的质量管理进行了深入的分析，从采访质量控制体系的建立，到采访信息的收集、采访信息交流平台的搭建、采访方式的选择和采访工作的后期校验，以及采访人员素质的提高诸方面做了细致的阐述。

关键词　专业图书馆　采访　质量管理

社科专业图书馆是为特定用户收集和组织专门领域文献及提供信息服务的图书馆，其收藏的文献质量要求高，力求达到专、深、精、全的收藏标准。高水准收藏目标的实现在某种意义上就是通过高质量的采访来得以保证的，因此做好采访工作的质量管理，是决定馆藏建设和图书馆整体服务水平高低的关键。

近年来，先进的信息技术和丰富的信息资源使图书馆的采访工作正面临着前所未有的机遇和挑战。首先采访环境发生了巨大的变化：出版发行的各种文献信息量急剧增长；载体形式日益多样；新的供货渠道与采访方式不断涌现；文献资源质量良莠不齐。其次所服务单位的学科设置、研究方向日趋多样化；新兴学科、边缘学科、交叉学科的相继出现；读者需求的日益多样化、多变化。而这一系列的变化都将对采访工作提出更高的要求。要提高采访质量，不仅要管好“人、财、书”，还要依赖先进的技术改进采访手段，而且要将管理贯穿于采访的全过程，即由“始”至“终”把好质量关。

1　建立完善的采访质量控制体系

社科专业图书馆的职能就是为其母体机构的科学研究提供有力的文献信息

*　杨华，中国社会科学院图书馆采编部，副研究馆员。

资源的支持，因此它的收藏必然以满足科研需要为目的，而图书馆的采访工作是由采访人员来完成的，它的实现必将或多或少带有个人的主观烙印，要减少随意性就必须建立完善的采访工作的质量管理体系，这一体系的建立可使采访人员在内外审核机制的制约下依据岗位责任和程序文件开展规范的、系统的、高效的工作。采访质量管理体系应包括以下几方面内容。

1.1 明确文献信息资源建设的目标

明确本馆的文献信息资源建设的目标，是做好文献采访工作的前提。图书馆应根据所在单位的性质、任务和用户需求，围绕学科专业的设置及重点学科建设的需要确定本馆的馆藏目标，并依此有目的、有计划、有系统、有分工地组织、补充和调整馆藏，逐步形成具有特色的藏书体系，更好地满足本机构科研人员的文献信息需求。

1.2 制定采访工作计划

为保证文献入藏的全面性、系统性和连续性，采访人员要准确把握本单位的长期发展规划，了解学科、专业设置和课题立项情况，并结合馆藏资源建设的远景目标制定细致的采访工作计划，根据本馆文献购置经费有选择的收藏相应学科和专题范围的文献，并对重点学科、专业加以适度倾斜。同时对采访工作涉及的一些具体问题加以科学规范：如重点学科与一般学科、中文图书与外文图书、图书与期刊、印刷文献与电子出版物、文献订阅与数据库存取等方面的比例设定；合理分配和使用购置经费等。采访计划的制定便于对采访工作的完成情况进行定期检查，从而达到质量控制的目的。

1.3 规范采访工作程序

规范图书馆的文献采访工作程序，就是在分析图书馆文献采访的全过程的基础上，明确各环节的业务流程、工作程序的具体运作的方式、方法，明确各岗位人员的职责和规范，并将其文件化，用以指导图书馆文献采访工作的开展，使采访的业务流程和工作程序始终处于受控状态，避免一些常见错误的出现，若一旦出现问题也能尽快采取补救措施。

1.4 控制采访工作过程

质量管理强调过程控制，即在产品生产过程中，通过受控消除每一环节中的不合格因素，确保产品质量。加强文献采访工作的过程控制，就是对采访工作进行实时监控，要求每一环节负责上一环节的质量确认，确认无误后方可往下进行，这样才能确保文献采访工作的最终质量。

采访工作的过程控制具体包括以下内容：采访人员的各种培训（包括馆藏方针的学习、采访各流程的具体要求、采访软件的操作技术等）；采购渠道的确定和采购信息的收集；采访人员的调查、访问和信息反馈；文献的选定和审批；文献的查重和发订；文献的验收；文献订购情况的统计，等等。

1.5 建立采访质量评价体系

采访质量评价体系由两方面组成：一方面是图书馆的内部评价，主要评价采访过程和采访结果是否符合采访目标，是否完成了图书馆预先制定的计划。另一方面是读者的外部评价，如各学科研究人员对采选的相关文献的综合评价；各学科文献的读者利用率；各学科文献的读者拒借率；各学科文献读者满意度；各学科文献相关读者保障率；各学科文献中核心文献的占有率等的调查。评价体系的建立既是检验文献采访质量的手段，又是调整文献采访策略的依据。

2 收集详尽的采访工作信息

文献采访是在了解需求与供给的基础上利用可支配经费组织文献采集的过程。因此需求与供给是采访工作的两个关键所在，要做好采访工作首先就要做好这两方面的准备工作。

2.1 关注学科发展规划和科研动态

社科专业图书馆与其他类型图书馆的根本区别就在于，它是为其母体机构的科研活动提供文献信息保障，其服务范围小，服务对象专一，服务标准较高。采访的文献以满足科研需求为目标，因此要通过各种渠道对研究方向、研究计划、研究课题、研究深度、研究进展及学科发展动态进行深度了解，使采访工作有的放矢。

2.2 关注科研人员的现实需求

社科专业图书馆的文献收藏在保证馆藏特色的系统性、完备性的同时，更要关注科研人员的现实需求，能否满足科研人员对文献信息的需求，保证科研活动顺利开展，是评价采访工作成功与否的主要标准。因此脱离现实需要的收藏无异于闭门造车，采访人员应深入到科研人员当中，调查了解他们对文献的内容、类型的需求，分析掌握他们的阅读需求与倾向，收集他们对现有馆藏的反馈信息，并据此组织和调整采访工作。

2.3　了解各学科专业文献出版情况

以中文图书为例。我国目前有500多家出版社，出版物数量每年达十几万种，如何从如此众多的出版物中挑选出高水准的专业文献是社科专业图书馆面临的最大挑战。

采访高质量文献的有效方法：一、关注专业出版社，确定一批核心出版社。因为每一个出版社在创立之初，就确定了一定学科领域作为它的主要经营范围和经营方向，而在某一学科领域图书出版中起主要作用的专业、核心出版社，其出版量大、质量高，出版物利用率较高且有较大的读者影响力，能很好的把握学科发展状况，并能及时编辑出版反映本学科最新研究成果及前沿研究进展和发展趋势的图书。由于它们在学科文献的出版中地位较高，能得到专家学者的认同，将自己的著作交其出版，因此能容易的组织到高质量的书源。以社科类图书出版为例，当数社科出版社、北京大学出版社、商务出版社和三联书店等所出图书质量较高。二、关注各学科知名学者和各研究机构的学科带头人。这些研究者在长期的研究过程中逐渐形成自己的学术观点，其观点能反映这一学科的研究状况和研究水平，其著作多为原创作品，参考价值高，是专业图书馆重点收藏的文献。三、请研究人员参与选书。研究人员不仅了解本学科的发展趋势，而且了解本学科文献的出版情况，更了解学科研究需要哪些文献，他们选择的图书不仅学术价值值得肯定，而且使用价值也相对较高。

2.4　了解图书发行渠道

现在图书发行呈现多元状态，除新华书店主渠道外，还有民营二渠道、非传统营销的三渠道、集采编于一体的大型图书配送分销商等，而民营和个体性质的经销商由于其经营灵活，服务周到和优惠的价格，在图书馆市场已占有了大部分份额。但是无论哪个发行渠道其图书来源都有自己的局限性，因此要对他们进行深入的了解，收集他们的书源市场、发行规模、发行速度、书目质量、图书订到率、售后服务等信息，对书商的信誉进行综合评价，理性地选择适合本图书馆的一家或几家书商进行合作。

2.5 搜集采访信息

做好文献采访工作必须要有全面的出版信息做保证。现在社科专业图书馆的文献采集还是以书目订购方式为主，因此书目信息的收集是做好采访工作的基本前提条件。采访人员应根据本馆藏书建设的基本原则和藏书体系的结构，尽可能全面、系统地搜集本学科、本专业图书的出版信息，以保证图书馆藏书建设的质量，在信息搜集的过程中应力求新、全、快。新华书店系统因其历史悠久，它的书目有一定的权威性，仍可作为预定图书的主要依据，但其新书报道量不足，为弥补书目订购信息的欠缺，采访人员应积极拓宽书目信息来源渠道，如搜集各出版社和图书发行商的自编目录、网上书店和出版社网站等刊登的图书信息，参加各种形式的书市和图书定货会。在书目信息的使用过程中，应对书目的规范性、权威性、详尽准确性、时效性、收录范围及使用效果等进行综合分析、比较、评价，逐渐找出与本馆的需求最接近的书目源。另外，一些图书出版与发行的宣传报道性刊物，如《出版广角》、《中华读书报》、《中国图书商报》等都是重要的出版信息源，其报道对采访工作有一定的参考价值。

3 搭建互动的采访信息交流平台

社科专业图书馆在选书工作中必须坚持“两条腿走路”的方针，即采访人员与科研人员一同参与图书采选，通过双方的共同努力，取长补短、优势互补方可做好这项工作。

3.1 “两条腿走路”的必要性

社科专业图书馆在文献收藏上以专、深、精、全为收藏目标，要实现这一目标，只依靠图书采访人员是很难达到的。由于采访人员的知识结构有限，不可能对每个学科专业情况都有十分深入的了解，因而要求他们为所有学科专业订购到有价值的图书是不切实际的，尤其是当他们遇到新兴学科、边缘学科、交叉学科等陌生的学科领域的图书时，他们的选书行为往往存在一定程度的盲目性和随意性，很容易造成误购和漏购现象的出现，从而影响了藏书质量。而科研人员对本学科的知识体系相当熟悉、对本专业的研究状况和科研进展非常清楚、对本领域和相关领域的文献资源又十分了解，因此有了他们的参与专业图书馆就能够从学科资源建设的角度，全面系统地选购各学科研究所需的专业图书，以促进系统化、专业化藏书体系的建立。然而科研人员选书虽保证了所采图书文献的专业性，但是在某种程度上也存在着偏见性和盲目性，一是他们往往只注重与自己专业和科研息息相关的图书，对馆藏方针、馆藏现状不甚了解，缺乏对藏书建设的整体把握，而这又是图书采访人员的优势，采访人员应重点做好协调把关工作，在最大限度的满足科研需求的同时兼顾藏书结构的合理搭配。因此只有充分发挥采访人员和科研人员的各自优势，协同作战，方能保证尽善尽美的完成图书文献采访工作。

3.2　借助采访平台实现采访“信息流”

信息时代，掌握了信息就占据了先机，而采访人员和科研人员要协同作战，就必须充分的沟通，使彼此掌握的信息流动起来，即采访人员收集到的书目文献信息与科研人员的专业文献需求信息，可以彼此无障碍的获取，采访平台的搭建可以使之轻松实现。采访平台应包括以下几种功能：

3.2.1　可用书目数据的发布

采访人员通过各种渠道搜集来的信息经过筛选、重组、去重、规范形成适合本馆实际需求的预采书目数据，将这些信息定期在采访平台选书版块发布，科研人员可随时登录系统浏览、圈选科研所需用书，及挑选自己感兴趣的图书文献。

3.2.2　科研人员需求信息的推荐

科研人员可将自己需要而预采书目中没有的图书信息，通过在荐购表单中填写推荐文献的信息和自己的相关信息，向采访人员推荐，以便采访人员根据推荐信息组织采购，并及时将订购处理情况回复给推荐者。

3.2.3　信息的定制

科研人员可将自己的学科、专业、课题方向，以及自己的偏好通过采访平台定制模块发送给采访人员，采访人员据此进行信息的搜集，并定期将有关信息推送给定制人员，也可利用此功能将圈选、推荐图书的订到情况向相关人员进行告知，加快图书的流通。

3.2.4　信息的回收

科研人员选中的图书，其信息的返回应遵从由研究人员→选书专家→采访人员的顺序，即研究人员选中的图书按学科分类自动进入相关学科选书专家的信箱，经专家审核后发送给采访人员进行订购，形成专业图书馆特有的全员参与、专家审核、采访协调的采访模式。这样既可保证科研用书，又可保证所购图书的质量，从而使研究人员的需求得以最大限度的满足，同时又保证了馆藏的合理结构。

4 选择多元的采访工作方式

4.1 订购与现购相结合

通过发行商的预定目录订购图书一直是社科专业图书馆的主要采访方式，这种方式具有系统性强、信息源稳定的特点，可以确保专业图书馆对专业性较强的学术性文献的系统性收藏。但书目预订也存在图书到馆时间滞后、书目信息收录不全、书目报道内容失真等不足。而现购是采访人员直接到书店、书市、书展等图书经销市场进行现场采购，这种采购方式不仅时效性强，缩短了文献采访的周期，而且由于面对实物进行选择，对图书的内容质量一目了然，避免了书目广告性摘要的误导，在一定程度上保证了图书的质量。但由于现购的时间仓促，导致工作强度较高，查重比较困难，查准率难以保证。且由于经销者对利润的追求，现购图书存在学术性图书偏少，普及、畅销性图书较多的现象。社科专业图书馆应根据自身的情况，针对不同的图书采用订购与现购相结合的采访方式，灵活掌握、互为补充，以提高图书采访的质量。

4.2 协调采购，资源共享

4.2.1 加强馆内协调

加强馆内各部门之间的协调，如图书与期刊采访人员的协调，避免以书的形式出版的刊物和以刊的形式出版的图书（如年鉴等）的重复采购；纸本与电子资源采访人员的协调，在调查与分析科研人员的文献使用习惯和检索需求的基础上，合理购置不同类型文献，充分发挥纸本图书与电子文献在信息保障中的各自优势，形成互补，既缓解经费的不足，又减轻了馆藏空间的压力，同时满足使用者的需求。

4.2.2 注重馆际协调

文献信息资源增长量的快速、无限性与图书馆购置经费增长量的缓慢、有限性的矛盾，使得任何图书馆都难以做到对信息资源的完整收藏，更无法独自承担起满足科研人员对信息需求的任务，加强协作，形成发展的共同体，实现资源共享是图书馆信息资源建设的发展方向。各专业图书馆应坚持特色方针，围绕本机构的重点学科、特色学科采选，形成馆藏资源特色，只有形成特色才具有不可替代性，才能在资源共享中显示其自身的优势，才具有竞争力，也才有存在的价值。

2003 年 9 月在福州举行的全国社科院系统图书馆工作协调会议上，江蓝生副院长指出："一个地方社科院不管它多大多小，都有它的特色，都有它的长处，有些恐怕是我们中国社会科学院都比不了的，比如西藏社科院的藏学研究，云南关于东南亚国家的研究，湖北的楚文化研究，吉林对中国边疆历史的研究都有他们各自的长处。如果我们把这些长处互相共享，我们就能取得事半功倍的效果。所以从客观上来说，我们也很需要共建共享。"

因此，社科各专业图书馆应按地域、学科的不同而约定不同的馆际分工，明确各自的文献信息收藏范围和采集重点，这不仅将从根本上缓解经费不足而带来的藏书建设方面的压力，而且有利于改善各图书馆的藏书结构，形成各自的特色藏书体系，从而保障资源共享的实现。

4.3 创新"存取"订购

网络环境下，由于网络信息资源具有内容丰富、时效性强的特点，可以让读者在较短的时间内获取大量的信息资料，因此网络所构成的新型信息空间又为采访方式增加了新的内容，即"拥有"与"存取"。存取（access）其本身的含义是通向某处的路径。图书馆面临文献资源数量的快速增长、价格居高不下、购置经费紧缺的现状，社科专业图书馆无法拥有研究所需的所有文献信息资源，加之科研人员需求的扩张和信息技术的飞速发展，专业图书馆的传统服务平台已无法适应图书馆的发展，图书馆要发展，必须与时俱进，充分利用广阔的网络空间，发掘丰富的网络信息资源，为科研人员获取信息提供更为准确与便捷的获取途径，图书馆采访人员必须考虑对存取途径的"订购"，即确定学科范畴，对相关信息网站去粗取精、去伪存真，合理组织，将无序的网络资源有序化，通过过滤、分解、归纳、整合，形成研究人员需要的有效信息资源。同时对原有的分工加以重组，从单纯建立物理馆藏到物理馆藏与存取权利同时并存，社科专业图书馆通过网络借助存取方式获取本馆以外的信息资源，从而促进图书馆内部资源与二次开发的网上资源形成统一整体，最终实现信息资源在物理空间和网络空间的联结，使科研人员的文献信息的获知率与获得率得到最大限度的提高。

5 注重采访工作的后期校验

5.1 严把图书验收关

验收是采购流程最后的把关。新书到馆后，应及时按照预定目录数据验收，对订到不符、装帧质量差、或由于书目介绍与实物内容出入较大的不适合本馆收藏标准的图书，应及时与发行商联系进行调换，使入藏图书在内容和质量上得以保证。

5.2 做好各项统计工作

统计工作是指通过对图书馆运行中的各种数据进行收集、整理、分析、研究，从中发现问题、找出规律，逐步完善采访工作。采访统计工作主要包括：图书订到比例；订到时间差；预定与入藏图书的分类统计；中外文的入藏比例；各类图书的种类、册数、资金支出；印刷型、电子型、网络型文献资源的配置比例及经费的分配；到馆人数的多少；入藏图书的被借次数及拒借次数；被借图书的分类情况等。采访人员只有定期对这些方面进行数据统计，以定量方法对购书质量进行分析和判断，才能及时发现采访工作的不足，修正采访计划。

5.3 重视读者反馈信息

反馈是指读者使用馆藏后所反应出的感受、评价以及愿望和态度。采购入藏的图书是否满足读者的需求是评价采访质量的重要标准。专业图书馆有其固定的读者群，读者素质较高，读者的反馈意见有一定的代表性。社科专业图书馆可采取召开座谈会、问卷调查、设立意见箱、直接向专家学者征求意见，或利用网上聊天、电子邮件、BBS、讨论组等方法，多方了解科研人员对所购图书及各类信息资源的意见和建议，从反馈信息中分析读者的信息需求，改进采访工作，提高采访质量。

6 培养高素质的采访人员

采访质量管理虽然是机制的问题，但是在人类社会任何机制都不可能脱离人而独自存在，采访质量的好坏、各环节进展的深度和广度，最终还是要落实到人的身上。因此采访人员首先要树立质量意识，认识到质量是图书馆生存、发展、繁荣的根本保证。采访人员不仅要在业务能力、外语水平和计算机知识等常规方面提高自己，还要在今后的实际工作中不断积累经验，把握对各类出版信息需求信息的特点，不断培养自己对文献信息资源和网络信息资源的感知能力和捕捉能力、分析和判断能力、以及评价和选取能力。作为社科专业图书馆的采访人员除要具备图书馆学的专业知识外，还要根据自己所服务的母体机构的性质特点具备与其相匹配的学科知识，若是综合性专业图书馆最好要掌握几门相关学科知识，只有这样才能高质量的完成相关学科文献信息的搜集和采访工作，从而保证采访质量管理的贯彻和实现。

总之，图书馆的采访工作是一项复杂的系统工作。由于它在图书馆的文献资源建设中起着至关重要的作用，采访人员只有明确馆藏目标，通过全面、详细、准确的收集和分析采访信息，严格遵守操作规范，关注评价和反馈结果，努力提升自身的知识水平和整体素质，提高自己获取信息和挖掘信息的能力，通过内外合力的共同作用，促进高质量的采访工作的实现，最终达到为科学研究、科研创新提供有力的信息资源保障的目标。

参考文献

[1] 黄宗忠. 文献采访学［M］. 北京：北京图书馆出版社，2001.
[2] 李海英. 国际化进程中高校图书馆采访工作新理念［J］. 现代情报，2006（2）.
[3] 那春光. 图书馆文献采访工作的核心质量问题及控制措施［J］. 图书馆学刊，2006（1）.
[4] 王春生. 分析出版发行现状加强文献采访对策研究［J］. 图书馆工作与研究，2006（1）.
[5] 乔欢. 网络环境中图书采访选择机制研究［J］. 图书馆建设，2003（2）.

第四部分

图书馆服务

创新型国家及知识服务探索

牛　宇[*]　何　梅[**]

摘　要　随着知识经济的迅速发展，知识服务在国家建设中发挥着越来越重要的作用，它已成为国家之间、产业之间及各行业之间争取竞争优势的重要手段。现阶段，我国正处在以自主知识创新为核心的创新型国家建设过程中，而传统体制下的知识服务已不适应时代发展的要求。因此，对新环境下的知识服务转型进行研究具有重要的现实意义。本文结合我国知识服务的发展现状，主要对创新型国家建设中的知识服务模式转型的对策与措施进行探索。

关键词　创新型国家　知识服务　转型

1　知识服务

知识服务是较之信息服务更深一层的服务，是根据用户问题解决方案的目标，通过用户知识信息需求和问题环境分析，对用户整个解决问题过程提供的经过知识信息的析取、重组、创新、集成而形成的恰好符合用户需要的知识产品的服务。也可以说，知识服务是贯穿用户解决问题过程的服务，贯穿用户进行知识捕获、分析、重组、应用的服务。

知识服务最初产生于企业，被看作是信息管理、知识管理和策略学习的结合体，目的就是提高公司、企业的经济效益和竞争能力，后来，知识服务的理念逐步向学术信息服务领域扩展，许多学术团体和信息机构都热衷于对知识服务进行研究探索。国外对知识服务的研究主要侧重于实践的探索，而国内对知识服务的研究则主要是对基础理论、模式及相关技术的研究。虽然我国对知识

*　牛宇，男，1984 年生，国防科学与技术大学图书馆，助理馆员。

**　何梅，女，1982 年生，国防科学与技术大学图书馆，助理馆员。

服务的研究起步较晚，但发展快，到现阶段，尽管人们对知识服务的研究还在继续，但知识服务早已被社会各界所接受并广泛运用于社会的各个领域，不可否认的是，知识服务将在当代知识社会中扮演越来越重要的角色。

2 知识服务在创新型国家建设中的地位及作用

围绕国家的自主创新，无论是发达国家还是发展中国家在信息化建设的过程中，都在不断开拓新的知识服务业务研究领域，并在此基础上进行企业结构调整及体系重构。其中最具代表性的美国及欧盟国家，通过建立科学研究与发展的知识信息服务平台，将国家的创新发展与知识服务紧密结合并形成相互促进的合作机制，使得知识服务模式不断完善，从而为国家创新提供全方位的服务保障。

美国政府不仅将科技创新、管理创新作为基本战略，更是大学基础研究的主要赞助国。据美国国家科学基金会（NSF）的统计资料显示：早在2000年，高等院校约承担全美科技研发活动的11.4%，研发经费达301亿美元左右。随后，美国在1992年领导建立了“经合组织大科学论坛”，并于1999年改为“全球科学论坛”，支持了欧洲领导的“强子碰撞”，成为全球创新的引领者。2005年，NSF又启动了“国家科学、技术、工程和数学教育数字图书馆计划”，通过“多机构”参与，构建科学、技术、工程和数学“学习环境和资源网络”，力求构建社会化的服务体系。NSF最新发布的《2006—2011年战略规划》说，美国国家科学基金会支持的基础性研究已经激发许多重要的改革，在刺激经济成长改善人们生活和健康的质量方面起到了至关重要的作用，并指出，《2006—2011年战略规划》即是规划出美国在未来几年的研究方向，保证美国在新的科学研究领域的持续的领先地位。

欧盟国家在2000年召开的欧盟委员会会议承诺创立“欧洲地区研究”，通过为研发创造动力并增加开支，以使欧盟成为世界是最具知识经济竞争力和活力的地区。2002年，欧盟委员会重申了这一目标并提议，到2020年，提高研发开支，使其占GDP的3%。目前，正在积极协商制定区域内部统一的科学研究与技术开发政策，希望通过整合全欧洲的科研力量，在关键性技术领域继续保持欧洲的技术领先优势，建立起一套适合于推动自主知识创新的知识信息保障制度，从加速体制改革、扩大对外合作、争取社会资源、确立自身优势、强化自主服务的角度，不断完善其社会化的面向国家创新发展的知识信息服务体系。

纵观国外的研究与实践成果，其共同特征是将知识服务体系与创新型国家建设紧密结合，从各国的实际情况出发，探索适应本国当前经济发展需要的知识服务体系作为创新型国家建设的有力保障。同时，将信息服务纳入国家基础设施建设的范畴，而知识服务作为信息服务的更深层次，则在国家创新发展中起着关键作用。

创新型国家建设需要有扎实的理论基础作用指寻，更需要在信息技术发展的过程中，借鉴国外成功的理论与实践研究成果，并在自身已有成果的基础上结合本国国情继续深入，而在此过程中，知识服务是重要的枢纽，能够为国家创新提供必需的知识资源。在面向创新型国家的知识服务发展中，中国科技信息研究所致力于国家工程技术图书馆的创新服务工作，在支撑国家创新体系建设过程中迈出了新的步伐，充分体现了创新知识服务模式在创新型国家建设中取得的新进展。

3 当前知识服务面临的主要问题

国家信息化建设的步伐不断加快，使得知识服务呈现诸多新的变化是必然趋势。知识服务需求自身具有一定的优越性，但传统体制下其模式仍然具有许多不足之处，给知识服务的发展带来严峻挑战。

3.1 服务机构规模普遍较小，缺乏具备国际竞争力的品牌企业

根据国家统计局对全国经济和基本单位进行的第一次经济普查结果，我国信息服务业发展现状是：资产在50万元以下的法人单位有16.5万个，占到单位总数的84.6%。法人单位从来人员在50人以下的达到18.4万个，占到了单位总数的94.4%。经营收入在50万元以下的达到14.4万个，占到单位总数的73.9%。如此小的资金投入、人员投入和经营规模很难参加国际竞争，特别是在大力发展信息产业的今天，更显得我国信息服务业单位规模的偏小和竞争力的薄弱。此外，各信息机构的发展大多以自我为中心，由于资金、技术及人才等各方面条件的限制，服务机构的规模大都以小型公司为主，除各类型图书馆、科研机构等具有服务实体存在的服务机构之外，其他类型的机构大都以网络服务为主，造成服务能力有限、交流与合作较少的局面。

品牌意识随着信息化社会化的不断发展逐渐被人们所重视。各类型的企事

业单位都将建立自己的品牌服务作为提高自身竞争能力的有效手段。拥有了自己的品牌，就意味着拥有了极高的知识度、较高的声誉、市场领先性及持续的利润增长。但就现阶段知识服务的发展情况看来，主要存在的问题是建设品牌的意识强烈，但后劲不足，决心较大，但资金、技术、人才资源等因素的制约下建立品牌的硬性条件不足，使得知识服务的发展缺乏具有国际竞争力的服务品牌。

3.2 区域间、城市间的交流与合作发展仍然不足

在我国31个省市的信息服务业单位中，北京、上海、广东、江苏、浙江五省市单位的总和已占全国总数的56.2%，而西部地区的宁夏、青海、西藏、贵州、甘肃共有信息服务业单位3930个，只占总数的2%，信息服务业在我国的区域发展极不平衡。此外，各类型知识服务机构之间的交流与合作，也同样呈现出发展不平衡的态势。再加上目前，我国各省市、地区的知识服务刚刚处于整合调整阶段，其各方面的发展还不成熟。由于地域间的行政划分、部门垄断和地方保护主义，以及信息市场的不完善，导致了知识服务业的发展多数处于封闭状态下的自我生产、自我服务情形，缺乏行业内的社会化分工协作以及良性竞争的和谐发展环境，使得知识服务的整体优势难以发挥，这也导致了知识资源的重复建设与资源闲置、知识资源的有效供给不足同时存在。

对于全国各地的知识服务主管部门而言，面对创新型国家建设的要求及知识服务业国际竞争及结构调整的新形势，急需制定适应现阶段知识服务发展特征的新型保障制度，通过地区间的合作与交流，合理分工、优势互补，形成区域间的共同发展和整体进步。

3.3 公共服务平台建设不完善

现阶段，随着网络技术的不断发展，公共服务平台建设也越来越得到人们的重视。上海市科委推出的2009年度“创新行动计划”研发公共服务平台建设项目指南中提到，到2011年，建设面向需求、公共服务能力需强化的专业技术服务平台，探索资源整合模式和机制，完善设计、研发、检测、中试、制造等专业技术服务链，并拓展平台社会化服务网络，完善平台的运行服务支撑、服务管理统计和大型科学仪器设备协作共用网，提高平台服务的有效性和针对性。但在公共服务平台不断发展的同时，其发展仍存在一些问题：

首先，我国公共服务平台的建设滞后且缺乏统一的标准。由于我国目前公共服务平台处于正在建设发展的过程中，各政府部门各自为政、分散建设，还没有统一的规划与标准。在目前网络环境下，网络成为信息交流与获取的主要途径，因此制定统一的公共服务平台标准、规范及接口，就显得尤为重要。

其次，我国公共服务平台的建设发展不平衡。据调查，我国经济发展较快的沿海城市对于公共服务平台的重视和建设程度远高于经济欠发达的内地。而西部要区的公共服务平台建设尚在规划当中。

3.4 知识资源管理方式落后且专业人才不足

现阶段，我国知识服务机构对于知识资源管理的方式还较为落后，大多都是用有限的人力资源收集管理有限的知识资源，知识获取的费用较高，严重制约了用户资源的进一步扩展。如：万方数据、中国知网、龙源期刊网。除此之外，高素质的专业知识服务人员数量也相对较少。其中，公益性质的知识服务机构人才缺乏现象较为严重，主要表现在：一方面，就高校图书馆学专业学生来说，大多学生在毕业之后都不愿从事图书馆工作，其中男生比重较大。而真正能安身立命从事图书馆事业的专业人才，又因长年困守专业性较强的岗位无法脱身，无法与读者当面交流，更无法了解当前用户的知识需求和心里愿望，也就无法带动全馆工作人员及时更新技术手段和服务理念，思想意识仍停留在曾经学习过的书本知识上。另一方面，图书馆等公益性服务机构长期以来的人事定位大多用于领导中层干部的家属人员，他们大多没有经过专业的培训就从事机构一线岗位的工作，只有为数不多的人由于工作及自身追求的差异进行专业知识及技术的深造。相对而言，产业性质的知识服务机构人员的素质相对较高，但存在的主要问题是服务人员掌握的技术及专业知识领域单一，且资深专家数量较少，而现代用户所需求的是包含多领域的深层次的知识服务，因此，专业服务人才的缺乏是现阶段我国知识服务发展存在的重要问题。

4 知识服务的转型模式

由上述可知识，传统体制下的知识服务已不能适应创新型国家发展的要求，因此知识服务转型研究势在必行。笔者从发展策略、发展模式、管理体制、服务内容四方向对知识服务的发展目标进行重新定位。

4.1　发展策略从依靠政府和部门转向自主创新

发展策略的变革是现实变革的先导，面对信息化社会的挑战，网络化、数字化信息服务的冲击，创新型国家建设过程中社会环境的变化和发展速度的加快，使知识服务的部门所属的发展策略受到严重冲击。因此，转变观念，顺应时代发展的要求，形成政府主导下的自主创新为基础的新型发展策略，已成为人们的共识。

部门所属的发展策略向政府主导下的自主创新为基础的发展策略的转型，是知识服务业发展的客观规律。发展策略的转变，重在服务，必须将过时的、不符合时代发展趋势的、落后于现状的旧观念更新为对知识服务发展有益的新思想。

新型发展策略主要包括以下几个方面：

1. 政府宏观调控。即形成以国家调控、计划为主线，以社会化投入为基础，将社会效益与经济效益结合，实现信息服务事业宏观投入—产出的合理控制，在社会发展中形成自我发展与完善的运行机制。政府主导下的知识服务具有一定的发展优势：首先，国家在宏观上对知识服务的发展方向、发展规模等进行指导，使知识服务的发展避免走弯路。此外，政府从较高的角度和全局出发，对信息机构的发展做出指导，这就有利于各信息机构之间的相互协调，在避免重复建设基础设施及知识资源的同时，形成各信息机构的和谐发展。

2. 自主创新意识。创新是一切事物发展的不竭动力，也是一个民族的灵魂，更是一个国家兴旺发达的内在因素。对于知识服务来说，其本身就是顺应时代发展潮流的产物，但并不能因此就满足于发展现状而停滞不前。自主创新，就要求知识服务在原有的基础上，并以时代发展及社会的需求为前提，不断的拓展知识服务的相关内容，并与全球最新的研究成果及信息技术相结合，开拓知识服务发展的新局面。

3. 服务意识。服务意识不仅仅是意识方向的问题，更重要的是服务的本质和内涵，即服务内容、服务手段、服务态度、服务心理、服务深度等诸多方面。在创新型国家的建设过程中，对知识服务的服务水平提出更高要求，只有“以用户为中心”，才能从根本上以用户的角度出发，满足用户的知识服务需求。

知识服务的发展是以科学技术及网络技术的发展为依托，综合运用各种专业技能为其他类型行业提供服务，因此，各行业对知识服务的依赖程度随着信息化社会的不断发展而不断增强，其社会地位也越来越重要。只有制定适应时代发展要求的发展策略指导其向着国家需求的方向发展，才能具有广阔的发展前景。

4.2　发展模式从各自为政转向共建共享

科学技术和网络技术的不断发展，使得不同国家、不同地域的信息服务机构通过网络互相连接，形成了信息服务交流的互联网络。这个互联网络最根本的特性就是开放性。开放性的互联网络促进了人们之间、机构之间以及国家之间的信息交流与合作，而在这种发展趋势下，传统的各自为政的发展模式早已成为落后的、阻碍知识服务有效开展的拦路虎，因此，转变发展模式，促进知识信息服务的共知、共建与共享，是时代发展的必然要求。

知识资源的网络化、数字化为知识服务的共建共享创造了条件，因此，构建面向社会的知识服务交流平台，成为信息服务业发展的必然趋势。一个有效的知识服务交流平台，可以连接不同地区、不同行业、不同系统乃至不同国家，用户可以通过技术及网络手段交流经验，传递服务，让有限的资金发挥最大的功效的同时，达到知识服务效益的最大化。

知识资源的共建共享是信息服务机构开展知识服务的重要手段，知识服务交流平台的建设应从以下几方面考虑：

首先，应进行知识资源整合和面向用户的平台建设的合理定位和规划。这是服务平台建设的先决条件。知识资源整合是一个动态的过程，它是将知识资源进行重新整理，摒弃无用的知识，并将服务人员和服务机构的知识有机地整合起来，使之具有较强的柔性、条理性、系统性，必要的时候需要对原有的知识体系进行重构，并以此形成知识服务新的核心知识体系提供给用户。而面向用户的平台建设的合理定位和规划，是服务平台建设重要因素。平台的建设要考虑的因素包括：平台及用户所处地理位置、信息基础设施建设情况、知识资源优势及可能存在的问题等。在目前情况下，知识资源整合和平台建设，一是要在知识服务发展模式从自各为政向共建共享转型发展中实现，二是在网络和信息服务大平台下进行，三是在国家创新发展和信息化前提下进行具体的方向选择，因此，必须对其的发展进行合理规划和定位，以适应创新型国家建设的要求。

其次，将面向用户的知识资源整合与服务平台战略实施纳入信息服务业的创新轨道，从管理上提供实施保障。知识资源整合及服务平台建设是国家创新发展过程中对知识服务提出的新要求，也是新的发展方向。这就要求建立一种新的发展机制，协调各地区、各行业等服务主体之间的关系，而就现在的情况而言，各自为政的发展模式已逐步被打破，知识资源整合及服务平台的建设也已取得一定成果，但要走可持续发展的道路，必须提高服务平台的自主创新能力，此外，还应制定统一的管理体系，为知识资源的整合及服务平台的顺利发展提供保障。

4.3　管理体制从相对封闭转向开放化

改革是知识服务可持续发展的必由之路，知识服务要适应国家创新发展的要求就必须抓住机遇，进行改革。而改革的重点就应放在管理体制的转型方面。

在体制变革中，信息服务机构向着两个方面转变：一方面，并入国家面向全社会的综合性信息机构，实现面向社会的服务；另一方面，进行体制改革，实现市场化信息服务。信息服务机构的改革必然促进知识服务的改革，也就是说，知识服务的管理体制必然朝着整体化、开放化体系转型。

创新型国家建设以来，知识服务面临信息化发展的严峻挑战，在管理体制上应从以下几个方面进行改革：

1. 知识服务的管理理念发生变化，服务基点走向创新。由传统的相对封闭的管理理念转变为信息化环境下的整体化开放化的新型理念，并进而提出提高自主创新能力和走可持续发展的战略思想。理念的变化具体体现在：改变知识服务以创造经济利益为主的观念，信息服务机构提供的知识服务向“用户问题的解决”为其服务宗旨的方向转变；改变发展就是知识服务自我为中心的发展的观念，知识服务从致力于引进先进信息技术提高自身的服务质量、经济效益向知识服务机构的整体质量的提升、信息服务业的全面协调发展转变。这种变化应推动知识服务体制和政策上的一系列调整和改革。

2. 管理范围发生变化，知识服务机构的职能渐趋合理。通过形成政府主导下的自主创新为基础的发展模式和服务机构布局的调整，使知识服务从只对自己所在区域或某一领域的用户提供服务转变到在国家的宏观调控和指导下，开展面向全社会用户的知识服务，从针对用户已提出的需求提供服务转变到以解决用户问题为直接目的，提供系统化服务上来，达到全社会知识服务来的整体化发展。

3. 管理手段不断完善。推进知识服务保障制度改革，将上下级之间、不同行业之间的交流合作相关规定进行规范和简化，采取合理便捷的新型管理手段，为服务机构之间，机构与用户之间的交流与合作的畅通进行提供有效的保障。

4. 服务人员素质发生变化，开展知识服务的能力得到有效提升。建设严格的知识服务人员选录机制，并对在职人员进行再教育，使其具有开展知识服务所要求的专业素质及相关技能，提高用户知识服务的满意度。

4.4 服务内容从面面俱到转向精确化

精确化的知识服务是对知识服务量化基础上的专深服务，其主要特征可以概括为四个字：精、准、细、严。其中，“精”是服务方向要做到精确，抓住用户所提出的问题的关键；“准”要找准解决问题的办法，对真正需求的知识资源进行搜集、整理以及深层次开发，并准确反馈给用户；“细”则做深，做透，做到位；“严”指目标严格。实现服务内容从面面俱到向精确化转型，就从以下几方面着手：首先，系统分析信息机构所拥有的技术设备、服务人员的各方面素质等相关因素。只有对信息机构自身的准确定位，才能使得信息机构能够清晰的认识自身的优势及劣势，制定合理的发展规划。其次，定义不同的用户群。精确化的知识服务首先要解决用户细分问题，即信息服务机构要抓住决定用户真正的服务需求，不同类型的服务，用户对其具有特定的诉求。如科研类的用户要求前沿、及时更新的知识资源；技术类需求的用户则要求信息机构提供相关技术的国内外应用实例等相关服务。最后，就要求信息服务机构转变以往从知识服务所包含内容范围及数量上赢得用户的思维方式，找到真正适合自身发展的用户真正需求的服务内容。

5 结论与展望

5.1 主要结论

在知识经济社会，价值的创造以充分地获取和有效地利用知识信息资源为前提，随着信息技术的不断进步，人们可利用的知识资源将变得越来越多。知识服务作为一种全新的服务理念和服务模式，在知识经济时代日益成为我们工作及学习的重要组成部分。从国内外信息机构开展知识服务的现状来看，国外的研究更注重实践，强调知识服务的指导作用和科学技术的支撑。而国内的研究则以理论为主，但这些研究缺乏实际的指导意义。通过分析笔者认为，信息机构在提供知识服务方面具有很强的优势，而适应时代发展要求的新型知识服务发展模式将更具发展潜力。

本主通过对国家创新理论及知识服务的相关理论观点进行分析，确定了知识服务在创新型国家建设过程中具有重要的地位和作用，通过对目前传统体制下我国知识服务现状的调查与分析，明确了现阶段知识服务存在的问题及面临的挑战，并针对存在问题及挑战，构建了新时期知识服务转型模式，提出开展知识服务转型的对策及建议。

通过研究笔者认为，知识服务是适合国家创新型建设发展要求的一种服务模式，目前，我国知识服务的开展由于受到传统体制的束缚，各信息机构相对封闭地自我发展；受利益等各方面因素的影响知识资源的共享程度不高，尚难满足用户对知识服务的深层次需求，但部分信息机构已认识到开展新型知识服务的潜力，并开始尝试知识服务的转型；新型知识服务模式的发展是创新型国家建设的必然要求，各信息机构就采取有效措施，早日实现发展策略以国家的宏观指导为主提高知识服务的自主创新能力，转变服务模式促进知识资源的共建共享，推进知识服务平台的建设，以适应知识经济发展的要求。

参考文献

[1] 刘传和，陈界．图书馆知识管理理论与实践［M］．北京：海洋出版社，2007：152－155.

[2] 金芳．创新型国家建设：进程、障碍与出路［M］．上海：上海人民出版社，2007：18－19.

[3] 国家统计局普查中心．基普分析之二十二：我国信息服务业的现状、问题与对策研究．［EB/OL］．［2009－3－6］．http：//www. stats. gov. cn/tjfx/ztfx/decjbdwpc/t20030814_ 97724. htm.

[4] 上海研发公共服务平台．上海市科委2009年度“创新行动计划”研发公共服务平台建设项目指南．［EB/OL］［2009－3－8］．http：//www. sgst. cn/xwdt/ptgg/g/200904_ 402386. html.

[5] 胡昌平，邱允生．试论国家创新体系及其制度安排［J］．中国软科学，2000（9）：120－124.

[6] 胡昌平. 面向用户的资源整合与服务平台建设战略 [J]. 中国图书馆学报, 2005 (2): 5-9.

[7] 知识整合. [EB/OL] [2009-3-17] http://wiki.mbalib.com/wiki/%E7%9F%A5%E8%AF%86%E6%95%B4%E5%90%88.

农村文化与经济建设中的图书及网络信息服务浅见*

朱学芳**

摘 要 适合农村特点图书与网络信息服务紧跟时代发展步伐，是培养具有科学文化知识的农民，促进农村经济社会发展的可行有效途径，在农村发展的历史进程中起着越来越重要的推动作用。本文主要论述了农村信息服务的主要方式，即：农村流动图书服务与信息推介服务、农村文化网络信息工程建设、网络环境下农村经济信息服务，期望对提高信息时代农村信息服务水平和农村文化与经济建设水平有参考价值。

关键词 流动图书服务 信息推介服务 网络信息服务 文化与经济建设

1 引言

众所周知，农业生产与自然条件关系密不可分，生产作业现场一般在野外；人员居住也相对分散；农民整体文化素质较低，青壮年离乡打工较多；农村地域广大、距离城市较远，电信、广播电视、互联网络的建设成本高，信息资源缺乏；生活条件如交通住宿也不方便，农村信息服务开展一直受到不少因素的影响。

中国统计年鉴2009的数据显示，2010年我国大陆地区农村人口数量约67415万人，占我国总人口的50.32，构成了我国最大的信息需求群体。中国农村统计年鉴2009的数据显示，农村居民家庭劳动力文化水平为初中及以下的占84.26%，而小学以下文化水平的占31.45%。从这两个数字可以看出，农村居

* 本文系2008年国家社科基金重点项目（08ATQ003）系列研究成果之一。

** 朱学芳，1962年出生，南京大学信息管理系，教授。

民的受教育程度仍处在一个非常低的水平。近年来，农村义务教育已经取得了非常好的效果，但是这仍无法彻底解决广大农村居民劳动力文化水平较低的问题。农村图书馆（或图书室，资料室）是直接为农民服务的农村基层图书信息服务场所。发达国家比较重视农村图书馆工作人员和农村用户的电脑技能培训等问题。随着我国“科教兴国”、“科技兴农”战略的提出，农村图书及网络信息服务事业发展，可以让广大农村居民补充知识、提高文化素质，促进经济社会发展，逐渐引起社会的广泛关注。著名学者黄长著先生指出“随着当代互联网、数字图书馆和其他技术手段及设备的出现，影响尤大，致使文献情报服务的工作性质、工作内容甚至职能本身都发生了很大的变化”。他又指出，作为知识管理和传播的工作人员，在文献信息资源管理、开发利用和传播服务中起着极为重要和独特的作用，这些有力地促进了我国城乡文献图书情报工作的发展，文献资源建设、信息服务以及各相关领域的事业发展。关于我国农村图书馆及信息服务事业的发展，其他研究人员也提出了一些很好的建议对策，如“政府重视和引导，提供充裕的资金支持”、“创新农村图书馆的管理体制，加强科学管理”、“多管齐下提高农村图书馆员素质”、“因地制宜，以当地农民的信息需求为导向，及时做好服务”。对网络环境下新农村图书馆信息服务模式探讨，罗丽华提出新农村图书馆信息服务的模式的发展方向主要5个方面。还有“培育建立信息反馈系统，与农民的信息沟通渠道要畅通，以便及时获取农民的需求信息和调整自身存在的问题”，“根据农闲、农忙、农贸市场、农民集会等集散情况及时调整服务策略，在合适的时间、合适的地点为农民服务”。以及“了解少数民族地区农村的知识信息普及情况，对我们在少数民族地区农村有效开展信息服务”。这些都是很有实际意义的思考和建议。

当今网络环境下知识信息需求以电子化与网络化、高效化为特点，信息服务手段向光电化、自动化、高效化、精密化发展。特别是，农村现代信息技术应用的快速发展，党员干部现代远程教育工程的深入推广，建设了一大批远程教育终端接收站点，农村信息服务站建设工作的推进为农民上网提供了终端设备与场所；另外，配合远程教育工程的推进和农村信息服务站的建设，电信运营商为这些地区提供了资费优惠政策，客观上能够推动当地的互联网使用。农村文化发展与经济活动的信息需求促使人们依托先进技术，在加强图书信息服务的同时，发展网络（以远程通讯网络为主）环境下信息服务。

2 流动图书服务与信息推介服务

进入新世纪，农村文化建设受到了更广泛的重视。2002 年 12 月，“送书下乡活动”正式启动。从 2003 年开始，农业部也投资在四川、云南、贵州等 20 个省建设“农民科技书屋”。在党和政府的宏观指导下，各地区相关研究部门和工作人员也积极思考适合本地的农村信息服务提供模式。例如湖州长兴县全面启动公共文化服务网络建设，逐步形成了以县图书馆为总馆、乡镇图书馆为分馆、行政村（社区）图书室为基层网点的文化信息服务三级网络，广大群众就近、方便、快捷享受先进文化建设带来的成果。我们最早见到的农村乡村流动图书车项目，是新疆地区实施的。该地区通过发动海内外热心人士募捐，购置中型客车，改装成为乡村流动图书车。并为每辆车配一名青年志愿者和一名专职司机，五千册左右的图书，还设置车载电视、影碟机等设备。这些流动图书车深入新疆贫困地区，为农村青少年提供免费借阅图书、组织捐赠图书、优惠售书、举办读书讲座、播放音像资料等服务。但是，农家书屋的藏书较少、品种较单一、有些已经陈旧，一些建了农家书屋的村庄常有困惑，村民想看的书，书屋里很难找到，希望图书流动车来到那里，也希望农家书屋和区级图书馆都能参与共享，为农民提供图书共享服务。有条件的地区，可以适当引进自助式图书服务系统。

利用流动书屋和互联网网络等手段进行信息推介服务的方式，具有传播速度快、信息形式多样化、信息质量较高、成本不高、受众广的优势。可以视频，声音，图像和文本等多媒体方式进行生动的信息服务。在进行信息推介服务时，要根据村民对信息获取的渠道和地点偏好，将推广信息内容、途径进行细分，这相对于“一刀切”式的推介方式更具针对性，也能更有针对性地收集到不同层次村民的反馈信息，以提高信息服务效果。

3 农村文化信息化服务工程建设

在党和政府的关怀下，改革开放 30 多年来农村图书馆事业及信息服务得到了很大发展，特别是近年来，为农村发展建设的信息服务互联网络工程、远程文化教育工程、农村文化信息化村级服务点建设工程层出不穷，可以说，这些工程的都是以达到“村村有农村文化信息化服务点”为目标的。例如，湖南长沙市文化信息资源与远程教育共建共享工程，充分利用覆盖城乡的远程教育网络平台，整合各类文化信息资源，将优秀的文化信息资源节目输送到农村；大连市开发区财政部门大力推进农村文化信息资源共享工程建设，投资1000万元，确保2万台有线电视机顶盒进村入户，让农民群众实现了免费享受文化信息资源；山西省在“文化信息资源共享工程”中与山西移动合作，依托山西移动在全省搭建的农村网络文化和地面宽带，共建农村文化信息资源网络服务站点，其中大同市西坪镇按照总体部署，结合自身实际，依靠互联网信息平台，建设了一批有特色、讲实用、真惠农的信息服务工作站。

“网络环境和信息环境的改变给文献信息工作者提出了许多新的课题和新的挑战”。由于广播，电视和互联网在农村的普及发展，农村图书馆的职能正在发生变化，信息渠道的日益广泛使农民的图书馆意识淡薄，多元文化严重冲击着农村图书馆事业。

我们关于“农村的信息获取渠道”（选取口头交流；会议、公告；广播、电视、报刊；固定电话、手机；互联网五种方式）的调查数据显示：“广播、电视”是绝大部分村民获取信息的常用途径，占所有调查对象的87.6%；按照年龄结构来看，年龄越大，通过“口头交流”获取信息的所占比越大，年龄在19—25岁之间的村民通过互联网获取信息的比例最高，为38.7%；按照文化程度来看，文化程度越高，通过“互联网”获取信息的比例越高。不可否认，在进一步加强农村图书信息服务、图书馆事业建设的同时，要大力发展网络环境下数字信息服务。“信息载体形式和信息来源的多元化，也正在改变着公众的阅读习惯”，依托现代信息技术开发的一些新型数字信息播放方式，如低耗能、便携带的多媒体器件，能实现兼有视听效果的显示播放，可以实时获取影视节目、财经新闻和广告等信息。

4 网络环境下农村经济信息服务

互联网逐步向女性群体、低学历群体的渗透，中国的广大农村也将成为未来互联网产业最具潜力的市场。笔者将网络环境下农村信息服务分为接受信息服务和自主信息服务两种方式，目前农村现代信息技术应用基础设施相对城市依然薄弱，主要呈现接受信息服务状态，因此提高农民现代信息技术应用水平，开展网络环境下农村信息服务并逐步增加农村自主信息服务是促进农村社会全面发展的比较重要的、很有前景的途径。

“农民要致富，信息来开路”，让农村用好经济信息是农村信息服务的重点。增加互联网上信息发布与交流，是促进农产品流动和农业生产发展，拓宽农民增收的渠道之一。例如，许多农村地区都有其地方特产，但由于信息闭塞，他们的特产很难为其他人所知晓。通过农村信息服务系统带动农民自主开展信息服务，汇集特产信息，可方便买方用户对相应的产品市场信息检索和浏览，使提供信息的用户（卖方）获得经济利益，从而可以促进信息的交流和农村经济的发展。这样，既可以在扩展信息服务的基础上扩大当地农村的资金来源，也可以有力打击农产品市场上的各种假冒伪劣产品，使买卖双方的权益得到保护。

为了进一步发展生产，将当地主要农产品购销信息在网络上进行发布，减少农产品销售的中间环节，使农户不出家门便可进行交易，既节约时间，又节省交易费用，使买卖双方获得直接经济利益。信息服务另一方面是将农作物病虫害等信息，在网站进行发布。农村信息服务部门为了方便农民了解农业生产信息，在信息公告栏里，张贴各种农业信息，在病虫害多发期，还通过广播电视为农民播放防治知识。另外，还要注重失地农民就业信息的采集、发布、公告工作，注意鼓励与积极开展各种农村相关的动态信息服务，如新颁布的政策法规、农村重大活动（如农产品展示会、交易会等）、农村规划与建设成果等，这不仅对农村基层管理与服务人员、农村科技工作者和农民具有重要的价值，也可以让全社会了解我国农村事业的最新发展成就。

5 结束语

农村图书服务工作应紧跟时代发展，将目光转向借鉴现代信息技术的成果，积极探索其他可行的、更能吸引农村居民、高效率的信息服务方式，让农村居民接受，并用来丰富精神生活、提高生活质量以及增加收入，图书和网络信息服务对边远地区和少数民族地区文化建设和经济发展的意义更为突出。今后的信息服务研究中需注意，因为手机可在移动状态下实时地进行获取与自主发送信息服务，农村手机上网可期成为中国互联网快速增长的应用领域。另外，还要注意与其他形式的信息播放媒体结合以及微博的应用，面向农村开展持续的反复的信息宣传服务。

参考文献

[1] 中华人民共和国国家统计局 .2010 年第六次全国人口普查主要数据公报[EB/OL].[2011 -4 -28/2011 -8 -20]. http://www. stats. gov. cn/tjsj/ndsj/2009/indexch. htm.

[2] 中国农村统计年鉴，2009[EB/OL].[2010 -5 -22/2010 -6 -20]. http://www. docin. com/p -56011058. html.

[3] Mengxiong Liu. Rural Libraries and Rural Librarian Training in the US[R]. USA: San Jose State University,[EB/OL].[2010 -06/2010 -10 -18]. http://www. evergreeneducation. org/10confproceeds. php.

[4] 黄长著. 用发展的视角观察发展中的图书馆学情报学［J]. 情报资料工作，2010（1)：6 -10，38.

[5] 黄长著. 在国家的现代化进程中加强信息资源的开发利用［J]. 湘潭大学学报（哲学社会科学版)，2005（5)：36 -40.

[6] 秦丽红，杨烁. 建设农村信息服务模式图书馆的研究［J]. 高校图书馆工作，2008（6)：66 -68.

[7] 陈能华，邹瑜. 农村图书馆建设过程中的城乡图书馆信息资源共享服务初探［J]. 山东图书馆学刊，2009（6)：69 -70.

[8] 刘丽. 浅谈如何发挥农村图书馆的教育功能［J]. 图书馆工作研究，2008（4)：83 -84.

[9] 于良芝，张瑶. 农村信息需求与服务研究：国内外相关文献综述［J]. 图书馆建设，2007（4)：79 -84.

[10] 赵天赐. 李旭辉安徽省农业信息化建设现状及制约因素研究［］农业网络信息，2010（9)：97 -99.

[11] 罗丽华. 网络环境下新农村图书馆信息服务模式探讨［J]. 洛阳理工学院学报（社会科学版)，2009（6)：54 -56.

[12] 刘景莲. 我国农村图书馆发展综述［J]. 网络财富，2009（1)：134.

[13] 周敏. 关注少数民族地区农村公众阅读，全面提高信息服务水平［J]. 农业图书情报学刊，2006（10)：35 -38.

[14] 中国互联网络信息中心(CNNIC). 中国互联网络发展状况统计报告(2009年1月)[EB/OL].[2009 -1/2011 -1 -7]. http://www. cnnic. net. cn/index/

0E/00/11/index. htm，第14页.

[15] [EB/OL]. [2008 - 09 - 04/2010 - 10 - 03]. http://www. huzhou. gov. cn/view_ 1. aspx?fid = 300&gid = 315.

[16] 新疆农村青年有了“流动图书馆”［EB/OL］.［2005 - 5 - 12/2010 - 1 - 23］. http：//www. jmnews. com. cn.

[17] 庄建. 农家读书有三盼［N］. 光明日报，2011 - 9 - 3（1）.

[18] 长沙年内将在全市农村建880个文化信息服务网点［EB/OL］.［2009 - 5 - 15/2011 - 5 - 20］. http：//gov. red net. cn/c/2009/05/15/1761209. htm.

[19] 开发区财政部门大力推进农村文化信息资源共享工程建设［EB/OL］.［2009 - 6 - 22/2011 - 8 - 31］ http：//www. dda. gov. cn/zwgk/inner. vm?cid = 0&diid = 150109.

[20] （大同市）西坪镇农村信息服务站汇报材料[EB/OL]. [2010 - 01 - 13//2010 - 1 - 21]. http://datong. mofcom. gov. cn/aarticle/dongtai/201001/20100106742514. html.

[21] 黄长著. 对学科和事业发展的几点思考［J］. 情报资料工作，2008（6）：5 - 8.

[22] 南京大学信息管理系多媒体信息处理研究所. 现代信息技术在农村的应用现状调查分析报告2011［R］. 2011. 6，14 - 15.

[23] 2008 - 2009中国农村互联网发展调查报告［EB/OL］.［2009 - 1/2010 - 8 - 25］. http：//www. cnnic. net. cn/.

[24] 西坪镇农村信息服务站汇报材料[EB/OL]. [2010 - 01 - 13/2010 - 1 - 21]. http://datong. mofcom. gov. cn/aarticle/dongtai/201001/20100106742514. html.

对军队院校图书馆信息服务创新的探讨

申世海*

摘　要　随着信息技术的飞速发展，院校教育转型和培训对象信息需求的日益增长，军队院校图书馆在建设和服务中遇到了许多新的问题和矛盾。面对新形势和新任务，文章在准确把握军队院校图书馆信息服务的主要特征，客观分析信息服务存在的主要问题的基础上，提出了促进军队院校图书馆信息服务能力和水平进一步提升的主要措施。

关键词　军事院校　信息服务　创新　探讨

1　军队院校图书馆信息服务的主要特征

军队院校图书馆信息服务是指以军队院校用户为中心，以用户信息需求为导向，以解决用户问题为目的，利用图书馆的信息资源和各种设施条件所开展的多种形式的信息提供与传递交流活动。正确认识军队院校图书馆信息服务的主要特征，是科学指导军队院校图书馆信息服务建设与发展的前提。

1.1　信息服务范围的有限性

由于军事活动的特殊性，信息服务范围的有限性，主要体现在军校图书馆信息服务共享的空间范围是有限的。由于军事信息资源具有一定的保密性，军队院校主要是通过传统方式或者军内信息网络，实现信息资源的互通共用。这种共享是建立在“排他”基础上的，既要可靠地保障内部授权用户对信息资源的充分利用，又要坚决剥夺非授权方利用信息资源的权力。由此，决定了军队院校图书馆信息服务的范围是有限的。正确认识并把握这一特征，对确保军队

*　申世海，炮兵指挥学院训练部图书馆，馆长、副研究馆员。

院校图书馆信息服务的安全及长远发展具有重要意义。

1.2 信息服务需求的多样性

随着军校教育的逐步转型，军事人才的培养模式发生了很大变化，军事人才学历教育主要依托国民教育培养，多数军校主要承担岗前教育和任职培训。信息服务需求的多样性，主要体现在军队院校图书馆必须围绕用户多样化的信息需求提供多层面、多类型的服务。既要为院校教学科研服务，又要为部队教育训练服务；既要为培养各级各类指挥人才服务，又要为培养各种专业技术人才服务；既要为学历教育对象服务，又要为任职教育对象服务。既要提供纸质和网络文献资源服务，又要提供深层次的信息和知识服务。理性认识并把握这一特征，对提高军队院校图书馆信息服务的针对性具有重要意义。

1.3 信息服务内容的特色性

军校是培养新型高素质军事人才的重要场所，其信息服务需求的军事特色十分鲜明。信息服务需求的特色性，主要体现在军队院校图书馆信息服务具有鲜明的军事性。从服务对象看，主要为军队院校教学科研人员和学员提供信息服务；从信息内容看，信息服务产品涵盖了军事学全部学科门类及其相关学科；从资源类型看，军事文献特别是军队内部原生文献是信息服务中最具特色的资源；从服务手段看，军队院校统一开发使用的信息管理与服务平台是一个具有我军特色的信息服务系统。科学认识并把握这一特征，对明确军队院校图书馆信息服务建设的重点具有重要意义。

2 军队院校图书馆信息服务存在的主要问题

随着信息技术的发展、军队院校的教育转型，军队院校图书馆信息服务与之不相适应的矛盾日益突出，目前有许多问题亟待解决。

2.1 信息服务开发的深度和广度不够

近年来，不少军队院校图书馆针对用户信息需求，采取灵活多样的方式，为读者提供各种信息服务，取得了较好的服务效果。但从目前的实际情况看，大多数图书馆的信息服务还处在浅层文献信息开发上。开展较多的是编制二次文献，提供剪报服务、信息资料代查、复印等方面。而对读者急需的有关科研课题的状况等比较深的信息提供的不够，特别是特色文献资源和军事前沿的文献数量不足，来源渠道不畅，原生文献数字化建设还不够深入，课题跟踪、信息推送等融入式服务等刚刚起步，应用性、操作性比较强，能够解决部队建设和发展中各种现实问题的信息不多，不能较好地满足院校转型的需要。随着军队院校图书馆信息服务从为院校教学科研服务逐步扩大到为领导机关决策咨询服务，以及为部队教育训练服务的不断深入，军队院校图书馆信息服务必将影响面更大，影响力更强，生存发展空间更广。但必须看到，信息服务面临的任务更多了，责任更重了，触角更广了，难度更大了。

2.2 与实际需求有脱节，针对性不够强

第十五次全军院校会议以来，全军院校按照学历教育规模化、任职教育集约化的要求，走上了以任职教育为主的变革之路。任职教育是以提高广大官兵的岗位任职能力为目的而实施的教育，其教育方式更具灵活性，教育目的更具针对性，教育内容更具实效性，必须贴近军队现代化建设实际，贴近岗位任职实际。从近几年我军院校教育转型的实践看，由于培训任务和培训对象的改变，院校读者的信息需求发生了很大变化。受岗位任职需求牵引和任职能力培养要求的影响，任职教育院校读者对实用性、动态性、专业性文献信息需求强烈，而信息网络工作起步又比较晚，文献信息共建共享的步伐也不是很快，这已引起了总部机关和图书馆同仁们的共同关注。但从另一方面看，近年来在军队院校图书馆信息服务中又存在着急功近利、贪多求快的情况。不是针对用户的信息需求，而是盲目地上项目，自建或引进的数据库，一般是自用的数据库多，通用的少，共享程度比较低，二次信息数据库多，全文、事实、多媒体等一次信息数据库少；建库的重复率较高，而标准程度不高，这在很大程度上造成了一定的资金和人才的浪费。同时，图书馆网络信息的宣传导航不够明确，有些信息在图书馆的网页上检索不到，或者检索到的相关信息针对性不强，直接影响了图书馆信息服务质量和水平的提高。

2.3 标准化程度低，不利于资源共享

军队院校图书馆信息服务的方向是网络化和资源共享化。要改变图书馆只为自己的用户服务的状况，不断扩大服务范围，向全军院校提供服务。但满意的服务要靠标准化的文献信息来保证。要达到资源共享，首先要求各馆对文献

信息加工、组织上格式统一，标准相同。但从实际情况看，尽管军校图书馆在建立书目数据库方面做得比较好，可是在建立其他数据库方面（包括本院校的一些特色数据库、专题数据库、引进的部分数据库等），由于知识素质和经验等问题，对这些文献信息的加工处理各馆又不同，各有各的标准，还没有形成规模化的制度规定。军事信息资源的数据更新不够及时，印刷型文献资源通过军队院校图书馆联合书目中心实现了一定程度的共知，但没有与之配套的文献传递系统及共享政策措施，印刷型文献的共建共享也没有落到实处。军事训练信息网络不够畅通，联合参考咨询服务系统基本上没有建立起来，等等。这对今后实行文献资源共享是极为不利的。

3 军队院校图书馆信息服务创新的主要对策

军队院校图书馆信息服务的创新，应以科学发展观为指导，始终坚持“用户至上、读者第一”的宗旨，在建设中求发展，在发展中求创新。确立全新的服务理念，完善信息服务基础条件，改进信息服务方式和手段，实现军队院校图书馆信息服务的全面、协调和可持续发展。

3.1 确立全新的信息服务理念

理念是行动的先导，只有先进的信息服务理念，才能正确地指导信息服务的实践。因此，确立全新的信息服务理念，是军队院校图书馆培养新型高素质军事人才的需要，是适应军队院校转型的需要，也是图书馆自身发展的内在要求。

3.1.1 崇尚服务的理念

崇尚服务的理念是以服务为最高宗旨的理念，其核心是把服务作为图书馆建设发展的第一要义。图书馆的社会价值是从满足用户需求中体现出来的，追求卓越服务，最大限度地彰显图书馆服务的核心价值，是全军院校图书馆人肩负的光荣职责和历史使命。图书馆服务是图书馆一切工作的出发点和归宿。离开了服务，图书馆事业就失去了存在的价值。随着科学技术的发展，军队院校教育转型，服务的内容和手段会随之变化，但图书馆服务的宗旨是不会改变的。图书馆员的能力素质要通过服务来考察。图书馆能否为用户提供满意的服务，主要取决于馆员是否具有高素质。因此，要把具有全心全意为军队建设服务思想的、具有良好职业道德的、具备高素质的优秀人员配备到服务一线，努力营造“服务光荣、服务高尚”的氛围，大力倡导崇尚服务的理念，不断进行服务创新，使信息服务不断满足用户日益增长的信息需求，这是军队院校图书馆员的永恒追求与神圣职责。

3.1.2 个性服务的理念

个性服务的理念是为每个用户提供特定服务的理念，其核心是以人为本，根据用户的不同需求，因人而宜地提供有针对性的信息服务。随着军队建设的发展和军队院校改革的深入，军队用户对信息的需求呈现出明显的多样性，并随着的形势的发展变化而变化。由于每个人的任职岗位不同，对信息需求也是千差万别的。图书馆的信息服务应千方百计地以用户需求为牵引，通过对用户的个性、习惯、偏好、特点的分析研究，采用不同的服务方式，提供不同的信息产品，实现信息服务的个性化。具有个性化的信息服务，才能真正满足用户的个性化需求，才是高层次、高效率、受用户欢迎的服务，才能提高图书馆信息服务的质量和信息资源使用的效益。

3.2 完善信息服务基础条件

信息服务的基础条件是开展信息服务的重要物质保障，是军队院校图书馆信息服务的重要组成部分。创新军队院校图书馆的信息服务，首先要完善信息服务的基础条件。

3.2.1 构建知识服务系统

根据用户对信息资源的特定需求，按照学科建设的要求，以应用技术为支撑，以设备设施为基础，将纸质资源和数字资源加以整合，构建一个具有特色鲜明、虚实互补、开放共享、动态发展的文献资源体系和高效实用、方便快捷、安全可靠的知识服务体系。特色鲜明。坚持以军事及其相关学科资源采集为重点，加大采集总部机关、各军（兵）种未公开发行的灰色文献的力度；加强对各单位原生资源挖掘、收集、加工的力度。力争用最短的时间，将所有纸质资源加以规范地数字化加工，并以科学的技术手段将特色数据库资源嵌入知识服务系统，增强信息资源的特色性。虚实互补。各图书馆均应按院校的学科专业布局，采取网络下载、虚拟链接、镜像引进等方式获取虚拟馆藏资源，通过重组整合，构建一个布局合理、虚实互补的文献资源体系。便捷高效。充分发挥网络的优势，开展网上借阅、咨询、情报等服务，减少用户的在馆时间和来馆频率；将传统的“信息集散地”变为新型的网络“免费信息超市”，使其真正成为一站式的“信息共享空间”；加强知识的组织和导航，创新多样化的检索手段与方法。安全可靠。通过身份认证系统，区分不同用户权限；根据信息资源的不同密级，确定用户使用范围，确保信息资源不发生泄密事件。采用构筑防火墙、安装杀毒软件、建立备份和容灾机制等防范措施。实时追踪国内外网络安全技术的最新发展动态，不断更新网络安全技术，确保网络和信息资源的安全。

3.2.2 加大信息技术推广应用力度

做好信息技术的推广应用，是军队院校图书馆信息技术创新、信息服务创新，军队院校图书馆整体发展的条件。要建立军队统一的信息技术应用标准规范，在统一的信息技术应用标准规范内，鼓励院校图书馆大胆采用新技术、新产品、新理念运用到信息服务领域，及时跟踪信息技术发展前沿，广泛开展军内、军地信息技术的研发、合作，充分调动院校图书馆创新服务的积极性，推动院校图书馆信息技术应用的进步。

3.2.3 创建人文服务环境

首先，按照现代图书馆的设计理念，建设或改造成馆貌新颖、宽敞明亮、布局合理、藏阅合一的图书馆馆舍；根据功能需求，构建设备齐全、功能完备、标识显明、整齐有序、绿色生态、舒适静雅的阅读和工作环境。其次，按照“以人为本”的服务理念，营造浓郁军营文化的良好氛围。突出军事内涵，悬挂军事名言警句、民族英雄和军事家肖像，激励读者刻苦攻读、报效祖国。在环境布置上，注重舒适和谐的人文特色，布置题词字画，摆放花卉盆景，提供交流互动空间。让读者步入图书馆犹如步入军事科学殿堂，在知识海洋中陶冶情操、净化心灵。

3.3 改进信息服务方式手段

改进信息服务方式手段，是图书馆提升信息服务能力的重要举措。在继承已有的服务方式手段的基础上，要进一步拓展思路，开展全新理念指导下的服务实践活动。

3.3.1 构建有效的“三个服务”机制

构建有效的“三个服务”机制，是军队院校图书馆适应信息化条件下创新服务、不断延伸服务领域，提高自身建设水平，发挥自身优势满足院校培养军事人才、领导机关决策、部队训练的需求，是信息化条件下军队院校图书馆创新发展的必然要求。构建有效的“三个服务”机制，首先是要建立服务制度；

其次要制定实施细则。更主要的一是要深入教研，扩展服务规模。针对军队院校图书馆信息服务呈现多样化、时效化和个性化的特点，信息服务规模要由传统图书馆小范围向现代图书馆大环境扩展。实现由文献借阅、网络检索、编印信息产品等单一服务方式，向基于用户决策、资源整合、联合互动、服务集成等综合服务方式的转变，不断强化图书馆作为院校现代化教学的支柱作用。二是要及时跟踪国际国内的形势发展和军队建设的实际需求，为总部机关决策，提供有效的咨询信息。三是要向部队教育训练服务拓展。军队院校图书馆要整合数字图书馆信息资源，建立适合部队官兵教育训练需要的资源专题库，主动为部队提供信息服务。

3.3.2 倡导以人为本的服务机制

以人为本是以用户为中心，围绕用户需求开展服务的基本准则。要坚持“用户至上”，主动地把信息服务作为图书馆建设和工作的出发点和落脚点。在开展借阅服务、多媒体服务、参考咨询服务、文献检索服务、导读服务、情报服务、学科导航服务、个性化定制、以及定题服务、查新服务、文献传递服务等服务方式基础上，综合运用各种信息服务方式和手段，倡导主动融入服务。

3.3.3 建立联建共享服务机制

联建共享是以发挥图书馆的整体优势为导向，开展信息服务工作应遵循的基本准则。各图书馆信息服务要纳入到统一的信息服务体系中，走联合建设和共同享有的道路。各图书馆应将自己视为全军院校图书馆体系中的一部分，摆脱自给自足的状态，从全军院校图书馆体系中获取支持，并将自己的特色服务提供给其他图书馆分享。惟有如此，才能逐步实现“全军院校一个馆”的目标。

参考文献

[1] 国防大学训练部. 军队院校图书馆信息服务研究. 2009-12.
[2] 总后司令部军训局. 军队院校图书馆文献资源体系建设研究. 2009-12.
[3] 第二炮兵司令部军训部. 信息化条件下军队院校图书馆改革与发展研究. 2009-12.

高校“大屏幕电视墙”的教育功能开发
——以东北师范大学人文学院图书馆为例

关　鑫*

摘　要　本文就“大屏幕电视墙”的教育功能开发问题提出了基本设想。论述了“大屏幕电视墙”所具有的开放性、趣味性、集成性三大教育优势；提出了教育内容选择应遵循的“知识性与趣味性结合、专业性与普及性兼顾、系统性与专题性互补以及单一性向综合性扩展”四项基本原则；强调了教育活动组织与管理的三个主要方面，重点阐述了教育课件开发、制作的四个步骤和教育过程管理的五点要求，对于推进普通高等教育大众化进程有一定的积极意义。

关键词　大屏幕电视墙　多屏拼接立方体　大屏幕可视立方体　教育功能

随着液晶拼接墙在建筑方面的广泛应用，通过影象和有声进行宣传和教育的大屏幕电视墙越来越多的在各类建筑中出现。其中，在高校建筑上采用电视墙为建筑特色的高校也越来越多。液晶拼接墙在建筑上的设计可分为平面大屏幕电视墙与空间感很强的多屏拼接的立方体两种风格。本文以多屏拼接的立方体，以下简称“大屏幕可视立方体”为例，拟就其在高校中的教育功能开发这一问题谈点想法。

1　“大屏幕可视立方体”的教育优势

笔者所在学校的一个建筑特点，是在临街的大门上方有一个四面大屏幕的立方体。该立方体播放的节目百米以外也清晰可见，这就是本文要讨论的“大屏幕可视立方体”，本文拟就其教育功能开发问题谈一点想法。

* 关鑫，女，1977 年生，东北师范大学人文学院图书馆，馆员。

“大屏幕电视墙”作为教育媒体应用于教育项目，有三个方面的优势：

1.1 开放性

“大屏幕可视立方体”位于学校大门的上方，四个大屏幕向着四个方向，可同时向校内外发布教育信息。传统的大学课堂是封闭的，“外人”是没有资格坐在那里听课的。后来大学向成人开放，允许成人学习大学的知识，但要通过函授教育，以文本为载体传递知识，或利用寒暑假和晚间到大学课堂来听课。但无论是哪种方式，都需要有入学手续，需要交学费。用“可视立方体”实施教育活动，既是开放的，更是免费的，谁都可以听，谁都可以看。大学教育走出“象牙塔”，走进群众，是时代与社会的进步。

1.2 趣味性

“大屏幕可视立方体”独特的立方体设计，使其在播放节目时，通体明亮，即使百米以外也清晰可见，非常吸引人的眼光。其中不仅包括高校师生，也有从这里经过的路人，这表明大家对这样的信息传递方式有兴趣。大屏幕实施教育活动，既没有课堂的呆板严肃，也没有任务压力与心理负担，就和广场、车站等公共场所用大屏幕播报新闻、发布消息、播放体育比赛、播放广告一样。我们用“大屏幕可视立方体”传递知识信息、发挥教育功能，将是一种有探索价值的新的教育实践和教育理念。

1.3 集成性

“大屏幕可视立方体”用于教育项目，从媒体运用上集合了几个方面的优势：一是有课堂教学特点，能看到教师的形象，听到教师的声音，增加亲切感。同时，直观教师的肢体语言，也有利于对教学内容的理解；二是有文本媒体的特点，可以配合讲授出现字幕，也可以配合字幕辅助讲授，通过文字传递信息优势强化听众、观众对重点、难点内容的理解；三是有多媒体的优势，“大屏幕可视立方体”本身就是一个复杂的多媒体，具有多样化、现代化的教育功能，不仅可用于课堂教学的异地呈现，而且可以运用背景材料、特技镜头、场景片段等多种处理办法和教学手段，活化知识展示，丰富教学过程，降低理解、掌握知识的难度；四是可以利用计算机网络优势，以无尽的网上资源作为自己的教学素材资源库，同时借鉴网络课程的长处开发“大屏幕可视立方体”的教育课件。多种教学媒体优势的系统集成，有利于保证教学效果。

由上述，利用“大屏幕可视立方体”构建校内、外共用教育平台，不仅可以密切学校与社会的联系，放大学校为社会服务功效，还可以在扩大学校社会影响的同时，拓宽高等教育大众化的新途径。

2 “大屏幕可视立方体”的教育内容选择

要发挥“大屏幕可视立方体”的教育功能，重中之重是教育内容选择。在“狭义”的语境下，对“大屏幕可视立方体”的教学与宣传的内容要求既有相同之处，也有不同之处。其相同之处在于内容的开放性、灵活性与趣味性，力避专业的深奥、体系的完整与表达的枯燥；而其不同之处在于内容信息不应是发散的、新闻的、流水的，而应注重知识含量、方法指导和回味空间，突出以下四项基本原则：

2.1 知识性与趣味性结合

作为教育项目，首先要有知识含量，这既是高等教育项目的基本要求，也是高等学校的固有优势。“大屏幕可视立方体”教育是一种“无外在约束”教育，吸引观众和听众的只能靠内因，即个体对所播放内容的兴趣。因此，教学内容的趣味性，是教学内容选择的第一个原则。教学内容的趣味性即吸引力，可通过多个方面来实现，首先是内容本身生动有趣，如历史类、文学类内容，可寓知识于故事情节中去传播，人们在欣赏故事的同时增长知识、陶冶情操；其次是有趣的表述，充分发挥“大屏幕可视立方体”的展示特性，用群众喜闻乐见的表达方式承载教学内容，引导观众从形式到内容。

2.2 专业性与普及性兼顾

“大屏幕可视立方体”的教育目标是科学的普及，故专业性与普及性兼顾也是应遵循的基本原则，具体通过三条途径来体现：一是教学内容应在大学专业知识领域中选取，服务对象是校内大学生和校外具有中等教育水平的公民，教学目标是提高国民的科学文化素养；二是具体内容选择突出基础性、大众化，可与听众的认知基础对接，消除心理障碍，激发情感共鸣；三是表达上通俗易懂，尽量把专业词汇转换成大众语言，使人听之入耳，思之解意，记之有用。

2.3 系统性与专题性互补

一般情况下，一门大学课程要开设一个学期以上，体现“学问”的厚重，这就是知识的系统性。专题性的特点是不要这样的“马拉松”，可以是一天、半天，也可能是一个、两个小时，内容含量不一，时间弹性也较大。“大屏幕可视立方体”的听众没有确切的时间保证，太系统无法坚持，都是专题又显浅薄，因此，可采取系统与专题互补的解决办法，具体通过两条途径体现：一是与社会现实相关的热点问题，经济的、政治的、环境的等，可采取专题讲座办法，视具体内容的含量可长可短，但要有头有尾，让听众有一个概括但全面的了解；二是对有厚重含量的历史过程、文学鉴赏、法律普及等，可通过分解系统内容形成专题，实现专题独立性与整体连贯性的统一。

2.4 单一性向综合性扩展

自古以来，知识的发展就是向着两个方向：一是从实践活动中分离出知识，再提炼、升华为理论，走向认知上的“单一”；二是整合相关理论形成应用型知识去指导社会活动，回归实践上的“综合”，再成为实践与理论创新的新源泉。“大屏幕可视立方体”所做的是第二个方向上的工作，即把理论型知识活化为人们的思想认识并用来指导社会实践。因此，知识的主讲人，要努力还原“单一”专业知识的产生背景，并善于挖掘与其它相关知识的联系，增长受教育者认识和处理具体问题的有效方法。这有利于激发听、观众已有的实践经验与知识储备，收到事半功倍的教育功效。

3 “大屏幕可视立方体”教育活动的组织与管理

实施“大屏幕可视立方体”教育活动，需要复杂的前期准备，也需要必要的过程管理，具体化为以下三个方面：

3.1 设立联合组织管理机构

作为一种业余教育形式，学校不可能设专门机构，配备专职人员。而且，这项看似简单的工作，并不是某一个部门所能做好的，需要学校的教务管理部门、宣传部门、电化教育部门、图书馆以及相关院系的教师合作完成。因此，要使这项工作能长期进行，需要有一个“联合项目组”具体承担此项工作。从我校情况看，建议“联合项目组”由主管教学的副院长总负责，由教务处指派领导具体负责，其它相关部门按需要派业务骨干参加。“联合项目”可根据工作的需要分成计划设计、课件开发制作、教学组织管理等几个工作小组，负责落实各方面的具体工作。

3.2　切实搞好教育课件的开发制作

教育课件的开发与制作，是实施本教育项目的核心工作，是教育活动成功或失败的关键所在，建议通过以下四个步骤把所需的教育资源开发建设好。

第一步：确定教学内容。“联合项目组”依托教务处和各院系的教学计划，以学期为单位，把本教育项目确定的整体目标分解为若干教育专题，之后确定每个专题的主题与教学要点，作为选聘教师和制作教学课件的基本依据。在选择具体内容时，除了要统筹兼顾上述内容选择的“四项基本原则”，还应注意简单易懂，既方便讲解人进行讲解，同时也方便观看者理解。

第二步，选聘主讲教师。根据教育课件的内容和形式，“联合项目组”在校内选出适当的人选，作为课件的讲解或解说人。根据不同教育课件的宣传形式不同，有的课件需要人物影像来讲解，有的需要人物声音来解说。对于需要人物影像来讲解的教育课件，讲解人物的选择很重要，需要考虑到：此人在校内的影响力要大；师生熟悉度要高，且风趣幽默，面相亲和，有绝大多数人认同的个人魅力。对于需要声音来解说的教育课件，解说人的声音选择同样重要，需要选择吐字清晰，标准且声音具有亲和力的人。主讲教师确定后，要根据所承担专题的主题与内容要求，在规定时间内提供类似“脚本”的文本材料（讲解报告），明确对基本观点与核心内容的展示方式及配套的解说文字，经“联合项目组”审阅定稿。

第三步，完成课件制作。课件的制作可以针对不同的内容采用不同的表现形式，通常可分为：flash 动画课件、真人影像讲解课件、powpoint 讲解课件、3D 动画课件等。提倡多种教育技术的系统整合与灵活运用，鼓励教育创新。在课件制作过程中，学院的专业技术部门要密切配合，技术人员要在条件允许的情况下，尽力满足主讲教师的合理要求，尽可能实现设计意图。必要时，广电系的师生可参与策划、导演或表演。多个方面的联合行动，需要“联合项目组”加强计划和组织协调。

第四步，组织专家验收。课件完成后，“联合项目组”要组织由专业和教育技术等方面人员组成的专家组，对课件进行验收。听取主讲教师（技术人员）的演示汇报，回答专家组成员的质询，并根据专家组的意见或建议修改完善课件。达到要求后交稿，课件制作过程完成。

3.3 搞好教学过程管理

要使这项活动坚持经常而有效，完备的过程管理是必不可少的，这至少有五个方面的工作要做：

第一，加强工作计划。本教育项目牵涉方面多，运行周期长，社会影响大，计划性至关重要，至少要在以下两个方面加强计划：一是教育项目的整体设想与分解设计要有计划，在完成单项（专题）教育目标的同时，有累积性教育成果，形成新的教育领地；二是资源建设要有计划，提前量要在半年以上，保证有充足的时间完成四个步骤，多出精品。

第二，准时播放课件。要做的“两定”，一是要定时间，包括什么时间播放和播放多长时间，要照顾到校内和校外两个方面的需要。可利用午、晚不同时段重播的办法，这样既可以解决时间冲突问题，还可以为有兴趣的听众提供反复学习的机会；二是要定播放人员，我校目前是由图书馆电子阅览室负责，可以指定一到二人（或一主一从），纳入工作量范畴，参与工作情况考核，保证风雨不误。

第三，保证技术支持。“大屏幕可视立方体”的科技含量较高，需要有一支能“随叫随到”的技术队伍予以保障。这支队伍主要负责两个方面的工作：一是协助教师依据设计要求开发、制作课件；二是搞好播放过程中的技术保障，不只是出现技术问题能及时解决，尽可能做的播放前检查，做到畅通无阻。

第四，加强信息反馈。以上设想能否实现，尚有待实践的检验。因此，对实施教学情况的信息反馈至关重要。要指定专门人员，通过固定和随机等多样化渠道，广泛、及时了解教学反响。技术上的问题迅即解决；课件上的问题在下门课程播放之前解决；教学理念或教育创新等方面的建议要提供给有关部门深入研究。可行的部分可选择适当的课程进行实践探索，推动“大屏幕可视立方体”教育水平的不断提升。

第五，保证教学投入。作为一项具有创新意义的持续教育活动，没有必要的人、财、物力支持是难以持久的。如果想做，就要全员关注、全校支持。尤其在课件开发上，要投入必要的经费，从多个方面调动教师的积极性和创造性。

事实上，这项投入并不浪费，尽管面向社会的教育是开放的，没有经济效益可言，但社会意义重大。而对于校内教育来说，可把这部分课件放入选课库中，供有兴趣的学生选学并获得学分。时间长了，不仅是一笔宝贵的资源财富，而且对于传统大学课堂的改革，也会有积极的借鉴意义与推动作用。

运用“大屏幕可视立方体”进行开放教育，是高等教育大众化的有益尝试，做起来肯定要比上述“纸上谈兵”复杂得多。但复杂到什么程度？是否可行？实践过程中还可能激发哪些新的灵感？还都是未知数。知识期待普及，教育需要创新，发展有赖实践，笔者希望“大屏幕可视立方体”的教育构想能成为现实。

参考文献

[1] 杨建国．校园文化建设中值得注意的几种倾向［J］．北京教育（高教版），2004（4）．

[2] 彭凤飞．民办高校校园文化建设问题探讨［J］．广东培正学院学报，2005（1）．

试论国防大学图书馆的融入式服务

曹子珏*

摘　要　开展融入式服务是国防大学图书馆信息服务的方向。本文概述了融入式服务的内容和必要性，对开展面向学科建设、面向教学科研、面向在校学员的融入式服务的形式进行了探讨，并提出了实施学科化服务的措施。

关键词　图书馆　信息服务　知识服务　融入式服务

图书馆的根本职能是为读者提供文献信息服务。国防大学图书馆作为全军最高学府的图书馆，担负着为本校教研人员和来自全军各部队的学员读者、为总部机关决策咨询和部队教育训练提供信息资源服务保障的职责。随着现代信息技术的飞速发展、学校教学模式转型、教学改革不断深入，特别是读者信息和知识需求的日益增长，对图书馆的信息和知识服务的要求越来越高。图书馆的唯一宗旨是服务，面对新的形势，只有更新观念，积极应对挑战，创新服务方式，开展融入式服务，将信息和知识服务融入学校教学科研、融入机关决策咨询、融入部队教育训练，变被动为主动，由粗放到精细，才能发挥更大的作用。

1　融入式服务的含义和必要性

融入式服务是服务方式问题，更是服务观念问题。要开展融入式服务，必须首先弄清什么是融入式服务、为什么要开展融入式服务？确立新的服务理念，增强融入式服务的自觉性。

---

*　曹子珏，女，1970 年生，国防大学图书馆，副研究馆员。

1.1 融入式服务的含义

融入，1999年版上海辞书出版社出版的《辞海》上有多种解释，有交融、融汇、和睦和和谐等意思。融入式服务，广义上，原是指在商业活动过程中，商家深入到客户或用户中，了解其需求，根据其特点生产、定制产品，并在产品售出后继续跟踪、满足用户需求的全过程服务。

根据国防大学特点，国防大学图书馆融入式服务的含义是将信息服务主动融入到满足读者（即用户）需求全过程，其核心是图书馆为教学科研提供针对性更强、更深入有效的信息和知识服务。它强调的是融入，而不仅是参与；强调的是全过程，而不是阶段；强调的是解决问题，而不仅是提供信息。通过全程融入，自始至终准确了解和把握读者对信息的需求，不间断地提供符合读者要求的信息和知识服务。其本质是主动的、动态的和增值的信息服务，是一种最大化满足读者需求的信息和知识服务。简单地说，就是主动服务、全程服务、专业服务；从而实现我们馆的馆训“在为读者服务中早就自我”。

融入式服务按照科学研究（例如学科、专业、项目）开展工作，而不是按照文献工作流程来组织信息服务的工作。服务方式学科化、服务内容知识化，服务时间全程化，从而提高信息服务对用户需求和用户任务的支持力度。它以用户为中心，将资源采集、加工、重组、开发、利用等工作融于用户每个学科单元或阶段之中，将图书馆职能部门进行整合，使信息服务由粗放型管理转向学科化、集约化管理，以便提供更深入、更精细的服务。

1.2 开展融入式服务的必要性

2003年2月，总参谋部颁发的《中国人民解放军院校图书馆工作条例》明确规定：“图书馆是学校文献信息中心，是为教学和科学研究服务的学术性机构，是院校教育信息化建设的重要基地。”随着教学改革的深入发展，总部机关进一步强调，图书馆、实验室和信息网络并称为院校现代化教学的“三个支柱”。图书馆的地位、作用只有在融入服务的实践中才能得以体现。开展融入式服务，意义重大，需求迫切，主要体现：

一是学校教学科研的迫切需要。近年来，我校积极推进教学模式转型，创新了“教为主导、学为主体”的几种新型教学模式，以学员知识需求为立足点，实现教学内容由“静态”向“动态”的转变。教学模式的不断改变，教学内容的及时更新，教员、学员不断增加对新的信息需求，需要查找大量的信息、参考资料以满足备课、学习、科研的需求。图书馆只有以全新的理念、主动的姿态融入教学科研，了解和满足其信息需求，才能真正发挥作用。

二是培养高素质联合作战指挥人才的迫切需要。国防大学是我国最高军事学府，属于高级任职教育院校，培养学员的类型分为任职教育和学历教育两种。任职教育又称构建主义教育，主要是通过以学员为主体，重新建构任职所需的知识理论；学历教育是支撑学科建设的主体。学员在学习消化理论、班组研讨和撰写论文、咨询报告过程中都要求大量参考资料，迫切要求图书馆开展融入式服务，帮助他们从纷纭复杂、良莠不齐的信息堆里“沙里淘金”、“大海捞针”，以极短的时间、极高的效率获取最需要的文献资料，特别是能解决问题的信息和知识。

三是适应信息技术发展的必然趋势。随着现代信息技术飞速发展，“检索（挖掘）技术”、“云计算”、“网络技术”、“语义网”等新的技术的广泛应用，各种数字资源、网络资源日益丰富，各种信息服务竞争日趋激烈，图书馆只有为读者服务到知识点上，增殖信息效益，立于主动地位，才能适应信息技术的发展，力避“边缘化”的危险。

2 开展融入式服务的可行性

国防大学图书馆开展融入式服务，不是无源之水、无本之木，是以多方面的条件作支撑，不断夯实思想观念、文献资源、设备技术和人才队伍基础。

2.1 树立了融入式服务思想观念

理念是行为的先导，没有一心一意为读者着想、尽心尽力为用户服务的思想观念和工作姿态，即不能融入也搞不好服务。开展融入式服务，必须有先进的信息服务理念指导信息服务的实践。前两年，我们图书馆的同志，在更新服务理念上作过精心的研究和深入的探讨，崇尚服务、精细服务、协调服务、个性化服务的理念已深入人心，服务模式逐步实现了由被动地借还到主动推送、由坐等读者上门到走到读者中间的转变，为开展融入式服务奠定了坚实的思想基础，摸索了实践经验。

2.2 建设了丰富的文献资源

文献资源是图书馆立馆之本、重中之重，也是融入服务的最基本条件。俗话说，巧妇难做无米之炊。只有有了丰富的文献资源包括数字资源，融入服务才能有源取水。我们图书馆传统文献和数字资源，覆盖了军事学各个学科领域，成为国内军事理论科学领域最具权威性的信息资源集合，为开展融入式服务打下了坚实的文献信息资源基础。

2.3　具备了先进设备技术

设备和技术是开展融入式服务的重要条件和依托。经过十多年的建设和发展，图书馆搭建了先进成熟的信息网络系统。

在技术研发和应用方面，突破了数字图书馆应用平台的几大关键技术，解决了异构资源整合问题，通过数据重组、转换和一致化处理，实现了跨地域、跨资源库单一入口统一检索和一站式服务；解决了多元化网络资源自动集成问题，和多维式知识组织与服务问题，实现了知识间的关联，使用户便捷地获得相关知识链；实现了数据的统一存储与管理，解决了数据自动备份、自动监控报警、自动恢复和异地容灾备份等难题，保证了用户的不间断访问。凡此种种，都为融入式服务提供了有力的技术支撑和保障。

2.4　构建了合理的人才队伍

人才队伍是图书馆开展融入式服务的关键所在。融入式服务是人为人的服务，没有高素质的人才，就没有高水平的服务。经过多次改革调整，全馆工作人员的专业结构、年龄结构基本合理；在强有力的思想政治工作和组织工作保证下，全馆同志兢兢业业工作，默默无闻奉献，是一支吃苦耐劳、敢打硬仗、能打胜仗的队伍。有了这样一支队伍，开展融入式服务就具备了人才基础。

3　图书馆开展融入式服务的途径和对策

总部机关制定的《图书馆建设规划》明确规定了图书馆为学校教学科研服务，为领导机关决策咨询服务，为部队教育训练服务“三个服务”的方向和任务。我们开展融入式服务，就是要按照总部机关的要求，把图书馆的信息和知识服务融入到学校的教学科研中，融入到领导机关的决策咨询中，融入到部队的教育训练中，扎扎实实见行动，实实在在出成果。

3.1　融入学科建设

教学科研是学校的中心工作，重点是学科建设。是学校办学水平的标志性建设，是各项工作的聚焦点，也是培养高素质人才的土壤和依托。经过多年研究建设，构建了军内外有重大影响的国家、军队的重点学科。为适应学科建设的需要，图书馆开辟了“学科阅览室”，实现了图书、期刊和网络信息的“一站式”服务，方便了读者；同时，为更好地将图书馆的信息和知识服务融入到学科建设之中，图书馆的很多同志全面了解学习学校学科建设的情况，学习、掌握学科知识，逐步由不懂到弄懂、由外行变内行，以增强服务的针对性、有效性。另一方面，依据2010年颁布的《国防大学教学科研原生文献信息资源管理规定》精神，实行馆员与教研部定点挂钩制度，由馆领导或具有高级技术专业技术职务的馆员带队，组成几个小组，分别与各个教研部挂钩，相对固定，收集原生文献同时，也及时了解各学科建设的信息需求，听取教员的意见，定期或不定期提供有针对性的信息服务。

3.2 融入教学科研的全过程

融入教学科研是按照学校的发展战略，围绕学校的中心任务，对当前军事斗争准备有重大影响的重点教学课目和上级机关赋予的重点研究课题，从部署受领任务、确定教学研究大纲到备课施教、撰写研究报告等各个教学研究环节，实行全程跟踪，针对，选题、研究、结题、评审等不同阶段的不同要求，全程提供有针对性的服务，实现与教学科研活动的紧密结合。如在立项阶段，及时收集该专业研究背景，研究综述，研究进展；在课题开展阶段，围绕科研进展情况提供实验方案、数据分析、军内外、国内外研究进展与动态；在课题收尾阶段，进行比较研究、查新、投稿等服务，及时搜集最新情报信息，针对每一个阶段不同的信息需求，提供鲜活的信息和知识服务。除保障我校教学科研外，要广泛实现信息资源共享，特别是对联教联训，在资源建设、参考咨询、技术保障等方面建立专业联合服务机制，发挥我校的牵头作用。

3.3 融入学员在校学习的全过程

学员对图书馆的依赖程度增强。对于任职教育学员来说，学校推进教学模式改变，各教研部着眼发挥学员主体作用，发展和创新研究式教学，新的教学模式要求学员课前课后查阅准备大量资料，因而导致其对图书馆的利用程度不断增加，文献信息的需要日益增长。在马列教研部的《科学社会主义》教研室进行《思想观念多样化是否有利于核心价值体系建设》一课进行辨析式研讨教学。我们图书馆以此为契机，也首次对学员进行融入式全程信息资料跟踪保障服务，随时为正反方辩手提供信息需求，并参与了教员的课程小结。这种深入到学员中的信息服务，具有很强的针对性，不仅在短期内使新学员提高了信息检索素养，也了解和解决了学员的实际需求。这种既要授人以鱼，向用户主动提供专业性、针对性强的信息产品，满足其信息需求；又要授人以渔，也向用户进行信息素质教育，提高其获取、分析、利用信息的能力。这样，在全程为读者服务过程中，体现出图书馆主动服务的精神，使用户享受到图书馆高水平和高质量的信息服务，这就是图书馆的融入式服务。对于在校的研究生，针对不同阶段的学习内容，特别是在他们撰写课题学习总结、结业咨询建议和学位论文中，适时为他们提供最需要的信息和参考资料。针对我校高级任职教育学员和学历教育学员不同的服务对象，利用学员入学的图书馆介绍、文献检索讲座、到学员队登门辅导等多种形式，进行信息素质教育，使他们了解和掌握信息的检索技能，提高信息获取和利用能力。这种授人以渔，对学员终身继续教育、建构主义学习方式的实现长期受益。

3.4　融入领导机关的决策咨询

在为军委、总部机关和校首长决策咨询方面，我们已经做了不少工作，帮助查找专题资料，提供动态情报信息，多次受到上级机关的来电来信表扬。为领导机关的决策咨询服务，基本上可采取两种形式：被动式和主动式。被动式服务是指领导和机关赋予任务，提出要求，我们以领导机关满意为标准，保质保量地按时完成；主动式服务是通过各种渠道，在与机关各部门领导、工作人员的接触中，了解其当前所关注的重点、热点问题，进行专题信息的收集、加工，主动为机关科学决策提供推送式的信息服务。国防大学图书馆作为全军院校图书馆协作联席会的牵头单位，在图书馆建设和管理问题上，负有为总部机关业务主管部门决策提供咨询的义务。根据形势的发展和全军院校图书馆的实际情况，就图书馆建设发展的规划、计划、设备设施建设、学术理论研究、人员培训、应用技术系统开发等重大问题，主动组织专家研究论证，适时提出咨询建议，提供领导机关决策参考。

3.5　融入部队的教育训练

国防大学作为最高军事学府，有为全军部队教育训练服务的义务，图书馆亦应发挥作用。在这方面，我们已做了不少工作。军事理论科学数字图书馆的部分数字资源，应需安装到一些野战部队和省军区，图书馆编印的《教学研究资料》发放到各单位，普遍受到欢迎。图书馆融入部队教育训练有许多工作可做：一是加强调查研究，根据部队需求提供信息服务。要跟踪国际国内重大事件的发展演变，加强与部队的联系，特别是对重点方向和执行重点任务的部队，编辑印制相关信息综述，及时性提供有针对性的文献信息服务；要增强快速反应能力，密切关注国际风云变幻与国内动态发展，在国际维和、反恐维稳、联合军演、处置突发事件、抢险救灾等非战争军事行动中，以及应对多种安全威胁、完成多样化军事任务方面，跟踪热点，快速反应，能够把信息服务的触角向多方面拓展，将文献信息提供给最需要的部队。二是利用学员的辐射作用，有重点地为部队提供信息支持。我校学员，来自总部机关和全军部队，均为中高级干部，在校学习期间熟悉和利用了我们图书馆的文献信息资源，图书馆可尝试与重点作战方向和担任全训任务部分学员建立联系，对他们回部队后在执行任务中的信息需求给予跟踪保障。

基于以上分析，国防大学图书馆只要做好三种理念（主动服务、全程服务、专业服务），四个基础（思想观念基础、人才队伍基础、文献资源基础、技术设备基础）和五条途径（学科建设、教学科研、学员学习、机关决策、部队训练），就可以开展融入式服务，可以更好地为读者服务，推进图书馆信息服务向新的境界跨越。

参考文献

[1] 丁立平．军队院校图书馆文职人员队伍建设的思考与对策［J］．信息管理，2008，8：24－34．

[2] 国防科学技术大学训练部．军队院校图书馆人才队伍建设研究．全军院校图书馆工作会议交流材料之八，2009（12）．

[3] 徐涛．军队图书馆信息服务模式浅谈［J］．图书馆信息，2010（1）：46－47．

[4] 王新华，王净，王晓燕．关于嵌入式馆员的泛在服务之我见［J］．图书馆信息，2010（1）：56－58．

[5] 梁五妹．关于创新图书馆服务理念的探讨［J］．信息管理，2009（10）：25－

29.
[6] 喻娟. 论网络环境下图书馆的信息推送服务［J］. 信息管理，2007（6）：55－59.
[7] 陈艺. 融入教学科研应用之中的学科化服务［J］. 图书馆管理与资源建设，2007（11）：116－118.
[8] 王春生. 关于任职教育院校文献信息保障工作的几点思考［J］. 海军院校教育，2004（6）：51－53.

试论图书馆的服务层次和服务组合策略

周　军*

摘　要　文章认为图书馆服务包括为其用户提供的图书情报产品及服务项目，图书馆的服务策略是指有关图书馆的服务项目和信息产品策略。根据营销学原理，可以把图书馆服务细分为核心服务、形式服务、期望服务、延伸服务和潜在服务等5个层次进行剖析。任何图书馆提供给目标市场的都不是单一的某一项服务，而是服务组合，即由一定数量的服务项目和产品组成的集合，它包括服务（或产品）类别、服务（或产品）项目。图书馆必须根据自身的营销目标，对服务组合的宽度、长度、深度和相关度进行的最优组合。

关键词　图书馆　营销管理　服务策略　服务层次　服务组合

1　引言

图书馆树立了正确的营销观念，并在对市场调查、研究、分析的基础上，结合自身的条件和优势选择目标市场，进行市场定位之后，还要根据目标市场的需求和各种有关环境因素，制定出相应的服务、定价、分销和促销等营销策略，以便通过对目标用户群提供更好的服务，实现营销战略规定的目标。限于篇幅，本文仅从服务层次和服务组合策略入手来简要探讨图书馆的服务策略问题。

图书馆服务包括为其用户提供的图书情报产品及服务项目，图书馆的服务策略就是指有关图书馆的服务项目和信息产品策略。关于图书馆设置什么服务项目和生产何种产品的决策是其营销组合中首要的问题，也是整个营销策略的

*　周军，男，1962年生，南京政治学院上海分院军事信息管理系，系副主任、教授。

基础。每个图书馆在决定采取何种具体服务策略时，必须适应其用户的需求特点，把存储在文献中的知识信息整理开发出来，转换、组合成用户易于利用和乐于利用的各种信息形式。

2 图书馆服务的层次结构

借鉴菲利普·科特勒（P. Kotler）的观点，如图1所示，我们可以把图书馆服务分为五个层次来思考问题：

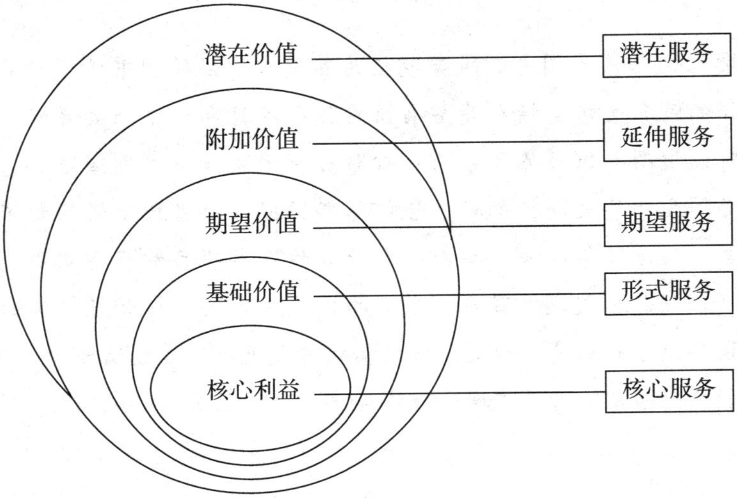

图1 图书馆服务项目和产品层次结构图

2.1 核心服务

这是图书馆服务的最内核、最基本层次，目的是保障用户所真正需要的利益，谓之“核心利益”，即图书馆对用户本质需求的满足。衡量图书馆服务的价值大小优劣，是由用户决定的，而不是由图书馆或图书馆员工来决定。在现实生活中，对用户来说他愿意花费成本来利用图书馆服务往往存在着许多需要，但其中必有一种是主要的需要，其他的则为次要需要。用户来图书馆真正希望得到的是知识和信息，图书馆只有满足了用户这一最主要的需要，才能最终令他满意。核心服务是图书馆营销的根本出发点，营销的任务就是要发现隐藏在对具体服务项目和产品需求后面的真正需要，把用户所需要的核心利益提供给他们。

2.2 形式服务

这是第二层次，是指核心服务借以实现的形式或目标市场对某一需求的特定满足形式，即服务的基本物质形态，如图书馆应具备的文献、网络、员工、用户管理、技术设备、服务设施用具等。其直接目的是为了实现抽象的核心利益所需的“基础价值”。图书馆应该首先着眼于用户利用图书馆服务项目和产品所追求的核心价值的基础上，再对服务的基本物质形态进行设计、包装、形象塑造，形成具体的服务项目和产品以便更加直观具体地满足用户的真正需要。

2.3 期望服务

这是第三层次，是用户来交换服务时期望得到的与之密切相关的一整套属性和条件。它实现的是所谓“期望价值”，也就是高质量的“基础价值”。对图书馆用户来说，期望得到的一般是系统完整组织有序存取便利的文献、资源丰富查询迅捷的网络、文明热情技能娴熟的员工、性能先进方便操作的设备、美观实用的设施用具、安静舒适的阅览环境、就近设置的馆址、便捷快速的公交等。

2.4 延伸服务

这是第四层次，是图书馆形成自己的服务与竞争对手服务的差异化的关键，主要包括减免用户收费额度、缩短用户等待时间、设立多种导读指示系统、美化服务区域环境、开展用户教育、广泛宣传公关、附设餐饮场所、开辟停车场所、设置残疾人专用设施、定期检查各类安全防护设备，以及针对用户对服务质量的反馈意见的态度与整改效果，等等。其目的是实现“附加价值”，即附带获得的各种额外利益。譬如，在香港中央图书馆的儿童多媒体阅览室里安放有三种椅子，分别是供儿童、青少年和家长使用的。随着信息服务市场竞争的日趋激烈，提供各种延伸性服务项目和产品便成为图书馆吸引用户的有效手段。当然，图书馆必须注意如何处理因增加延伸服务所导致的馆方成本增大、用户是否愿意承受利用这些服务的额外开支等问题。

2.5 潜在服务

这是第五层次，即服务最终可能会实现的全部附加部分和将来会转换的部分。包括用户接受图书馆服务的同时，自身的知识积累、文化素养和工作学习或谋生技能也得到提高；图书馆不断开辟新的服务领域、开创新的服务方式、运用新的服务方法来吸引、刺激用户等。目的是实现“潜在价值”。现代图书馆应注重为用户提供全方位的服务，全面地为用户考虑，为各类用户提供方便，使用户充分享受到图书馆的人文关怀。

图书馆服务整体概念的五个层次，比较清晰地体现了以用户为中心的现代营销观念，它比较明确地说明了图书馆的任何服务项目和产品都是以用户需求为导向的，由用户的需求来决定的。

3 图书馆服务组合的要素和策略

任何图书馆提供给目标市场的都不是单一的某一项服务，而是服务组合，即由一定数量的服务项目和产品组成的集合，它包括服务（或产品）类别、服务（或产品）项目。服务（或产品）类别是指图书馆服务组合中由若干个密切相关的服务（或产品）项目组成的某一服务（或产品）大类。服务（或产品）项目是指服务（或产品）大类中不同品种、内容、规格和质量的特定服务（或产品）。

3.1 衡量服务组合的若干要素

衡量图书馆服务组合的要素有宽度、长度、深度和相关度。

（1）服务组合的宽度。是指服务组合中所拥有的全部服务（或产品）类别。根据有关研究成果，我国图书馆的服务（或产品）类别已达到40余种，其中主要的服务（或产品）类别有外借和阅览服务、视听和复制服务、参考咨询服务、导读服务、定题服务、虚拟参考咨询服务、展览服务等等十几种。

（2）服务组合的长度。是指服务组合中所拥有的全部服务（或产品）项目的总和。

（3）服务组合的深度。是指某一服务（或产品）类别中包含的服务（或产品）项目数量。上海图书馆的外借和阅览服务中就包含有网络学习室、近代文献阅览室、中文书刊外借室、多媒体报纸阅览室等26个服务项目。

（4）服务组合的相关度。是指各个服务（或产品）类别在途经、方式、最终用途或其他方面的相互关联程度。例如，导读服务、文献报道服务和学科导航服务等类别之间的相关度就比较高。

3.2 服务组合策略

服务组合策略是根据图书馆的营销目标，对服务组合的宽度、长度、深度和相关度进行的最优组合。图书馆应依据自身实力和营销战略的分析，确定具体的服务组合策略，决定本馆开设那些服务方式，而不是多多益善。正如肖茨（M. L. Shontz）所言，“不应简单地以为图书馆提供良好的服务之后，就没有必要担心服务的营销是否有效。图书馆员应当不断地思考它们是否有必要提供新型的服务来满足用户的需求、是否有必要取消某些不能满足用户需求的服务，并寻求最佳方式来将服务提供给用户。要让用户充分了解所提供的服务，并且，要考虑每项服务相对于个别用户和群体用户的成本问题”。

（1）扩大服务组合策略。包括拓展服务组合宽度和加大服务组合深度。拓展服务组合宽度是指在原有产品组合中，增加一个或者几个服务（或产品）类别，扩大服务的范围，实现服务方式的多元化。譬如，2004 年 3 月，有人对国内 30 家省级公共图书馆、92 所大学图书馆和科学院系统的 32 个图书馆的调查，发现其中有 86 家图书馆已增开了不同方式的数字参考咨询服务。一般情况下，拓展服务组合宽度可以充分发挥图书馆各种资源的潜力，提高办馆成效。加大服务组合深度是指在原有的部分或全部服务（或产品）类别中适当增加新的服务（或产品）项目。如广东省东莞图书馆在国内率先开设了自助式图书借还服务，专门在馆外单独设立与自助银行颇为类似的自助借还处。这个自助借还处有馆藏热门图书近 2 万册，还有舒适的沙发供人阅览休息。读者只需把借书证在门口扫描一下，便可进入。借书或还书的手续也相当方便，把读者证和借还图书按提示进行条形码扫描，十几秒钟便可完成。建筑面积达 4.5 万平方米的东莞图书馆每天 9 时至 21 时对公众开放，而自助借还处则每天 21 时至次日 9 时对公众开放。加大服务组合深度的同时，服务组合的长度也会相应增大，可使服务（或产品）类别更丰满，给每种服务项目增加更多的变化因素，以适应不同用户的需要，吸引更多的用户，扩大目标市场范围。美国的公共图书馆里，用户甚至可以了解到纳税、选举、征兵、献血等信息，同时领取到资料和表格；有的公共图书馆还设立有热线电话辅导中小学生的家庭作业。哈佛大学法学院图书馆向学生出租手提电脑，以替代大批的公用电脑。正是因为这些多功能的服务类别和项目，让美国的图书馆在来势凶猛的网络冲击中仍然能够占有一席之地。扩大服务组合策略本质上是保障密集型增长战略或多元化增长战略等营销战略的具体手段，它可以让图书馆现有的资源发挥更大的效益，分散风险，但对资源供应量和图书馆服务管理的要求较高，还要注意过分扩大服务组合可能造成的负面影响。

（2）调整服务组合策略。就是根据用户需求的变化或图书馆对目标市场选择定位决策的改变，用新兴服务（或产品）类别或者服务（或产品）项目，分别替代已经失去价值的原有服务（或产品）类别或者服务（或产品）项目。2005 年秋天，美国得克萨斯大学昔日的本科生图书馆经历了巨大的变革，变成一个更像咖啡馆的社交集会之地。9 万本书被转移到该校庞大的图书馆体系中的其他图书馆。8 月 31 日开学时，这里满是装有厚软垫的颜色鲜艳的椅子、高脚凳以及供学生完成小组作业的隔开的小间。除了近 250 台台式电脑之外，还有 75 台便携式电脑供学生借用，并有计算机实验室、多媒体工作室、提供帮助的服务台和维修处以及一个咖啡馆等。老师仍会要求大学生看书，但现在正越来越多地要求他们使用网上资料来源。随着信息技术的广泛应用，国内的一些大学图书馆实现了学位论文网上提交服务及提供原文传递服务替代原来的只接收纸质印刷型论文提交服务。为了充分照顾来馆阅读的读者和来馆不读书的民众的不同需要，一些美国的公共图书馆专门设立了安静阅览室（Quiet Room），或者是用红灯、黄灯和绿灯三色分区来设立不同的声音等级控制。在 Web2. 0 环境下，图书馆还可以在自己的网站上开辟一块公共信息交流空间，允许用户在图书馆博客上发表评论，设立维基，让用户共同建设与维护等，提供给全体用户一个发表自己看法的平台和与员工展开交流对话的渠道，吸引用户持续关注图书馆的服务。

（3）缩小服务组合策略。就是缩减服务数量，缩小服务范围，实现服务的专门化、特色化。在市场不景气、注册用户数量不多、外界的资源投入量不足的情况下，许多图书馆往往采用这种服务组合策略，从现有的服务组合中剔除掉那些占据资源量大、社会效益偏低的服务（或产品）类别或者服务（或产品）项目，集中资源经营那些实现图书馆营销目标、社会效益好的。缩小服务组合策略是落实特色化经营、聚焦式服务等营销战略意图的基本措施。例如，对过期期刊按年度装订在于更好保存，但却给用户充分使用造成障碍，为此，国内一些图书馆果断取消了期刊合订本的措施。随着网络时代的来临，大众型的公共图书馆已渐渐不能满足需要，读者需要的是普通阅览服务与专业参考服务相结合、实体文献收藏与数字资源开发结合的新型图书馆。深圳图书馆为满足专业人士的文献信息需求，先后组建了两个专题图书馆——时装图书馆和法律图书馆，此外还正在组建商贸图书馆，它们都是整合多媒体资源与现代网络数字技术，集阅览服务与参考咨询、文献传递为一体的小型图书馆，深受广大用户欢迎。在瑞典无论哪种图书馆，一进门最方便的位置，都会有藏书颇丰的儿童阅览区。图书馆还会免费举办各种丰富的活动，其中每周固定的活动是教童谣和“故事时间”。在最大的市立图书馆，教童谣活动分为三组：6 到 12 个月、1 到 2 岁以及其他年龄的孩子。而到了“故事时间”，则会有图书管理员帮孩子阅读最新的故事书。

参考文献

[1] (美) 菲利普·科特勒，凯文·莱恩·凯勒著，梅清豪译．营销管理（第 12 版）[M]．上海：世纪出版集团，2006：414.

[2] 鲁黎明著．图书馆服务理论与实践 [M]．北京：北京图书馆出版社，2005：194 -280.

[3] 王世伟主编．世界著名城市图书馆述略 [M]．上海：上海科学技术文献出版社，2006：200 -202.

[4] M. L. Shontz. What do librarians think about marketing?A survey of public librarians' attitudes toward the marketing of library services[J]. Library Quarterly, 2004, (1): 63 -84.

[5] 韩冬梅著．美国图书馆数字参考服务研究 [M]．北京：国防大学出版社，2005：182.

[6] 魏运亨，赖少芬．东莞图书馆在国内率先实行全年无休 24 小时开放[EB/OL]. [2006 -3 -12]. http://www. libnet. sh. cn/yjdd/list. asp?id =2185.

[7] 闫小芬．新时期美国大学图书馆馆舍建设趋势 [J]．大学图书馆学报，2006，(4)：81 -86.

[8] 美图书馆和学校正发生巨变：电脑取代图书和课本[EB/OL]. [2006 -3 -12]. http://www. libnet. sh. cn/hwyb/list. asp?id =1919.

[9] 刘晓清．美国公共图书馆的理念、服务与推广 [J]．图书馆研究与工作，2009 (4)：73 -76.

[10] 深圳的公共图书馆正朝着现代化人性化服务方向迈进［EB/OL］．［2006 - 3 - 13］．http：//www. libnet. sh. cn/yjdd/list. asp？ id =2146.

[11] 孙丽梅．瑞典孩子认为读书“很酷”［EB/OL］.［2007 - 6 - 1］. http://www. libnet. sh. cn/yjdd/list. asp?id =2213.

特殊教育学院图书馆为残疾读者服务研究

王建远*

摘　要　分析并研究作为我国高等教育一部分的特殊教育学院残疾学生基本情况，提出特殊教育学院图书馆的建设要区别于普通高校图书馆，应将其作为学校的学习资源中心来建设，以特色资源、特色服务来满足残疾读者的特殊需求。

关键词　特殊教育学院　残疾读者　特色资源　特色服务

近十年来，随着高等教育与残疾人教育事业的蓬勃发展，越来越多的盲生、聋生、肢体残疾的学生进入高等学府，接受高等教育。对残疾群体的教育已成为高等教育的一个重要组成部分。作为为学生提供知识的殿堂——图书馆，如何为这部分特殊学生群体服务，满足他们的特殊需求，是图书馆工作者必须研究和面对的新课题。

一、国内外残疾人高等教育发展现状

1. 发达国家残疾人高等教育发展状况

美国是较早接受残疾人高等教育的国家，国家的法律法规也保证了残疾人公平受教育的权利。近年来，高等学府中残疾学生的比例逐年增加。美国在高等院校接受高等教育的残疾人学生比例从 1978 年的 2.6% 上升至 1994 年的 9.2%，到 2000 年相关报告显示全美接受高等教育的所有学生中有 17% 是障碍学生。澳大利亚 2003 年有 3.6% 的大学生具有障碍，而这一比例在 1966 年仅为

*　王建远　女，1966 年生，北京联合大学图书馆副研究馆员，主要从事资源建设和信息检索方面的研究。

2.0%。英国在2000年已有超过68000名障碍学生接受高等教育，占全体学生人数的4.2%。

2. 我国残疾人高等教育的现状

2.1 人数增长较快

我国残疾人事业一直以来受到党和政府的重视，残疾人生活状况已有一定改善，受教育程度也在逐步提高。1985年9月，山东滨州医学院成为了我国第一所招收残疾大学生的高等院校，从此，我国的残疾人高等教育逐步发展。进入21世纪后，发展速度明显加快。据中国残疾人联合会教育统计，2007年全国有5234名残疾人被普通高等院校录取，1086名残疾人进入特设教育学院学习。2008年全国有6273名残疾人被普通高等院校录取，1032名残疾人进入特设教育学院学习。2009年全国有6586名残疾人被普通高等院校录取，1196名进入特设教育学院学习。在三年生源录取中，被普通高等院校录取的残疾人群体多为肢残人群，也有20%左右的盲生和聋生，在普通高等学校是随班就读的现代“融合教育”。而被特殊教育学院录取的残疾人群体基本为盲生和聋生，属于单招单考。

2.2 全国范围内形成了一批特殊教育学院

经过改革开放三十多年的发展，我国残疾人高等教育有了长足的进步，目前全国有天津理工大学聋人工学院、长春大学特教学院、北京联合大学特教学院等十余所高等学校设立了专门招收残疾学生学习的院系。据统计，截至2010年底，我国专门招收残疾人的残疾人高等院校（系、专业、班）共有17个，在校生近3000人，年招生计划约为1000人。目前，全国有17个残疾人高等教育机构（多称“特殊教育学院”）实行单独考试单独招生政策；经教育部同意，可面向全国或跨省区招生的达11个；在办学规模上，有7个院校的学生人数在百人以上，其中长春大学特殊教育学院规模最大，在校生约为700人；在办学层次上，有滨州医学院特教学院、长春大学特教学院、天津理工大学聋人工学院、北京联合大学特教学院等7个院校设有本科层次的教育，其他院校只有专科层次的教育。在我国一般特殊教育学院对残疾学生都按照相关国家政策，实行单招单考的考试形式，挑选符合条件的优秀残疾学生进入高等学校。

二、特殊教育学院图书馆对残疾人接受高等教育的意义

残疾人是社会上一个特殊的弱势群体，对他们来说，知识的获取，自身素

质的提高，平等参与社会活动，是生存和发展的重要问题。图书馆作为社会知识传播中心，承担着提供知识服务的重要职责，有责任利用有效的方式和渠道使残疾人平等地获取知识。

1. 履行图书馆社会责任的重要体现

国际图联在2002年8月《格拉斯哥宣言》中强调："维护获取知识自由是全世界图书馆和信息服务机构的主要职责"。2002年中国修订实施的《普通高等学校图书馆规程》的第十九条明确规定"高等学校图书馆应保护读者合法、公平地利用图书馆的权利。应为残疾人等特殊读者利用图书馆提供便利"。特教学院图书馆尤其有责任推动和促进残疾读者在利用图书馆的活动中享有公平参与的平等权利。残疾大学生既是生理性弱势群体又是社会性弱势群体，同时还是信息知识弱势群体，图书馆对残疾大学生的重点关注正是履行图书馆社会职责的重要体现。

2. 为弱势群体服务是高校图书馆人文精神的体现

高校图书馆是学校教学科研的重要保障，图书馆人性化的服务将为残疾学生在学校的学习提供文献支持与保障。在高校里，图书馆是任何一个在校大学生最钟爱的学习场所，残疾大学生亦如此。但与正常学生相比，残疾学生到图书馆借阅图书、期刊、检索资料时，在时间上、精力上、体力上都要付出更多的努力。因此特教学院图书馆对于残疾学生的服务应该更周到、更耐心、更热情、更人性化，使他们利用图书馆文献资源进行学习和研究更便捷。因为"寂寞的问题和一切心理上和身体上受损害的人能在很多方面得到公共图书馆的慰藉"。只有尊重残疾学生的人格与尊严，才能体现图书馆的人文关怀，才能够营造一种充满人性化的读书环境来保证他们的学习和研究。

3. 建设和谐社会的必要途径

高校中的特殊教育学院图书馆对残疾大学生提供多内容、多手段的热情服务，有利于营造良好的校园文化氛围，利于和谐校园的建设。1995年美国图书馆协会发表了《美国图书馆事业发展12条宣言》，其中强调："图书馆是改变社会不公平现象的基地，图书馆应不论贫富等级，向社会所有的人平等地提供资料"。只有人人享有公平的权利，社会才能和谐。

图书馆是知识的殿堂，知识的海洋，在这里永远有我们需要学习的资源，有我们参与社会需要的知识。图书馆的人文关怀，平等的学习和利用资源的权利，都使得残疾学生更加自信，自身素养得到提高，也使他们能够更快地融入社会，参与社会竞争，能够较好地在社会立足，使社会氛围更加和谐。

三、特殊教育学院图书馆普遍存在的问题

1. 残疾读者拥有的信息资源少

人类获取信息知识90%是依靠视觉来获得的，所以视觉障碍是盲生学习，以至将来工作遇到的最大困难。盲人残疾读者学习的主要工具之一——盲文图书期刊，由于出版成本高、品种少、数量少，每年的百十种盲文图书很难满足已接受高等教育的盲人大学生多方面、多层次的读书需求。

根据孟祥荣、朱福奎在《高校特殊教育读者阅读保障机制研究》一文中对某大学残疾读者调查了解到，在该校图书馆全部馆藏中，盲文图书占馆藏图书总量的0.2%，平均每年300多万元的购书经费用于购买盲文资料的几乎为零。该校共有视障读者260多人，可供他们使用的盲文图书少之又少，而且图书内容相当陈旧；500多名听障读者，多就读于计算机、美术、艺术设计等专业，所需使用的美术绘画资料、设计图录等，由于市场价格昂贵，也无法在数量和品种上满足学生需求。因此，全国大多数特教学院图书馆文献资源状况很难满足残疾读者的特殊阅读需求。

2. 图书馆服务设施比较缺乏

在特殊教育学院，有一些为残疾人提供的无障碍环境支持系统，但由于经费问题，图书馆里专为残疾读者学习所必备的辅助用具较为缺乏，如盲人阅读器、弱视打字机等；听力障碍者的语训器、测听仪器等；残疾读者所需的视听设备、音像资料、放大镜、点字制作机、盲人专用电脑；肢体残疾者的助行器具等。

3. 服务内容和方式不能满足需求

在特教学院，笔者与聋生交流时，他们认为主要问题在于图书馆为听力和语言障碍的残疾人提供的手语服务不够；读者对文献更新速度不太满意；视力障碍的读者要求图书馆提供更新、更多的大字书。图书馆缺乏对残疾大学生信息素养的培训，使他们对于信息的查找和检索知识一片空白；残疾大学生对于如何利用网络数据来查询数字资源的比例远远低于普通大学生。

四、特殊教育学院图书馆对残疾读者的特色服务

特殊教育学院相比较普通高等学校有很大的不同，它的教学要求和培养目标与普通高等教育相比有较大差距。因此特教学院图书馆的建设，要区别于普通高校图书馆，把它作为学校的资源学习中心来建设，首先就是要为残疾大学生进入高校学习专业知识、专业技能提供学习资料、学习设备和学习帮助方面的支持，使学生自身的生理障碍不会影响到他们的专业学习。同时，有了学习资源中心的支持，将使盲生和聋生能够借助于学习资源中心辅助设备无障碍地学习，也能使他们不用过多地考虑专业学习中的个人生理障碍问题，更大范围地根据自己喜好和社会就业需求选择专业。

1. 特色资源建设

1.1 特殊教育院校有培养特殊教育教师的“特殊教育”专业，服务于残疾人事业的“残疾人康复”专业和残疾人高等职业技术教育专业。针对院校的特殊专业，应进行特色书资源建设，为教师的教学、科研和学生的专业学习提供便利。特殊图书馆要收藏与之相关的图书，例如：特殊教育概论、教育学、残疾人政策与法规以及与特殊教育相关的教材、专著、论文、案例和相应的工具书、参考书都是收藏的重点。

1.2 特殊教育学院重点学科、专业文献建设

目前在特殊教育学院，由于残疾人自身特点，可供他们选择的专业还较少，图书馆应根据需求特点进行重点学科、专业的文献建设。图书馆的文献应覆盖残疾人技能培养、权利保障、就业需求、残疾人康复、残疾人福利等各个方面。如针灸、按摩、康复医学的著作要系统收集，相关的残疾人法律法规要全面收藏。对他们最重要的一些特殊信息，如就业信息、社会福利信息、教育信息等要更多的加以考虑，也可做成二次文献对残疾大学生进行发布。

1.3 根据各类残疾人的生理特点进行多载体文献资源建设。盲人读者由于视力原因，对文献有特殊需求，图书馆应该把盲文图书、大字书的订购与收藏作为馆藏建设的重要部分，尽可能多地购买盲文书籍。由于盲文图书品种少，图书馆应购入点字制作机，将一些盲生需求量大的图书制作成点字读物，增加盲人读物的收藏量，丰富他们获取信息的渠道。此外，根据方便阅读的原则，将利用率高的书刊特制为有声读物，以满足盲生的信息需求；根据听障读者对

图像的敏感程度明显高于文字的特点，图书馆应该购置图文并茂的多媒体读物和聋哑人的手语辞书。

2. 图书馆无障碍硬件环境建设

2.1　盲人电子阅览室

随着信息技术的不断发展，计算机的普及及盲人“读屏”软件的成熟，图书馆盲人电子阅览室的建设已成为盲人学生不可或缺的学习场所。在良好的网络环境和先进的硬件设施支持下，盲生在电子阅览室能够检索、编辑、共享、输出各种数据；同时彩色、黑白字体放大器能够更好地帮助视障学生解决阅读带来的障碍，提高阅读速度，保证阅读质量，使盲人大学生能够通过这些设施设备，也像正常读者一样无障碍地得到学习信息和资料，克服他们“看不到”的障碍，这是利用网络化的学习环境，开拓盲人学习“视野”的目的。

2.2　盲人辅具室

科技的发展使残疾人群体越来越依赖科技产品来帮助他们学习，资源学习中心还可提供各种学习辅助器具和资料，为盲人学生提供学习便利。点字电脑软件可以把汉字翻译成盲文，为提供教材做保障；读盲点显器，可帮助视障人通过触摸的方式，方便、快捷地进行电脑操作；盲文打字机为方便视障人撰写论文、书写作业等提供保障；凸图刻印设备用于帮助视障人解决认知图形方面的障碍，并能够结合专业基础课的教学，使盲生能够准确无误地掌握图形；热力点字复印机可快速高效地提供盲文教材、辅导材料。学习辅助器具将极大地减少盲人学生学习的困难，提高他们的学习兴趣。

2.3　残疾人数字图书馆建设

随着自动化、网络化、数字化的发展，特殊教育图书馆应该对馆藏中纸本资源和其它载体的文献资源进行数字化处理，围绕残疾读者的需求及学校重点学科建设，确立主题，建设适合残疾读者使用的特色数据库，提高文献使用的便捷性和共享性，弥补纸质文献的不足。同时，图书馆、自动化专家以及特殊教育专业教师一起针对学校残疾读者的特殊需求，利用无障碍环境设计、数字资源建设、残疾人远程教育系统以及便捷的检索平台等，创造出一个适合残疾人特点的多媒体虚拟学习环境，使残疾大学生能够以虚拟方式享受网络服务。

3. 图书馆为特殊群体服务的措施

信息科学以及其他广泛学科中，涉及人类信息行为的工作日益重视情感问题。图书馆服务中关注特殊群体，开展特殊服务，便是图书馆情感服务的一个重要方面。

3.1 加强残疾人导读工作，提高文献资源利用率

导读可使读者花最少的力气，在最短的时间内，找到自己最需要的信息。图书馆员要充分考虑残疾读者的特点，加强阅读教育的针对性，做好导读工作。注重培养其乐观面对人生的意识和自尊、自信、自立、自强精神，提高生活自理、人际交往、融入社会、劳动与就业能力。美国加州伯克利分校图书馆把残疾人列为专门的服务对象，有表格详细介绍为残疾人服务的图书馆员的联系方式，方便他们与图书馆联系；专门介绍残疾人如何实现对图书馆资源的搜索和使用，包括代办借书证、申请援助等；还有专门为残疾人设计的图书馆路线图，保证他们能顺利到馆访问。

在图书馆主页上开辟各种受残疾读者群欢迎的栏目。开通残疾人电话热线服务，回答残疾读者的提问，做好信息咨询服务工作。利用图书馆网络，使残疾读者足不出户，就能在图书馆主页上充分、平等地享有读者的权利。通过网络预约图书及音像资料，满足个性化的需求。

3.2 服务方式和服务技能的无障碍

特殊教育图书馆面对的残疾读者不同于高校图书馆的其他读者群，图书馆工作人员除了需要有较强的业务水平，还要掌握如手语、盲文知识，及辅助学习用具的使用，关键是要富有爱心、热心和耐心，对聋生读者语速要慢，聋生可唇读，会简单的手语及手语翻译，可以和聋生服务笔谈或手机屏幕显示文字来进行交流和沟通。由于盲生自身的视觉障碍，他们来到图书馆更应热情接待，要帮助他们查询资料、获取文献、复印及提供网上学习指导等服务。此外图书馆还可举办各种讲座、知识问答、读书会等残疾学生喜闻乐见的文化活动，来帮助他们增强社会竞争力，提高综合素质，为将来更快融入社会打下基础。

总之，保障残疾读者接受高等教育的权利，是国力强盛、教育进步的标志，高校图书馆以其为教学科研服务的宗旨，更应该有为残疾大学生读者服务的责任和义务。特殊教育图书馆怎样提高自己的服务水平，还在不断地实践和探索中。随着网络技术的发展，数字化程度的提升，服务方式会更加多样性，服务内容也会更加人性化，服务手段也越来越完善，将使更多的残疾读者愿意走进图书馆，愿意在图书馆中走入知识、信息的海洋，用知识武装自己，弥补生理

上的缺陷，在激烈的社会竞争中，实现自己的人生价值。

参考文献

[1] 茅艳雯，马红英．发达国家残疾人高等教育研究综述［J］．中国特殊教育，2010（3）．
[2] 黄伟．我国残疾人普通高等教育公平研究［J］．中国特殊教育，2011（4）．
[3] 何海钊，王虎奇，向贵云．残疾大学生利用图书馆资源的现状与分析［J］．图书馆，2010（1）．
[4] 王子舟，夏凡．图书馆如何对残疾人实施知识援助［J］．图书．情报．知识，2007（3）．
[5] 王翠君，葛淑娟．高校图书馆为弱势群体服务的思考［J］．图书馆服务，2008（3）．
[6] 孟祥荣，朱福奎．高校特殊教育读者阅读保障机制研究［J］．长春师范学院学报（自然科学版），2010（6）．
[7] 刘玮，关于残疾人图书馆建设和发展的几点思考［J］．图书馆学研究，2008（2）．
[8] 曲学利．以学习资源中心促进盲人高等教育的融合［J］．中国特殊教育，2007（7）．
[9] 丛淑丽，周莉莉．高校图书馆为残疾读者服务研究［J］．长春大学学报，2009（6）．
[10] 谢丽娟，郑春厚．美国高校图书馆社会服务发展现状及启示［J］．中国图书馆学报，2009（3）．

图书馆多元化服务与人才管理创新

罗小田*

摘　要　多元化发展战略作为图书馆战略之一，是图书馆在社会服务环境中的重要选择方向。但多元化战略实施的成功与否涉及到多个方面，需对其有全面而深刻的把握，在遵循客观发展规律的基础上，不断地转变服务创新和人才管理理念，提升图书馆的服务竞争力。树立正确的多元化战略的理念，加大图书馆内部资源的整合力度，提高图书馆多元化服务水平。

关键词　图书馆　多元化服务　人才　创新　发展

多元化发展是图书馆发展到一定阶段的产物，具体是指图书馆在原有服务下，通过提供基本用途不同的服务进入异质市场，使得图书馆同时在多个相关或不相关的领域提供多种服务，包括整理有潜在价值的信息，将各种有用信息加以分析过滤、分类处理，再将信息概括、归纳，扩大图书馆的服务范围，以提高图书馆的社会效益，实现图书馆的健康持续发展。不难看出，多元化服务本身作为战略方式之一，其自身本无优劣之分，其关键在于图书馆是否已经具备相应的多元化服务的条件和基础，多元化发展策略只有得到科学合理的运用，才能真正地提升图书馆的市场竞争服务能力。

一、图书馆实施多元化服务战略分析

图书馆选择多元化的发展，将多元化服务视为战略目标，从整体上来讲包括了以下几个原因：

---

*　罗小田，男，1960 年生，广州市社会科学院文献信息中心，编辑。

（一）图书馆外部原因

第一，随着社会的不断发展，人们的消费能力和对服务要求的提高，对于信息服务和服务多样化、多层次性等也不断提高，为图书馆发展提供了新的机会，促使图书馆通过新形式的开发、服务范围的扩展来满足日益增长的社会需求，提升图书馆的竞争力。

第二，新技术、新媒体等的应用为图书馆的多元化服务提供了坚实的物质基础，使图书馆继续保持原有服务的同时，利用现代科技使图书馆逐渐实现向高附加值、前景更好的领域发展，实现图书馆的多元化服务，提高图书馆的社会效益。

图书馆应根据对社会未来发展趋势的把握和自身进一步发展的需求，通过服务的扩展，以求在社会中占据更为有利的地位。因此，多元化服务发展战略对于图书馆来讲其内涵是一种战略行为，具有长远性、全局性等特点。

（二）图书馆内部原因

第一，一旦图书馆的各类资源，包括有形资源、无形资源和人力资源等，未能得到充分利用，对于图书馆来讲意味着另一种的浪费。多元化服务策略的实施，可以有效地利用图书馆的各种资源，通过资源优势的引申，拓宽图书馆的服务范围。

第二，图书馆经过长期的持续健康发展，在技术、人才等方面都积累了大量的优势，具有进一步拓展图书馆多元化服务项目的能力。因此，为更好地实现图书馆多元化服务战略目标和追求更为长远的社会效益，多元化的服务战略成为众多图书馆的选择，尤其是大型图书馆。

（三）图书馆实施多元化战略的优势

图书馆实施多元化服务战略在于能够充分利用图书馆的各类资源和内部优势，包括技术人才、管理等，实现资源配置的合理化及最优化，实现资源的共享和提升资源的使用效率，并可以通过原有拥有核心竞争力的服务，带动其他图书馆的整体性发展，强化图书馆竞争力。

二、当前图书馆实施多元化服务战略存在的问题

从以上分析中，不难看出，对于部分图书馆来讲，图书馆多元化服务是图

书馆进一步适应竞争的积极措施，对图书馆的长远发展具有重要意义。因此，图书馆多元化服务战略实施是一项艰巨的复杂任务，提高图书馆社会效益的目的，必须具备相应的条件和基础。如果缺少对于图书馆内外部环境的深刻分析，只是随波逐流，一味地简单模仿其他图书馆的服务管理模式，看到什么能赢利就马上开展工作，必将导致图书馆发展方向的混乱及错失。当前我国图书馆多元化服务战略的实施成功的例子并不多见。究其原因：

一是，对图书馆多元化服务缺乏全面深刻准确的认识，急于求成，不顾图书馆自身实际情况，忽视图书馆的人才实力和管理能力，只是对成功图书馆多元化服务盲目跟风，忽视了图书馆内部资源，包括技术、人才、市场、文化等方面的整合，最终对图书馆开展工作产生不利的影响。

二是，难以充分利用图书馆原有的资源，发挥协调效应，甚至由于受图书馆自身管理能力和人才水平限制，不但难以提高图书馆的服务社会能力，而且导致图书馆多元化服务成本的大大增加，影响到图书馆的正常运作和发展。

三是，图书馆开展多元化服务对市场的把握不到位，导致图书馆选择进行多元化服务的时机不成熟，直接影响图书馆多元化战略的效果。

四是，曲解了核心竞争力建设与图书馆多元化服务战略的关系，未能把握好图书馆人才的培育与增强图书馆多元化服务的核心优势，导致过度多元化。图书馆在自身人才资源不足和核心竞争力不充分的情况下，采取多元化发展战略，不仅难以在新的领域占据有利社会地位，也极有可能使图书馆失去原有的服务优势，影响图书馆发展，毕竟人才是图书馆发展的第一要素。

三、加强图书馆人才管理与多元化服务的重要性

多元化是图书馆培育和铸造核心竞争力的源泉，必须关注图书馆的多元化活动，通过不断的创新，使图书馆的发展获得源源不断的动力支持。另一方面，图书馆员工是图书馆多元化服务的直接开展者和体现者，人才作为知识经济条件下图书馆最为重要和宝贵的资源，图书馆的服务成功与否从很大程度上来讲直接取决于图书馆人才的开发与管理水平。同时图书馆信誉等取胜之道都离不开员工的支持，离开了高素质的人才，图书馆的生存和发展都谈不上。因此，通过人才管理多元化活动，提高图书馆的管理水平和服务能力，同时以人才管理创新的开展为切入点，全面提升图书馆的服务多元化能力，促使图书馆向创

新服务型图书馆发展。尤其是当前图书馆人才管理中存在的问题，如管理理念的滞后、管理模式的僵化、管理方法落后等使得人才管理远远难以满足图书馆发展的需求，也从另一层面更加凸显了图书馆加强人才管理的重要性。图书馆只有更加重视和关注人才管理的创新活动，才能为图书馆的持续和跨越式的发展提供根本上的智力支持。

四、图书馆人才管理与多元化服务的对策

（一）明确人才管理创新的目标

图书馆人才管理创新目标应重点放在做实做好人才管理的各项职能工作，建立健全一套符合图书馆特色和发展需求的人才管理机制上面，通过人才管理的创新，创造良好的图书馆人事环境，最大限度地调动和激发全体员工的积极性、创造性和主动性，为图书馆将来的服务发展提供一支优秀的员工队伍和有效的人才支持，实现图书馆社会效益的最大化。其次，当前多元化服务作为一个图书馆管理领域的热点问题，图书馆要绝对避免和彻底摒弃为了多元化服务而创新的做法，导致人才管理创新工作流于形式，既难以达到提升图书馆人才管理水平的目标，更无法通过人才管理的创新带动图书馆的服务多元化。因此图书馆人才管理创新活动的开展需全体员工的共同参与和支持，尤其是图书馆高层的关注和重视。

（二）坚持人才管理创新的几个重要原则

人才管理活动是围绕图书馆人才的招聘、录用、培训、任用等各个环节所开展的具体工作，而图书馆人才需求的多元化更加凸显出人才管理的创新必须更加关注员工需求的重要性，要切实做到以人为本，以员工导向为主，转变图书馆经营理念，尊重员工、理解员工、信任员工、重视员工，从而提高员工的稳定性、高效率和归属感。

（三）推进人才管理创新的具体措施

1. 人才管理理念的创新

图书馆核心竞争力的铸造在于一支优秀的人才队伍的支持。人才管理创新活动的开展只能是始于人才管理理念的创新，理念的多元化是人才管理创新的

源泉，没有理念上的改变，更谈不上人才管理创新的开展。

2. 人才管理方式的多元化

重视人才培训工作，创新人才培养制度，实现培训的常规化和制度化，形成图书馆的人才培养模式，并最终在提升人才整体素质的同时，也将有助于图书馆员工对于图书馆满意度、归属感及忠诚度的提升，使图书馆成为一个学习氛围浓重、不断追求进步、融洽和谐的群体。针对图书馆人才多元化、多层次的特点，要提高培训的针对性和前瞻性。如职业教育、在职教育进行综合性知识与能力的培训，重点提升在管理理念的多元化和培育等方面，为图书馆的发展提供高素质的复合型人才。

3. 人才管理机制的多元化

要根据图书馆发展阶段和运作实际需求，在加快推进信息化建设，包括人才的信息化，实现资源共享，提高工作效率的同时，也提供了新的发展空间。

五、提高图书馆多元化服务水平的对策

图书馆多元化服务发展具有一定的客观必然性。因此，利用图书馆多元化服务提升图书馆的社会竞争力成为当前摆在图书馆面前的关键问题。

第一，图书馆要具备正确的实施多元化服务战略的动机和理念。追求社会效益最大化是图书馆存在和发展的重要目标。不管任何形式的规模扩张或领域延伸都要有利于图书馆服务社会水平的提高，否则将毫无意义。因此，图书馆多元化服务的目标是在于进一步寻求图书馆的发展，实现图书馆多元化服务的战略性扩张和图书馆价值的最大化。只有在正确理念的引导和约束下，才能最大限度地避免受个人认识影响而导致的过度多元化错误决策的出现。

第二，培育和强化图书馆的核心竞争力建设，以形成图书馆的比较优势，在社会竞争取得有利的且较为稳定的社会地位。图书馆核心竞争力的存在是图书馆进行多元化服务的基础和前提，不顾图书馆实际超越能力而盲目多元化、过度多元化的行为必将对图书馆的服务造成严重的负面影响。

第三，在图书馆发展远景和共同价值观的指导下，积极推进图书馆多元化服务战略的实现，制定整体战略方针，强调总体控制，从根本上保障图书馆多元化服务的任何行为都需围绕着图书馆未来远景和长期奋斗目标进行，做到多而不乱，井然有序。其中，要首先确定图书馆多元化服务战略的目标，提高其

科学性、前瞻性，为图书馆的多元化服务战略的实施与进行提供指导，防止图书馆在瞬息万变的社会环境中迷失方向，提高图书馆资源的利用率。通过图书馆信息化、数字化、网络化和数据库信息的馆外检索等整合图书馆现有资源和优势，提升图书馆核心竞争力，图书馆需根据其自身的发展需要，做出科学的判断和选择。

第四，在选择多元化服务领域的时候，要对其进行仔细深入的可行性分析，主要是看其前景如何及图书馆自身是否具有较大的竞争优势，做到有所为有所不为。具体来讲，对国际、国内市场环境进行综合分析，紧密结合图书馆的自身内部资源和能力，对图书馆多元化服务的发展方向做出科学正确的判断：做自己该做的事和自己能做的事。服务手段可采用：内部网和外联网技术；数据库系统；数据获取与收集技术；检索技术；共享技术；联机分析处理技术；多维度分析技术，数据挖掘技术等，将信息进行深加工、归纳整理等等。尤其是要坚持循序渐进的原则，将多元化战略的起点定位于相关创新领域，尤其是与图书馆自身核心竞争力有较强关联的领域，实现图书馆多元化服务资源的共享和高效利用，提升图书馆多元化服务竞争优势的范围和力度，并逐步扩张到其他非相关领域，稳定推进图书馆的多元化服务战略，最终实现图书馆竞争力的整体提升和强化。

第五，选择恰当的时机。对于图书来讲，选择恰当的多元化发展战略的实施时机将有利于图书馆多元化服务迅速打开市场。

最后，加大图书馆内部资源的整合力度，实现服务过程中各个环节、各个阶段的资源的共享，使图书馆内部资源（管理、信息、人才、技术等）产生整体效应，充分发挥协同效应，从而降低图书馆多元化服务成本、提高管理效率，实现图书馆的长远发展。特别是要盘活图书馆的无形资源，以实现多元化服务战略目标。

总之，多元化战略作为图书馆发展战略之一，是图书馆服务社会的重要方向选择。但从另一方面来说，多元化发展战略实施的成功与否涉及到多个方面，需对其有全面而深刻的把握，在遵循客观发展规律的基础上，不断地转变服务管理理念，积极推进图书馆多元化服务战略，不断地提升图书馆的竞争力。

参考文献

[1] 喻志娟. 图书馆数字参考咨询服务模式探析 [J]. 图书与情报, 2011 (3).
[2] 李静. 试论图书馆无形资产评估制度的创建 [J]. 图书馆杂志, 2011 (5).
[3] 杨子臣. 图书馆的知识管理与发展策略 [J]. 情报资料工作, 2011 (3).
[4] 赵丽琴. 信息服务业务视角下的图书馆信息服务发展路径研究 [J]. 图书与情报, 2011 (3).
[5] 方东. 公共文化服务语境下技术至上倾向的矫正——论图书馆学人才培养的人文导向 [J]. 图书馆论坛, 2011 (3).

高校图书馆知识服务最新趋势研究

陈 平*

摘 要 在人力资源有限、学科分类繁多专业性强、数字化资源海量增长、经费有限的约束条件下，高校图书馆想要凭借人工（比如：学科馆员）在知识服务方面获得突破性进展是非常困难的。而信息技术日新月异的发展，为高校图书馆在知识服务领域提供了有力的武器，呈现出一系列新的发展趋势。基于元数据的搜索引擎技术在知识服务领域得到普遍应用，与传统的统一检索、跨库检索相比较，无论是技术上还是使用体验上均有着质的区别。在此基础上，知识挖掘、馆际共享、定制推送、互动交流等信息技术，在知识服务领域都获得了实质性发展。

关键字 知识服务 搜索引擎 统一检索 定制推送 馆际共享 知识挖掘

引言

在高校图书馆领域，知识服务越来越依赖于各类数字化资源及其服务平台。数字化资源服务平台越来越多，知网、万方、超星、维普、书生、爱迪科森、汤姆森等均有自己的服务平台，每个平台都提供了丰富的应用。对于高校图书馆用户而言，十几个、几十个甚至上百个数字资源平台列举在网页上，也着实让读者头疼。为了找全自己所需的各类资源，需要读者在不同平台中切换，在各平台获得的检索结果难以避免出现大量重复。怎样才能以最快的速度查找到自己所需的图书、期刊、报纸、论文、专利、影视等各类中外文资源，成为图

* 陈平，女，1984 年生，国防大学图书馆，助理馆员。

书馆用户特别是研究型用户普遍关注的问题。

为了满足用户的需求，国内主要的数字化资源提供商，在完成数字化资源持续海量增长性提供的前提下，不断加强基于自身数字资源的服务平台建设，为读者提供了各类获得知识服务的途径；近年来，这些提供商不再局限于单纯基于自有数字资源，而是在不断整合其他数字化资源的前提下为用户提供统一的知识服务。那些不以数字资源提供为主体业务的数图企业，在知识服务领域同样瞄准了数字化资源的整合提供。

伴随这些趋势，在人力资源有限、学科分类繁多专业性增强、经费有限等约束条件下，高校图书馆在知识服务领域的服务内容、服务模式等都将随之发生重大变化。

一、高校图书馆知识服务领域现状及问题

1. 对知识服务的通常认知及存在的问题

一般认为，知识服务不同于信息服务，知识服务是为读者目标驱动的加工型方案提供服务，而信息服务的终点则仅是信息资源的获取与传递；知识服务重视读者问题和问题环境的解决，而信息服务则是基于读者简单的提问；知识服务是关心并致力于帮助读者找到或形成解决问题的方案，而信息服务则是满足具体信息的提供。知识服务强调以信息资源的搜寻、组织、分析、重组的知识和能力为基础，根据用户的问题和环境，融入用户解决问题的过程之中。

高校图书馆与普通科研院所不同，高校图书馆是为全校所有学科提供服务，而不是针对某个或某几个专业学科。虽然大多数观点认为高校图书馆为开展知识服务，首先需要加强的是图书馆学科馆员的有效配置、管理和使用，在实际提供知识服务的过程中，依赖于学科馆员自身的学科知识储备来实现帮助用户找到或形成解决问题的方案，是比较困难的，而且服务范围有限。更现实的解决办法，同样强调人工干预，但重点不在于依赖于学科馆员自身的学科知识储备，而是馆员对信息化工具的熟练应用程度，比如，通过应用知识词典、主题词典、学术定义词典、概念词典、引文索引等工具可以迅速圈定学科范围内的知识图谱。

普遍认为的高校图书馆知识服务形式主要包括：（1）参考咨询服务。通过个别解答提问，为用户提供具体的文献、文献知识和文献线索，以及提供专题

性的咨询服务。（2）检索服务。传统的纸质工具书检索到现在主要依赖于网上检索。（3）互动交流。通过论坛、wiki、网上问答系统、即时通讯工具等。这些服务形式都限定知识服务是针对个体或有限个体服务的，而忽视了针对群体性的知识服务。实际上，在信息化普及的时代里，知识服务是根植于信息服务的。通过信息化工具、信息服务平台的综合利用，为读者普遍提供知识服务，才是目前高校图书馆知识服务的现实发展方向。

2. 知识服务的三层含义

在总结高校图书馆知识服务体系现状之前，我们有必要首先了解知识服务的三层含义：一是图书馆用户清楚地知道自己想要查找什么样的文献，图书馆负责帮助用户迅速查找到，这是最基本的知识服务；二是用户并不清楚自己想要解决的问难需要哪些文献的支撑，图书馆需要帮助用户明确解决该问题需要在哪些资源库中查找哪些文献，这是针对个体的高级知识服务，而后读者可能需要图书馆帮助查找文献也可能选择自行查找；三是图书馆针对用户普遍关注的问题、以及学校教学活动所需等，主动利用信息化工具、信息服务平台等为用户准备好主题明确、有序组织、方便浏览和检索的文献资源集，这是针对群体的高级知识服务。

3. 我国高校图书馆知识服务体系现状及问题

总结来看，目前我国大部分高校图书馆的知识服务实际上是以资源导航为核心的：图书馆将引进的各类数字资源、以及自加工形成的各类数字资源（包括馆藏目录、自加工数字化资源、专题资源等）尽量科学地分类整理，有序展现在数字图书馆网页上；辅助为个体读者提供参考咨询服务、检索服务、互动交流等。

高校图书馆现有知识服务体系，能够较好地满足知识服务的第一层次，而在满足第二、三层次方面尚存在明显的不足。受限于数字资源信息服务平台、工具之间的相互独立，无论是用户还是馆员，都难以在短时间内迅速从所有资源库中抽取出所需资源从而围绕用户想要解决的问题形成完整的知识支撑，对从不同资源库中抽取出的不同类型的文献又难以实现统一管理。也就是说，在实现针对个体和群体的高级知识服务方面，高校图书馆目前只能更多地依赖于（学科）馆员的人工干预来实现，同时由于人力资源的有限、经费有限、抽取的时间成本、抽取后的资源管理难度等因素，所以只能辐射极为有限的服务对象，而且这种高级服务往往需要读者付费。

因此，高校图书馆知识服务的提供，更现实的解决方案是依靠先进、合理、统一的信息化服务平台，加少量人工干预，这样才能最大化解决面向全校师生的知识服务。这里首先强调的便是各类数字化资源的统一整合管理，这能够大大降低用户或馆员的搜索时间成本；提高数据抽取效率、降低抽取出来的数据集的管理难度；在此基础上，涵盖各种文献类别的完整知识图谱才能快速绘成。在数字资源统一整合管理领域，先后出现了诸多技术，实现效果表现为跨库检索、统一检索等，但是大都停滞于检索服务。实践证明，真正能够实现更高级应用的，还是基于元数据的资源整合管理与应用技术，尽管元数据搜集存在困难，元数据同步更新方面存在困难，基于元数据的资源整合管理与应用技术依然成为当前知识服务领域最能够有所作为的技术。

基于元数据的资源整合管理与应用技术将改变目前高校图书馆以资源导航为核心的知识服务体系，而将其转变为以搜索为核心的知识服务体系。

二、以搜索为核心的高校图书馆知识服务体系

如图 1 所示，通过元数据整合管理与应用服务平台，对图书馆各数字资源进行统一的元数据级整合管理，形成涵盖中外文图书、期刊、论文、报纸、标准专利、音视频等各种类型文献的完整知识库。在此基础上以统一搜索为核心，为读者提供知识服务，包括参考咨询、检索服务、互动交流等传统的知识服务形式，更能有效发展出更多的知识服务形式。

基于元数据的整合管理技术与传统的跨库检索技术有明显的区别。传统的跨库检索系统一般是用户检索时，向各系统发出数据访问请求，由各系统自主检索，对各种结果解析、提取、转化为统一格式，整合排序后，将结果通过统一检索界面返回用户。两者的明显区别在于：（1）后者单纯省去用户分别登录各个系统的麻烦，本身并不形成数据库，而前者将元数据本身就看作资源，基于元数据本身就可以为读者提供各类知识服务。（2）后者需要分别到各个库中分别检索后再结果集成，检索速度受限；而后者是对元数据库本身进行检索，当用户需要用到哪篇具体文献时，才会向相应的系统发送访问请求，因此检索速度快。基于元数据的数字资源整合管理与应用技术，能够从根本上消除数字资源检索障碍，促使用户的数图使用行为进一步以搜索为导向。

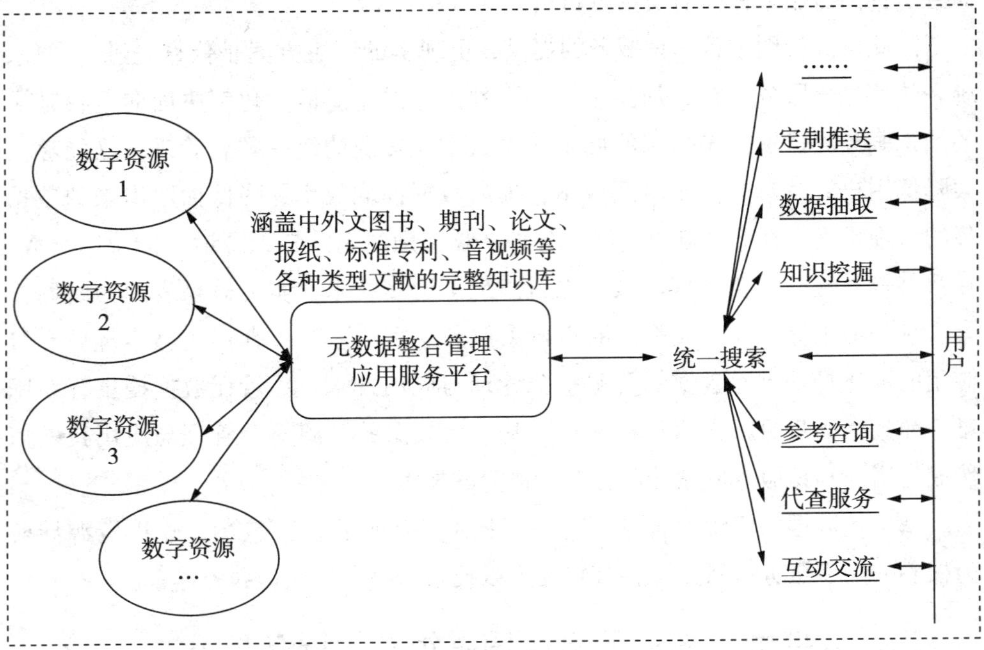

图1　以搜索为核心的高校图书馆知识服务体系示意图

1. 统一搜索

统一搜索是目前图书馆用户普遍需求、颇受欢迎的功能，是高校图书馆知识服务的基础功能。其理想效果是：一站式数字资源快速检索、浏览下载服务。

基于元数据整合管理的统一搜索，首先有效解决了各数字资源平台相互独立导致的下列问题：（1）读者无法迅速定位该在哪个数字资源中查找所需文献的问题。（2）读者需要分别登录各个数字资源平台以查全所需文献的问题。（3）高校图书馆用户只能在有限IP段内才能使用各个数字资源平台进行查找的问题，虽然元数据整合后可能依然需要在有限IP段内在线阅读或下载资源，但是至少解决了元数据级不限IP段的在线查询问题。这就大大减少了知识服务第一层次所要解决的问题，即“用户清楚地知道自己想要查找什么样的文献”，却不知道在哪里能够迅速找到所需文献的问题，整合后用户只需通过一个搜索入口来查找文献。

当然这是理想状态，在实际操作中，由于版权、数字资源提供商市场竞争、数据格式等种种因素，很难做到整合所有数字资源，但至少可以整合数字资源中的主体部分。

2. **基于统一搜索的传统知识服务**

当面向用户的资源服务形式发生变化时，自然图书馆的服务内容也会随之发生变化。除向用户解答数字图书馆如何使用等基础性问题外，传统的参考咨询服务主要解答读者文献资源在哪个资源库里的问题，统一搜索极大减少了该问题，因此更多地转向面向个体的高级知识服务，比如指导读者如何确定检索词，如何从海量检索结果中筛选文献等。统一搜索的出现将大大提高代查服务效率，降低代查服务时间、人力成本，从而能够为更多的读者提供服务。

3. **基于统一搜索的更多知识服务形态**

众多数字资源提供商一直致力于知识挖掘、数据抽取、定制推送等服务，也就是说各个数字资源平台在各自的平台中分别提供关联文献、个性化图书馆、数据批量下载等服务，但这些服务：（1）仅能覆盖该平台下的数字资源，而不能覆盖其他数字资源平台中的数字资源。（2）图书馆本身无法实质性参与到这些过程当中，也就不能说是由图书馆提供的知识服务。下文所讲则是针对于高校图书馆本身利用元数据整合管理与应用服务平台，自主开展知识服务而言的。

基于统一搜索，一个访问入口，使得有效收集用户对所有整合数字资源的使用行为成为简单易行的事情，这对于高校图书馆本身开展知识服务具有相当重要意义。比如在统一搜索基础上开发出的系列功能：

（1）最简单的热点搜索词功能。通过收集用户搜索词的使用情况，不仅可以揭示一定时期内用户所关注的热点，还可以通过各类统计分析方法结合学校课程教学情况揭示资源利用情况与规律等。将热点搜索词发布出来，用户参照热点搜索词可能会促使热点进一步成为热点。

（2）下载排行功能。通过收集用户的下载行为，可以分析出哪些资源是哪个领域中最受关注的资源。这与单纯通过引文统计等方式来评价资源的重要程度不同。用户的实际下载行为受更多因素的影响，比如在检索结果集中排序靠前的文章更容易被下载，被下载意味着将被作为参考资料，当然越有可能被作为引文。

（3）用户推荐功能。用户主动表明关注点。

这些功能对于读者而言未必是重要的功能，但对于图书馆开展知识服务而言，却提供了一手的线索。主动开展知识服务，变得有据可循，富有针对性。

图书馆围绕关注点，可以利用数据抽取技术，迅速从元数据库中抽取数据形成专题性数据库。由于是从元数据库中抽取，并不影响也不涉及各数字资源服务平台，只有在用户访问到某个详细页面时，才会向原服务平台发送访问请求。同样的道理，基于元数据库，图书馆可以方便地自主实现用户定制与推送服务。

三、元数据整合管理与应用服务平台的最新趋势

以搜索为核心的高校图书馆知识服务体系的实现，离不开元数据整合管理与应用服务平台的支撑。本文将简要介绍这类平台的最新发展趋势。该类平台的一般构成如图2所示，这类平台实际上是集数据管理发布与应用于一体的平台。从一定意义上讲，类似于传统的数字资源服务平台，只是元数据整合管理与应用服务平台的管理对象是元数据，强调的是不同来源和格式的元数据的整合管理，而不是某类数字对象的具体存储与管理。

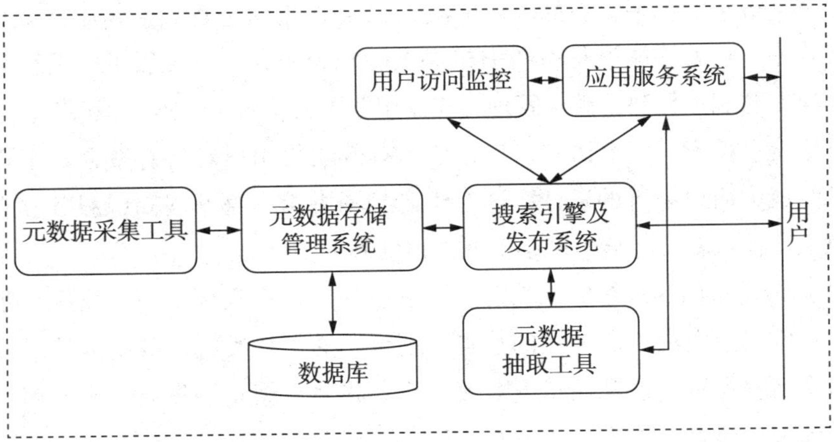

图2　元数据整合管理与应用服务平台构成示意图

1. 元数据的收集

由于元数据本身就构成数字资源，具有很大的应用与商业价值，因此在元数据的收集方面目前尚存在诸多问题。对高校图书馆而言，可能的解决方式：（1）要求本馆已购数字资源的提供商免费或低价提供对应元数据。（2）从元数据整合管理与应用服务平台提供商那里直接获得元数据。（3）利用合法的专业元数据采集工具主动采集元数据。

2. **元数据的整合管理**

不同类型文献、不同数字资源平台所采用的元数据字段构成存在巨大差异，因此要解决元数据的整合管理问题，需要通过制定标准化字段的方式来解决。目前，较为认可的是参照 Dublin 核心元数据。实际上，对于高校图书馆本馆应用而言，完全可以根据目前较为通用的字段及名称，制定本馆的标准化字段，而没必要拘泥于哪一种现有标准。毕竟各图书馆所拥有数字资源的数量和种类是存在明显差异的。

从技术层面来讲，目前通常借助于常用的关系型数据库进行管理。但也出现了完全摒弃常用关系型数据库，自行开发面向元数据整合管理和发布的数据库技术。

3. **搜索引擎技术**

通过先进的搜索引擎技术，可以大大提高海量级元数据的检索效率。随着服务器硬件性能的不断提高，结合各类硬件技术，比如高速内存缓存技术等，可以进一步提高海量元数据的检索速度。目前，已经有新的搜索理念的出现，正在打破传统数字资源检索服务方式，具体表现为：传统数字资源检索服务方式，需要首先限定检索条件（比如按需设定各检索点的检索词，选择在哪个库中进行检索等），再提交检索条件，然后获得满足该检索条件的检索结果集。而新的搜索服务理念则只需输入检索词，用户提交后将为用户提供所有的搜索结果集，然后用户只需在页面上鼠标点击选择某个数据库，选择某个检索点，以查看子检索结果集；还可以随时通过鼠标点击切换检索条件，查看相应检索结果集，而无需用户重新返回搜索界面，重新手动设定输入条件，再提交条件，然后获得检索结果。

4. **元数据的抽取**

以往高校图书馆专题数据库的建立，需要专人负责收集，导入或录入数字资源到某个平台中，利用该平台实现专题数据的管理，一般实现周期长、耗费人力、更新困难。而且由于元数据的差异，能够纳入的文献类型有限。元数据整合管理与应用服务平台提供了专门的元数据抽取工具，现在这类工具倾向于采用虚拟库技术。传统方式需要将数据导入或录入到专题库中，而虚拟库技术则只是将元数据的唯一标识号记录下来。用户在使用虚拟库时，实际上所看到的记录是从元数据库本身读取的。使用这类工具可以迅速从所有整合资源库中按需抽取所需记录形成专题数据库（一般会采用关键词抽取的方式，辅以少量人工干预），大大节约人力、存储空间等，便于及时更新，因此专题数据库的建设成为轻而易举的事情。高校图书馆在此基础上，可轻松开展针对群体性的高级知识服务。

5. 元数据应用服务

元数据不但可以解决统一搜索，而且其本身构成数字资源，因此具有巨大的应用价值。目前，最典型的应用在于通过用户访问监控而实现的各类服务，比如热点搜索词、用户推荐、下载排行、访问统计报告、知识关联挖掘等。基于元数据抽取技术，实现各类专题数据库建设、专题定制与推送服务等。当然，也可能集成在线参考咨询、交流论坛等传统知识服务方式。

四、小结

本文对知识服务的涵义进行了层次划分，分为基本知识服务、针对个体的高级知识服务以及针对群体的高级知识服务三个层次。目前，我国高校图书馆普遍的以资源导航为核心的知识服务体系，能够较好满足知识服务的前两个层次，但在满足针对群体的高级知识服务方面，明显存在不足。当前海量增长数字资源分散于不同系统当中，给用户使用上造成了很大的不便，而且不利于知识服务的有效提供。基于元数据的整合管理与应用技术顺应了用户的普遍需求，在有效整合各类型文献资源的基础上，为用户提供友好的一站式搜索。基于元数据库及相关应用技术，针对群体的高级知识服务得以有效开展。突破传统理念的元数据整合管理与应用技术开始出现，尽管在实践过程中存在诸多障碍，但是由于其符合用户的基本需求，因此必将逐渐普及应用。

参考文献

[1] 成谷阵．从信息服务走向知识服务［J］．沧桑，2010（10）：169－170.

[2] 纪辉，王欣．论图书馆知识服务［J］．河南科技学院学报，2011（5）：132.

[3] 叶文伟，张仕君，肖琼，袁建国．高校图书馆中跨库检索系统面临的问题及对策［J］．重庆图情研究，2006（3）：31－33.

寻找公共图书馆政府决策信息服务的方向

陈天伦*

摘　要　探讨公共图书馆服务政府决策工作的定位，整理出政府决策信息收集、分析与整合过程中需要把握的5个环节，提出组织政府决策信息服务的5条路径，目的是清晰其发展趋势。认为公共图书馆在服务政府决策工作中应该在认真研究需求特点的基础上，发挥自己的优势和挑战不足，从而明确自己的定位，并从增强主动服务意识、建立有针对性的数据库、搭建智能化的技术支持系统、构建相应的服务联盟、营造学习氛围等方面去不断拓展服务空间。

关键词　公共图书馆　政府决策信息　咨询服务　信息开发　信息管理

近些年来，许多公共图书馆相续开展了面向当地政府决策工作的信息服务，取得了一定成效，提升了自己的影响力。尤其是图书馆到本地“两会”现场进行服务，得到了各级人大代表、政协委员和新闻媒体的广泛认可和赞许。此时，我们来研究该项工作的定位，梳理收集、分析与整合过程中的关键环节，寻找展开这项工作的路径，可以清晰其发展趋势。

1　公共图书馆服务政府决策工作的定位

1.1　政府决策的信息需求特点

政府决策信息的需求有自身的特点。赫伯特·西蒙认为，信息消费的对象是其接收者的注意力。信息的丰富导致注意力的贫乏，因此需要在过量的可供消费信息资源中有效分配注意力。对政府领导来说，也许注意力并不是学术研究深层次的问题，关注的信息类型应该是：公共事务管理信息、舆情监测信息、

*　陈天伦，男，1957年生，浙江图书馆，研究馆员。

决策方案比较借鉴信息和社会热点专题研究信息等，特点主要有：

（1）政策性和客观性。政策是决策行为的指南，领导者的政策理论水平是正确决策的基础。因此，具有很强的政策依据和理论水平的信息往往被领导关注。同时政府决策信息又必须是真实可靠的，对问题的分析建议要客观公正，要注重筛选情况清楚、内容真实、进行科学客观分析的信息，尤其是引用各类数据必须真实可靠有权威性，那些有理有据的批判性观点信息往往是了解实情、启发思路的“亮点”。

（2）新颖性和前瞻性。领导关注的信息是新颖的，即要把理论研究的最新突破和现实事态的最新进展性信息及时地提供给决策者。同时，要注重筛选在事实基础上作出前瞻预测、给予创新解决方案的信息，以开阔思维、获得启示。

（3）综合性和系统性。领导关注的信息是全面、系统和完整的。即既要有面上的、综合性的信息，又要有纵向的对比性和历史性的信息，以及横向的全世界、全国各地区之间的对比、可借鉴的信息等。要着重选择掌握全局动态、系统性强的决策信息，也包含历史脉络、经验教训、政界和业界的思路观点等综合性信息。

（4）宏观性和权威性。决策者必须站在大的宏观背景和体制政策环境下，综合多种因素和多种角度进行判断分析。从宏观角度审视，将局部的经验放在全局中，多层次、多角度分析的信息会受到领导者的欢迎。同时要注意相关领域内最有发言权的专业部门和人士的言论和观点信息，选择政界、学界、业界有权威声誉人士发表的观点信息，选择有代表性的报刊、杂志、网络的观点信息。

（5）针对性和可选择性。决策者往往需要有可行性、针对性强的信息。尤其是既有情况、事实，又有分析和各种选择建议的信息会吸引领导的注意力。

（6）及时性和时效性。领导关注的信息是随时间不断变化的。一般来说决策信息价值因为延时而衰减，许多决策方案在一定时间阶段是有效的。因此，要收集最新、最热、最有价值的资讯，把握信息的时效特点，从而利于决策者依据环境的变化来调整决策方案。

1.2　公共图书服务馆梳理决策信息的优势和挑战

与政府内设信息部门和商业咨询机构比较，公共图书馆梳理决策信息的优势在于“文献支撑”和有熟练的“信息人员”。不足主要是信息服务的手段和方式较为单一，大多停留在剪报、文摘、汇编等简单的信息整理阶段，提供诸如专题咨询、研究综述、主题分析等高级服务手段的较少。同时，图书馆也缺乏针对参考咨询服务特点的资源库的专门从事整合信息的人员配置，制作的信息产品往往“泛而不专”，甚至内容上抓不住要点。有时咨询人员有较强的主观偏好，在制作信息产品中添加过多个人色彩，导致缺乏全面性和客观性。分析得出公共图书馆面临的挑战主要是：

（1）如何提升为政府决策提供信息服务的技术能力。提供决策信息服务不仅仅是把信息资源聚集在一起，而是涉及对信息的描述、组织、处理、整序、检索、服务等，这些都需要有一定的技术来支撑。决策咨询和信息服务做得比较好的专业咨询机构，基本上都有两个特点：有专业化的团队和较强的后台信息技术支持。

（2）如何构建畅通的政府决策信息沟通、交流、协作机制。一方面，很多政府部门不了解图书馆的资源信息和架构，没有充分认识到图书馆在政府决策中的作用。另一方面，政府需要的决策信息，被分割在不同部门的数据库中，相当部分的信息数据得不到必要的开发与利用。公共图书馆需要建立起政府决策信息的服务联盟，将分散的决策信息汇集成信息产品，提供给决策者。

1.3 公共图书馆梳理决策信息的角色定位

政府决策信息服务作为公共图书馆的业务活动之一，首先是要增强为决策者服务的意识，加强与政府机关的交流，定期和政府机关信息服务室科联系，了解政府工作的重点和计划，保证决策信息服务的针对性和及时性，需要在做好图书馆馆藏文献检索和流通服务的基础上，运用各种信息加工整理手段，对馆藏资源和网络信息资源进行深加工，将政府决策需要的政治、经济、科技、文化、教育等方面的动态、经验、措施、教训等，进行综合性、预测性、情报性的加工，编辑成定期或不定期的决策信息产品，报送给相应的各级党政机关、企事业单位，供决策者参考。

2 决策信息收集、分析与整合的几个关键环节

公共图书馆在政府决策信息收集、分析与整合的过程中，要把握好几个关键环节：

（1）把握好政府工作信息需求的基本取向。例如：当前政府领导的关注点

的是围绕“十二五”规划，围绕党代会和政府工作报告提出的今后五年工作重点，如何抓好贯彻落实。既要保持一定的经济增长速度和经济总量，更重要的是提高经济增长的质量和效益，要实现经济发展，还要促进社会和谐稳定。

（2）把握好政府决策信息的“主题”选择。决策信息服务要吸引领导的注意力，把“脉”选题是根本。主动站在服务对象的角度，“投其所好，解其所难，给其所需”，需要提前做好预习的功课：往上看，关注时政信息；往下看，关注地方实情；往外看，关注区域发展；往内看，关注领导所思。例如：针对经济社会发展中的热点、难点和重点问题找选题，寻找可能引起政策变革的典型案例“见微知著、以小见大”来选题。

（3）把握好选用决策信息的广度和深度。收集基础资料是公共图书馆的强项。怎么样把这些公共资源既能为社会公众服务，又能够更加充分地服务政府？针对主题的决策信息，在信息内容选编上既要保证逻辑性和系统性，又要增强广度和深度。逻辑性和系统性基本上遵循“现状和事实是什么，趋势和发展会怎样，应对的思路和举措该怎样”三段论原则。广度和深度则要求针对某类选题进行归纳、综述形成有代表性的观点信息。此时，提供的应该是多样化的视角和深入化的分析，在信息的选择上要注重专业性、权威性和代表性。

（4）把握好编辑决策信息的简洁性和精要性处理原则。推送的决策信息需要突出核心，赫伯特·西蒙在其早年的划时代著作《管理行为：管理组织的决策过程研究》中分析注意力与决策的关系，认为在相当大的程度上，有限理性是人们的注意力范畴的局限性所致。因此，他修正其先前建构的旨在寻求最优结果的综合理性决策模式之后，提出以满意为准则的有限理性决策模式。因此，编辑信息要尽量剔除套话、官话、废话，提炼突出核心内容，以最短的篇幅反映尽可能多的信息量，以减少领导阅读时间，便于领导提纲挈领，领会和把握主要观点和脉络。

（5）把握好政府决策信息推送的时间节点。面对某一主题或突发性事件，第一时间或事态正受关注的时间节点上的信息材料最能引起领导的关注和兴趣，能最大限度地体现信息价值和服务于领导决策。尤其是舆情监测信息，必须突出信息的“新”、“快”、“真”、“准”。特别是对于重大的突发性紧急事件，快速及时的舆情监测和反馈，可以大大提高决策的针对性，有效解决苗头性、倾向性问题。有时候，事件被定性了，甚至政策都出台了，再推决策信息，就失去了价值。举例：今年的日本发生大地震或杭州出现水污染事件，想向领导推送专题信息，必须做到在第一时间。

3 公共图书馆组织政府决策信息的路径选择

3.1 加强与政府的沟通，增强主动服务决策意识

加强与政府信息需求者的沟通，分析政府决策所需信息的特点，有的放矢地开展政府决策信息服务工作是公共图书馆组织政府决策信息的路径之一。由于政府决策过程的每一个阶段所需的信息是不同的，但其信息需求具有全面性、合理性、借鉴性、时效性等特点。公共图书馆在为政府决策提供信息服务的过程中，要根据政府信息需求特点，提供符合决策者当前迫切需要的信息内容。同时，也要认真收集整理政府决策信息使用者的反馈意见，针对用户的反馈不断地深化改进自己的信息编辑手段。

3.2 拓宽信息渠道，建设有针对性的特色资源库

公共图书馆收藏了大量的基础性文献资料，在编辑决策信息时，应该根据领导决策所需信息的特点，充分开发与利用这些文献。但是，我们也应该注意到，地方领导决策具有地域性的特点，需要对地方经济、社会发展有针对性的信息，而突出为地方决策提供信息服务是公共图书馆组织政府决策信息的着落点。此时，图书馆可以开发适应地方政府决策部门需要的信息数据资源，建立与地方决策信息需求相吻合的特色资源库，逐渐形成具有地方特色的文献体系。如：根据地方政府决策需要和馆藏文献的特点，编制专题索引、文摘，建立专题信息数据库。

3.3 注重知识管理，搭建智能化的决策信息技术支持系统

缺乏信息处理的技术支持是目前公共图书馆政府决策信息开发的一个瓶颈，先进技术的引入，搭建起网络化、开放式、模块化的知识管理信息平台，其目的是有效利用图书馆已有信息资源、人才资源，尽快为决策者提有价值的信息，帮助决策者解决半结构化决策问题。值得注意的是，图书馆在组织政府决策信息过程中，涵盖了社会发展动态研究、经济建设问题研究、科技发展战略研究等多个方面知识。因此，智能化的决策信息技术支持系统还应该通过决策问题

的建模、决策方案的模拟、决策方案执行情况的反馈、决策信息数据的挖掘和分析等，综合实现决策信息的知识管理。

3.4 走共建共享之路，构建政府决策信息服务联盟

公共图书馆开展决策信息服务，是社会发展的需要，也是图书馆事业发展的需要。面对各级政府部门信息需求的日益增长，一些地区公共图书馆由于受资源条件的制约，难以满足当地政府部门的信息需求。加强联合，走共建共享之路，发挥好信息服务联盟的作用，可以共同提高图书馆为当地政府决策信息服务的水平，是解决目前人力资源和文献信息资源紧张，缓解财政经费不足的有效途径。这就需要我们紧密合作、相互沟通、开拓发展、共同推进政府决策信息服务工作的开展。同时，在目前的社会信息环境下，还可以充分利用政务公开、电子政务高速发展的契机，实现数字图书馆和各级电子政务平台的互连互通，最大限度地实现社会决策信息资源的共享。

3.5 加强人才培养，营造咨询服务人员不断学习的氛围

公共图书馆做好决策信息服务工作，关键在于信息咨服务询人员的综合水平，信息人员的思想素质、职能素质、知识结构以及对相关领域的信息敏感性，决定了信息产品的参考价值。因此，提高咨询专家的质量，除了专业化的深度之外还同时要提高专家的专业范围。信息咨询人员不但应该具备图书馆情报的专业知识和丰富的实践经验，还应具备有较高的政治敏感性和鉴别力。从公共图书馆的角度来说，要对现有人员进行不间断的培训，加强与用户的沟通，建立一支具有多学科知识结构、多层次文化结构、多年龄层结合的咨询人才队伍。从信息咨询的个人角度来说，要通过自我学习不断提升个人信息收集能力，增强数据库检索和网络搜索引擎的原理知识和实践技能，学会构造合理检索式，提高扩检和缩检的本领，将查全率和查准率两者兼顾起来。要借助现代化手段了解世界、国内、本省、本地区经济发展和社会变迁的历史、趋势和现实情况，要及时了解党和国家的思路方针政策以及现阶段政府工作的中心和重点内容，提高个人的政治敏感度和对政府信息需求的理解力，形成客观全面的思维能力，为整体提高图书馆对各级政府部门的决策服务水平提供智力支撑和可靠保障。

4 结语

目前，公共图书馆为政府决策提供信息服务已在我国图书馆界达成共识。

公共图书馆为政府决策开展信息服务不仅有助于提高图书馆的社会地位、提升图书馆的形象、促进图书馆事业的发展，而且有利于政府决策的科学化、民主化、法制化。在网络化的时代，公共图书馆服务政府决策手段更应该不断提升，是一种交流沟通、共建共享、标准化服务，也是一种基于虚拟图书馆技术、智能代理技术、移动代理技术和导航库技术为一体的知识管理服务模式。

参考文献

［1］ Herbert A. Simon. Designing organizations for an Information-Rich World, in Martin Greenberger, ed. Computers, Communications, and the public Interest ［M］. Baltimore: The Johns Hopkins University Press, 1971: 40－41.

［2］ 陈小平. 论公共图书馆为政府决策提供信息服务［J］. 兰台世界：下半月，2010（7）.

［3］ 张昭. 公共图书馆为政府决策提供信息服务探究［J］. 江西图书馆学刊，2010，40（1）：88－90.

［4］ 刘俊. 网络环境下公共图书馆的政府专题服务［J］. 科技情报开发与经济，2010（20）：102－104.

［5］ Herbert A. Simon. Administrative Behavior: A Study of Decision-Making Processes in Administrative Organizations, 4th edition ［M］. New York: The Free Press, 1997: 102.

［6］ 黄荔梅. 地方社科院图书馆决策信息服务的路径选择［J］. 内蒙古科技与经济，2009（19）：140－142.

［7］ 张晓，邓凡. 科技情报机构辅助政府决策支持系统建设的思考［J］. 软件导刊，2011，10（1）：3－5.

［8］ Lodge, Jeremy. The changing face of internal consultancy ［J］. Management Services, Nov95, Vol. 39 Issue 11: 16－18.

基于党和政府决策的网络信息服务*

——信息报送工作的视角

梁俊兰**

摘　要　本文基于为党和政府决策提供信息服务工作的实践，分析党和政府决策信息的需求，总结信息报送工作实践，阐述网络信息服务工作的机制，提出以主动、开拓和创新的态度，以高质量的研究性信息和知识产品、及时准确的工作效率服务于党和政府决策的网络信息服务思想。

关键词　互联网　党和政府决策　信息服务　知识服务

1994年，我国接入国际互联网，从此进入了世界信息化建设的行列。17年来，我国的网络建设和应用取得了长足进展。网络已经成为不可忽视的新的媒体信息空间。中宣部副部长、中央外宣办主任、国务院新闻办主任、国家互联网信息办主任王晨就曾指出："互联网的发展和普及引发了前所未有的信息革命和产业革命，已经成为经济发展的重要引擎、社会运行的重要基础设施和国际竞争的重要领域，深刻影响着世界经济、政治、文化的发展。对于互联网，我们的未知远大于已知，更大的发展和影响在未来；如何积极利用、科学发展、依法管理、确保安全，是摆在我们面前的一个重大课题。"在最近一次互联网大会上，工业和信息化部部长苗圩提出，互联网创新更加活跃，应用更加广泛深入，已经成为经济社会运行的重要基础设施和影响巨大的"新型媒体"。在这里特别要指出的是，互联网信息更是党和政府不可或缺的决策参考。2001年起，我开始从事为党和政府决策服务的网络信息报送工作。本文基于自己10年来的

---

*　本文受中国社会科学院文献信息中心重点课题《网络环境下的社会科学知识服务》资助。

**　梁俊兰，女，1959年生，中国社会科学院文献信息中心，研究员。

工作实践，就如何更好地为党和政府决策提供信息服务提出一管之见。

1 网络信息与党和政府决策的关系

1.1 信息是决策正确性和有效性的基础

信息是对客观事实的反映，是决策主体认知决策客体的中介和桥梁。决策是在客观存在问题的基础上对事件发展方向、目标和原则的认知，以及为目标实现、行为执行和原则贯彻所做出的方法和手段的决定。对于决策而言，信息是基本要素。决策是在决策主体与决策对象之间、决策系统和环境之间进行的信息耦合。决策主体只有借助各种信息表象，才能了解决策系统内部和外部的环境特征，对决策对象的客观状态做出主观判断，预测决策对象的未来发展。决策过程是信息收集——信息分析——信息再生——信息反馈的过程。政府的决策是一个国家社会管理的基础。决策科学化水平的高低，是一个国家现代化程度的标志之一。及时、完备、真实、准确的信息是决策正确性和有效性的基础。在网络时代，基于党和政府决策的网络信息服务工作具有重要意义，如何做好这项工作是社会科学情报工作者和科研人员的历史使命和责任，是需要我们认真研究和深入思考的课题。

1.2 网络是党和政府决策的思想高地

网络是虚拟的，但它的实力却不是虚拟的，在引导社会舆论、保障社会和谐发展和维护国家安全等方面均具有举足轻重的意义。“一网知天下”！不容置疑，网络已经成为政府联系群众的重要载体、了解社情民意的重要渠道、听取意见的重要方式，已经成为政府决策不容忽视的思想高地。20 世纪 90 年代，网络时代来临。作为新媒体，互联网使每个人都可以成为信息的生产者、传播者和使用者，进而成为社会舆论的制造者。互联网赋予了人们无限的话语权。与此同时，在网络环境下，社会舆论的形成机制出现了聚合化、实时化、跨地域化的趋势，大规模的、全国性的社会舆论可以在很短的时间内产生并生成为公共事件。另外，随着我国各方面改革的推进，新的社会阶层出现、文化经济交往日益密切、城乡人口流动频繁、国外各种思潮不断涌入、社会思想空前活跃、群体性事件时有发生。网络蕴含的巨大信息爆发力和舆论的影响力，为政府决策带来新的挑战，也使政府决策对网络信息的依赖度大幅度提高。正如胡锦涛总书记在视察人民网时所指出的：随着信息技术的快速发展，互联网已经成为人们获取信息的重要渠道，成为党和政府联系群众的重要纽带。

1.3　网络信息是党和政府决策的参考依据和决策助手

网络信息在狭义上是指网络舆情，是指那些对于构建社会主义和谐社会，对于我国社会和经济的持续稳定发展具有重要意义的，反映社情民意的舆论和报道。这类信息的特点是快速、直接、信息量大、影响力广泛。最近发生的“温州7·23甬温线特大铁路交通事故”中，网络信息的发布速度和数量足以说明网络信息的这些特点。同时，正是由于这些特点才使得网络信息可以为党和政府的决策提供及时的、可供参考的依据。在这次事故中，网络信息的发布犹如现场报道。在事故处理过程中，网络信息为决策部门及时了解现场情况，为部署救援工作，创造了条件。

2　党和政府决策信息需求分析

2.1　决策信息需求的政治性分析

党和政府决策所面对的网络是虚拟的，但却是具有实实在在影响力的网络。一方面，网络打破了传统的政治生态限制和生存环境。意识形态的一元主导性与多样性并存成为网络社会意识形态的发展特征。网络社会的价值观、价值判断和价值取向日益多元化。这对现实生活的映射作用不容低估。另一方面，一些别有用心的人利用网络技术从事网络盗窃、网络诈骗、网络色情、网络赌博等网络犯罪行为；一些对现实不满的人以及恐怖组织、邪教组织等利用网络散布政治谣言、进行政治煽动、制造混乱、攻击诋毁党和政府，非法进入党和政府的各级政治、经济和军事信息中心，窃取机密、破坏数据。特别是网络社会也存在着敌我双方的斗争和较量。西方敌对势力图谋利用网络入侵、摧毁和破坏我国党政军网络重地的野心从未放弃。

2.2　决策信息需求的时效性分析

只有在第一时间内掌握真实情况，党和政府的决策才能在解决问题的黄金时间内及时做出判断和决策，掌控事态的发展，掌握处理问题的话语权和主动权；才能及时处理可能发生的各种状况或对已有政策做出调整，才能将可能出现的问题消灭在萌芽状态之中，将已经出现的问题及时化解，最终达到稳定社会、服务民众的目标。因此，党和政府的决策信息需求具有时效性特征，要求信息提供者在第一时间向决策者传递有效的决策信息。这也是信息报送工作的首要要求。

2.3 决策信息需求的准确性、充分性分析

党和政府的决策信息具有准确性，即所需要的信息要准确无误，不能有偏差。准确的信息才能保证决策的正确性和有效性。不准确的信息必定干扰决策，是决策信息服务的大忌。党和政府的决策信息具有充分性，即所需要的信息是充分的，不能说明问题的信息不能报——不能干扰决策；有用的信息必须报——不能耽误决策。充分的信息才能保证政府决策的正确性和可行性。

2.4 决策信息需求的可操作性分析

党和政府的决策要有实效，最基本的要求就是要有可操作性。因此，对对策建议性信息的需求就更加迫切。在信息报送工作中，我们发现，网络信息中不乏针对现实存在的问题而提出的对策建议。中外专家学者、境内外的智库和研究机构、中外媒体都十分关注我们党和政府的决策，关注我国社会和经济的发展，关注我国政治和民主进程，关注我国人民的生活状况，关注我国的文化教育事业的发展。他们会针对这些问题发表见解和议论。其中既有中肯的建议，也有辛辣的批评；既有行之有效的措施，也有颇具深度的“高论”。然而，党和政府决策不仅需求广泛听取各方意见，更需要切实可行的、具有可操作性的对策建议。可操作性是对策建议性信息的必要条件，只有具有可操作性，才能体现其可用性和价值。

2.5 决策信息需求的特殊性分析

决策信息需求的重点是苗头性信息和负面信息。“风起于青萍之末”。抓住苗头性事件及时解决可以有效缓解社会矛盾，维护社会稳定。因此，苗头性信息是政府决策的重要依据。公共危机事件舆论的形成和发展往往是从简单议论开始的，并沿着若干极差从无序向有序逐渐递进或递减。公共危机事件的爆发犹如以石击水，常常容易引起群众的广泛关注，使得有关信息在短时间内迅速传播，爆发出强大的信息能量。一些非理性的议论、小道消息或负面信息通常

会在一定程度上激发人们的普遍危机感，甚至影响到群众对党和政府的信任。网民对事件的关注和反映使政府部门面临着巨大的舆论压力。负面信息的肆意传播和缺乏必要的风险预警手段，直接影响着党和政府的形象，影响着社会的和谐与稳定，影响着经济的繁荣与发展。一直以来，苗头性信息和负面信息是党和政府决策信息需求的重点。如何发现苗头性信息和负面信息是我们长期研究的课题。我们的做法是密切关注医疗、就业、三农、教育、物价、环保等群众生活事件，密切关注各类企业的经营动态，密切关注社会经济发展趋势等容易引发苗头性事件的信息，尽最大努力保证不漏报、不错报。

2.6　决策信息需求的价值性分析

党和政府的决策信息必须针对党和政府的决策具有价值，具有可参考性、可操作性、可利用性。这是决策信息的基本要求。决策信息的价值性体现在几个方面：一是是否对党和政府了解实际情况有帮助。信息工作者是党和政府的耳目和尖兵，其所提供的信息要使党和政府切实地了解基层的真实情况，任何虚假不实的信息都是对党和政府决策的干扰，是没有价值的信息。二是是否对解决实际问题有参考价值。信息工作者所提供的信息要对决策有所帮助，有参考意义。信息价值的直接体现就是所报信息的中选率。中选率是指所报送的信息被上级部门采用的概率和数量。换言之，中选率是所报送信息是否有价值的衡量标准。提高中选率是我们10年来一直面临的挑战，也是我们努力的目标。

3　信息报送工作的实践

3.1　信息报送工作的实践

基于党和政府决策的网络信息服务工作的具体实施就是网络信息报送工作。即通过对网络信息的收集、加工、整理，提炼出对党和政府决策有用的信息上报有关部门。在我们的网络信息报送工作中，网络信息更准确的是指网络舆情，是那些对于构建社会主义和谐社会、对于我国社会和经济的持续稳定发展具有重要意义的、反映社情民意的舆论和报道。通过我们的网络信息报送工作，帮助政府部门决策，达到在事态未明朗之前将社会的不和谐因素消除在萌芽之中的目的。因此，信息报送工作具有光荣的政治意义和重大的社会意义。

信息报送工作的产品是我单位编辑的《社科网讯》。《社科网讯》的编辑主要是依托互联网信息，从浩如烟海的网络信息中筛选出对政府决策有价值的信息进行加工和整理，使之具有情报价值和知识的属性，再通过特定渠道上报政府决策部门。

3.2 信息报送工作取得的成绩

10年，在历史的长河中，只是弹指一挥间，但对我馆的信息报送工作而言，却是一段令人感受颇深的工作经历！其中有在网络信息中的苦苦寻找，更有在海量信息中的艰难筛选；有为撰写综述性信息的反复权衡，也有在突发事件后的连夜苦战；有为未能及时发送有用信息的懊恼，更有得到领导批示后的喜悦。在这个过程中，我们锻炼了队伍，也逐渐提高了所报送信息的质量，更加深了对社会科学情报工作服务于政府决策重要意义的认识。10年来，我们的信息报送工作取得了喜人的成绩。在此期间，共报送信息近3000期、约2万条，被采用的信息达上千条，被领导批示的信息有数百条；同时，我馆的信息报送工作连续10年受到国务院信息办和中国社会科学院的表彰，被评为信息报送先进单位，7位同志被评为优秀信息报送工作者。

3.3 信息报送工作的三个转变

10年来，我们的信息报送工作实现了三个转变：一是实现了信息服务——情报服务——知识服务的转变；二是实现了由被动地依赖网络舆情向主动挖掘网络信息资源的转变；三是实现了从简单的信息上报向多层次推送信息的转变。

在信息报送工作初期，我们的做法是“实有实报”，有什么报什么，对网上信息做文字上的加工处理。这只是初级的信息服务。随着信息报送工作的深入以及与政府部门的反复沟通，我们开始对网上信息进行深层次加工，有意识地将同类信息合并报送，并针对重大、重点问题的信息进行分析研究，在此基础上撰写综述文章上报政府部门，收到了较好的服务效果。近年来，网络信息发生了深刻变化，信息的传播渠道更加丰富、形式更加多样化、数量更是以惊人的速度激增。这些都为信息报送工作提出了挑战。我们的报送小组多次召开会议讨论如何更好地做好报送工作。我们努力提高认识、改变观念、开动脑筋想方法；我们积极提高信息意识、问题意识和对舆情信息的敏感度；我们还引进创新服务的思想，在原有工作机制基础上，加强了信息报送人员之间以及与政府有关部门之间的沟通，共享信息资源，每周编写报送日志。我们专门邀请了有关专家为报送小组讲解社会发展形势和专业领域知识，以提高大家的理论水平和信息认知能力。更重要的是，我们将报送工作提高到知识服务的高度来认识，主动挖掘网络信息，拓宽信息渠道，开发外文信息资源，关注境外媒体的动向，特别是关注对于决策至关重要的注苗头性事件的信息。现已形成了由中文单条信息、外文单条信息、中文综合信息、外文综合信息、中文合报信息、外文合报信息、机构学术信息、期刊学术信息、境外智库信息等组成的多层次的信息服务系列产品。我们将自己的学术研究与信息报送工作相结合，将对社会、经济、金融、政治、文化、教育、科技、三农、环保等重大问题的研究融入于这些产品之中，使之更具有情报价值和知识的价值，以实现为政府决策提供知识服务的最终目标。

3.4 信息报送工作的特色

作为中国社会科学研究的最高殿堂，我们的信息报送工作必须拥有我们的特色，这是中国社会科学院领导对我们的要求，也是政府部门对我们的期望。10 年来，我们通过不断调整以及与有关部门的沟通，逐渐摸索出较为有效的方法。根据我们的工作性质，我们采取的方式是轮流当值的方式。对比之下，我们的力量较为单薄。为了弥补不足，我们尽量将我们的研究工作与报送工作有机地结合起来，特别是将研究性信息、国内外智库信息和对策建议性的信息作为报送的重点，逐渐形成我们报送工作的特色，并取得了较好的效果。

4 做好网络信息服务工作的思考

4.1 马克思主义和中国特色社会主义理论是指导思想

为党和政府的决策服务必须坚持以马克思主义和中国特色社会主义理论为指导思想。这是做好信息报送工作根本的出发点和落脚点。在信息时代，网络信息的传播已经成为意识形态领域信息传播的一个重要渠道，网络成为执政党贯彻国家意志的重要工具。然而，网络信息良莠不齐，各种信息充斥其中，信息数量以海量计。这些都对我国意识形态的引导和政治安全提出了严峻的挑战，也为网络信息服务工作提出了更高的要求。对此，只有以马克思主义为指导思想才能辨别网络信息的真假对错，才能不在错综复杂的网络世界中迷失方向，才能最终占领网络这个无形但极具威力的阵地。

4.2　为决策服务是社会科学情报工作的首要任务

社会科学情报工作自其开创之日起就担当着党和政府耳目和尖兵的重任。为政府决策服务是其优良传统，更是首要任务。对信息报送工作的认识决定了信息报送工作的质量和水平。作为中国社会科学院的图书馆，是智囊团中的信息机构，服务是我们的天职，为政府决策服务更是不可推卸的责任。但这个责任的担当必须建立在对这项工作重要性的深刻认识的基础之上。在网络环境下，信息载体、信息手段和信息渠道呈现出现代化、多样化和便利化的特征。网络的信息量越来越大，信息传播速度越来越快，政府部门获取信息的途径越来越多，对信息报送工作的要求也越来越高。我们的工作不是简单的情况上传，而是需要对具体情况作出研判，对具体的信息进行加工整理，使之升华为领导决策的依据，并最终为领导决策起到参谋和助手的作用。

4.3　对网络信息的研究是基础

网络信息对政府决策的意义毋庸置疑。这是由网络信息的性质决定的。第一，网络信息数量庞大内容广泛。互联网是巨大的信息资源宝库，网页数量庞大并以每小时惊人的速度增长。同时，网络信息的涵盖面非常广泛，几乎是无所不包、面面俱到。第二，网络信息形式广泛。从网站类型上分有门户网站、专业网站、机构网站、学术网站、各种博客类（微博、泛博、帖吧）网站、个人网站、社交（论坛、开心网、QQ 网）网站等等。从信息表达形式上划分为文本、图片、表格、视频、数字等形式。第三，网传播速度之快使之具有极大的信息爆发力和难以控制的影响力。只有充分认识和研究网络信息的性质和能量，才能从中甄选出有价值的信息。这是做好网络信息服务工作的基础。

4.4　信息认知能力是必要条件

网络的开放性使网络信息鱼龙混杂、良莠不齐，直接出自民众的某个个体或某些个体的话语，不一定代表真正的民意，甚至通过媒体反映的观点也不一定代表真正的民意。假新闻、旧新闻的翻版在网上时有可见。信息失真使人们对网络信息的分析和判断更为艰难，为信息的甄选带来一定的难度，需要信息报送人员具有较强的信息认知能力。信息认知能力的提高需要对社会发展形势的理智判断，需要理论知识的积累，需要对国家大政方针的理解，需要对社情民意的了解，也需要对信息的敏感性。这些能力共同构成了信息认知能力。要做好信息报送工作，仅怀揣满腔的服务热情是不够的，还必须具有一定的信息认知能力。这是做好信息报送工作的必要条件。

4.5　队伍建设和工作机制是保障

我们是以兼职形式开展报送信息工作的，参与人员轮流当值，每天由一位工作人员值守信息报送工作。虽然取得了骄人的成绩，但当值人员的辛苦以及对网络信息的浏览范围、信息加工的质量、信息报送的及时性等都有值得商榷和改善之处。因此，我们需要锤炼一支过硬的队伍，在知识结构、外语水平、信息能力、政策修养等多方面加以改进和提高；需要建立更加完善的工作机制，形成信息报送工作的制度，建立信息报送工作的检查机制和奖励机制，最大限度地保障信息报送工作的顺利进行并达到最佳效果。近期，中国社会科学院实施了创新工程，成立了新的机构——信息情报研究院。服务于党和政府决策的工作将会有崭新的工作空间，也将会取得更大的成绩。

5　结语

为党和政府决策提供网络信息服务是一项重要任务，更是一份责任。要做好这项工作，首先，要具有主动性、开拓性和创造性。“身在兵位，心谋帅事”是不可或缺的工作意识。只有有了这种意识，才能想党和政府之所想满足其所需，才能想党和政府之未想补其不足，勇于换位思考，努力当好党和政府的参谋和助手。第二，要使信息成为情报、成为知识，特别是成为党和政府决策的依据，需要突出重点、重在整合、加强综合、提高质量，使所提供的信息既要有深度、有广度、有高度，又要有及时性、针对性和准确性。第三，要善于发现新情况、研究新问题、提出新对策，要用独到的眼光考察现实的社会问题，能够捕捉到普遍性的问题，抓住苗头性问题，发现潜在的矛盾，更要提出有针对性的、可行性的、前瞻性的对策建议。总之，要以主动、开拓和创新的态度，以高质量的研究性信息和知识产品、及时准确的工作效率服务于党和政府的决策。

参考文献

[1] 朱敬．信息决策失误表象及其分析［J］．情报杂志，2003（9）．

[2] 张永年，刘文亮，刘占亮，王伟．充分发挥政府研究室在政府决策中的参谋服务作用 [J]. 发展月刊，2009 (10).

[3] 王晨．关于我国互联网发展和管理[EB/OL]. http://www.cnr.cn/gundong/201005/t20100506_506385065.html.

[4] 中国互联网十年的光荣与梦想：创新、新应用、责任 [EB/OL]. http://www.scio.gov.cn/wlcb/yjdt/201108/t993060_2.htm.

以服务教学科研为基点，探索高校图书馆开展知识服务的途径

张娅如[*]　李泽红[**]　马雪梅[***]

摘　要　知识服务在高校图书馆的信息服务中发挥着越来越重要的作用。本文作者在开展知识服务的大环境下，瞄准信息服务理论和技术发展的前沿，以构建高校图书馆创新的知识服务体系为着力点，力求在更新服务理念、完善服务机制、创新服务内容和方法、强化人才队伍建设等方面提出高校图书馆开展知识服务的途径，致力于为教学和科研保驾护航。

关键词　知识服务　高校图书馆　教学科研

当前，信息技术、网络技术的快速发展，为高校图书馆的信息服务提供了无限可能。以文献借阅和检索为核心的传统服务受到猛烈冲击，取而代之的是各种智能化程度更高、个性化要求更强、更富人性化的服务方式和技术援助。这种读者需求的变化，迫使图书馆人抛弃传统的服务理念和服务方式，并通过机制创新、技术创新和服务创新来满足读者全方位、多层次、个性化的知识信息需求，以便更好地服务教学科研。

---

*　张娅如，女，1967 年生，国防科技大学图书馆，副研究馆员。

**　李泽红，女，1972 年生，国防科技大学图书馆，馆员。

***　马雪梅，女，1981 年生，国防科技大学图书馆，助理馆员。

1 以服务教学科研为基点，确立体现时代特征的服务理念和发展模式

1.1 更新观念，迎接挑战

当前，信息网络已普及到千家万户，信息资源的数字化、信息系统的虚拟化，使广大用户拥有了一个理想的存取和利用信息的空间。图书馆传统的信息检索与传递服务已失去了原有的优势，其“信息集散地”和“信息中转站”的地位和作用也受到了挑战。为了增加图书馆自身的竞争实力，必须转变传统图书馆的服务理念，使图书馆由收集、保存和提供文献资料服务的“文献中心”逐步演变成以高层次的知识服务为目标，为教学、科研主动提供高质量信息服务的“用户中心”。

1.2 突破传统，勇于创新

数字图书馆相对于传统图书馆来说，实质上就是一种面向用户的网络化数字资源体系。它的工作重心已由原来的文献采编与流通阅览转向深层次的知识服务；工作目的是帮助用户提高获取网络信息资源的能力，掌握从文献中获取知识和情报的科学方法，增强用户的自学能力和研究能力。这种全新的服务模式，是一种有别于传统服务模式的创新性知识服务。其核心不仅仅在于信息资源的开发，更强调现代信息技术的利用，并选择恰当的方式，将信息资源和用户服务过程紧密结合起来，力求增加服务中的技术性和知识含量。

1.3 以人为本，优化服务

当图书馆所提供的传统信息服务难以适应知识创新的需求时，知识服务作为图书馆未来的核心能力就显得尤为重要。知识服务是在信息服务的基础上通过拓展服务内容和服务方式来提升图书馆的服务层次。它不仅为用户收集、整理、加工、提供文献资源，更重视信息服务的深化，即根据不同用户的需求，帮助用户把繁杂的信息融化和重组为相应的知识和解决方案，并通过提供能够有效支持知识应用和知识创新的服务，最终实现服务的价值。我们服务的目标，就是要针对读者对个性化服务的强烈需求，为读者构建个性化的信息资源获取和享受服务的环境。

2 围绕教学科研，构建高校图书馆创新的知识服务体系

为教学和科研服务，是高校图书馆永恒不变的宗旨。信息服务是基于对大

量文献的采集、整合，以提供给读者显性信息为内容的信息传播过程。它强调的是对信息资源实施有效的管理，是对读者信息需求采取的一种迎合的服务方式和措施。而图书馆知识服务则是建立在图书情报机构的服务功能和专门知识基础上并对信息资源的深层次开发和利用。它是以信息知识的搜寻、组织、提炼和创新而形成的便于读者理解和吸收的新知识产品和能力，并采用智能化的手段挖掘出蕴藏于大量显性信息中的隐性知识，为高校教学科研提供参考服务。为此，必须通过对服务理念、服务内容及服务手段的更新与拓展，全面提升图书馆的服务质量，为教学科研创建一个全新的知识服务体系。

2.1　用新思想推动服务理念的创新

当人类进入21世纪，面对的是一个以知识为主宰的全新时代。高校图书馆传统的管理思想和服务理念已不能适应时代发展的需求，必须运用新的创新理念和创新行为来进行再审视和再设计。面对知识经济社会不断创新的技术和环境，现代图书馆的服务将不再满足于被动地为用户提供服务，而必须以读者的需求为导向，更主动地参与用户对知识和信息的利用，提供包括文献传递服务在内的形式多样、内容丰富的各种文化、教育和信息服务，帮助用户将知识和信息转化为成果。使图书馆实现其服务导向从“产品导向”向“读者导向”的转变；服务标准从“使用户满意”向“助用户成功”的转化；服务内容从“单一的文献服务”向“多元化知识服务”的扩展。

2.2　用新形式拓展知识服务内容

不同的用户有不同的信息需求。而随着网络化和数字化的发展，用户更加需要也更加愿意以信息技术和信息网络为基础进行信息收集、分析和交流，也更需要图书馆通过网络针对用户的具体问题和个性化环境提供给他们知识服务。为此，我们在进行服务系统设计和组织实施的过程中，可以通过建立专门的用户调研机构，保持以新颖独特的视野和创新精神来对各种信息和知识进行激活、巧用，为用户提供解决各种复杂问题的咨询方案。同时通过建立多种信息反馈渠道，对图书馆服务行为的效果即用户的满意程度进行全面调查、了解，以之作为调整服务行为的依据。

2.3　用新方法探索实现知识服务的途径

图书馆开展知识服务、实现个性化的信息要求，就要改革传统图书馆以馆藏为中心的服务模式，将用户需求同信息资源、信息技术结合起来，以信息的采集、组织、加工、整理、重组为基础，根据用户的需求，提供解决问题的方案。

就高校而言，我们的服务主要是：为教师服务，为科研人员服务，为学生服务。服务对象不同，所提供的服务内容也就各异。对以教学为主的高校教师，要提供教学参考服务，主动及时地向教师提供各种载体的相关专题资料、学科发展动态、专业论坛、研究报告、综述、案例分析等知识信息，使他们尽可能多地获取并掌握本学科及相关学科的最新发展动态和价值的知识信息；对有科研项目的人要提供个性化服务，主动为科研人员提供相关领域的前沿动态和最新发展资料、有价值的学术论文及成果报告，跟踪课题的需要，设计专门的服务方案，建立相关的服务数据库，向项目人员提供相关的知识信息；对广大高校学生则在提供基础服务的同时，还要为他们撰写论文提供专门服务，如提供足够的信息检索点，编制各种专题目录、文摘、综述等文献，以及最新科技动态和专业知识信息。有了明确的目标，我们就应该坚持以用户为中心，克服用户在信息需求中的障碍，以达到快速满足用户对知识的需求。

3 利用现有人力资源，加强知识服务人才队伍建设

高校图书馆是学术性的服务机构，图书馆在开展知识服务活动中，工作人员的素质和知识结构是关乎图书馆服务水平和核心能力的重要因素。要实现知识服务，就必须建设一支素质高、富有创新精神和创新能力的图书馆人才队伍。在现有条件下，必须充分利用现有人力资源，优化这支队伍的知识结构、智能结构和业务水平，从而培养和造就一批具有较高、较全面的文化知识和相应的专业知识及技能，同时又有创新精神的优秀人才。

3.1 深挖内部人才潜力，形成创新发展氛围

目前高校图书馆人员虽不算少，但由于各种原因，图书馆内部人力资源并没有得到充分开发利用。在这种状态下，我们只能从现实校情和馆情出发，着重内部人员的优化配置，通过挖掘图书馆内部的人才潜力，不断发展和壮大创新型馆员队伍。

首先，从选拔使用人手，培养高素质的业务骨干。要培养高素质的业务骨干，必须完善创新人才选拔机制，坚持在选拔原则、选拔条件、选拔范围上严格把关，要把德才兼备、精通业务、甘于奉献、勇于负责的人才提拔到重要岗

位上来使用，要从基层选拔一批发展有思路、工作有谋略、创新有魄力的骨干充实到中层领导管理机构中，促进整个管理层的知识化、专业化、年轻化。

其次，从教育培训入手，培育充满活力的创新团队。就图书馆而言，创新团队是图书馆员既担负相关业务工作，又从事学术研究工作的一种组织形式，是一种全新的最具活力、运行最有效的组织模式。创新团队的组建必将带动整个图书馆创新发展氛围的形成，让更多的人才脱颖而出。

3.2 以中层骨干为主体，拓展馆员的创新能力

面对知识服务，图书馆员应该具有较强的专业知识：熟悉图书情报资源体系，掌握情报工作的基本理论和方法，具有捕捉信息、挖掘知识的能力。同时还要求具有专业知识以外的相关知识：包括自然科学方面、人文社会科学方面及网络技术的应用等方面的知识。当知识工作者有了大量的知识作为基础，才能够完成创新过程。因此，按照这样的标准，人才培养目标基本锁定在以中层骨干为主体的创新型馆员队伍上。

对骨干创新能力的培养，主要从以下几方面着手：一是培养收集、组织、整合、利用知识信息的能力，并能根据知识信息的特征、结构对知识进行分类和编号；二是使之拥有相关的信息传递技术和应用能力，即能够运用多种技术手段为高校师生获取、分类并传播信息与知识，并把知识转化为集中化数据来存取；三是加强自学能力、概括能力、理解能力、语言表达和写作能力的培养，以便能通过敏锐的观察和透彻的分析，从多种角度了解用户需求。

3.3 掌握鼓励的艺术，实现有效激励

科学的人才观要求准确评价人才、合理使用人才、有效激励人才。激励的方式方法也是有讲究的。

首先，激励的内容要与馆员的基本需求相一致。需求是个体积极性的源泉，是人的潜能的外在表现。如何满足人们多层次需求，如何通过使用和培养提高他们的科学文化素质和创新能力，如何通过激励和运用各种管理职能为出发点，使各类人才的个人发展、自我实现与学校的建设和发展协调起来，是满足人的事业心、促进人的全面发展的重要保证。当人们有了实现自我价值的工作条件，有了成就感和自豪感，人的潜能才能得到充分挖掘。

其次，激励馆员实现的目标要明确、适度、有阶段性，这样才能激起人们实现目标的热情和进取心。在具体工作环境中，应根据馆员不同的实际情况，把对他们的总体期望分解成一个个具体、明确、合理、可行的目标。通过这些目标的激励，使每一次成功的体验都成为他们向下一个目标迈进的动力。

其三，激励的方法要因人而异。每个人都有才能，只不过程度大小和表现不同罢了。实施激励团队、鼓励创新的评价机制，不仅仅是为了奖惩，而是为了促进发展。因此必须摒弃我国现行的以奖励和惩处为最终目的的评价模式，建立发展性评价体系。要注重对馆员工作隐性贡献和发展潜力的评价，坚决杜绝唯职位论长短、唯学历论高低、唯论文数量论英雄等现象，对表现突出的个人应该重点培养，对有奉献精神的群体应给予更多的关怀和爱护，力求让每个馆员都有一个自己喜爱的、可发挥才能的工作岗位。只有这样才能充分调动和开发人的积极性、创造性，最终达到创新服务的目的。

参考文献

[1] 朱萍．高校图书馆知识服务实现策略［J］．科技资讯，2008（26）．

[2] 赵奇钊．知识服务：当代图书馆核心价值的重新定位［J］．吉首大学学报（社会科学版），2008（7）．

[3] 陆虹．新环境下的图书馆知识服务探讨［J］．现代情报，2008（6）．

[4] 袁琦．图书馆知识服务——21世纪服务前沿［J］．科技情报开发与经济，2008（27）．

[5] 孙晓薇．图书馆知识服务模式最优化分析［J］．河南图书馆学刊，2008（6）．

[6] 龚健，倪玉．面向创新的图书馆知识服务［J］．安徽农业大学学报（社会科学版），2008（3）．

[7] 刘春林，谢萱．军队院校图书馆人才队伍建设初探［J］．信息管理，2010（8）．

浙江党校："十二五"发力知识服务平台建设

周　全*

摘　要　浙江省党校系统"十二五"信息化建设的总体目标是：打造一个服务智能化、资源特色化、运维高效化的"智慧党校"。围绕着总体目标，全省党校系统制定了"数字资源建设"的"十二五"规划，并发力知识服务平台建设。本文从知识服务平台建设的基本思路，建设内容，建设框架的层面上展开论述，并对构建以浙江党校学习网为载体的知识服务平台的协同建设进行了探索。

关键词　浙江党校　知识服务　"十二五"

"十一五"时期，浙江党校"一个网络体系、八大应用系统"解决了网络的互联互通和部门业务管理的电子化、网络化，推动了数字资源的共建共享，这是全省党校信息化工作的一大亮点，也为"十二五"期间整体全面推进信息化建设奠定了良好的基础。因此，《浙江省党校系统信息化建设规划纲要（2011－2015年）》按照确定的建设思路和总体目标，综合各方面对信息化建设需求，把全省党校应用信息化整合为内部管理、对外服务两个方面，提出了打造"管理服务"、"知识服务"两大平台（以智能办公网为载体的管理服务平台和以浙江党校学习网为载体的知识服务平台）的具体目标。结合当前党校信息化建设的基础，围绕两大平台建设，提出了十大系统的具体任务（党校业务协同系统、公共数据管理系统、身份认证系统、移动服务系统、智能运维支持系统共同构筑管理服务平台，数字视频教学系统、仿真教学系统、数字图书资料系统、专题、省情研究系统、个性化服务系统共同构筑知识服务平台）。从而形成了"一

*　周全，女，1958年生，浙江省委党校图书馆，馆长、研究馆员。

个目标、两大平台、十大系统"的整体建设框架。

1　构建知识服务平台的基本思路

在借鉴"十一五"信息化建设规划纲要的成功经验和基本框架的基础上，我们按照"立意要高、定位要准、举措要实"的基本思路，定位"以浙江党校学习网为载体的知识服务平台"的建设。一是紧跟发展潮流明确发展目标。知识服务平台建设，必须坚持与时俱进，"十二五"信息化建设应当在"十一五"信息化建设规划的基础上，站在更高的起点上谋划发展。我们通过综合分析信息化发展和我国信息化建设的总体趋势，科学研判全省党校系统信息化建设的发展阶段，来进一步明确"十二五"知识服务平台建设的发展目标。二是紧贴党校职能明确工作定位。党校的知识服务平台建设必须立足党校的基本职能，紧紧围绕党校的中心工作开展。《党校工作条例》和《行政学院工作条例》已经对党校的工作职能和各项工作的定位做出了明确规定，特别是《2010—2020年干部教育培训改革纲要》明确要求各类干部教育培训机构适应现代信息技术迅猛发展的新形势，加强网络培训基础设施建设，规范干部网络培训管理，更好地满足干部多样化的学习需求。据此，我们认为，服务学校、服务学员、服务社会是党校各项工作的根本方向，也是知识服务平台建设的工作定位和建设目标。三是紧密结合实际明确工作任务。我们围绕信息化建设的目标定位，根据党校数字化建设的现实基础，进一步明确推进"十二五"知识服务平台建设的具体目标、实施步骤、重点工作任务和保障措施，为知识服务平台建设规划的落实奠定扎实的基础。

由此，我们提出："十二五"期间，"整合、创新、引领"知识资源体系建设的目标，以"提升服务创造价值，融入主流支撑发展，凝炼特色树立地位，拓展合作促进繁荣"的指导思想，以及"延续、融合、提升、探索"的基本原则和"开放、共赢、和谐、创新"的工作思路，构建具有浙江党校特色的知识服务平台，使之成为展示和传播智慧党校研究成果的窗口。

2　构建知识服务平台的主要内容

知识服务平台建设的主要内容是以整合党校系统精品课程、社会优质教学资源为主要功能的数字视频教学系统；以提升教学现代化水平、优化危机管理、媒体应对为主要功能的仿真教学系统；以整合党校系统特色资源、社会优质数字资源为主要功能的数字图书资料系统；以整合党校系统省情数据库、科研精品、热点难点问题专题研究成果以及浙江省特色资源为主要功能的专题、省情研究系统；以信息情报推送、专题资源检索、学科资料定制为主要功能的个性化服务系统等五大系统。

2.1 “五大系统”建设的具体内容

2.1.1 数字视频教学系统

数字视频教学系统，主要是融数据、语音、视频等各类信息通讯能力于一身教学系统。这一系统的建设主要是以整合、展示党校系统干部教育的视频成果为主。并根据干部教育培训发展的需求，适时增加、汇集和整合党校系统的视频精品课程、社会优质教学视频资源。以引进建设、自主建设和合作建设的方式来丰富这一系统。

2.1.2 仿真教学系统

仿真教学系统，是近年来党校为强党政领导干部应对突发事件处置能力和应急管理水平开发的一种以声光电技术进行场景模拟的教学系统。该系统的建设是一项涉及到图像显示系统、计算机及终端设备控制系统、中央控制系统、音视频控制系统、数字会议系统、摄录像系统、音响系统、灯光系统、远程会议系统、强电配电系统、课件制作及播出控制系统以及仿真推演软件、教学管理软件等在内的十余个子系统的复杂的系统集成工程。其中的教学案例及数据资料，是知识服务平台建设的主要内容，对这类知识资源建设，我们以引进建设、自主建设和合作建设的方式来逐渐丰富。

2.1.3 数字图书资料系统建设

数字图书资料系统，主要是数字图书馆的内容，并以“浙江党校网络图书馆”为载体，汇集全省党校系统馆藏资源库、社会优质数字图书资料库、学术研究资料库、高端信息资料库等。对这一系统，还要通过灵活的整合、可靠的组织，无缝地链接用户所需的信息资源和信息服务，将一个分布式的纷杂的信息空间组织成一个方便的用户信息系统。其数字资源内容主要是以引进建设为主。

2.1.4 专题、省情研究系统

专题、省情研究系统，是由各种专题数据库和《浙江省情研究与地方文献全文数据库》两大部分组成。前一部分是根据各级党校教学计划和学科建设而设计的专题，如"领导艺术"、"执政能力"、"社会管理"、"海洋经济"等专题数据库。后一部分是有关浙江省情研究而设计的《浙江省情研究与地方文献全文数据库》，其内容包括"浙江省情研究子库"、"浙江地方党史与人物子库"、"浙江地方文献子库"、"浙江党校文库"等特色专题资源库。这个系统的资源的建设主要是以自主建设和合作建设为主。并以日常建设与项目建设"两手抓"的方式进一步提升特色资源的质量。这一系统的数字资源的建设主要是自主建设和合作建设的方式。

2.1.5 个性化服务系统

个性服务系统，是一种服务手段、一种服务模式。它是在共性服务的基础上开展的一种多元化个性服务。可根据读者需求及检索习惯，整合相关资源信息，通过推送技术主动提供信息服务；也可根据学科建设的需要，跟踪整理国内外相关学科发展的最新动态和成果，通过平台、电话、邮箱、短信等形式主动提供知识服务；还可根据个人的定制要求，通过自建、委托、购买等渠道，定向提供便捷、高效、差异的人性化服务。对这一系统建设是利用信息技术实现高效的文献资源检索和参考咨询服务，通过元数据库和引文链接索引进一步完善文献的二次加工，深入知识元挖掘知识之间的关联，在此基础上实现真正意义上的知识服务。

2.2 涵盖"五大系统"的"三大库"建设

"五大系统"的建设内容，是构建以浙江党校学习网为载体的"知识服务平台"主要的支撑系统。"五大系统"的建设必须有实际的抓手和切实的举措。因此，我们又以"数字图书资源库"、"干部教育资源库"、"特色专题资源库"三大库建设为抓手，切实落实"五大系统"的建设。"三大库"的建设整合了"五大系统"的主要内容：

"数字图书资源库"的建设主要涵盖了数字图书资料系统的内容，发挥着数字图书馆的功能。

"干部教育资源库"的建设涵盖了数字视频教学系统和仿真教学系统的内容，体现了党校干部教育培训工作的特点。

"特色专题资源库"的建设涵盖了专题、省情研究系统的内容，展示了全省党校的区域特色、地方特色和党校特色。

个性服务系统，则是从知识服务平台中提取“三大库”中的相关数字资源，为用户提供知识服务。

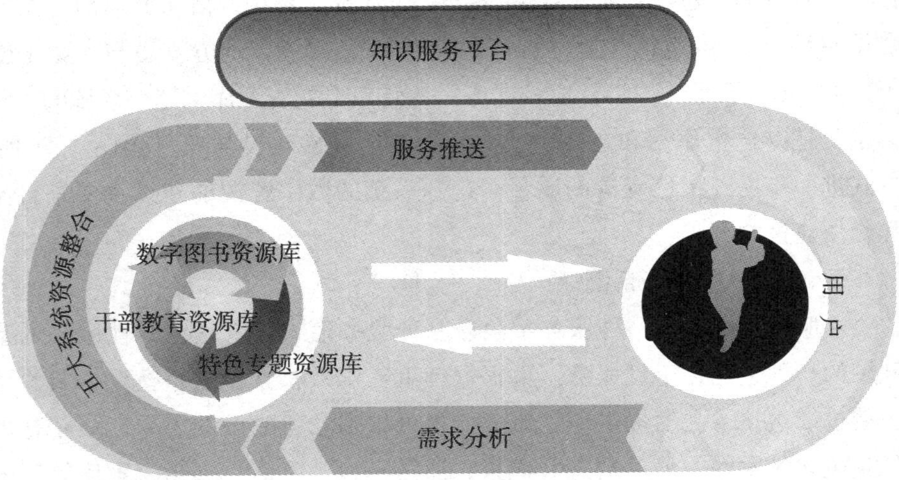

图 1

从图 1 中所展示的关系可以看出，“三大库”建设，整合了“五大系统”的内容，它与知识服务平台的关系是相辅相成、密不可分的。“三大库”的建设是“五大系统”的基础和抓手，也是知识服务平台实质性内容。反之知识服务平台又是“三大库”和“五大系统”展示和传播的途径。

3 知识服务平台建设的架构

以浙江党校学习网为载体的知识服务平台，是在一个集普适服务网、教学科研学术专网、物联感知专网于一体，融数据、语音、视频等各类信息通讯能力于一身，高速通畅、安全可靠的新一代校园综合支撑网络环境中，并通过整合资源、管理知识来服务教职工、服务学员，服务社会，进而扩大党校的社会影响力。具体构画如图 2 所示。

从架构图中可以看出，知识服务平台的是一种服务融合，用户可通过知识服务通道获取党校特色资源服务、教学科研精品的展示、各种教学案例分析以及个性化的服务等等。在“公共数据系统中”有多种数据，其中在知识层面上对外提供知识服务的是“数字图书资源库”、“干部教育资源库”和“特色专题资源库”三大库。它们通过仿真教学系统、数字视频教学系统、数字图书资料

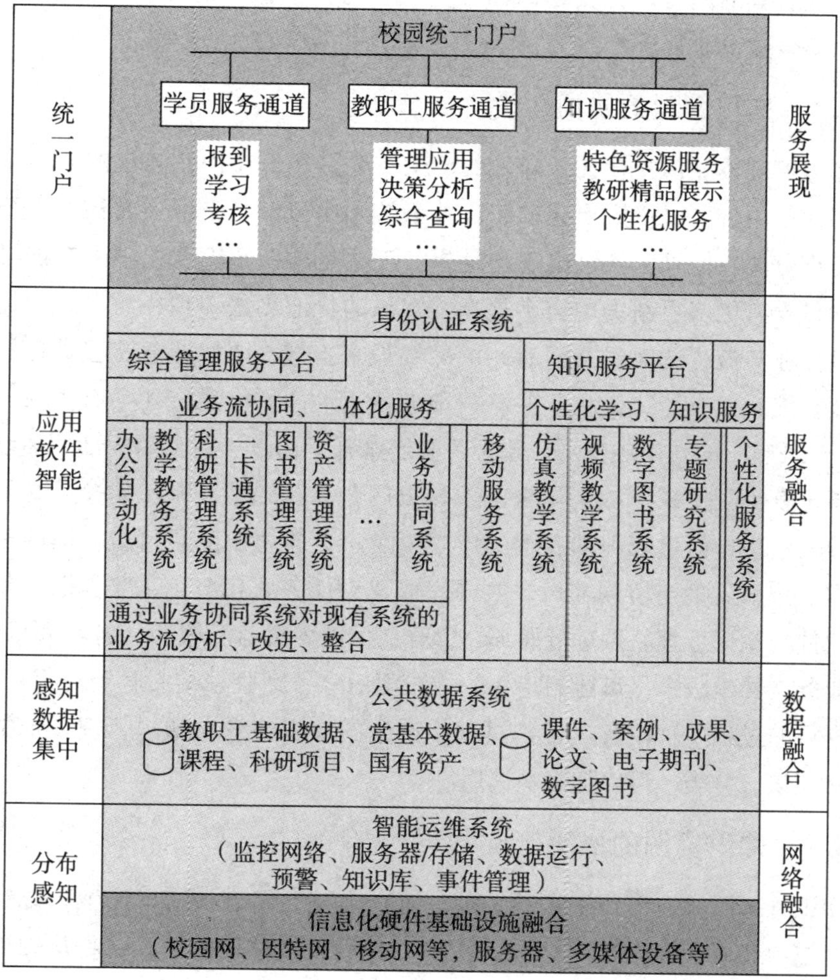

图2　校园网和知识服务平台架构拓扑图

系统、专题研究系统和个性服务系统五大系统支撑着具有浙江党校特色的知识服务平台。

4　知识服务平台的协同建设

从校园网和知识服务平台架构拓扑图中，我们可以感受到了融合、整合是"十二五"信息化建设的主题，在建设"管理服务平台"和"知识服务平台"两大平台的过程中，要对学校各块工作的业务流进行优化，因此，非常需要各部门积极有效的配合。尤其是以浙江党校学习网为载体的知识服务平台建设，协同、整合建设非常重要。

4.1 知识管理的协同建设

知识管理不能孤立存在，知识的产生一定是在工作中，知识的利用也一定是在工作使用，所以一定要让知识在业务流程中流动。千万不要让业务流程与知识管理分离，一旦分离，出现的结果：一边是放在知识系统中的知识没有人看，同样没有更多更新的内容来更新，知识的价值无法体现；而另一边员工在处理具体业务流程的时候又没有相关的知识来支撑，同样业务流程处理的结果得不到沉淀；只有让知识在业务流程中进行流动的时候系统才会有生命力。因此，“十二五”的知识服务平台建设，我们抛开了局限于图书馆内部的建设，而是置身于整个党校系统的全局来考虑建设问题。首先是，浙江党校成立了以分管副校长牵头，信息管理部和图书馆主要负责人总协调的项目组，抽调相关职能部门工作人员参与协同建设，共同完成建设任务。其次是，准备把业务流程管理软件与知识管理软件进行捆绑、整合，借助各种流程模版、各种项目模版、各种业务文档模版，尽可能的将相关的知识信息、经验总结关联到流程、项目、业务进行的过程中，使各项工作过程中产生的知识信息在知识管理系统中留有痕迹并积累、分类，可以随时被调用。

4.2 知识资源的协同建设

知识管理系统在知识资源系统的基础上实现，同时从知识产生系统和知识交流系统中获取新的知识并向知识产生系统输出系统化的知识，将从知识产生系统和知识交流系统获得的知识转化为系统化的知识进入知识资源系统的交流互动过程。这里特别要指出的是，知识资源系统不仅包括有形的以物质形态表现的信息资源，还包括无形的资源——智力资源，主要是专家资源，既包括图书情报机构内部的信息服务专家和其他专家，也包括学科领域专家。

从知识产生、知识交流、到知识资源和知识管理系统的建设，关键还是“协同建设”。因此，浙江党校除了组建“业务流管理项目组”，还准备组建“数字资源建设项目专家组”。让专家来参与建设知识资源，首先，将“三大库”中某些专题运用项目制、招投标方式进行建设。其次，探索建立学科馆员或学科联系人队伍，逐步形成学科馆员制度。协同相关职能部门特别是各教研部的教员参与项目专家组，共同确定建设专题，设计、评审并督查建设项目，保质保量地完成"三大库"的建设任务。

4.3 知识服务平台开放式的协同建设

以浙江党校学习网为载体的知识服务平台是将特定学科领域的知识资源、知识工具和服务集成一个整体，以统一、开放、共享的平台形象展现给广大用户。首先，提供用户统一信息检索服务入口，在此基础上支持个性化集成定制服务。其次，它还是开放、共享的平台。该平台通过身份认证，面向全省党校、公共图书馆和高校图书馆系统开放，提供合作构建馆际网上资源与特色资源服务系统，在馆际间进行知识资源的交换和共享。还可提供网络科研协同、学术交流园地等功能，为省级一流党校发展和虚拟交叉学科的孕育提供服务。而这些功能的实现还是赖于开放式的协同建设。协同建设的关系如图3所示：

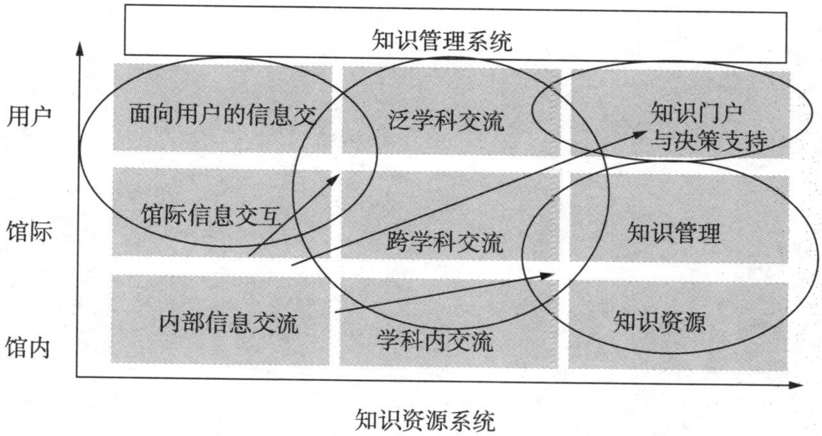

图3

"十二五"期间，浙江党校系统在发力知识服务平台的建设过程中，协同建设是非常关键一步，如果没有各部门积极有效的配合，特别是各学科领域专家的参与，就建不成高质量的"三大库"。一个没有"专家资源"的知识资源系统，是很难建成知识服务平台的。

总之，协同建设是集成各类资源系统，解决跨部门、跨学科、跨领域的信息共享和资源协同，建立知识产生系统、知识交流系统、综合性的知识管理系统。利用协同化共同构筑"十二五"期间浙江党校知识服务平台，是一大亮点，同时也是“十二五”数字资源建设的重点和难点。

参考文献

[1] 浙江省党校系统信息化建设规划纲要（2011－2015 年）.
[2] 浙江省党校系统数字资源建设规划（2011－2015 年）（讨论稿）.

做好教学模式转变下军队任职教育院校图书馆的情报信息服务

刘琰明*

摘　要　近年来的教学模式转变，对军队任职教育院校图书馆情报信息服务工作提出了更高的要求。图书馆应当抓住这一机遇，正确审视目前存在的不足，在已有基础上做出改进。军队任职教育院校图书馆要在科学整合情报信息资源、丰富情报信息服务种类、提高情报信息人才素质等方面有相应举措，还应积极寻求与相关机构的合作共享之路，以求更好地服务于院校教学科研工作。

关键词　教学模式转变　军队任职教育院校　图书馆　情报信息服务

情报信息服务是图书馆的重要职能之一。它根据学科教学科研的需要，将有价值的信息筛选出来，有目的、有组织地进行情报信息的收集、加工、传递、交流和利用。军队任职教育院校图书馆情报信息服务面向的主要用户群为本校教员、学员，且学员群体都是有实际工作经验、带着实际问题进来的人。因此，其情报信息服务必须要能从理论高度解决现实问题。图书馆作为为教学和科学研究服务的学术性机构，必须围绕教学模式的转变改进情报服务的手段和质量。

1　军队任职教育院校教学模式转变对图书馆情报服务提出了更高要求

目前，军队任职教育院校围绕着教学模式转变展开了一系列的工作。一是在教学目标上，由知识本位向能力本位转变。军队任职教育院校不光要提供知识，更要引导学员在研究和解决问题的过程中掌握方法、提高能力，注重学以

*　刘琰明，女，1984 年生，国防大学图书馆，助理馆员。

致用。二是在教学内容设计上，由理论本位向实践本位转变。随着任职教育转型，越来越多的学校较多地开设了专题性课程，重在解决问题。三是在教学方法上，由接受性学习向创造性学习转变，提倡学员的创造性、研究性学习。这一系列变化使得图书馆用户的需求发生了改变，因此也为军队任职教育院校图书馆的情报信息服务提出了以下几点更高的要求。

1.1　用户情报信息需求的变化，需要使用更为便捷的网络信息资源环境

教学更加强调学员的主观能动性和创新性，同时教员也需要更多的情报信息来满足其授课需要。专题性、短训式的教学，使得用户更希望能在较短时间内获取到最为有用的知识。并且，网络的不断发展使得人们已经逐渐形成足不出户从网络获取信息的习惯。因此，图书馆在满足用户信息需求数量、质量的同时，还应当做好数字图书馆的网络导航工作，为其提供一个使用更为便捷、一目了然的信息资源环境。

1.2　创新型人才的培养，需要大量学科前沿信息

教学由传授已有知识为主，向教授方法、启发思维为主转变，信息需求就相对表现为对前沿性信息的需求越来越多。图书馆提供的情报信息在保证具备系统性的已有主流观点的同时，应适当挖掘一些具有前沿性的、未形成普遍认识的非主流观点，并将这些观点的信息分门别类地推荐给不同信息需求的用户。

1.3　用户需求的实用性，需要更多案例式信息

教学中越来越强调实用性，强调解决问题的能力，信息需求表现为对于所研究课题相关案例类信息资源的需求量将不断增大。图书馆的情报服务工作要在保证知识系统性的同时，提供能够满足本校各学科专业的一定数量的案例、想定、模型、时事资料等作为参考。而这部分信息需求，更要求能够有一定代表性，并且要能跟得上现实的发展，能够涵盖一些新发展、新现象，能够对现实有一定的启发性和指导性。

1.4　用户需求的个性化，需要有针对性的情报信息服务

教学中大量有针对性的专题性探讨和学习，使其需求主要集中在某一领域或某一主题的文献上，信息需求表现为明显的针对性和个性化。图书馆的情报

服务工作要能够为用户提供一个个性化的服务环境，有针对性的为其提供经过一定分析、加工的情报信息。同时，也由于越来越强调针对性专题教学，一般性的知识将不能满足其信息需求。图书馆在保证提供情报信息的广度的同时，还需为不同的用户推荐相对少而精的情报信息，且这些信息要具有一定的代表性、权威性，并且同时提供相关的热点问题等。

2 军队任职教育院校图书馆情报信息服务存在的主要问题

面对教学转型的新要求，任职教育院校图书馆工作也在积极做出改进。图书馆情报服务工作越来越提倡主动服务、个性化服务，也推崇全程参与的知识服务，其服务理念和服务手段不断创新发展，紧跟教学转型带来的用户需求变化。但目前看来，图书馆情报信息服务中仍存在一些亟待解决的问题。

2.1 缺乏对不断丰富的信息资源的有效组织和控制

近年来，图书馆的各类数据库不断增多，情报信息产品数量逐年增加，且服务方式多种多样。数字资源的不断丰富和不断推出的新型服务也带来了新的问题——用户面对五花八门的各种情报信息资源不知如何下手，图书馆缺乏对这些数字资源的有效组织和控制。一是对现有资源整合不足。笔者访问了部分院校的图书馆网站，发现大部分院校都有按照本校学科分类的构想，但实际上并未形成成熟有效的模式。图书馆网站或是仅对期刊、报纸等部分资源进行了分类，或是因为各种原因不再更新，数据量少且较为陈旧。目前普遍应用的做法，还是按照资源类型或者来源渠道分门别类。也有个别院校进行了集成式搜索的开发，但仍无法涵盖所有资源，且对于用户的信息素质要求较高。对于某些对所需信息不够了解或者需要全方位信息需求的用户来说仍有一定的不便。二是对信息资源采集的控制不足。信息资源建设中求大求全的现象还不同程度的存在，而忽视了信息本身的价值。总体来讲，图书馆并未将掌握的所有信息资源进行有效组织管理。

2.2 情报信息资源的质量和多样性有待提升

军队院校图书馆信息服务受到信息资源的质量、种类的影响，其服务质量仍有待提升。一是缺乏院校特色信息。由于近年来的院校调整，导致院校学科特色几经变化，图书馆现有资源中能够体现院校特色的资源还有所欠缺。二是缺乏权威信息。图书馆拥有非常丰富的信息资源，但信息资源的权威性并未得到保证。三是缺乏时效性强的信息。任职教育院校的教学模式中需要大量对现实问题的研究和探讨，但图书馆所拥有信息资源多来自正式出版物，限于出版周期、知密权限等原因，缺乏适合军队特色的时效性强的信息。四是缺乏案例型信息。任职教育院校用户需要更多可以对实际问题有所指导作用的案例型信息，但目前图书馆这类信息明显不足。现有的想定库、案例库存在信息滞后、更新不及时的问题。五是对于非正式资源的搜集不够充足。用户需要一些能够引起思考的或者是能够代表最新动态的情报信息，这类信息资源在会议报告、灰色文献、互联网资源等渠道可较为方便的获得，但现阶段军校图书馆网络资源中相关信息较少。

2.3　缺乏提供高层次情报信息服务的高素质人才

专题式授课使得教员、学员对于某一领域更深层次问题的研究增多，对于相关情报信息资源需求的质量要求也相应提高。这要求图书馆能够为其提供更深层次的情报信息服务，即我们现在所提倡的知识服务。图书馆的知识服务，就是要帮助用户从繁杂的信息环境中，获取他们需要的、对解决他们面临的实际问题有用的知识，直接参与他们解决问题的全过程服务。但提供知识服务对工作人员素质的要求很高，现阶段院校图书馆的人力资源状况并不能满足提供知识服务的需要。一是近年来人员构成的变化使得现阶段情报服务人才出现断层。图书馆现役军人不断减少，大量年轻的文职人员迅速成为图书馆工作的主力军。文职人员虽然素质较高但缺乏军事知识背景，若缺乏对这部分人员的培养，则会越来越难以满足用户的情报信息需求。二是图书馆自身地位、待遇问题导致难以招揽能够提供高端情报服务的人才。现阶段院校图书馆在院校中的地位、待遇都并不高，这使得高端人才引进工作有一定的困难。三是图书馆基础工作繁多，人员精力有限。图书馆必须完成好收集、加工、存储、更新、维护各类信息资源等大量基础性工作，需要大量人力、物力支撑，情报工作人员也不可能像教研部门人员那样全身心投入研究某一课题，总体来说人力资源不足。

2.4　受到其他信息机构冲击

随着院校信息化工作的不断加深，图书馆以外的各信息机构也都开始加强自身网络信息资源的建设。这使得需要针对性情报信息的用户的选择余地大大增加。他们开始逐渐将注意力从图书馆网站一家开始转向多个方面。比如，各科研部门的网站、网络信息管理中心所开发的信息资源网站等等。科研部门自身的专业优势使其开展深层情报工作，远比需要兼顾各个学科却又人手不足的图书馆来得容易，而院校信息管理中心也在信息工作中不落人后，利用自身网络优势提供信息资源服务。同时，军训网的蓬勃发展也为用户提供了更多的解决问题的途径，如各种综合搜索引擎、军网维基百科、各类论坛等。图书馆不再是用户获取情报信息的唯一途径。这犹如互联网时代的到来，使得用户逐渐习惯利用搜索引擎解决基本问题，而对地方图书馆产生冲击一样。当军校网络逐步发展到一定阶段，也会影响到数字图书馆的用户群的选择。

3 强化军队任职教育院校图书馆情报服务的对策

面对教学模式转型的要求，审视任职院校图书馆现阶段存在的问题，我们应积极寻求改进图书馆情报服务的对策。由于目前来讲，个性化服务研究开展的较好，这里不多做赘述。具体来说，还要从以下几个方面着手改进。

3.1 科学整合情报信息资源

要想为用户提供一个使用方便快捷的网络情报信息资源环境，首先要做好的就是信息资源的整合工作。信息资源的整合工作就犹如穿起散落的珍珠，能够将分散在各地的有价值的信息资源集合起来，形成情报信息资源。军队任职教育院校用户需求的学科倾向性非常明显，因此要根据所在院校学科特色做好信息资源整合工作。要达到这一目的，可以从以下几个方面着手。首先，用户的信息需求是针对内容而言，所以他们更希望看到以内容为主线的信息布局，其次才会关心来源和资源类型。因此要对现有资源重新布局，按照所在军队院校学科特色分类整合信息资源。考虑到用户熟悉界面的问题，可以借鉴一些院校的做法，在保留原有布局的同时，按照内容、类型、信息来源等不同形式分类，使得界面更易使用。其次，在形成按照学科分布的信息资源的基础上，可以开发易用的集合搜索引擎。对此，可以参考谷歌学术搜索等专业搜索引擎的构造，以及开发在输入时自动关联最近热门搜索词汇等功能。

3.2 丰富情报信息服务产品种类

军队任职教育院校图书馆要利用好网络环境，在现有资源基础上提供质量更高且更为丰富多样的信息资源。一是要让所拥有学科资源具有所在院校特色。图书馆应做好原生文献工作，并且在信息采集时多关注相关院校的自建成果以及总部共建共享的项目。二是要通过关注各学科知名专家、机构等方式，重点采集权威性较强的信息资源。三是要尽量保证情报信息的及时性。图书馆情报工作人员应追踪教学计划，打出提前量，想在用户需求前面，主动服务。同时，要关注各学科前沿动态，对正在发生的热点问题进行追踪。四是要加大案例型信息的搜集力度，逐渐形成真正实用的想定库、案例库等。比如，联合作战实施案例、非战争军事行动实例、官兵心理疏导案例等等。五是要通过关注相关学科会议报告、灰色文献、互联网资源等渠道搜集情报信息，保证一定数量的非正式信息资源。总体来说，军校图书馆要保证所搜集信息质量的同时，保证种类的丰富，要包含书、刊、报、时事资料、热点问题、案例库、多媒体资料、原生文献、重要会议信息等各类信息资源，也应有学科相关名人介绍，论坛、网站、博客推荐，学会组织机构推荐等栏目，满足用户对于学术性和实用性的双重需求。

3.3　提高情报信息服务人员素质

要做好情报信息服务，在积极改进服务手段的同时，更重要的是要拥有一支能够做好这项工作的队伍。一是要能够掌握所在院校各学科的基本知识。学科馆员制度是实现这一目标的最佳手段。由于图书馆各种日常事务造成人力资源不足，可以先由情报工作人员从掌握各学科基本知识做起，满足用户对于各学科信息资源的基本需求。二是要培养情报工作人员的信息敏感性。首先，要能够通过关注教学计划、关注学科相关知名机构的动态等方式，了解学科前沿发展状况。同时要对正在发生的新闻事件有基本的判断，这样才能保证信息的及时性。其次，要对馆内外资源及时掌握。对于互联网信息、各重要会议、政策动向等要有良好的了解途径。同时，对于军训网内的其他信息机构的资源建设状况也应及时关注，利用好总部规划下共建共享的信息资源，形成资源共享、互补，节约信息提供的成本，保证情报信息的多样。三是要培养新人。对于人才断层的问题，要通过培养新人及时解决。要为新人进行有针对性的培训，使其参与到情报信息服务中，在锻炼中不断提高。图书馆应为新人提供外出学习、参观的机会，使其适应军队任职院校特色，开拓视野。这样，才能让其开展情报工作有思路、有想法、有热情。

3.4 积极寻求外部合作之路

仅凭一家之力，很难取得最好的情报服务效果，因此必须综合多方面力量，形成情报服务合力。一是要在信息采集和提供时可借鉴外部已有的成熟信息。充分利用好军队院校的数字资源联合保障计划的成果，使用总部共建共享项目。如此一来，便可以在避免重复建设且保质保量的同时，节约情报信息资源建设成本。另外，还要注重参考借鉴相关院校或地方研究所的已有信息服务。二是要使本院校各部门协调共建。首先是与教研部门的合作。例如，上海图书馆与上海科学技术情报研究所合并为同一机构，大大提高了其情报信息服务的质量，实现了深层次情报信息服务。军队院校可以参考借鉴这一做法，即便不在行政关系上合并，也可以通过学科联络员、特聘专家信息员等各种制度，与教研部门形成合作关系，共同为学校科研做出努力。其次是与信息管理中心的合作。目前，一些院校的信息管理中心也开始推出了学科论坛、原生文献搜集等信息服务。这与图书馆的资源建设在一定程度上存在重复。一些院校的信息网络部门与图书馆也合并为一家，共同进行信息服务。这不失为一种理想状态。这样既可以使信息网络中心发挥其技术优势，又使得图书馆从技术问题中解脱出来，专心于信息资源搜集、加工、整理、存储等工作。三是要善于利用用户的力量。军队任职教育院校图书馆的部分情报信息用户本身就是某一领域中的专家。可以借鉴百度知道、新浪爱问的形式设计网络论坛，为读者提供开放式问答服务。这样一来，提供信息和情报服务的人，就不光局限于图书馆有限的人力，而是能够吸纳更多的专业力量。

4 结语

军队教学模式转变为各个任职教育院校的大趋势，相关单位都在纷纷转型，这也是图书馆情报服务变革的良好机遇。我们应当抓住这一机遇，善于思考，不断摸索，改进图书馆情报服务质量。军队任职教育院校图书馆要在做好基础工作的前提下，立足图书馆实际为用户提供符合其需求的情报信息服务，灵活运用多种方式向着知识服务的理想目标逐渐前进，使得院校图书馆在提升自身地位、作用的同时，为院校教学科研提供优质情报信息服务。

参考文献

[1] 申理哲．我国公共图书馆情报服务现状及发展对策［J］．科技情报开发与经济，2008（15）．

[2] 李名洋，鄢小燕．面向科研的图书馆服务创新研究［J］．国家图书馆学刊，2010（1）．

[3] 刘宏军．高校图书馆情报服务措施探析［J］．内蒙古科技与经济，2010（10）．

[4] 申世海，齐文玉．图书馆建设要适应军校转型需要［M］//军队院校图书馆第十二届学术研讨会优秀论文集，北京：国防大学出版社，2010．

[5] 陈静波．关于军队院校图书馆知识服务现状的调查研究［M］//军队院校图书馆第十二届学术研讨会优秀论文集，北京：国防大学出版社，2010．

[6] 杜也力等．知识服务模式与创新［M］．北京：北京图书馆出版社，2005．

第五部分

人才建设

从论著条件谈图书资料系列职称标准

程　光*

摘　要　近年来，我国图书资料系列职称评定工作进入了常态化，并成为衡量图书资料系列专业技术人员专业素养和业务水平的唯一标准。然而，我国现行的文化部及部分省市自治区的职称评审条例存在着评审标准差异大的情况，使得同一系列同一职称在不同省市评聘的难度和标准有很大的不同，从而影响了现行职称制度在衡量专业技术人员学识水平、技术能力的科学性、权威性、公正性、公平性和标准性。因此，有必要对图书资料系列职称评审条例进行改革，使之更客观地反映图书资料学科和业务工作的特点，促进图书馆事业的良性发展。

关键词　论文　著作　图书资料　职称　评审　标准

近年来，随着我国职称制度的发展与完善，各系列的职称条例相继出炉。据统计，目前我国的专业技职称系列多达28个。由于很多系列中央和地方都编制各自的评审条例，造成同一系列职称各地评审标准不一的现象。以图书资料系列为例，文化部于2000年颁布了《全国图书资料系列高级职称评审基本条件》（文人发［2000］54号）之后，很多省市为方便本省职称的评审工作，近几年相继制定或修订了各自的图书资料系列评审条例。这些省市图书资料系列评审条件之间以及和文化部制订的评审条件相比较存在着相当大的差异，致使同一系列同一职称在不同省市的评审难度和评审标准有很大的不同，也使得职称在体现专业技术人员学识水平、技术能力等方面的公平性、公正性方面饱受

*　程光，女，1964年生，福建社会科学院文献信息中心，编辑部主任、副研究馆员。

质疑。本文拟就文化部、辽宁、江苏、广东、贵州、内蒙古、河北、黑龙江、新疆和福建等省、市、自治区图书资料系列高级职称的评审条例中的论著条件做一比较，探讨如何制订更完善的图书资料系列职称评审条例。

1　论著条件比较

论著条件是图书资料职称评定的主要硬件条件。在文化和各省市自治区分别制订的图书资料系列评审条例中，都明确规定了相应职称的论著条件。但由于制订者不同，文化部和各省市自治区的职称条例中对高级职称的论著要求存在着相当大的差异。如有的职称条例的论著条件是必须同时具备论文和著作的相关要求，而大部分的职称条例则仅需满足论文或著作条件之一即可。不同的条例对论文、著作的篇（部）数、字数等也有不同的规定，特别是对发表论文的刊物级别的限制差别非常大。

1.1　论著数量标准不一

在各省市和文化部的图书资料系列高级职称评审条例（以下简称评审条例）中，对论著数量的要求很不一致。以副研究馆员（以下简称副研）的论著要求为例，各评审条例的论文数量标准 3－5 篇不等，专著的字数要求方面，黑龙江省要求 3 万字以上，辽宁 8 万字以上（参见表一）。研究馆员（以下简称正研）的论著数量要求差别更大，如文化部和福建、湖南的图书资料系列正研评审条件对参评人员的论著要求是必须同时具备论文和专著。文化部和湖南省对正研的论著要求是 5 篇论文和 2 部专著；福建省对正研的论著要求是 5 篇论文和 1 部专著（参见表二）。其他大部分省、市、自治区的评审条例则只要求达到论文或专著条件之一即可，但论文篇数、字数和著作字数等方面的要求也不相同，如辽宁省是 5 篇公开发表的论文或 1 部 10 万字以上的专著；广西、广东、重庆和河北是 5 篇论文或 1 部专著；贵州是 6 篇论文或 1 部专著或 1 部 25 万字以上的二次文献；江苏是 5 篇论文或 1 部 5 万字以上专著；内蒙古是 5 篇 3000 字以上的论文或 3 万字以上专著；黑龙江省是 5 篇 1500 字以上的论文或 1 部专著（参见表二）。

1.2　发文期刊要求标准不同

对论文所发刊物的具体要求是各评审条例论著条件的最大差异所在。

在副研的论著条件中，文化部和绝大部分省、市、自治区的评审标准都要求论文必须发表在省级以上刊物，但也有的省市只要求公开发表即可。而福建和湖南的规定则相对严格，湖南要求必须有1篇发表在核心期刊，福建则需2篇发表在核心期刊（参见表一）。

各个职称评审有关正研的论文发文刊物级别的限定则差异更大。如文化部和内蒙古的条件是5篇发表在省级以上刊物的本专业论文，黑龙江、重庆、广东、河北要求公开发表5篇论文，贵州6篇省级以上刊物论文。辽宁、广西、福建、江苏、湖南、新疆均要求公开发表5篇以上，但其中又有差异，如福建要求5篇均为核心，其中国家级核心不少于1篇，湖南要求5篇国家级或核心或国家级研讨会交流论文，辽宁、广西要求1篇核心，江苏、新疆要求有2篇国家级（参见表二）。

表一 文化部和部分省图书资料系列评审条例副研究馆员论著条件

省市（或文化部）	论文篇数	论文发表刊物要求	论文字数要求	著作数（部）	著作字数	是否要求同时兼具论文、著作
文化部	≥3	省级以上		1	不限	否
辽宁	≥5	3篇省级以上		1	≥8万字	否
广西	≥3	无		1	无	否
河北	≥3	不限		1	不限	否
江苏	≥2	省级以上		1	≥5万字	否
福建（1）	≥4	省级以上 其中核心2篇				
福建（2）	≥2	省级以上		1		是
湖南	≥3	省级以上其中1篇 国家级或核心或 国家级研讨会交流论文		1	不限	
贵州	≥3	省级以上		1部（著作或二次文献）	二次文献≥15万字	否

续表

省市（或文化部）	论文篇数	论文发表刊物要求	论文字数要求	著作数（部）	著作字数	是否要求同时兼具论文、著作
黑龙江	≥3	CN 或 ISSN	1500字以上	1	≥3 万字	否
新疆	≥4	省级以上		1 部专著或译著	不限	否

表二　文化部和部分省图书资料系列评审条例研究馆员论著条件

省市（或文化部）	论文篇数	论文发表刊物要求	论文字数要求	著作数（部）	著作字数	是否要求同时兼具论文、著作
文化部	≥5	省级以上		2 部	未要求	是
辽宁	≥5	省级以上，其中 1 篇以上本专业核心		1	≥10 万字	否
广西	≥5	公开其中 1 篇核心斯时		1 部	不限	否
河北	≥5	公开		1	不限	否
江苏	≥5	至少 2 篇国家级	2000字以上	1	≥5 万字	否
广东	≥5	公开		1		否
重庆	≥5	公开		1		否
福建	≥5	5 篇以上核心期刊其中至少 1 篇国家级核心		1	≥15 万字	是
湖南	≥5	5 篇国家级或核心或国家级研讨会交流论文		2	不限	是
内蒙古	≥5	省级以上	3000字以上	1	著作≥3 万字，译作≥8 万字	否

续表

省市（或文化部）	论文篇数	论文发表刊物要求	论文字数要求	著作数（部）	著作字数	是否要求同时兼具论文、著作
贵州	≥6	省级以上		1部专著或二次文献	二次文献≥25万字	否
黑龙江	≥5	CN 或 ISSN	1500字以上	1	≥5万字	否
新疆	≥5	公开，其中国家级2篇		1	专著或译著	否
档案系列	≥6	公开	1500字以上	无	无	否

2 存在的主要问题

2.1 职称标准问题

文化部和各省市制订的图书资料系列评审条件是作为图书资料系列职称评定的依据和标准。既然是标准，其科学性和一致性尤应重视。且不论这些评审条件的科学性如何，仅就一致性而言，各个图书资料系列评审条件，尤其是论著条件就存在着很大的差异。

从上表可以看出，文化部和各省市、各省市之间的图书资料系列职称评审条件相去甚远。在文化部制定了图书资料系列职称评审条例后，按理说全国已经有了相对统一的职称评审标准，但许多省市和自治区出于各自的考虑相继出炉了地方版的职称评审条例，并以此作为各地图书资料业务人员职称评定的标准。这些“地方粮票”由于制订者不同，相关细则的内容也不一样，从而导致了各地区同一职称评定标准宽严不一，量化不足，且更改频繁，这与职称制度的本质要求明显相悖。部分地区自行的“土政策”，更是使职称政策在实施中“走调变味”，丧失了职称制度的科学性、权威性。

从表二所列的文化部和各省、市、自治区正研论著条件可以看出，各地制定的标准差异很大。论著条件要求较高者如福建和湖南的副研论著条件甚至比一些省市的正研要求还高。以条件较为严苛的福建为例，该省职称条例正研的论著条件是1部15万字以上的专著和5篇以上核心期刊本专业论文，其中不少于1篇国家级核心期刊。这些条件与任一系列职称条例的正研论著条件相比，甚至有过之而无不及，如代表该省最高评审条件之一的社科研究系列正高职称的评审条件是2篇权威核心期刊论文和1部专著。图书馆虽然也是学术机构，但却是以业务工作为主的部门，科研是其副项，对科研的投入以及其自身的科研能力和科研水平远不能与研究机构相提并论。然而福建省图书资料系列正研的论著条件与专门从事科研工作的社科研究系列正高职称条件相当，图书馆人是否太"高看"了自己？1986年1月国务院批转《图书、档案、资料专业干部职称暂行规定》是把图书资料和档案作为相类似的系列，其工作内容相似，职称名称也类似。然而同样是国家部级制订的职称条例，国家人事部制订的档案系列正研论著条件仅仅为公开发表6篇1500字以上的论文（参见表二），而文化部对图书资料系列正研的论著要求是2部专著和5篇省级以上专业期刊论文。同为国家级的职称评审条件，对类似的工作所制订的职称标准却有如此大的差别，职称条例作为"标准"的"公平、合理和非歧视性"原则又何以得到体现？此外，职称标准中对论著要求的过分偏重，使得图书馆职业的专业性和特殊性，在职称评审标准和评聘制度中不能得到充分体现，其作为"标准"的科学性、严谨性也就值得怀疑了。

2.2　评定条件构成要素问题

与科研工作不同，图书馆工作更注重的实际能力和工作水平，科研能力代表着工作人员的理论素养，与实际业务能力和水平的关系并不如职称评定标准所显示的那样大。但由于实际能力、工作水平等软件，评价难度大、费用高，技术职称评审侧重点积聚到学历、资历、论文等硬件上，淡化了实际能力和工作水平。因此在图书资料系列的职称评定标准中，存在着明显的重资历轻能力、重科研轻业绩的现象。如有些图书馆工作人员业务能力一般，但却因为科研能力较强而评上高级职称，而有些在实际工作中能独挡一面的业务骨干，却由于在论著等硬件上未能达标而评不上相应的职称。即业务水平高不一定能评上高级职称，而科研能力强却一定能上高级职称。图书馆是以业务工作为主要工作内容的单位，但大部分的职称条例却把科研能力，而不是业务能力或业务水平作为衡量标准。职称条例对论著条件的过分倚重，在一定程度上对图书馆员工的工作积极性产生负面影响，因为业务能力再强、工作做得再好也抵不上发表几篇职称文章。有的员工为了评职称，把大量的精力花在写文章上，对所承担的图书馆日常工作敷衍了事。而就大部分图书资料系列评审条件论著标准构成要素本身而言，也存在着不合理的条款。如某省的评审条例规定参评正高职称者必须有1篇论文获得中国图书馆学会评选专业论文一等奖。中图学会评选的专业论文奖是仅就参加该年度学术研讨会的论文而言的，如果依据这条规定，对于没有参加中图学会主办的学术研讨会者是否就意味着不能评正高职称？

2.3 论著衡量标准问题

在图书资料系列职称评定标准中，论著标准是最为人们所诟病的。在现行的职称评定中，评价论文的标准不是从论文本身的内容质量出发，而是过分拘泥于外在的量化标准。如“数量”与“级别”的限制，特别是以论文是否发表在核心期刊、国家级期刊、省级期刊或公开期刊作为评价和衡量论文等级和质量高低的首要标准。这种流于形式的做法，是否能判定出论文质量的优劣值得商榷。

以核心期刊为例，其论文质量整体水平固然较高，但并不意味着所刊发的全部论文质量都高，其中也不乏平庸之作。一方面，全国图书情报专业就十几种核心期刊，而图书情报专业的从业人员加上高校图情专业的师生数以十万计，如果大家都往核心期刊投稿，大部分无关系、无名气的作者的论文很难被采用。另一方面，大部分省级的核心期刊存在着对本省作者的明显“偏爱”现象，只留很少的版面给省外作者，对于那些本省没有图书情报专业核心期刊的作者而言，在核心期刊发文就难上加难。从内容质量上来衡量，有些能在本地主办的核心期刊上发表的论文，甚至还比不上外省的一般专业期刊发表的学术论文，更不用说外地乃至全国性的核心期刊了。此外，同一种核心期刊的不同栏目或同一栏目的论文之间，也存在质量的差别。由此可见，论文的质量与刊物的级别并没有必然的联系，把核心期刊作为判断论文质量的唯一标准有失公允，更惶论有些评审条例将其作为职称论文评定标准的硬性规定了。

2.4 论著内容限定问题

几乎所有的图书馆评审条例都把论著的内容限定为本专业，该规定是否合理也值得商榷。进入新世纪以来，由于网络的普及、各类信息的数量以几何级数增长。在这种环境下，图书资料专业人员不仅要掌握图书馆学情报学专业知识，还必须具备自然科学或人文科学的某一学科的专长，才能适应知识服务的发展需要。图书资料专业人员在分析、研究馆藏信息、网络信息和读者需求的过程中，所得出的智慧结晶应该是没有学科限制的，而图书资料系列评审条例却对论著内容严格限制，显然与新形势下图书馆人才队伍的发展不相适应。图书馆服务是通过对文献的收集、整理、加工、和重组，生产出新的知识产品提供给用户，提供给读者利用的方式完成的，而不是向读者传授图书学、情报学等相关学科的系统知识。在当今知识服务的环境下，图书馆面临越来越多专业化的服务需求，服务人员知识储备的专业化也成为发展趋势。在这种情报下再把图书资料专业人员的研究方向和研究成果限定在图书学、情报学、文献学范围内，势必造成图书馆研究领域狭窄化，研究层次肤浅化，不利于图书馆各项工作的深入开展。在图书资料系列评审条例中对论著内容的限制说明职称评定标准已经脱离了知识服务环境下图书馆的新发展，挫伤专业人员对其他专业知识的探索和研究，不利于专家型人才的培养，更不利图书馆知识服务的开展和深化。

3 图书资料系列高级职称论著条件的改进建议

3.1 统一标准，营造公平公正的竞争环境

如上文所述，在图书资料系列职称评定条例中存在着严重的标准不一现象。为解决这一问题，建议由文化部、各省市自治区的主管部门和有关专家进行商讨，参照文化部2000年颁布的《全国图书资料系列高级职称评审基本条件》以及全国档案系列高级职称评审基本条件等，制订出相对公平、科学并切实可行的职称评审条例。在设定标准时应充分考虑老少边远地区、基层馆和高校馆、大型公共馆和科研馆的不同情况，给予适当的政策宽松。在条例制订后强制各省市自治区相关部门执行，使职称标准真正成为衡量全国图书资料专业人员学术水平和业务能力的标志，对同一职称的专业技术人员实行全国统一的标准，避免由于地方条例不同造成的职称评定标准严重不一现象，为图书资料人才队伍发展营造公平公正的竞争环境。

3.2 制订更科学严谨的论文条件

图书资料专业技术人员职称评审条件的要素政治思想条件、外语条件、计

算机条件、学历条件、继续教育条件、专业工作经历（能力）条件、业绩成果条件和论著条件。在这几个条件中，论著条件相对而言更容易以质（发文刊物）和量（篇数、字数）制定硬性的指标标准，也因此成为职称评定的最主要依据。然而论著水平是最不容易衡量的，因此论著条件的制定应更加严谨。根据我国图书馆界的实际情况，对论文的要求不宜过高，尤其是对老少边远地区和基层图书馆的工作人员可适当放低对论文的要求。从上文所列条例可以看出，有的省对图书资料专业职称资格条件论文条件要求过高，很难达到；有的又由于对论文数量要求过多，客观上造成了大量粗制滥造论文的出现。更有甚者，有的人为了评职称，在一年内的论文发表量竟然多达十多篇，其质量可想而知。为此，在论文数量和质量的标准制定上，应综合文化部和各省市自治区评审条例的论文要求，结合在实际评审工作中的情况，制订既体现图书资料专业人员专业素质，又能反映其知识水平的更科学严谨的论文条件。在发文刊物的限定上，摒弃以核心期刊作为指标性硬性规定的做法，以论文的质量作为评价的标准。

3.3 放宽对论文内容的限定

论文的内容限制不应过死，对于发表在其他学术期刊的非图书馆学情报学专业的高水平论文也可作为职称论文。例如在科研系统图书馆和高校图书馆中，非图书馆专业毕业的人员占很大比例。而图书资料系列各评审条例的论文内容要求均是本专业的学术论文，即使是从事图书资料工作的其他专业的博士研究生，也不得以自己所学专业的学术论文作为晋升图书馆职称的有力条件。这种做法严重阻碍了图书馆员各专业研究和专业化服务的发展，不利于专业人员自我价值的实现。要改变这种局面就必须改革评审条例中对论文内容本专业化的硬性限定，鼓励图书资料专业人员根据他们自己的专业所学，结合工作需要和图书馆专业的科学研究选择研究课题。此举不仅可以更深层次地挖掘馆藏资源，拓宽图书资料专业人员的研究领域，增强图书馆的综合科研能力，也有助于学科馆员和学科专家培养，为图书馆的知识服务奠定学科人才基础。

3.4 允许著作内容和体例多样化

除个别评审条例允许译著、二次文献和专著均可作为专著代表作外，大部分的图书资料系列评审条例规定著作代表作必须是本专业学术专著。首先，专著内容限定为本专业是否合理？在图书馆界，有许多在其他领域学有所长的专家经过多年努力出版了水平较高的非图书馆专业学术专著。就学术价值而言，这些专著的学术水平大大高于一些本专业的学术著作，而仅仅由于是非本专业的作品而不能作为代表作，未免有失公允。如福建社会科学院文献信息中心主任刘传标从清代档案和民国档案，以及台湾出版的《政府公报》、《中华民国史料丛编》、《中华民国史事纪要》和海军人员的回忆录、传记、电报函稿等资料中，广泛地搜集有关中国近代海军的机构、人物资料。前后历时 7 年，以职官演变为主线，以图表形式编纂的《中国近代海军职官表》，从严格意义上说并非"本专业专著"，不能作为专著代表作，但该书却获得当年福建省社会科学优秀成果图书情报类唯一的一等奖。其次，二次文献等是否能成为代表作？在二次文献中也有大量学术价值较高的佳作，前文所说的《中国近代海军职官表》，严格意义上应将其归入二次文献，因为它只是对大量资料的收集与整理，但其学术价值却远远超过了很多专业论著。因此，应允许著作内容和体例的多样化，以学术水平作为衡量著作的唯一标准，而不是过分拘泥于形式和内容。

总之，论著条件是图书资料系列职称评审条例的重要组成部分。在图书馆职称评审过程中，由于业务水平难以用量化指标进行衡量，科研成果就成为在职称评审过程唯一的标准。因此，制订更切合实际的论著条件，在全国范围内统一图书资料系列职称的评审标准，建立科学规范的学术成果鉴定体系，是我国图书资料系列职称评聘工作走向规范化、标准化的重要途径。

参考文献

[1] 全国图书资料系列高级职称评审基本条件（文人发［2000］54 号）.

[2] 关于印发广西壮族自治区图书资料系列高、中级专业技术资格评审条件的通知（广西壮族自治区文化厅职称改革工作领导小组，桂职办［2005］91 号）.

[3] 关于印发《河北省图书资料专业高、中级资格申报评审条件》的通知（河北省职称改革领导小组，冀职改字［2003］57 号）.

[4] 江苏省图书资料专业研究馆员资格条件（试行）.

[5] 广东省图书资料专业研究馆员资格条件.

[6] 重庆图书资料专业研究馆员资格申报评审条件.

[7] 甘肃省图书资料专业副研究馆员职务任职资格评审条件（试行）.

[8] 福建省图书资料系列专业技术职务任职资格评审工作的实施意见（闽文职改［2009］14号）.

[9] 湖南省图书、资料系列高级专业技术职务任职资格评审条件（试行）.

[10] 关于印发《贵州省图书、资料系列中、高级职务任职资格申报评审条件（试行）》的通知（贵州省人事厅、贵州省文化厅，黔人通［2006］81号）.

[11] 内蒙古自治区图书资料专业研究馆员资格评审条件.

[12] 辽宁省图书资料专业技术人员（研究馆员（正高级）、副研究馆员（副高级）、馆员（中级）、助理馆员）职称资格评定条件要求.

[13] 黑龙江省图书资料系列高级专业技术人员评审条件.

[14] 新疆维吾尔自治区图书资料系列高级专业技术人员评审条件.

[15] 关于2008年度申报档案系列研究馆员专业技术职务任职资格有关问题的通知.

[16] 王凌．从职称制度的弊端论职业资格认证制度的实施［J］．图书与情报，2009（6）：123－126.

[17] 李书玮．高校图书馆职称评定与工作测评［J］．大学图书情报学刊，2007（3）60－62.

[18] 王霞．关于深化图书馆专业技术职称体系改革的思考［J］．河南图书馆学刊，2006（6）：127－129.

[19] 周欣．对图书资料系列职称评定中论文要素的思考［J］．图书馆工作与研究，2004（1）18－20.

[20] 范晓谚．对改革图书馆系列职称评定标准的探索［J］．企业家天地，2006（2）：94－95.

[21] 赵玉君，束春德．高校图书馆的职称制度及其对科研工作的影响［J］．山东图书馆季刊，2007（4）：41－43.

加强军校图书馆文职人员队伍建设的思考

李泽红[*]　张娅如[**]

摘　要　军队实行文职人员制度，是军队人事制度的重大调整改革，是推进军队现代化建设的重要战略举措。本文从文职人员学科背景、军政素质、年龄结构以及人员流动四个方面分析当前文职人员存在的问题，并就完善文职人员的军事素质、相关法规制度以及加强文职人员继续教育和业务方面提出建议。

关键词　军校图书馆　文职人员　队伍建设

1　前言

2005 年 6 月 23 日《中国人民解放军文职人员条例》颁布，标志着酝酿多年的我军文职人员制度的正式建立和施行。《条例》规定，建立文职人员制度，将部队科研、教学、工程、卫生、文体、图书、档案等专业技术岗位及部分管理事务和服务保障等非专业技术岗位改由文职人员担任。文职人员按照规定的编制聘用到军队工作，履行现役军官（文职干部）同类岗位相应职责。军队文职人员制度的实施，是我军人事制度的重大调整改革。不仅满足了裁军的需要，而且为吸引优秀的社会人才进入军队提供了广阔的途径。是我军顺应世界新军事变革和社会主义市场经济发展规律，推进军队现代化建设作出的重大战略决策。

从 2006 年开始，军校图书馆开始有计划地招聘文职人员。一大批地方高校毕业生和社会相关专业人才进入军队院校图书馆。据调查统计，军校图书馆文

*　李泽红，女，1972 年生，国防科技大学图书馆，馆员。

**　张娅如，女，1967 年生，国防科技大学图书馆，副研究馆员。

职人员与现役文职干部的比例约为 2∶1。文职人员的到来，为军校图书馆事业发展带来了发展机遇，成为新时期军校图书馆建设的主导力量。

2 军校图书馆文职人员队伍的特点

2.1 队伍年轻化，有利于优化图书馆人才队伍

在文职人员队伍进入军校图书馆之前，军校图书馆经过了体制编制调整改革，大批图书馆文职干部转业进入地方工作，军校图书馆只剩下少量的文职干部和一批职工同志，大多数军校图书馆很长时间没有吸收新生力量。人才的流失一度使军校图书馆正常工作的开展受到了很大影响。从 2006 开始，军校图书馆开始有计划地招聘文职人员，并在三年之内基本按编制配齐。文职人员年龄主要在 22 岁—30 岁之间，改变了过去图书馆人才队伍日趋老化的趋势，以青年为主体，实现了老、中、青三代有机结合，优化了图书馆的人才队伍，图书馆较之以前更具有朝气和活力。

2.2 文化程度高，综合素质较全面

军校图书馆所招聘的文职人员大多具有本科或本科以上学历，英语水平较高，且对计算机和信息技术有一定的理论基础和操作技能。他们接受新事物能力较快，上岗后能较快地适应工作，工作中敢于创新。如国防科技大学图书馆按文职人员专业素质、特长成立了环境美化组、学科服务组、外事翻译组等。环境美化组由具有建筑、美术和艺术等学科背景的文职人员组成，负责馆内人文、自然环境建设以及图书馆宣传资料图片设计；学科服务组的成员必须具有图书情报知识专业背景，负责各学院学科联络、咨询和学科服务；外事翻译组则由具有英语专业的文职人员构成，承担图书馆资料翻译以及外国参观团的口译工作。实践证明，这些不同职能组的设立，充分挖掘了文职人员的潜能，调动了他们工作的积极性和主动性。

2.3 个性鲜明，思维活跃

军校图书馆文职人员大多为 80 后，他们生长在改革开放的年代，又毕业于地方大学，受各种思想观念冲击，与“循规蹈矩”的军校大学生相比，他们个性鲜明，民主平等意识较强，能适应市场经济的竞争，敢于面对各种挑战和压力。他们的到来，有助于军校图书馆改革传统工作方式和管理模式，推动军校图书馆信息化和现代化建设。

3 目前文职人员队伍建设存在的问题

3.1 缺乏政治觉悟和军事素质

依据《中国人民解放军文职人员条例》，文职人员按照规定的编制聘用到军队工作，履行现役军官（文职干部）同类岗位相应的职责。文职人员既然服务于部队，履行的职责与现役军官相同，就要求文职人员必须具备较高的政治觉悟，较强的纪律意识和保密意识。而文职人员来源于社会，地方大学自主型的管理模式使他们养成了散漫、闲适的生活习惯，而军队的规章制度、军营生活的基本情况对他们来说，非常陌生。与现役军官相比，他们普遍缺乏军事素质，政治意识、保密意识、纪律意识相对淡薄，缺乏为军队建设服务的思想。

3.2 专业结构不够合理

目前军校图书馆招聘的文职人员中具有图书情报或信息管理专业背景人员缺乏。以国防科技大学图书馆为例，42 名文职人员中只有 9 人具备图书馆学、情报学背景。根据《关于军队院校图书馆文职人员现状的调查报告》，只有不到四分之一的文职人员来自图书情报或信息管理专业。大部分学科背景复杂，许多文职人员来自于中文、历史、外语、计算机、法律、环境保护、音乐、金融、会计、表演等专业。虽然综合素质较高，但大多数文职人员缺乏对图书馆专业知识和业务的基本了解，在上岗初期只能从事简单、基础性工作，加大了图书馆对文职人员继续教育和培训的工作难度。

3.3 性别比例失当

根据笔者的调查，军队院校的文职人员女性的比例占 80% 左右。由于大多数图书馆在最近三年之内配齐文职人员，因此当前上岗的女性文职人员年龄多数在 25 - 30 岁之间。年龄和资历相同，使她们在结婚、生育、职称评定等一系列问题上都出现扎堆的现象，这不仅影响了图书馆工作开展的连续性，增加了管理的难度；而且由于职称编制有限，必然加剧她们内部之间的竞争，影响一部分文职人员工作的积极性。

3.4 人员流动较大

文职人员实行的是与人才市场挂钩的双向选择合同聘用制度。用人单位军事院校与文职人员通过订立合同建立聘用关系，明确权利和义务，一旦合同解除，双方的关系即行终止。合同的期限、工资水平、福利待遇、发展前途等，是影响文职人员能否安心稳定工作的重要因素。根据《中国人民解放军文职人员条例》明确规定：文职人员的工资水平参照事业单位同类岗位人员的工资水平标准，并根据社会经济发展水平，按照国家和军队的有关规定适时调整。由于目前缺乏相关的配套政策和激励制度，造成文职人员享受的福利待遇相对滞后。文职人员和同岗位现役文职干部履行职责相同，但在工资、住房、退役安置等隐性或现性福利待遇上差别很大。作为一个新生群体，他们在政治上矮军人一等，发展前途、工作稳定性没有得到保证。这一系列因素容易造成文职人员心理上存在较大的落差，跳槽现象严重，不利于图书馆人才队伍建设和长远发展。

4 加强文职人员队伍建设的思考

4.1 加强思想教育和军政素质的培养

文职人员是为部队、为官兵服务的人员，要注意加强文职人员的思想教育、军政素质的培养。要教育引导文职人员认清自己是“不穿军装的军人”，与图书馆现役军人岗位职责相同，树立“我是部队一员，我为部队服务”的思想。在岗前培训中，组织他们系统学习军队有关基本知识，了解我军的性质、宗旨、优良传统和军人的核心价值观，并利用适当时间开展军事素质训练。在思想教育过程中使文职人员产生对军人特殊职业、使命的价值认同，使其思想政治素质、精神素质与军队要求相接近，做到把个人价值实现与部队建设相统一，增强立足图书馆岗位，献身国防事业的光荣感，逐步树立良好的服务意识和形象。

4.2 完善文职人员制度的法规体系，建立绩效考评制度

文职人员制度在中国仍属于新生事物，刚刚起步，尚处于探索阶段。在这项制度实行的初期，存在这样那样的问题在所难免。但是为了保证这一战略举措健康、有效地执行，我们必须从根本上完善这项制度，具体来说包括两部分：

（1）完善文职人员制度的法规体系

《中国人民解放军文职人员条例》是文职人员制度的根本法和基本依据。但仅仅一个条例是不够的，应有一系列与之配套的、互为补充的、具有可操作性的法规体系，使文职人员制度在实际运行中有章可循、有法可依。各军队单位可根据自身实际情况制定详细的实施细则。建立文职人员招聘制度，对招聘的基本条件与考核录用办法作出明确规定，比如军校图书馆在招聘文职人员时就

应该在人员性别、学科背景方面进行明确规定，在招聘中严格按规定执行，就可避免所招文职人员学科背景过于复杂、性别比例失当等问题；建立岗位任职与职务晋升制度，规定文职人员岗位任职的要求、年限，以及从低到高各级职务晋升办法；建立与国家公职人员相同或略高的薪酬制度，包括工资福利、住房保障、社会保险、户籍迁移、子女教育、就医休假等，这是文职人员最关心的实际问题；建立文职人员培训制度，不断提高这支队伍的素质。

（2）建立绩效考评制度

竞争机制和激励机制是人力资源管理的有效方式，是建设高素质文职人员队伍的措施。《文职人员条例》第二十六条规定："聘用单位应当依据聘用合同和军队有关规定，对文职人员德、能、勤、绩、体进行全面考核，重点考核文职人员履行岗位职责的情况。"依据条例，军校图书馆应建立竞争择优的考核评估机制和管理激励制度，把考评结果作为文职人员职称评定、收入分配、岗位调整、续聘解聘的依据。把工作业绩与工资挂钩，打破大锅饭，实行多劳多得、优者多得。对成绩突出的文职人员提供物质奖励和精神奖励。重视精神激励的作用，通过评优表彰、立功授奖，激发文职人员荣誉感和主人翁意识，充分调动文职人员的主动性、积极性和创造性。

4.3　加强文职人员继续教育和业务培训

当前，文职人员已经成为军校图书馆建设的主力军，肩负图书馆建设与发展的历史重任，形势和任务要求文职人员必须提高业务素质和岗位任职能力。针对目前军校图书馆文职人员大多缺乏图书情报学、信息管理学专业知识的状况，军校图书馆应有计划地开展针对文职人员的继续教育和业务培训，形式可灵活多样，具体来说，包括以下两个方面：

（1）开展馆内业务培训学习，推行岗位轮换制度

军校图书馆可根据自身条件，由馆长、部门负责人或精通业务的馆员组成教员，定期或不定期为文职人员开展业务专题讲座，使文职人员深入了解本馆的各类信息资源以及各部门的主要业务。针对信息化时代数字图书馆的发展趋势和迫切要求，重点开展图书馆数字化业务知识与技能的培训，掌握利用现代信息技术开展文献信息服务工作的技术和方法。图书馆还可邀请校外著名的专家学者来馆讲学，传授先进的服务模式和管理经验。与此同时，大部分军校图书馆都承担着文献检索课和新生入馆教育课的教学任务，文职人员将是承担教

学任务的重要力量，系统地接受业务培训，使文职人员具备较强的专业知识和综合素质，才能逐步把文职人员培养成教学骨干，使图书馆的教学与信息服务的保障能力更上新台阶。

岗位轮换，是有计划地按照一定的期限，让工作人员轮流担任若干种不同工作的做法，从而达到考察员工的适应性和开发员工多种能力的目的。长期以来，图书馆员工习惯性地从事单一的工作，工作积极性和主动性都会受到影响。施行轮岗制，有利于文职人员了解不同岗位的职能特点，丰富文职人员的工作经历，全面了解、掌握图书馆的业务。而且在岗位轮换中，有助于发现文职人员各自的优点和长处，挖掘文职人员的潜能，发现人才、选拔人才，进而实现合理利用。使图书馆对文职人员队伍的管理上更科学、有效。

（2）参加学术研讨会、业务培训班，支持在职继续教育

军校图书馆应鼓励文职人员开展学术研究，进行学术创作，参加各种学术会议和业务培训班，与同行加强交流，补充专业知识，提高专业技能。

军校图书馆在管理文职人员队伍时，可根据工作实际需要，支持一部分思想政治素质过硬，工作业绩突出，且有强烈深造愿望的文职人员参加在职学历教育。

图书馆要把文职人员接受继续教育和培训的状况和岗位、聘任、晋升等结合起来，建立行之有效的激励制度，使文职人员继续教育质量不断得到提高。

5 结语

文职人员制度是新形势下我军体制编制调整改革和军队干部人事制度改革的产物。虽然在建立的初期还存在很多制约发展的问题，但是只要我们勇于探索、不断创新，逐步完善相关制度和措施，文职人员队伍就能实现又快又好的发展，成为军队现代化建设的一支重要力量。

参考文献

[1] 国务院、中央军委．中国人民解放军文职人员条例．2005－6.

[2] 徐青，陈抒．关于军校图书馆文职人员制度的思考［J］．法制与社会，2008（25）.

[3] 葛敏．浅谈军校图书馆文职人员的专业培训［J］．中国军事教育，2007

(19).
[4] 孟凡全，张志宇．对军校文职人员的调查与分析［J］．中国军事教育，2007（5）.
[5] 李叶霞．军校图书馆文职人员队伍建设研究［M］//军队院校图书馆第十二届学术研讨会优秀论文集．2010.
[6] 刘丽，郭振安．军校图书馆文职人员队伍建设存在的问题与对策［J］．河南图书馆学刊，2010（1）.

论社科图书馆人才队伍建设平台的构建

霍春英[*]　赵国良[**]

摘　要　文章简要阐述了社科图书馆的职能及对人才的要求，分析了社科图书馆人才发展的5个制约因素，提出了用好现有人才、构建人才成长平台，培养高素质人才、构建继续教育平台，适当降低门槛、构建人才引进平台，鼓励知识创新，构建与科研合作平台等6个策略。

关键词　社科图书馆　人才队伍　建设

社科图书馆是专门收藏、整理社科文献，为科研部门提供各种信息服务的机构。其服务对象主要是从事社会科学各专业研究的科研人员，属于专业图书馆的范畴，是我国图书馆事业的重要组成部分。21世纪随着计算机技术、通讯技术、数字信息化技术在图书馆的广泛应用，大部分社科图书馆已经实现或正在实现的自动化、网络化管理，图书馆的硬件设施有了突飞猛进的发展。而作为图书馆的软实力的人才问题已经成为阻碍图书馆发展的瓶颈，如何在现有基础上充分发挥人才的作用，更好地为科研工作服务是摆在每一位图书馆工作者面前的重要课题，而完善图书馆内部管理机制、构建图书馆人才队伍建设平台是社科图书馆发展的当务之急。

1　社科图书馆职能及其对人才的要求

1.1　社科图书馆职能

1.1.1　传承和保存人类文化的宝贵遗产，并使之发扬光大是社科图书馆的

*　霍春英，女，1954年生，山西省社会科学院图书馆，副馆长、研究员。

**　赵国良，男，1963年生，山西省社会科学院图书馆，采编部主任、副研究馆员。

历史使命。各级社科图书馆秉承了历史传统，把收藏和保存社会科学文献作为其重要的职能。例如山西省社会科学院图书馆主要收藏哲学、历史、文化教育、经济、法学、社会学、语言、文学等各类型出版物，特别把具有山西地方特色的文献作为馆藏的一大特色，充分体现了专业图书馆的本质属性。

1.1.2 在当今时代，馆与馆之间的交流日益频繁，馆际互借已成为图书馆之间信息交流的重要渠道。与公共图书馆、大学图书馆相比，社科图书馆同样具有公共的性质。从收藏范围上看，由于社科图书馆具有较强的专业性，文献收藏具有一定的指向性，主要收集社会科学领域相关文献，对文献的专业性要求高，收藏范围较窄；从服务对象上看，社科图书馆的服务群体相对单一，而公共图书馆和高校图书馆的收藏范围广，涉及社会科学、自然科学的各个领域，以普及型文献为主，兼顾具有研究价值的文献，服务的群体更加广泛，两者在具有共性的同时，其职能的侧重点又有所不同。

1.1.3 传递专业文献信息，服务科研工作，是社科图书馆的主要职能。社科图书馆在收集整理文献信息的基础上，力求采集和反映社会科学研究的前沿成果和动态信息，并针对科研部门的不同需求，充分考虑各科研单位的具体研究项目，有目的、有计划、有步骤地开展文献信息服务。如在国务院批准山西省设立国家资源性综合配套改革试验区后，我馆积极行动起来，组织人力收集综合改革试验区有关资料，查阅了全国浦东新区、滨海新区、深圳特区等试验区成立、发展的成功经验，并撰写了综合报告，及时为我院开展综合试验区研究提供了信息服务。

1.2 对人才队伍建设的要求

由于社科图书馆的专业特性，决定了在发挥其职能时，对人才队伍建设的要求与公共图书馆及高校图书馆相比，条件会更高。

1.2.1 良好的职业道德和健康的心理素质

图书馆工作是一项比较清贫的工作，其职业道德的核心就是爱岗敬业，因此，馆员必须树立正确的价值观、人生观，热爱本职工作，要急读者所急，想读者所想，最大限度地满足读者的需求。同时，增强服务意识，创新服务理念，善于同读者交流，为读者架起一座通向信息世界的桥梁。

1.2.2 图书馆业务技能和网络知识

在数字化时代，计算机技术越来越受到人们的重视，作为一名图书馆员，不掌握信息技术，不熟悉基础业务知识，不了解图书馆学的理论和方法，工作就无从下手，更谈不上开拓与创新。因此，在网络环境下，馆员必须掌握与信息技术密切相关的计算机技术和网络知识，能够熟练地进行计算机操作，能够在因特网上获取相关信息并进行业务交流和信息传递。

1.2.3 信息资源检索与开发能力

在浩如烟海的信息资源面前，图书馆员要掌握信息的采集、存储、管理等方面的知识，将这些知识应用于实际工作中，为科研人员提供基础的信息服务。同时，还要具有信息筛选甄别能力，对掌握的信息进行分析、归纳、综合、研究，为科研人员提供深层次的信息服务。因此，培养和造就较高素质的复合型人才是提升社科图书馆服务功能的重要手段。

2 阻碍图书馆人才队伍建设的因素

2.1 专业人员素质不高

纵观社科图书馆的人才队伍现状，总量不足，质量不高。虽然目前图书馆的人才结构较前些年有了长足的进步，但大部分馆员是非图书馆专业或计算机专业出身，且普遍存在知识老化、结构单一、总体素质偏低等问题。部分工作人员业务水平低，能力差，又不能得到及时培训和提高，难以适应图书馆现代化发展的要求，无法满足科研人员利用图书馆的需求。

2.2 队伍不稳定，人才流失严重

长期以来，社会对图书馆事业的发展不够重视，投入相对不足，工作人员工作环境较差，物质待遇低，社会地位不高，导致专业人员工作积极性低，缺乏工作热情，不安心工作。一些业务水平较高的专业人才另谋高就，造成人才大量流失，严重影响了图书馆的发展。以山西省社科院图书馆为例，建馆以来已有近15人先后调离图书馆。

2.3 门槛过高，引进人才困难

在人才引进问题上，有关领导普遍存在重科研、轻科辅的思想，设置门槛过高，对引进人才的学历要求是硕士以上，这样的人才一般不愿意到图书馆工作，即便勉强到馆也是作为跳板，过两年或调研究所搞研究，或考博士继续深

造。图书馆急需的人才无法引进，人才青黄不接的现象难以改观。

2.4 高校招生困难，图书馆后备人才缺乏

由于图书馆专业招生难，就业难，有相当多的高校对这一专业的设置或退缩转向，有的干脆停办。据有关专家调查：全国高校图书馆专业已从 20 世纪 80 年代的近百个减少到不足 20 个。图书馆的发展需要各种人才，但就目前来看，这样的办学规模很难满足图书馆事业发展的需要。

2.5 人才建设机制不健全，缺乏连续性

许多社科图书馆人才管理制度不健全，在馆员的培养、职务晋升、奖惩等方面没有形成制度，在实施过程中缺乏权威性和可操作性，没有建立一套合理的评价指标体系。人才培养没有作为一项制度确定下来，往往是工作急需时，才临时组织培训，以解燃眉之急；馆内业务培训时断时续，没有连贯性；重点岗位缺乏人才储备，在人才流动时往往导致人才断层现象。部分社科图书馆还存在不允许副研究馆员晋升研究馆员的现象。这样，使优秀人才的才智得不到应有的承认，感到没有用武之地，缺乏发展空间。

3 构建图书馆人才队伍建设平台的策略

人才问题是各级各类图书馆当前所面临的主要问题，是图书馆生存与发展的关键所在。社科图书馆与公共图书馆、高校图书馆略有不同，因其服务对象的特殊性，对人才的需求更加严格，研究分析社科图书馆的职能与对人才的要求以及制约人才建设的因素，就是要从中找出人才队伍建设的方法与策略，构建适合社科图书馆人才队伍建设的平台。

3.1 用好现有人才，构建人才成长平台

图书馆现有的人才队伍是图书馆发展的基础和主要力量，是图书馆未来的希望。因此，必须更新观念，树立科学的人才观。在人才使用上，尽可能地做到用人之长，避人之短，人尽其才，使每个职工都能在不同的岗位上发挥自己的聪明才智。人才培养以在职培训为主，一方面充分利用每周的业务学习时间，积极开展馆内业务培训，有计划、有重点地对现有人员进行图书情报专业知识和现代化信息技术等方面的培训，为图书馆基础业务工作的开展打好基础；另

一方面鼓励现有人员钻研业务，实现知识更新。对工作中急需的而又无法尽快引进的人才，可以采取送出去的办法，参加中国社科院文献信息中心、国家图书馆等单位组织的培训，以解决实际工作中，特别是自动化、网络化、数字化建设过程中的关键技术问题。

3.2 培养高素质人才，构建继续教育平台

在开展馆员普及教育、提高整体素质的基础上，将重点放在对高层次人才的培养上。要根据本馆工作需要，选送有一定实际工作经验的，各方面素质都比较高的人员攻读在职研究生或双学位，使他们系统学习和掌握新理论、新方法和计算机等现代信息技术。有条件的社科图书馆还应注重通过中外交流的方式培养高层次人才。

3.3 适当降低门槛，构建人才引进平台

在人才引进问题上，有关领导要高度重视，把图书馆当做社科研究的重要组成部分，要针对图书馆工作具体情况，适当降低门槛，有计划、有选择、有步骤地引进高素质人才，尤其要注重引进专业人才。一方面要接纳有学识、有才华的图书情报专业和计算机专业毕业的大学生；另一方面要吸引事业心强、具有专门知识和技能，有较强管理能力的人才，同时要考察其是否具有较高的职业道德素养。对那些没有任何专业与特长，不适应图书馆工作的人员要进行调整。

3.4 科学用人，构建人才发展平台

事业单位改革渐行渐近，社科图书馆要乘事业单位改革的东风，积极推进内部用人机制改革，出台切实可行的人才管理办法，建立科学设岗、公开竞聘、公正考评、择优上岗的岗位管理制度，实现由身份管理向岗位管理的转变，真正做到唯才是举，唯才是用，使优秀人才能够脱颖而出，逐步形成一个能者上、平者让、庸者下的充满生机与活力的用人机制。

3.5 鼓励知识创新，构建与科研合作平台

社科图书馆读者对象比较单一，以服务科研工作为第一要务，馆员与科研人员的接触与交流基本上处在借与还的层面上，每年社科研究重点课题很多，但图书馆基本上以提供相关信息为主，馆员参与科研工作的几率很小，这样，

不仅是对图书馆人才的浪费，而且对科研工作也是一大损失。社科图书馆主动与科研部门沟通，推广实行学科馆员制度，鼓励具有科研能力的馆员，积极参加科研工作，利用丰富的信息资源，对重点课题提供专题服务、跟踪服务，还可通过提供综述、述评、专题研究报告等深层次文献服务，为科研人员正在进行的课题提供依据。既锻炼了队伍，又为科研工作作出了应有的贡献。

3.6 建立激励机制，构建人才竞争平台

人的积极性和主动性取决于人的需求期望的满足。而人的需求期望的满足不仅取决于个人的努力，还取决于所在组织和社会的承认和补偿。建立激励机制，并通过有效的考核，更能调动人的积极性和主动性，增强馆员的紧迫感、责任感、自尊心和成就感，提高人力资源对图书馆发展的贡献力。同时引导和鼓励工作能力强、具有创新意识的馆员进行学术研究，在制度上予以保障，在精神和物质上予以奖励。

总之，社科图书馆的发展，人才是关键。只有想方设法为人才的发展创造良好的条件，提供强有力的保障，搭建广阔的舞台，图书馆的人才队伍建设才能紧跟时代的步伐，图书馆事业才能蒸蒸日上、蓬勃发展，为社会科学研究作出更大的贡献。

参考文献

[1] 王世伟．当前中国图书馆人才发展的思路与案例评析 [J]. 图书情报工作，2005（4）.

[2] 赵九燕．对专业图书馆深化改革的若干思考 [J]. 情报资料工作，2005（5）.

[3] 赵谞炯，武吉虹．图书馆人才建设现状与策略研究 [J]. 晋图学刊，2008（2）.

[4] 邓伟建．加强图书馆学人才培养开创图书馆事业新局面 [J]. 山东教育学院学报，2003（5）.

论专业图书馆员的能力要求与培养

陈　杰*

摘　要　专业图书馆是我国图书馆系统的重要组成部分，本文探讨了对专业图书馆人才能力的基本要求和各项能力的培养途径。

关键词　专业图书馆　人才

胡锦涛总书记在纪念中国共产党成立九十周年大会上的重要讲话中把人才问题提到了更加重要的位置，胡总书记在讲话中指出人才是第一资源，是国家发展的战略资源。中国特色社会主义道路能不能越走越宽广，中华民族能不能实现伟大复兴，要看能不能不断培养造就大批优秀人才，更要看能不能让各方面优秀人才脱颖而出、施展才华。在当今信息社会中，一个图书馆要有所创新、有所发展，培养和使用好人才是不可或缺的重要因素。

就专业图书馆而言，其本身作为隶属于科研机构和事业单位的文献信息服务部门，文献收藏内容是以专业性、学术性文献为主，服务对象以科研人员等专业人士为主，相对于高校图书馆和公共图书馆而言，对于馆员的各项能力提出了更高要求。

1　道德品质的要求

坚持德才兼备、以德为先的用人标准，司马光在《资治通鉴》中指出："才者，德之资也；德者，才之帅也。"这番话对我们今天正确理解"德"与"才"的关系有启示意义。"德"，是"才"的方向和灵魂，是"才"发展的内部动力；"才"，是人得以发展的成功的基本条件和基础。二者之间，"德"是首要

*　陈杰，中国社会科学院民族学与人类学研究所，图书馆副馆长、副研究馆员。

的、第一位的。各行各业都有其基本的职业道德规范要求，图书馆当然也不例外，2002 年 11 月 15 日，中国图书馆协会在六届四次理事会通过《中国图书馆职业道德准则》，对所有从事图书馆和信息服务工作的人员提出了规范职业行为的具体要求。

无须讳言，专业图书馆与其他类型图书馆相比，有一个特点就是其工作人员在本单位系统内部大多处于弱势地位，体现在职称评定、职务晋升以及工作待遇等方面往往要排在最后，这也使得部分馆员的工作积极性不高，处于混日子的状态。因此当前应该把提倡敬业精神放在重要位置，力求把实践职业道德规范真正落在实处。孔子倡导修己以敬，然后修己以安人，修己以安百姓。朱熹说：敬业者，专心致志以事其业也。中国传统道德文化关于敬业的思想无疑是图书馆职业道德建构的直接思想来源。在图书馆事业发展过程中，我们仍要大力提倡敬业精神，以克尽职守、勤奋工作来满足社会不同层次对图书信息的需求。

同时要对图书馆员进行长期的、科学的职业道德教育，注重道德灌输与道德渗透的有机结合，使职业道德教育长抓不衰。图书馆在对图书馆员进行职业道德教育时，不仅在于让他们知道应该在图书馆职业活动中怎样做，而且更要使他们明白为什么要这样做。这是使图书馆员的道德修养从他律走向自律，从而走向自觉。在网络时代，图书馆职业道德教育还要与时代同步，不断增加新的内涵，如图书馆员创新观念的培养、科学发展观念的树立等等，使职业道德教育充满生机。如果我们能坚持不懈地进行职业道德教育，把社会主义和共产主义道德的原则与图书馆员的职业利益、职业活动、职业习惯、职业特点等联系起来，使职业道德成为图书馆员日常生活中须臾不可离开的需要，那么就可以创造出一个良好的职业道德环境，使图书馆事业健康发展。

在图书馆职业道德教育过程中，首先，要统一图书馆工作者遵守职业道德的思路认识。加强图书馆服务性认识的教育是图书馆职业道德教育的重要内容，只有加强图书馆服务的认识，才能加深对职业道德规范的认识，并以道德规范来促进图书馆的工作。其次，要提高图书馆员的职业道德修养。爱党、爱国、爱社会主义事业是做一名合格图书馆员的基本素质要求。图书馆员要努力提高自身的综合素养，培养良好的职业道德和高尚情操，要严以律己，自尊、自重、自强不息。只有通过不断地学习，才能明是非，拒诱惑，为树立正确的职业道德观打下坚实的思想认识基础。无须讳言，图书馆不是游离于社会的真空，也存在着来自各方面的各种各样的诱惑，例如上个世纪末由于出版业的不规范，很多图书馆都收藏了一些高码洋低折扣的大套图书，这些图书质次价高，其中的奥妙不言而喻。再如本世纪初的“人天书店”事件，让个别图书馆员身陷其中。这些教训提醒我们，良好的道德品质对于图书馆员来讲同样是非常重要的，也是我们守护图书馆这片知识的净土的根本。

2 工作能力的要求

只有创新才有发展，图书馆是发展的事业，努力钻研业务，提高专业素养，是对每个图书馆员的基本要求。当今图书馆行业，特别是专业图书馆，比馆藏数量、馆舍水平、保管水平已经成为历史，馆员的服务能力、所收馆藏的学术价值成为衡量图书馆发展水平的主流标准。应该看到近年来各图书馆五十年代出生的老同志逐渐退出了工作岗位，新入馆的同志学历越来越高，都具备比较高的外语水平和计算机应用能力，但是学历和能力并不能完全划等号，就专业图书馆而言，馆员不仅要有比较高的外语水平和计算机应用能力，而且对于所在单位学科发展的内容、研究重点、国外研究现状等都应该有所了解和掌握，以便及时准确地了解科研需要，有针对性地提供服务。

在专业图书馆的文献资源建设中，了解和掌握学科发展动态尤为重要。以民族学文献资源建设为例，西夏学研究是民族学研究的重要分支学科，在近年西夏学研究成果中，几乎同时出版了两部大型文献《中国藏西夏文献》和《中国国家图书馆藏西夏文献》，两部文献分别由宁夏大学西夏学研究中心和宁夏社会科学院编辑完成，出版单位分别为敦煌文艺出版社和上海古籍出版社，学术界普遍认为这两者在选题和内容上基本雷同，可以说是撞车了，而且这两者价格相差悬殊，如果对这一领域的学术动态缺乏基本的了解，就会造成不必要的浪费。

再比如近年来有关民族边疆类的文献成为出版热点，众多出版社先后出版了《民国边政史料汇编》、《历代边事资料辑刊》、《中国边疆社会调查报告集成》、《边疆方志文献初编》、《中国边境史料通编》、《中国近现代边疆文献辑录》等，这些文献的内容不可避免地有所重复，作为图书馆员来讲应该根据科研需要和文献内容，精心选择，以达到馆藏文献资料的优化。

应该看到出版业的蓬勃发展对图书馆员特别是专业图书馆员的能力也是一

个不小的考验。因此专业图书馆员不仅应该具备图书馆学、外语、计算机等方面的能力，更应该把对有关学科专业知识的掌握放在重要位置，这不仅是对文献采访部门的要求，对于编目、流通和参考咨询等部门也同样面临着对相关学科知识的了解和掌握。

3 各项能力的培养

互联网全球化的发展趋势，将使我国图书馆事业的运行环境发生重大变化，它把我国图书馆工作推向一个全新的以网络化、数字化、信息化、市场化和全球化为特征的运行环境之中。作为专业图书馆，不仅要了解馆员所应具备能力的要求，更应该着手培养图书馆员所应具备的各项能力，进而全面提升馆员的各方面能力，以此达成图书馆服务水平的提高。

3.1 动手能力

图书馆工作是一项实践性很强的工作，不仅仅只是借借还还的简单劳动，其实从采购到进入流通，都需要付出一定的体力，至于图书的日常倒架和图书馆的搬家更是需要付出艰辛的劳动，在劳动过程中如何做到合理规划，做到事半功倍也不是一件容易的事。

要有效地提高馆员的动手能力，可以从以下几方面入手，如岗位实行轮换，使馆员充分体验到各岗位的特点和要求，再比如通过参观学习，了解其他馆的优点，进而应用到自己馆的建设中。

3.2 沟通与协调能力

图书馆工作不仅需要馆内人员保持良好的人际关系，进而构建和谐的人文环境，同时也要与本单位和外来读者保持良好的关系，一方面要热情周到地为他们服务，另一方面也要坚持原则，认真执行规章制度。在这一过程中需要良好的人际沟通能力，尽量避免发生不必要的矛盾和冲突。

要做到这一点，就要求图书馆员从小处做起，平时多与他人接触，积极参加各项活动，培养自己良好积极的心态，学会换位思考，多体谅别人。同时要注意倾听别人的意见，注意对自身语言表达能力的训练。

3.3 学术研究能力

国家对于图资系列工作人员的职称评定有比较明确的标准，就专业图书馆工作人员本身而言，也应该参与职称的评定，以此提高自身的业务能力，为自身的发展奠定一定的基础。这就需要我们在完成本职工作的同时，认真地研究一些问题，力求取得一些成果，这就要求图书馆员应该努力培养自己的学术研究能力。

图书馆员学术研究能力的培养，要从两方面入手，一方面图书馆要积极创造条件，让馆员积极参与各类培训学习，鼓励馆员参加学术会议，给他们一定的方便，让他们有时间查找资料，对有成果的同志给予一定的物质和精神鼓励。图书馆员本身也要克服懈怠思想，充分发挥自身优势，从小处做起，力求提高自己的学术研究能力，这也是图书馆服务水平提高的基础。

3.4 信息检索能力

当今世界可以说是知识的海洋，作为一个专业图书馆来说，馆藏是有限的，而读者的需求是无限的，因此掌握本学科研究信息的检索能力对于提高服务水平和能力是非常重要的。

目前知识的载体也在发生着天翻地覆的变化，传统书型文献的比例开始缩小，网络资源逐步发展，各类数据库、光盘等电子资源开始进入图书馆，加大对馆员进行信息检索能力的培养力度应成为图书馆工作的重要内容。

信息检索能力的培养不是一朝一夕的事情，可以说每天都有新事物产生，图书馆可采取专题培训、外聘专家、参观学习等方式对馆员进行信息检索理论和应用的教育，同时馆员也要不断学习，更新自身的知识结构。

在信息化社会中，一个图书馆能否得到进一步的发展，归根结底取决于人才资源的发展和合理使用，图书馆要抓住发展机遇，充分调动各类工作人员的积极性，充分挖掘他们的潜能。力争把图书馆工作推向新的高峰，使图书馆工作真正发展成为实现图书馆工作社会价值的一种专业工作活动，从而为中国图书馆事业的发展做出新的贡献。

参考文献

[1] 魏忠. 专业图书馆员几种能力的培养 [M] //国家创新体系中专业时光的服务与发展. 北京：北京图书馆出版社，2006.

[2] 王燕海. 也谈网络环境下所级图书馆之用户教育 [M]. 北京：北京图书馆出版社，2006.

[3] 雍斌. 宁夏两学术机构西夏文献科研项目撞车 [N/OL]. 宁夏日报.[2005-08-18]. http://news.sina.com.cn/c/2005-08-18/08586720765s.shtml.

试论军队院校图书馆文职人员队伍素质的提升

王黎珩[*]

摘　要　本文在研究军队院校图书馆文职人员队伍素质存在的主要问题的基础上，分析了产生的原因，并提出了提高文职人员素质的主要途径。

关键词　军队院校图书馆　文职人员　队伍素质　培养

自2005年6月《中国人民解放军文职人员条例》（以下简称《条例》）颁布以来，军队院校图书馆陆续招聘文职人员充实到图书馆专业技术岗位，为图书馆的建设和发展输送了“新鲜血液”，为做好图书馆工作注入了新的活力，增添了新的生机。但也要看到，这支队伍的整体素质与实际工作需求还有一定差距。为了推进军队院校图书馆建设又好又快发展，必须高度重视文职人员队伍的素质培养问题。

1　当前军队院校图书馆文职人员队伍素质存在的主要问题

总体上看，军队院校图书馆文职人员队伍素质良好。大多数人员具有全日制大学本科学历学位，还有相当一部分人拥有硕士学位。他们年轻而富有朝气，独立自主性强，思想相对活跃，创新意识和学习意识较强，工作热情和勤奋程度较高。同时也应看到，这支年轻的队伍素质上还存在一些比较突出的问题。

1.1　军政素养比较欠缺

文职人员主要来源于地方院校应届毕业生和社会流动人才，大都没有受到过军队正规化的基础训练，对军队的文化、规章制度、军事专业学科知识了解

*　王黎珩，女，1983年生，国防大学图书馆，助理馆员。

甚少，而且据笔者调查了解，文职人员中的非党员人数所占比例较大，其中一些文职人员的政治思想觉悟相对较弱，不愿意主动接受部队的党性教育，人生价值取向较偏重物质利益和个人得失，缺乏吃苦耐劳的精神和主动奉献的意识，有些文职人员进入部队以来，一直难以融入军队特有的环境中，少数人员还将自由散漫、我行我素的作风带到了部队。文职人员这个现代化军队中的新生力量，作为军队人员结构的一个重要组成部分和作战能力形成过程的一个参与元素，文职人员如果不具备基本的军人风范，不养成过硬的军队战斗作风，将无法适应岗位任职基本需要，更无法推进图书馆建设稳步发展。

1.2 业务水平不够专业

由于文职人员到岗时间不长，而且其中大部分都来自非图书馆学或情报学等相关专业，对图书馆的业务知识不了解、不熟悉，而图书馆工作要求从业人员具有较强的业务知识和学术能力，熟悉业务，掌握业务需要有一个长期学习和实践的过程，从目前情况来看，文职人员一般只能承担一些简单的日常工作，还不能完全为军队院校的教研人员和学员提供良好的信息服务保障，在满足读者的个性化信息需求时尚停留在“浅、窄、粗、旧”的层面上，尚不具备承担学校和馆内组织的重大科研课题任务的能力。

1.3 职业思想不够稳固

职业思想是指把个人的职业理想与社会利益联系起来，把工作当成是实现崇高的职业理想和长远的社会利益的途径。自军校图书馆 2006 年招聘首批非现役文职人员以来，在文职人员身上不同程度地出现职业倦怠现象，从业之初的新鲜感已基本消失，对目前从事的程序化的工作感到疲劳，认为没有多大的技术含量，对以后的职业发展前景缺少信心；另外，一些文职人员认为现有的非现役文职人员制度不能充分保障自身的权益，存在“拿多少钱干多少活”的想法，有的把现在的工作岗位作为今后发展的跳板，对待工作敷衍塞责，将自己的大部分时间和精力都放在别处。这些都严重影响了图书馆人才建设队伍的建设与发展。

2 军队院校图书馆文职人员队伍素质欠缺的主要原因

目前非现役文职人员队伍素质的欠缺既有客观因素，也有文职人员自身存在的主观原因。只有认真分析其原因，才能有的放矢地寻求提升文职人员队伍素质的途径。

2.1 部分文职人员应聘上岗的动机复杂

根据南京政治学院上海分院军事信息管理系葛敏所做的关于图书馆文职人员问卷调查显示（表1所示），一些地方大学毕业的学生选择应聘军队院校图书馆文职人员，主要原因是对部队军营生活十分向往，认为到部队工作能为国防事业服务，是实现自己人生价值的良好机会，也间接地实现了自己的从军梦想；但是，有些文职人员认为军队院校图书馆是容纳社会“剩闲之人”的机构，是解决教职员工子女和随军家属就业的合适场所，他们大多都没有经过正规的大学教育，更没有受过图书馆专业的培训，只是将现有的工作岗位作为“解决生存或者照顾家庭”的避风港；还有一部分文职人员将应聘图书馆工作作为解决就业难问题的一种渠道，认为部队工作稳定，压力相对较小；在北京、南京等一线城市部分军队院校图书馆能够为专业对口的应届全日制大学毕业生解决户口，有些文职人员为图解决户口暂时在图书馆工作，等待合适机会再“走出去”。以上这些完全利己的动机导致了他们对待图书馆工作积极性不高，责任心不强，也就谈不上为读者主动服务的精神。

表1 文职人员应聘部队岗位的动机

原因	有献身国防的愿望	军人职业的吸引力	部队工作稳定	外面工作不好找	其他
被选次数（可复选）	38	47	57	16	20
比例（%）	21.3	26.5	32.0	9.0	11.2

引自：《信息管理》，2008（3）：4～12

2.2 文职人员专业知识结构与图书馆工作不匹配

2006年实行文职人员制度以来，一大批文职人员招聘到军队院校图书馆工作。这支队伍学历较高，吸收了很多具有本科及以上学历的人员，改善了军队院校图书馆长期以来学历层次较低的局面，但是图书情报、计算机、外语这三个图书馆需求量较大的学科专业人员所占比例相对偏低。部分人员缺乏图书馆专业知识，虽然接受能力强，能够胜任基础性工作，但距离图书馆要求的专业能力还存在较大的差距，另外，目前他们对图书馆理论上的研究不具备完全的创新能力和独立思考能力。这些问题都直接导致了图书馆馆长对文职人员较不满意的因素，“知识不对口和工作能力弱”。

2.3 文职人员的业务培训滞后

近年来，随着新军事变革和军事信息化程度的不断提升，军校图书馆服为军事院校教育服务的内容也相应发生变化，但是，这种变化的速度与文职馆员应对其变化所需要的能力还存在着一定的时间差。目前，由于受岗位特点和馆员数量减少等诸多方面因素的限制，军校图书馆对其馆员培训的内容和形式都存在不同程度的滞后性。其主要表现在三个方面：一是文职人员目前所接受的培训途径单一，主要是边工作、边培训，而且培训的内容都比较陈旧，绝大数内容都仅局限于传统图书馆学、情报学、文献检索学等基础知识，或者是由本业务部门经验较丰富的馆员讲授与本岗位相关的业务理论知识；二是培训的规模跟不上招聘的数量，截至到目前为止，受总参谋部军训和兵种部的委托，南京政治学院上海分院信息管理系已经为全军院校图书馆的文职人员培训 500 余人次，但是，由于种种原因，仍然有部分图书馆至今没有得到文职人员培训的名额或者是培训的名额较少；三是培训的针对性不强，效果不甚明显。目前，大多数军队院校图书馆对文职人员的培训主要停留在专业知识普及层面上，没有按照岗位设置和专业背景制定个性化的培训内容，最后导致从事这个业务岗位的人对其他岗位的业务内容还只是停留在一知半解的层面上。

3 提高文职人员整体素质的主要途径

文职人员日益成为军队院校图书馆的人才队伍的重要组成部分，提升文职人员的整体素质，对图书馆事业的建设与发展起着至关重要的作用。

3.1 完善文职人员招聘工作

提高文职人员队伍整体素质的先决条件必须是从源头上把好招聘关和选拔关。原有起步期间大规模、快速度的招聘阶段已经基本完成，现在和以后将转入动态平衡的正常更新阶段，文职人员的招聘工作应当探索新的、更加常态化的机制，以此来逐步调整和完善文职人员队伍结构，提高队伍质量。

3.1.1　规范招聘制度，严格选拔人才。我军应当制定科学合理的文职人员招聘标准，并将之形成制度规范。可以效仿国家行政机关录取国家公务员的形式，坚持“公开、平等、竞争、择优”的用人原则，将招聘的单位、岗位编制、岗位责任、任职条件以及工资待遇等都公布在网上，应聘者能够按照自己的意愿，选择最能发挥其才能的岗位去应聘，寻找实现自我价值的适当位置。

3.1.2　拓宽选拔渠道，吸引优秀人才。军队院校图书馆行业应当“不拘一格降人才”，结合军事院校教育的特点，图书馆应当从退役的文职干部或者优秀士官中招收一些具备良好的军事学科专业背景，并且热爱图书馆事业的人员担任咨询馆员；建议图书馆行业建立文职人员调动使用机制。允许文职人员在图书馆行业自由调动，这样有利于优秀人才合理流动和使用。

3.2　加强文职人员的培训力度

当前全军院校都处在教育转型阶段，对信息的需求大幅增长，文职人员作为图书馆的主体力量，其培训教育显得尤为重要。

3.2.1　岗前业务培训。该阶段的培训内容主要分为军事理论知识和图书情报学专业基础知识。军队院校图书馆承担的主要职能是满足军事学科教学和科研的需求，提供军事学科门类专业知识的信息支持和保障。据有关资料显示，军校图书馆引进的文职人员大都没有受过军事专业知识的教育，这对图书馆开展信息服务保障工作必然带来一定程度的影响。因此，图书馆应当为新聘的文职馆员介绍本院校的学科设置、重点学科专业、以及每个学科的学术带头人等。要求他们在规定的时间内阅读本院校重点学科的经典著作，并撰写读书笔记。如果条件允许，可以邀请本院校的著名专家学者举办讲座。对于新进的非图书情报专业毕业的文职馆员，应进行系统的业务知识培训，请馆内的专家或者经验较丰富的馆员为他们讲解图书馆基础理论、分类标引、计算机检索知识等。安排新聘人员到各个业务部门进行岗位实习，熟悉图书馆的业务流程。

3.2.2　专门技能培训。图书馆的文职人员分布在不同岗位上，有些岗位，如阅览室要求馆员的坐班时间比较严格，因此培训的内容和形式必须具有针对性和灵活性。培训的方式主要以部门为单位进行，培训的内容主要结合工作中遇到的难点进行交流和互动。笔者建议，南京政治学院上海分院在条件允许的情况下，开设图书馆学专项文职人员培训班，让工作在不同岗位的文职人员进行专项业务知识学习。

3.2.3 建立深造学习的机制。借鉴外军的做法，总部机关对在图书馆内担任一定领导职务的文职人员，可以有计划地选送他们到各级军事院校进行培训；图书馆可以适当安排优秀的文职馆员参加地方或者军队院校的脱产学习，鼓励文职人员参加函授教育。

3.3 建立和完善激励机制

科学建立长期有效的激励机制，是稳定文职人员队伍，提升文职人员整体素质的重要保证。采取恰当的激励手段可以激发文职人员的工作欲望，挖掘他们的自身潜力。激励手段一般分为外部激励和内部激励。外部激励手段主要有建立有效的奖酬系统，明确目标任务；内部激励手段一般有多样化的工作设计，提供员工成长与锻炼的机会，精神激励等。

3.3.1 改善文职人员工资福利待遇

一是建立文职人员工资福利增长机制。增长的参数主要依据文职人员聘用年限的长短以及当地物价上涨水平；二是实行工资与奖金挂钩制。文职人员的薪金应该打破“大锅饭”的工资制度，而是根据文职人员的工作业绩给予相应的奖金奖励；三是解决文职人员住房难、看病贵等问题。对于无住房的文职人员，单位应当提供单身宿舍或者给予与当地平均租房价格相当的补贴，建议在部队工作时间超过10年或者具有副高级职称以上的文职人员可以和军人一样，享受单位福利分房或者允许购买经济适用房。在医疗保障方面，可以借鉴美军和俄军的做法，允许文职人员免费在军队医院就诊。四是借鉴美军的做法，我军也尽快为文职人员制定出从招聘到退休一系列比较完善的法规制度。

3.3.2 建立精神激励机制

一是培养文职人员的使命意识。组织文职人员参加军人英雄事迹报告会，提供文职人员到野战部队或基层部队参观见学的机会，在耳染目濡中，让文职人员自发产生以图书馆事业为使命的强烈的责任意识；二是为文职人员创造送学培训、参与重大科研课题的机会，使文职人员在图书馆这个大集体中感受到归宿感和荣誉感。

参考文献

[1] 丁立平. 军队院校图书馆文职人员队伍建设的思考与对策 [J]. 信息管理，

2008（5）：24－31.
[2] 葛敏，杨婷，王博．关于军队院校图书馆文职人员现状的调查报告［J］．信息管理，2008（3）：4－12.
[3] 王珍．对图书馆员岗位培训的思考［J］．农业图书情报学刊，2010（1）：248－251.
[4] 军队院校图书馆人才队伍建设研究．国防科学技术大学训练部.
[5] 王凤才，李禔．外国军队文职人员制度浅析［J］．外国军事学术，2005（5）：45－47.
[6] 罗革伪．构建我军文职人员工资福利制度探析［J］．军队财务，2006（2）：22－24.

网络环境下军队院校信息素质任职教育的思考

伦　宏*

摘　要　文章从网络环境下信息素质教育的目的入手，通过对任职教育特点的总结，辩证地分析了军队院校开展信息素质任职教育的必要性，从而构建出适合军队院校任职教育需要的信息素质教育模式。

关键词　军队院校　信息素质　任职教育

信息素质是人们对信息的了解、掌握和运用的程度，它包括了人们对信息的检索、收集、整理、加工和利用的方法、技能技巧及其熟练程度，对信息的接受和吸收能力，以及从信息源提炼出知识和经验的水平。在网络条件下，信息素质进一步要求人们具备能够有效地使用网络资源进行信息创造的能力。随着军队院校任职教育的不断深化，如何建立网络环境下信息索质的任职教育形式，已经成为军队院校信息素质教育一个急需解决的重要问题。

1　网络环境下军队院校信息素质教育的目的

1.1　提高学员网络信息意识的敏锐度，使其能够准确和充分地表达自己的信息需求

1.1.1　树立正确的信息价值观，认识到网络信息的重要作用

要让学员真正从思想上建立起“信息就是资源，信息就是财富”的信息价值观，认识到网络信息的重要作用，运用正确的信息价值观引起他们对信息素质教育的重视。

*　伦宏，男，1973 年生，南京政治学院图书馆，副馆长。

1.1.2　培养学员主动积极利用信息的意识

信息意识是整个信息素质的前提，信息意识强的人能够自觉地产生信息需求。在全球信息化进程中，军校学员要具备良好的信息意识，将社会对军人的需求自觉地转化为积极的个体的内在需求，把被动的信息获取转化为积极的内在需求，主动利用网络信息。

1.1.3　培养学员对信息的观察能力

网络信息种类繁多，复杂多样，培养学员能从繁杂的网络信息中迅速而有效地发现有价值的信息，并能辨别信息的真伪，是信息素质教育的根本目的。

1.2　使学员了解和掌握获取所需信息的各类知识，提高其查找信息资源的效率

信息知识是学员在利用信息技术工具、拓展信息传播途径、提高信息交流效率过程中积累的认识和经验总和。网络环境下，信息素质教育主要涉及：

（1）文献信息检索知识。

（2）计算机、网络通信以及多媒体的知识。

（3）当前广泛应用的各种类型数字图书馆。

（4）各种 Web 技术。如 Instant Message、Blog、BBS 等建立用户交流与互动的个性化空间。

（5）信息安全知识等。

1.3　加强学员信息处理和检索能力的培养

1.3.1　熟练使用查找信息所需的检索工具

培养学员使用计算机软件熟练操作包括文字处理、制作网页、图表以及多媒体演示报告等，利用数字图书馆中各种在线资源及虚拟咨询系统，定制所需资源，甚至创建资源。查找的过程不再仅仅是逆向使用信息发布工具，而是可以主动地参与到知识整合和传播的环境中来。

1.3.2　掌握信息加工与处理的方法

网络信息加工与处理能力是将获取到的信息进行归纳、分类、存储记忆、鉴别、遴选、分析，并在这个基础上，准确地概述、综合和表达所需的信息，使之流畅，富有个性特点。

1.3.3　获取信息并提高工作效率

通过对众多网络信息的归纳、综合、抽象、评价等思维活动，得到自己真

正想要的信息，能够发出创造思维的火花，产生新信息的生长点，进而提高工作效率。

2 军队院校开展信息素质任职教育的必要性

当前，着眼军官任职教育的军校教学任务转型逐步深化，任职学员通常都经过了严格正规的学历教育，具有较高的文化知识素养，但他们又是通过不同院校、不同专业的培训，来自不同的岗位，具有不同的知识结构，年龄结构、学历层次、工作经历，学习动机也有较大的差异。与学历教育的学员相比是一个更加个性化的群体，渴求知识更新是他们的共性，也是他们今后迈向工作岗位所必需的素养。信息素质任职教育就是要利用军队院校的良好环境，为他们提供获取信息的条件，教会他们获取信息、处理信息、利用信息的技能，最大限度地激发学员的学习热情。

2.1 任职教育的特点

2.1.1 时间的短期性

任职教育要求在规定的时间内必须培养出一定素质的人才。要解决这一矛盾，必须优化教学内容，突出重点，针对岗位需要，注重实践性，研究性和探讨性教学。

2.1.2 对象的层次性

任职教育既是过程教育，也是终身教育。各种不同层次、不同内容的培训班次，其培训形式、特点、方法都是不同的。

2.1.3 目标的实效性

任职教育讲求实效性。要结合部队的工作特点，根据不同培养对象的岗位任职要求，科学确定教学内容、方法和手段，内容上要紧密结合专业发展前沿和部队目前实际，围绕学员岗位任职能力谋划教学与管理。

2.1.4 内容的专业性

任职教育课程设置要以培养第一岗位任职能力为重点，在教学中要针对任职教育培养对象的特点，找准教学的切入点，理论上应更高、实践性更强，更结合实际。

2.2 军队院校开展信息素质任职教育的必要性

信息素质教育在我国起步较晚，在我军就更晚，甚至有的军队院校至今仍未将《文献信息检索课》纳入学历教育的必修内容。随着任职教育在我军院校教育中的实施，实现任职教育学员从知识型向能力型转变、全面提高适应未来信息化战争需要的作战能力已经成为各级领导的共识，对学员实施信息素质任职教育已经引起了一些院校领导和机关的重视，学员对提高自身信息意识，掌握获取和处理信息的技能有了更加强烈的要求。但是应该看到：部分领导和机关信息意识不强，学员个体之间信息素质差异较大——获取信息的能力欠缺、信息道德意识淡薄、信息技能缺乏、信息（安全）防范意识和能力较弱等；院校信息资源、教学队伍和教学设施建设落后；院校之间信息素质教育的发展极不平衡等因素仍然是影响学员信息素质任职教育的主要障碍。

军队院校教育信息化建设的不断发展使院校信息环境得以不断改进，为任职培训学员的信息素质教育提供了现代化、数字化的条件。作为军队院校信息资源管理与传播的图书馆，正在逐步将各类传统的纸质教学内容制作成图文并茂、形象生动的数据库、多媒体资源等，并通过网络、光盘等手段输送到教室、宿舍，便于培训学员根据自己的兴趣爱好、时间安排和学习习惯，在更合适的时间、地点，得到更有针对性的帮助，从而克服时间紧、学习忙的困难，提高教育的效果和效率。更值得提倡和努力的是，图书馆积极开拓和完善的数字参考咨询服务，在校园网上，应用电子邮件、网络电话、常见问题自动解答、BBS等方式，帮助学员解决在信息利用中遇到的问题和困难。运用信息技术开展信息素质教育，其本身就是一种教育。利用技术手段，为学员营造数字化、网络化的信息环境，学员在数字环境中利用信息、解决问题的过程，就是培养信息素质，提高信息能力的实践过程，其效果无疑要比单纯地上课、看书要好得多。

3　网络环境下信息素质任职教育的思考

任职培训学员来自军队建设和军事斗争准备第一线，肩负着建设信息化军队、打赢信息化战争的历史使命。学习信息技术，增强信息能力，提高自身信息素质，是其来院校培训的重要任务。任职教育教学中新知识、新技术内容多，施教时间短，如果沿用学历教育中课程教学的老办法，就会变成面面俱到，不是时间不够，就是学业不精，难以达到教学目的。在网络环境下，信息素质任职教育要重点突出军事职业性、岗位指向性和实践的依赖性，从优化课程内容、创新教学方法、完善教学配套设施、提高教员信息化水平等方面，紧紧抓住影响履行岗位职责的信息化重点、难点和热点问题，实施有针对性的教学，逐步形成从网络教育到模拟训练和实战演练的无缝对接，最大限度地促进学员信息素质和任职能力的发展。

3.1 课程内容的优化

信息素质教育须针对任职培训学员的多重需要，有区别、分层次地提供个性化的教育。要制定完整的信息素质教育计划，达到课程内容的最大优化。对于培训时间在一两个月以内的短期学员，可以采取印发《信息利用手册》，告知校园网上可获的信息资源、服务设施、服务时间，学校的网络服务设施、网络信息资源、上网方法和规则，以及信息安全知识等基本内容，让学员一进校就熟悉学校的信息环境和信息利用方法。对重点班次和信息化专门人才开设“情报检索”课，针对性地办各种培训班，重点介绍国内外光盘资料、各种网站、数据库、专业文献数据库的操作和运用，计算机检索系统的原理，包括主题分析与表达，特别是专业要求比较强的联机数据库的检索策略、检索式的制定及检索技巧等。同时也要介绍科研课题查新方法和途径，探讨数字图书馆的开发利用，及时推荐网上不断变化的虚拟资源，包括网上大量免费使用的信息资源、买断使用权的网上数据库和按检索量实时收费的各类信息检索系统的使用方法等，提高他们对信息的获得能力、评价能力和信息处理能力。

图书馆应大力加强参考咨询服务，提高咨询服务的质量和层次，通过与学员面对面、点对点的服务，帮助学员克服信息利用中的困难和障碍，指引信息海洋中的航向，传授驾驭信息的方法。对于一些较长培训时间的培训班次，可以为有需求的学员在网络环境中提供个人数据库、个人网页、“我的图书馆”等服务，帮助他们掌握建立个人信息空间的方法。让学员在利用信息服务的过程中增强信息意识，熟悉信息环境，掌握信息技术。

3.2 教学方法的创新

任职教育以培养提高学员能力和综合素质为目的，十分注重实践性教学方法与手段的运用。要加大电子阅览室的建设力度，通过实践活动，让学员自主进行操作、搜索、整理和获取，提高学员的实践能力。同时，还要积极创新教学方法和手段，探索研讨式教学、导学式教学等方法，在教学教程中应采用重点讲授、专题研究、案例分析、上机实践等多种教学方法，着力提高学员分析问题和解决问题的信息素质和能力。

同时，利用数字图书馆先进的设备、技术和网络环境以及丰富的信息资源等为用户提供检索实践的各种条件，对用户进行潜移默化的信息素质教育。还可以制作多媒体教学课件，介绍数字图书馆各种信息资源及其使用方法，提高用户的信息能力，不断刺激用户的信息需求。

3.3　网络条件下的教员队伍建设

3.3.1　教员应通过网络等途径加强信息技术相关知识学习

教员在教育教学中应用信息技术、利用信息资源培养学生的信息意识、提高教育教学质量并开展相应的科研活动能代表教员的信息素质和能力和终身学习的能力。对从事信息素质教学的人员，只有不断地更新知识结构，只有跟上信息服务技术发展的步伐，才能适应信息需求多样化的要求，以最大限度满足本院校教学人员的信息需要。

3.3.2　借助学校的计算机中心组织教员进行校内的信息素质培训

借助学校的计算机中心组织教员进行校内的信息素质培训，对新教员给予一定的指导和培训，加强在职教员信息素质的继续教育。

3.3.3　教员应注重深入部队进行信息化实践

教员只有深入部队进行信息化锻炼，熟悉专业任职岗位对信息素质的要求，把握规律，以增强自身的感性认识，才能更好的将信息理论教学与部队工作的实际经验相结合，更好的培养学员的实践能力和操作能力。

3.4　教学设施与配套机制的完善

3.4.1　搞好软硬件建设，满足信息素质任职教育的需求

目前，各院校都依托校园网开展网络教学，多媒体网络教学是建立于计算机网络技术平台下的一种新型的教育传播方式，网络教学实现了教员与学员在时间与空间上的跨越。网络环境是解决信息传播的载体，而多媒体教学资源的建设与共享则是当前而临的主要问题。适用于校园网的多媒体资源库是由多媒体素材库、课件库、案例库、习题库和 VOD 视频点播等系统组成。学校应配置相应的现代化教学设施，购进必要的软件和教学资料，同时组建自己的特色原生教学资源库，整体构建信息素质教育必备的软硬件体系，创造良好的数字校

园信息环境。

3.4.2 针对信息素质任职教育提供全方位的支持

院校应鼓励教员在课堂中应用新技术，为实验新的教学手段提供必要的支持，并建立相应的激励机制，提高教员在教学中使用新技术的积极性，对在教学中积极采用现代信息技术的教员给予奖励。通过开展课程信息化技术比赛、课件制作比赛、优秀课堂评奖等形式，提高教员对新的信息技术的应用能力。

4 结束语

随着现代信息技术在图书馆的广泛应用，现代化信息存取手段日趋完备，军队院校图书馆在进行信息素质教学时，有条件利用先进的网络环境，遵照任职培养的基本规律，打造信息理论教育和技能传授的全新教学模式。图书馆本身更需要改进现有技术条件，加大信息资源建设方面的投入，提高服务水平，逐步构建一个以网络为基础，基于 Web 技术的信息素质教育环境，使信息素质教育真正能够在院校教育中实现，并为培养高素质新型军事人才发挥应有的作用。

参考文献

[1] 梁剑华，李永泉．论军队院校任职教育的内涵、外延和特点 [J]．海军后勤学报，2005 (1).

[2] 陆贵友，李景飞，邓向辉．对我院任职教育教学改革的思考 [J]．装甲兵技术学院学报，2007 (4).

[3] 张阳生，桑军．浅析军队院校任职教育 [J]．乌昌木齐陆军学院字报，2004 (5).

[4] 左向晖．把握任职教育特点做好军校图书馆工作 [J]．海军后勤学报，2006 (2).

[5] 张志强．对岗位任职教育模式下课程开发的研究与思考 [J]．南昌陆军学院学报，2004 (2).

[6] 陈宇．论网络环境下当代大学生的信息素养的培养 [J]．贺州学院学报，2009 (9).

[7] 金玉女，王晓丹．网络环境下高校图书馆以信息素养教育为核心的读者教育［J］．医学信息学杂志，2010（3）．
[8] 蔡志敏．新环境下的高校图书馆信息素质教育与科学化服务［J］．科技情报开发与经济，2010（7）．
[9] 李桂贞．应用型本科院校图书馆在线信息素质教育模式探讨［J］．科技情报开发与经济，2009（34）．

中国书籍出版社精品书目

《媒介融合的动因模式》黄金著　定价:38 元　出版日期:2011 年 1 月
《晚明商业出版》郭孟良著　定价:38 元　出版日期:2011 年 1 月
《图书出版产业宏观评价体系》徐小傑著　定价:38 元　出版日期:2011 年 1 月
《制度与空间——中国媒介制度变革论》陈鹏著　定价:38 元　出版日期:2011 年 6 月
《产业融合趋势下的中国传媒产业发展研究》王润珏著　定价:38 元　出版日期:2011 年 8 月
《新闻误解——论新闻文本间距》陈秀云　定价:38 元　出版日期:2011 年 8 月
《新闻失范论》周俊著　定价:38 元　出版日期:2011 年 12 月
《宋代大众出版》周宝荣著　定价:38 元　出版日期:2011 年 12 月
《群体性事件:信息传播与政府应对》曾庆香著　定价:45 元　出版日期:2010 年 10 月
《文化创意产业引论》金冠军、郑涵著　定价:38 元　出版日期:2011 年 4 月
《西方传媒业的融合、竞争与规制》肖赞军著　定价:38 元　出版日期:2011 年 6 月
《传媒商务谈判》漆亚林著　定价:38 元　出版日期:2011 年 7 月
《动漫产业与构建国家软实力研究》殷俊主编　定价:38 元　出版日期:2011 年 8 月
《清代两湖的出版业》江凌著　定价:48 元　出版日期:2011 年 7 月
《华文出版与软实力》肖东发　万荣水　白贵著　定价:58 元　出版日期:2010 年 8 月
《出版学核心》李新祥著　定价:38 元　出版日期:2010 年 12 月
《新闻学导读》周俊著　定价:30 元　出版日期:2011 年 12 月
《传播学导读》刘海龙著　定价:30 元　出版日期:2011 年 12 月
《中国出版学研究综录(1949～2009)》李新祥著　定价:98 元　出版日期:2011 年 1 月
《图书馆、情报与文献学研究的新视野(2)》中国社会科学情报学会编　定价:88 元　出版日期:2010 年 11 月
《图书馆、情报与文献学研究的新视野(3)》中国社会科学情报学会编　定价:88 元　出版日期:2010 年 11 月
《图书馆、情报与文献学研究的新视野(4)》中国社会科学情报学会编　定价:98 元　出版日期:2011 年 12 月
《新闻学教程》周鸿铎主编　定价:30 元　出版日期:2010 年 9 月
《广告学教程》周鸿铎主编　定价:32 元　出版日期:2010 年 9 月
《传播学教程》周鸿铎主编　定价:38 元　出版日期:2010 年 9 月
《应用传播学教程》周鸿铎主编　定价:38 元　出版日期:2011 年 1 月
《传媒经济学教程》周鸿铎主编　定价:48 元　出版日期:2011 年 1 月
《中国出版通史》(多卷本)肖东发等著　定价:556 元　出版日期:2008 年 12 月
《出版物市场营销》刘吉波编著　定价:40 元　出版日期:2010 年 6 月

《中国出版业发展报告(2009~2010)》郝振省主编　定价:56元　出版日期:2010年

《中国出版业发展报告(2010~2011)》郝振省主编　定价:38元　出版日期:2011年

《中国数字产业年度报告(2007~2008)》郝振省主编　定价:68元　出版日期:2008年

《中国数字产业年度报告(2009~2010)》郝振省主编　定价:58元　出版日期:2011年

《中国动漫游戏产业发展现状调查报告》郝振省主编　定价:36元　出版日期:2010年5月

《出版的文化守望》周百义著　定价:36元　出版日期:2008年6月

《我们的出版文化观》聂震宁著　定价:59元　出版日期:2008年6月

《出版文化理性研究》郝振省著　定价:45元　出版日期:2008年6月

《出版:商务与文化》王建辉　定价:56元　出版日期:2010年9月

《社长是出版社的名片》胡守文　定价:56元　出版日期:2010年9月

《边缘的眼光:出版三思录》李人凡　定价:39元　出版日期:2010年9月

《中国网络媒体对外传播研究》王东迎著　定价:28元　出版日期:2010年1月

《当代传播美学》张涵著　定价:45元　出版日期:2010年1月

《变局与转型——在中国传媒大学讲传媒》郝振省主编　定价:34元　出版日期:2011年7月

《中国传媒创新启示录》郝振省主编　定价:68元　出版日期:2011年3月

《中央国家机关“强素质　作表率”读书活动主题讲坛周年读本1》本书编委会编
　图书定价:29元　光盘定价:60元　出版日期:2010年4月

《中央国家机关“强素质　作表率”读书活动主题讲坛周年读本2》本书编委会编
　定价:36元　出版日期:2010年5月

《晚清官书局述论稿》邓文锋著　定价:38元　出版日期:2011年7月

《公务员面试90分突破》曹生民、张现龙、刘伟编著　定价:32元　出版日期:2011年6月

《党政领导干部公开选拔和竞争上岗面试》曹生民、张现龙、刘伟编著　定价:48元
　出版日期:2011年7月

《党政领导干部公开选拔和竞争上岗笔试》曹生民、张现龙、刘伟编著　定价:68元
　出版日期:2011年8月

《日本史话》汪公纪著　定价:56元　出版日期:2011年4月

《民国黑道与金融大鳄》郭代习、朱同友著　定价:32元　出版日期:2011年6月

《党和国家知名文献出台记》叶蓬编　定价:32元　出版日期:2011年1月

《媒介融合胜出战略》蔡敏、韦文杰编著　定价:38元　出版日期:2012年7月

《中国IPTV城乡传播体系建构研究》高洪波著　定价:38元　出版日期:2012年7月

《融汇创意的力量——中国文化产业精选案例研究》何其聪主编　定价:38元　出版日期:2012年7月

《草根报道与视频见证:公民视频新闻研究》王建磊主编　定价:38元　出版日期:2012年7月

《观念、体制、话语——1990年代中国电视新闻改革研究的三个视域》朱天著　定价:38元　出版日期:2012年7月

图书在版编目（CIP）数据

图书馆、情报与文献学研究的新视野 . 5 / 中国社会科学情报学会2011年学术年会论文集 / 中国社会科学情报学会编 . ——北京：中国书籍出版社，2012. 9

ISBN 978 - 7 - 5068 - 3022 - 5

Ⅰ. ①图… Ⅱ. ①中… Ⅲ. ①图书馆学—文集 ②情报学—文集 ③文献学—文集 Ⅳ. ①G250 - 53 ②G350 - 53

中国版本图书馆 CIP 数据核字（2012）第 173147 号

策划编辑 / 李建红
责任编辑 / 周小雅　赵丽君
责任印制 / 孙马飞　张智勇
封面设计 / 3A 设计工作室
出版发行 / 中国书籍出版社
地址：北京市丰台区三路居路 97 号（邮编：100073）
电话：（010）52257143（总编室）（010）52257153（发行部）
电子邮箱：chinabp@ vip. sina. com
经　　销 / 全国新华书店
印　　刷 / 北京温林源印刷有限公司
开　　本 / 710 毫米 ×1000 毫米　1/16
印　　张 / 29. 75
字　　数 / 350 千字
版　　次 / 2012 年 9 月第 1 版　2012 年 9 月第 1 次印刷
书　　号 / ISBN 978 - 7 - 5068 - 3022 - 5
定　　价 / 98. 00 元